KOMPENDIEN DER SOZIALEN ARBEIT

Sie arbeiten sich in ein neues Sachgebiet ein und benötigen rasch zuverlässige und umfassende Informationen? Sie möchten die wesentlichen Fakten zu Konzepten, Fällen, Arbeitsfeldern und Anwendungsgebieten der Sozialen Arbeit wissen, Good Practice-Beispiele kennenlernen und Handlungsempfehlungen für die Praxis erhalten? In der Reihe erscheinen Werke mit direktem Praxisbezug. Die Bände richten sich an Professionals, Berufseinsteiger:innen und -umsteiger:innen sowie an Studierende, gerade auch mit Blick auf Praxissemester und Anerkennungsjahr.

Beate Aschenbrenner-Wellmann | Lea Geldner

Migration und Integration in der Sozialen Arbeit

Onlineversion
Nomos eLibrary

Die Deutsche Nationalbibliothek verzeichnet diese Publikation in
der Deutschen Nationalbibliografie; detaillierte bibliografische
Daten sind im Internet über http://dnb.d-nb.de abrufbar.

ISBN 978-3-8487-6832-5 (Print)
ISBN 978-3-7489-0931-6 (ePDF)

1. Auflage 2022
© Nomos Verlagsgesellschaft, Baden-Baden 2022. Gesamtverantwortung für Druck
und Herstellung bei der Nomos Verlagsgesellschaft mbH & Co. KG. Alle Rechte, auch
die des Nachdrucks von Auszügen, der fotomechanischen Wiedergabe und der Übersetzung, vorbehalten. Gedruckt auf alterungsbeständigem Papier.

Inhalt

Abbildungsverzeichnis 7

Tabellenverzeichnis 8

Abkürzungsverzeichnis 9

Einleitung 11

Kapitel 1: Was ist Migration? 17

1.1 Begriffsannäherung Migration 17
1.2 Wer ist Migrant*in? 29
    1.2.1 Ausgewählte Migrationstypen 30
    1.2.2 Überlegungen zur Funktion von Kategorisierungen 39
1.3 Soziale Arbeit und Migrationspolitik 41
1.4 Migration im Wohlfahrtsstaat Deutschland 52

Kapitel 2: Was ist Integration? 59

2.1 Begriffsannäherung Integration 59
2.2 Überlegungen zum Kulturbegriff 68
2.3 Theorien zur (Sozial-)Integration 74
    2.3.1 Assimilationsorientierte Theorieansätze 74
        2.3.1.1 Marginalität 75
        2.3.1.2 Mehrfachintegration 75
        2.3.1.3 Segmentation 76
        2.3.1.4 Assimilation 76
    2.3.2 Multikulturalistische und integrationsreflexive Theorieansätze 81
        2.3.2.1 Der Multikulturalismus-Diskurs 81
        2.3.2.2 Interkulturalität und ihre Bedeutung für die Sozialintegration 83
        2.3.2.3 Transkulturalität als integrationsrelevanter Ansatz 86
    2.3.3 Vom Integrations- zum Inklusionsdiskurs 88
2.4 Soziale Arbeit und Integrationspolitik 92

Kapitel 3: Grundlagen der migrationsbezogenen Sozialen Arbeit 103

3.1 Zum Auftrag der Sozialen Arbeit im Kontext von Migration und Integration 103
3.2 Rechtliche Rahmenbedingungen – Das Aufenthaltsrecht für Ausländer*innen in Deutschland im Überblick (Holger Hoffmann) 108
    3.2.1 Rechtliche Grundlagen 109
    3.2.2 Statistische Orientierung 112
    3.2.3 Das Gemeinsame Europäische Asylsystem („GEAS") 113
        3.2.3.1 Die wichtigsten Richtlinien und Verordnungen des GEAS 113
        3.2.3.2 Zur Kritik am GEAS 116
    3.2.4 Das deutsche Asylverfahren seit 2016 117

	3.2.5	Ausgewählte Einzelaspekte mit Bezug zu Integration und Sozialer Arbeit	123
		3.2.5.1 Gewährung von Sozialleistungen	123
		3.2.5.2 Integrationskurse	127
		3.2.5.3 „Ausländerbeschäftigungsförderungsgesetz" und „Gesetz über Duldung bei Ausbildung und Beschäftigung"	131
	3.2.6	Fazit	133
3.3	**Förderliche Haltungen und Methoden der Sozialen Arbeit**		133
	3.3.1	Interkulturelle und Diversitäts-Kompetenz	134
	3.3.2	Interkulturelle und diversitätsorientierte Haltung	144
	3.3.3	Teilhabe und Partizipation	145
	3.3.4	Empowerment	153
	3.3.5	Antirassismusarbeit	157
	3.3.6	Anleitung zu einem integrationsreflexiven Ansatz als Praxisperspektive für die Soziale Arbeit mit Geflüchteten	162

Kapitel 4: Soziale Arbeit als Menschenrechtsprofession — 173

4.1 Rechtliche Rahmenbedingungen — 173
4.2 Philosophische Verankerung — 184
4.3 Soziale Arbeit als Menschenrechtsprofession – Eine kritische Diskussion — 192
4.4 Handlungsmöglichkeiten durch die Berücksichtigung der Menschenrechtsperspektive — 199

Ausblick — 221

Literaturverzeichnis — 227

Stichwortverzeichnis — 247

Bereits erschienen in der Reihe KOMPENDIEN DER SOZIALEN ARBEIT — 251

Abbildungsverzeichnis

Abbildung 1:	Kreisdiagramm Bevölkerung mit Migrationshintergrund	31
Abbildung 2:	Balkendiagramm Ausländische Bevölkerung	32
Abbildung 3:	Migration als Mehrebenenpolitik	44
Abbildung 4:	Kulturdreieck nach Hofstede	71
Abbildung 5:	Grundmodell der Assimilation	80
Abbildung 6:	Interkulturalität nach Thomas	84
Abbildung 7:	Von der Exklusion zur Inklusion	89
Abbildung 8:	Spiralenmodell von der Assimilation zur Inklusion	91
Abbildung 9:	Auftraggeber*innen der Sozialen Arbeit	104
Abbildung 10:	Interkulturelle Kompetenz im Change-Prozess	138
Abbildung 11:	Diversitäts-Kompetenz im Change-Prozess	140
Abbildung 12:	Kreislaufmodell „Interkulturelles Lernen"	142
Abbildung 13:	Kreislaufmodell „Diversitätsorientiertes Lernen"	143
Abbildung 14:	Selbstempowerment	157
Abbildung 15:	Zum Zusammenhang zwischen Vorurteilen und Diskriminierung.	158
Abbildung 16:	Beispiel für Lebensbuchseiten	170
Abbildung 17:	Kreislauf für die Fallarbeit im integrationsreflexiven Ansatz	170
Abbildung 18:	Tripelmandat nach Staub-Bernasconi	195
Abbildung 19:	Handlungsmöglichkeiten durch die Menschenrechtsprofession	200
Abbildung 20:	Zyklus Erfahrungslernen	205
Abbildung 21:	Interkulturelles und diversitätsorientiertes Lernen in der GWA	214

Tabellenverzeichnis

Tabelle 1:	Migrationstypologien	22
Tabelle 2:	Migrationspolitik der deutschen Parteien im Überblick	45
Tabelle 3:	Assimilationstheoretische Sozialintegrationsformen nach Esser	75
Tabelle 4:	Integrationspolitik der deutschen Parteien im Überblick	97
Tabelle 5:	Interkulturelle Kompetenz nach Gaitanides	135
Tabelle 6:	Interkulturelle Kompetenz nach Leiprecht	136
Tabelle 7:	Interkulturelles Lernen nach Grosch und Leenen	141
Tabelle 8:	Partizipationsstufen nach Straßburger und Rieger	148
Tabelle 9:	Rassismusdefinition nach Sutter	159
Tabelle 10:	Übung: Weiße Privilegien nach Thrien	164
Tabelle 11:	Übung zur Reflexion der Haltung nach Freise	165
Tabelle 12:	Übung zur interkulturellen Kompetenz nach Draheim	166
Tabelle 13:	Methode zur Ressourcenanalyse: Netzwerkbrett nach Wendt	168
Tabelle 14:	Methode zur Ressourcenaktivierung: Regieführer*in des eigenen Lebens nach Hölzle	169
Tabelle 15:	Methode zur Ressourcenaktivierung: Lebensbuch nach Eylarduswerk	169
Tabelle 16:	UN-Zivilpakt und UN-Sozialpakt im Überblick	175
Tabelle 17:	EMRK und ESC im Überblick	179
Tabelle 18:	EU-Grundrechtecharta	180
Tabelle 19:	Politische Ordnungssysteme im Überblick	186
Tabelle 20:	Dimensionen der Menschenrechtsverletzungen nach Gugel/Jäger	201
Tabelle 21:	Übung: Privilegientest	206
Tabelle 22:	Übung: Alltag in einer Aufnahmeeinrichtung	207
Tabelle 23:	Übung: Ein Minarett in unserer Gemeinde	209

Abkürzungsverzeichnis

AEMR	Allgemeine Erklärung der Menschenrechte
BeschV	Beschäftigungsverordnung von Ausländer*innen
BVFG	Bundesvertriebenengesetz
DBSH	Deutscher Berufsverband für Soziale Arbeit e.V.
DIMR	Deutsches Institut für Menschenrechte
EGMR	Europäischer Gerichtshof für Menschenrechte
EMRK	Europäische Menschenrechtskonvention
ESC	Europäische Sozialcharta
GEAS	Gemeinsames Europäisches Asylsystem
GFK	Genfer Flüchtlingskonvention
GRCh	Grundrechtecharta
IFSW	Internationaler Verband der Sozialarbeiter*innen
IASSW	Internationale Vereinigung der Ausbildungsstätten für Soziale Arbeit
NGOs	Nichtregierungsorganisationen

Einleitung

Fremdenfeindlich

Als Millionen Vertriebene
mit wenig Gepäck
und lastender Erinnerung
im restlichen Vaterland
zwangseinquartiert wurden,
riefen viele Heimische,
die sich durch Zuzug beengt sahen:
Geht hin, wo ihr hergekommen seid!

Aber sie blieben, und eingeübt
blieb der Ruf: Haut endlich ab!
bald galt er Fremden,
die später, noch später
von weither gereist kamen
und unverständlich sprachen;
sie blieben gleichfalls
und vermehrten sich seßhaft.

Erst als die immer schon Heimischen
sich fremd genug waren,
begannen auch sie
in all den Fremden,
die mühsam gelernt hatten,
ihr Fremdsein zu ertragen,
sich selbst zu erkennen
und mit ihnen zu leben.

Günter Grass, Fremdenfeindlich (in: Kossert, A., 2020: 9)

Einleitung

Die Bundesrepublik Deutschland hat sich in den vergangenen Jahrzehnten grundlegend verändert. Die Zusammensetzung der Bevölkerung ist „bunter", vielfältiger und heterogener geworden, Globalisierungs- und Individualisierungsprozesse sind weiter vorangeschritten, der demographische Wandel verändert die Zukunftsperspektiven und vermehrt rücken weltweit auftretende Phänomene wie der Klimawandel in den Vordergrund der Betrachtung und erfordern innovative Handlungskonzepte. Migrations- und Integrationsprozesse stellen zwar zunehmend ein konstituierendes und dauerhaftes Phänomen unserer pluralen Gesellschaft und unseres Gemeinwesens dar. Trotzdem sind wir noch weit von dem von Günter Grass beschriebenen Zustand entfernt, uns in Fremden selbst zu erkennen und respektvoll und anerkennungsgeleitet mit ihnen zu leben.

Das vorliegende Buch verfolgt daher die Zielsetzung – im Hinblick auf die Sicherstellung der Professionalität der sozialen Berufe – zu einem grundlegenden Verständnis der geschilderten Veränderungsprozesse beizutragen, indem wesentliche Begriffe, Theorien und Handlungskonzepte vorgestellt, kritisch beleuchtet und mit Reflexionsfragen, die den individuellen Lernprozess begleiten, hinterlegt werden.

Zumindest bis zu Beginn der Covid-19-Pandemie im Frühjahr 2020 dominierten die Themenfelder Migration und Integration kontinuierlich die politischen und gesellschaftlichen Diskurse und spiegelten sich täglich in einschlägigen Medienberichten wider. Nach einer coranabedingten Karenzzeit fokussieren im August 2021 die aktuellen Meldungen über die gewaltsame Übernahme Afghanistans durch die Taliban und die „Fehleinschätzungen" der westlichen Sicherheitsdienste und Politiker*innen plötzlich wieder unseren Blick in Richtung weltweite Migrationsbewegungen und betonen durch die sofort angelaufene Diskussion über „feste Aufnahmequoten für Geflüchtete", Schutzinteressen besonders vulnerabler gesellschaftlicher Gruppen wie „Ortskräfte", Journalist*innen und Menschenrechtsaktivist*innen die Bedeutung von gelingenden Integrationsprozessen. Denn Deutschland fürchtet sich gegenwärtig vor „unkontrollierter illegaler Migration" und vor Sicherheitsrisiken, d. h. Terroranschlägen. Dieses Mal soll daher durch gezielte Hilfsmaßnahmen in den Nachbarländern ein „Flüchtlingsstrom" vermieden werden. Ob diese Strategie tatsächlich gelingen kann, ist mehr als fraglich. In dieser angespannten und unübersichtlichen Situation, die große Herausforderungen für die gesellschaftlichen und politischen Akteuer*innen und uns alle beinhalten und die innovative Zukunftskonzepte für die Migrationsgesellschaft erfordern werden grundlegende Überlegungen und daraus abgeleitete Strategien zur Steuerung von Migrations- und Integrationsprozessen notwendig sein. Ein breiter gesellschaftlicher Konsens und die Bereitschaft zur Gestaltung der Herausforderungen ist zwingend notwendig, damit wir auch diese Krisensituation gut schaffen.

Denn „Wir haben so vieles geschafft – wir schaffen das", so lautet der vielzitierte Satz Angela Merkels anlässlich der Bundespressekonferenz am 31.8.2015. In der Folge dieses Statements wurde insbesondere die Integration von geflüchteten Menschen häufig als Herkulesaufgabe bezeichnet, die aus der Perspektive des Sommers 2021 noch mehr an Tempo gewinnen könnte. Kritische Stimmen bezüglich der Integrationsbereitschaft von Geflüchteten werden dabei auch in den gegenwärtigen Diskussionen im Vorfeld der Bundestagswahl im September 2021 begleitet von Plädoyers nach dem Motto „Für Wachstum braucht es Migration", wie dies der

FDP-Politiker Christian Dürr in einem Zeitinterview vom 2.6.2021 formuliert. Auffallend ist bei den politischen Statements quer durch alle Parteien, dass häufig rein ökonomisch z. B. im Hinblick auf benötigte Fachkräfte oder zukünftige Rentenzahler*innen argumentiert wird und humanitäre, menschenrechtliche Verpflichtungen weitgehend in den Hintergrund getreten sind.

Aber „Am Umgang mit Flüchtlingen lässt sich ablesen, welche Welt wir anstreben. Tag für Tag offenbaren sie, wie es wirklich um unseren Planeten bestellt ist. Wie viel Ablehnung Flüchtlinge erfahren, lässt Rückschlüsse zu auf die tief sitzende Angst der Aufnehmenden, selbst einmal entwurzelt zu werden. ... Flüchtlinge und das, was sie erleben und erleiden, führen uns vor Augen, wie zerbrechlich unsere scheinbar so sichere Existenz ist. Sie verschieben die Sicht auf die Welt, weil sich mit jeder Fluchtgeschichte und jedem einzelnen Flüchtling die Frage stellt, wie fest wir wurzeln" (Kossert 2020: Klappentext). Nicht vergessen werden darf dabei, dass jede und jeder Einzelne von uns morgen ein Geflüchteter sein kann und dass wir uns von daher persönlich und professionell mit der Frage auseinandersetzen müssen, was es für einen Menschen bedeutet, wenn er oder sie die Heimat verlässt unter Bedingungen von Gewalt und Zwang fliehen und dann eine völlig neue Existenz im Exil aufbauen muss. „Wie lange währt nach dem Ankommen der transitorische Zustand im Exil, und ist er überhaupt zu überwinden? Heimatverlust ist für jeden Betroffenen eine fundamentale Zäsur, die das Leben in ein Davor und ein Danach teilt." (ebd. 22)

In dieser aktuellen Gemengelage und mit der Intention zur Reflexion und Positionierung bei grundsätzlichen Fragestellungen im Kontext von Migration und Integration anzuregen ist die Entstehung und kapitelweise Umsetzung dieses einführenden Lehrwerks angesiedelt, das Studierenden der sozialen Berufe und der Sozialwissenschaften, Praktiker*innen aus dem sozialen Bereich ebenso wie weiteren Interessierten eine kritische Einführung und einen praxisorientierten Überblick zum Stand der Theoriediskurse und zu zentralen Herausforderungen unserer Profession im Kontext von Migration und Diversität bieten möchte. Dabei ist zu betonen, dass sich unsere Welt bereits seit Jahren in tiefgreifenden Veränderungsprozessen befindet, die häufig unter dem Stichwort „Globalisierung" beschrieben werden. Migration im Sinne von Mobilität und Bewegung über politische und kulturelle Grenzen hinaus beschreibt die Lebenserfahrung von Millionen von Menschen. Sie werden gemeinhin mit den Kategorien „Arbeitsmigrant*innen", „Geflüchtete", „Internationale Studierende" oder Tourist*innen etc. subsumiert, und schon diese kleine Auswahl von möglichen Migrationsmotiven zeigt, wie unterschiedlich die Lebenslage der Betroffenen und ihre persönlichen Chancen und Grenzen zum Thema Integration sein werden. Denn obwohl Integration von einem Teil der Bevölkerung und auch der Fachleute immer noch eher als Bringschuld der Zuwanderer*innen betrachtet wird, während andere dem Einwanderungsland Deutschland und seinen Institutionen sowie der Mehrheitsbevölkerung die Verantwortung für gelingende Integrationsprozesse zuschreiben wollen, hat sich inzwischen die bundesrepublikanische Gesellschaft tiefgreifend in Richtung Diversität und Heterogenität gewandelt.

Strategisch gesehen werden in dieser Publikation politische und Alltagsdiskurse über Migration und Integration aufgegriffen und konsequent im Sinne einer

Theorie-Praxisverknüpfung mit aktuellen Fachdiskussionen und Anforderungen an die Praxis verbunden. Das Kapitel 1 widmet sich dabei dem Migrationsbegriff und klärt im Hinblick auf ausgewählte Migrationstypen die Frage: „Wer ist Migrant*in?" Im Sinne einer kritischen Reflexion wird dabei auf die Funktionalität bzw. Dysfunktionalität von Kategorisierungen eingegangen. Im weiteren Verlauf des Kapitels werden wesentliche Aspekte der Migrationspolitik und Überlegungen zu Chancen und Grenzen von Migration im Wohlfahrtsstaat Deutschland angestellt. Nach einer Auseinandersetzung mit dem Migrationsbegriff erfolgt in einem zweiten Schritt die Annäherung an den Terminus Integration, wobei ausführlich auf den Mainstreamdiskurs zu assimilationsorientierten Ansätzen eingegangen wird, aber auch im Sinne einer längst notwendigen Neuausrichtung des Integrationsverständnisses alternativ multikulturalistische und integrationsreflexive Theorieansätze erläutert und diskutiert werden. Soziale Arbeit muss sich auch im Themenfeld „Integration als politische Arbeit" verstehen; von daher wird dieses Kapitel mit Ausführungen zur Bedeutung der Integrationspolitik abgeschlossen. Das dritte Kapitel fokussiert die unterschiedlichen Facetten der Grundlagen der migrationsbezogenen Sozialen Arbeit. Nachdem zunächst der Auftrag der Sozialen Arbeit im Kontext von Migration und Integration zu klären ist, widmet sich der Teil 3.2 mit dem Untertitel „Das Aufenthaltsrecht für Ausländer*innen im Überblick" den rechtlichen Rahmenbedingungen. Für diesen Schwerpunkt konnte der Kollege Holger Hoffmann, emeritierter Professor für Staats- und Verwaltungsrecht sowie Migrationsrecht der FH Bielefeld als Gastautor gewonnen werden. Nach einer Auseinandersetzung mit den juristischen Rahmenbedingungen geht das nachfolgende Teilkapitel auf förderliche Kompetenzen, Haltungen und Methoden ein, die mit den Stichworten „Diversitätskompetenz", „Partizipation" und „Antirassismusarbeit" umschrieben werden können. Besonders wichtig ist dabei im Grundlagenkapitel auch ausreichend Raum für Umsetzungsbeispiele und Praxisperspektiven zu eröffnen. Das abschließende Kapitel 4 wurde den Bedingungen, Diskursen und den praktischen Handlungsperspektiven gewidmet, die sich für die Soziale Arbeit als Menschenrechtsprofession ergeben. Ein Ausblick mit thesenartig skizzierten Zukunftsthemenfeldern rundet dieses Einführungswerk ab.

Bei den anstehenden Zukunftsaufgaben zur Gestaltung unserer pluralen Gesellschaft sollten wir uns immer wieder die Fragen stellen: „Was macht einen Menschen aus?" Und: „Wie möchten wir in unserer Welt zusammenleben?" Eine Antwort darauf findet sich bereits bei Albert Einstein in seiner am 3.10.1933 gehaltenen Rede in der Royal Albert Hall:

> „Wenn wir den Mächten widerstehen wollen, die zu einer Unterdrückung der geistigen und persönlichen Freiheit drängen, müssen wir uns klar vor Augen halten, was auf dem Spiel steht, was wir jener Freiheit verdanken, die unsere Vorfahren unter schweren Kämpfen errungen haben. ... Es gäbe keine geräumigen Häuser für die Masse des Volkes, einen Schutz gegen Epidemien, keine billigen Bücher, keine Bildung und keine Segnungen der Kunst für alle. ... Denn nur der freie Mensch schafft jene Erfindungen

und geistigen Werte, die uns modernen Menschen das Leben lebenswert erscheinen lassen." (Zitiert nach Brechtken, M., 2020: 14)

Beate Aschenbrenner-Wellmann, Lea Geldner, Gerhard Schnieders, September 2021

Kapitel 1: Was ist Migration?

> **Zusammenfassung**
>
> Dieses Kapitel beschäftigt sich mit dem Phänomen *Migration*. Zunächst wird dargestellt, was hierunter zu verstehen ist und welche Personengruppen als Migrant*innen bezeichnet werden. Migration befindet sich immer auch in einem (Spannungs-) Verhältnis zur Politik. Daher werden anschließend diese Interdependenzen thematisiert und *Migration* in Beziehung zum deutschen Wohlfahrtsstaat gesetzt.
> Ziel ist es, einen Einblick in das breite Themenfeld *Migration* zu ermöglichen und das hierfür erforderliche Basiswissen zu vermitteln.

Im allgemeinen Sprachgebrauch werden die Begriffe *Migration* und *Integration* häufig synonym verwendet. Dies ist nachvollziehbar, da beide Begriffe oft argumentativ kombiniert werden. Hoesch beschreibt diese Abhängigkeit in Anlehnung an Bade mit Hilfe der Metapher *Zwei Seiten einer Medaille*. In diesem Bild kommt zum Ausdruck, „dass es sich um zwei zwar voneinander verschiedene Prozesse mit je eigenen Erscheinungsformen handelt, diese allerdings untrennbar miteinander verbunden sind" (Hoesch 2018: 13). Dennoch soll in dieser Einführung das jeweilige terminologische Verständnis grundlegend dargestellt und diskutiert werden, weshalb auf beide Begriffe gesondert eingegangen wird. Die Forschung zu Migration befasst sich mit der längerfristigen oder dauerhaften Zu- und Abwanderung von Menschen über Ländergrenzen hinweg. Dabei werden Ausmaß, Motive sowie Gründe der Wanderung und die gesellschaftlichen und wirtschaftlichen Folgen in den jeweiligen Ländern in den Blick genommen. Hierbei werden verschiedene Formen der Migration unterschieden, wie z. B. Flucht, Familienzusammenführung oder Arbeitsmigration. Die *Integrationsforschung* hingegen hat mit den Entwicklungen nach erfolgter Migration zu tun. So stehen Fragen der Einbindung von Zuwander*innen, das gesellschaftliche Zusammenleben oder förderliche und hemmende Bedingungen des Aufnahmelandes im Mittelpunkt (vgl. Sauer/Brinkmann 2016: 3f.).

Im folgenden Kapitel wird zunächst vertiefend auf *Migration* und deren Verbindung zur Sozialen Arbeit und Politik eingegangen.

1.1 Begriffsannäherung Migration

Den Terminus *Migration* einheitlich zu verstehen ist kaum möglich, da er je nach beteiligter Disziplin und vertretenem Forschungsansatz in unterschiedlicher Weise definiert wird. Der Begriff *Migration* stammt aus dem lateinischen „migrare" und bedeutet so viel wie „wandern" oder „sich bewegen". Daher wird unter Migration zunächst die Wanderung oder auch die Abwanderung von Menschen in ein anderes Land, eine andere Gegend oder einen anderen Ort verstanden. Hierbei handelt es sich um eine Wanderung im räumlichen und sozialen Sinn, denn Migrant*innen müssen sich mit „wirtschaftlichen Gegebenheiten und Ordnungen, kulturellen Mustern sowie gesellschaftlichen Normen und Strukturen auseinandersetzen, die sich zum Teil erheblich von denen des Herkunftsortes unterscheiden" (Oltmer 2017: 20). Entsprechend definiert Treibel (1990/2011: 21) Migration als den „auf Dauer angelegte[n] bzw. dauerhaft werdende[n] Wechsel in eine andere Gesellschaft bzw. in eine andere Region von einzelnen und mehreren Menschen. So verstandene Migration setzt erwerbs-, familienbedingte, politisch oder biographisch bedingte Wanderungsmotive und einen relativ dauerhaften Aufenthalt in der neuen Region oder Gesellschaft voraus". Kurz gesagt geht es also um die Verlagerung des Lebensmittelpunkts. Dabei muss jedoch ein beträchtlicher Abstand zwischen den beiden Orten bestehen und der neue Lebensmittelpunkt für eine längere Zeit eingenommen werden (vgl. Treibel 2016: 23). Verändern Menschen ihren Lebensmittelpunkt innerhalb der nationalstaatlichen Grenzen, wird von *Binnenmigration* gesprochen (vgl. Longino, Jr. 1992: 974; Neundörfer 1961: 497, zitiert nach Han 2016: 7). Wird dieser über Grenzen hinweg verlegt, handelt es sich um *internationale Migration* (vgl. Kruse 1961: 503; Heer 1992: 984, zitiert nach Han 2016: 8). Diese wird wiederum in *Immigration*, die Einwanderung, und *Emigration*, die Auswanderung unterschieden (vgl. Han 2016: 8). Um eine *Remigration* handelt es sich hingegen, wenn Personen nur für eine gewisse Zeit im Ausland bleiben und anschließend in ihr Herkunftsland zurückkehren (vgl. Pries 2001: 5f., zitiert nach Düsener 2010: 26). Um den Migrationsbegriff zu konkretisieren und zu differenzieren, wurden verschiedene Typologien, bestehend aus vier Punkten, entwickelt (vgl. Treibel 1990/2011: 20):

- Räumliche Aspekte
  - Binnenwanderung oder interne Wanderungen wie beispielsweise die Wanderung von ländlichen Regionen in die Städte.
  - Internationale oder externe Wanderungen wie kontinentale oder interkontinentale Wanderungen.
- Zeitliche Aspekte
  - Begrenzte oder temporäre Wanderungen wie z. B. im Bereich der Saisonarbeiter*innen.
  - Dauerhafte oder permanente Wanderungen wie Niederlassungen.
- Wanderungsursachen
  - Freiwillige Wanderung wie Arbeitsmigration.
  - Erzwungene Wanderung wie Flucht oder Vertreibung.
- Umfang der Migration
  - Einzeln- bzw. Individualwanderung.
  - Gruppen- bzw. Kollektivwanderung.
  - Massenwanderung.

Somit werden räumliche Bewegungen von Personen, die nicht mit einem dauerhaften Wechsel des Wohnortes verbunden sind, nicht dem Phänomen der Migration zugerechnet (vgl. Herberle 1955: 2, zitiert nach Han 2016: 6). Allerdings umfasst Migration nicht selten Zwischenziele, um Mittel für die Weiterreise zu erwerben. Zudem gibt es immer wieder zirkuläre Bewegungen oder auch Rückwanderungen, weshalb Migration stets ergebnisoffen bleibt. Auch, da die geplanten Wanderungsintentionen nicht immer dem erwünschten Verlauf entsprechen: Der neue

Ort hält den Hoffnungen nicht stand, Chancen können nicht genutzt werden oder Routen werden geschlossen (vgl. Oltmer 2017: 20).

Migration ist keine Besonderheit der Moderne, auch wenn dies häufig angenommen wird. Bereits in der Vergangenheit blieben Menschen selten dort wo sie geboren wurden. Sie sind stetig auf der Suche nach neuen und besseren Lebensbedingungen und -optionen (vgl. Han 2016: 17). Migrationsbewegungen gibt es daher seit Beginn der Geschichte. Von globaler Migration hingegen wird erst ab dem 15. Jahrhundert gesprochen, und Europa wird erst seit dem 19. Jahrhundert als Zuwanderungskontinent bezeichnet (vgl. Oltmer 2016; Amenda 2009, zitiert nach Oltmer 2018, 2.5.2020). Das 20. Jahrhundert gilt indessen aufgrund der beiden Weltkriege als das ‚Jahrhundert der Flüchtlinge'. Das Ausmaß der Migration in der Postmoderne ist jedoch atemberaubend: „Pro Minute müssen 24 Menschen ihr Heim verlassen. Die Summe dieser weltweiten Wanderungsbewegungen ist genauso dramatisch. Mit 65,3 Millionen übersteigt die Zahl der Vertriebenen die der Einwohner Kanadas, Argentiniens, Australiens oder Kenias. Würden all diese Menschen eine Nation bilden, dann wäre sie nach der Bevölkerungszahl ungefähr auf Platz 21 weltweit." (Bhabha 2019: 7) Diese Tendenzen stehen vor allem mit der Globalisierung in Verbindung. Durch die zunehmende Vernetzung auf unterschiedlichen Ebenen, von wirtschaftlicher Zusammenarbeit über neue Kommunikationsmöglichkeiten bis zu persönlichen Kontakten, rückt die Welt immer weiter zusammen. Produktionen werden in Billiglohnländer angesiedelt und Geschäftspartner*innen verteilen sich auf der ganzen Welt. Damit steigt die Arbeitsmigration stetig an. Die zwei Determinanten der Arbeitsmigration sind daher die Arbeitsmarktpolitik und die strukturellen Bedingungen der Wirtschaft. Denn ist ein Mehrbedarf an Arbeitskräften vorhanden, den der heimische Arbeitsmarkt nicht befrieden kann, führt dies zu erhöhten Nachfragen an ausländischen Arbeitskräften (vgl. Han 2000: 64). Menschen erhoffen sich durch diese Migration bessere Arbeitsmarkt-, Lebens- und Bildungschancen (vgl. Tilly 1978: 72, zitiert nach Oltmer 2017: 22) und verfügen meist schon über wirtschaftliches und gesellschaftliches Potenzial (vgl. Oltmer 2017: 22). Der Großteil der Arbeitsmigrant*innen in Deutschland kommt aus Europa und der EU, innerhalb der Freizügigkeit herrscht. Allerdings verlassen viele Jobsuchende die Bundesrepublik nach kurzer Zeit wieder, da sie hier oft nur Arbeit unter ihrem Qualifikationsniveau finden (vgl. Bade 2017: 25). Neben der Arbeitsmigration zählen Kriege, Naturkatastrophen, religiöse oder politische Verfolgungen sowie wirtschaftliche Notlagen zu den wichtigsten Migrationsursachen. Freise (2017: 45f.) weist in diesem Zusammenhang darauf hin, dass die Auflistungen von Migrationsgründen meist nur wirtschaftliche Ursachen benennen. So fliehen Menschen aus Afrika häufig aus ökonomischen Motiven, die aber nicht Erstursache, sondern Folgen einer postkolonialen Handelspolitik des Globalen Nordens sind. Damit verursachen Europa und Deutschland Fluchtursachen mit. Eine Tatsache, die selten thematisiert wird. Allerdings ist es wichtig diese Ursachenzusammenhänge aufzuzeigen, um gegen Vorurteile innerhalb der Gesellschaft vorgehen zu können, da Migrant*innen häufig mit Blick auf ihre Fluchtursachen bewertet und in „gute" und „schlechte" Migrant*innen unterschieden werden (vgl. ebd.: 46f.). Dieses diskriminierende Vorgehen konnte auch in den letzten Jahren in Deutschland beobachtet werden:

Kriegsflüchtlinge aus Syrien werden als „gute" Flüchtlinge bezeichnet, da sie aus berechtigten Gründen flohen. Menschen aus Afrika oder dem Kosovo hingegen werden als „schlechte" Migrant*innen bewertet, da sie angeblich nur wegen des Geldes kamen und dem „Sozialstaat auf der Tasche liegen". Folgerichtig wird an dieser Stelle eine bessere Aufklärung über Fluchtursachen und deren Zusammenhang mit der deutschen und europäischen Politik und dem Wohlstand dieses Kontinents als notwendig erachtet. Denn Migrationsbewegungen werden „durch eine Vielzahl zusammenhängender Ursachen und Zwänge kultureller, politischer, wirtschaftlicher, religiöser, demographischer, ökologischer, ethnischer und sozialer Art ausgelöst" (Han 2016: 7). Daher ist es nicht einfach, die Gründe für Migrationsbewegungen analytisch und systematisch zu erfassen. Auf der Metaebene kann hierbei zunächst zwischen zwei Migrationstypologien unterschieden werden: Der *freiwilligen Migration* (u. a. Arbeitsmigration) und der *erzwungenen Migration* (u. a. Fluchtmigration), wobei die Übergänge zwischen beiden fließend sind (vgl. Treibel 1990/2011: 24). Menschen können beispielsweise auch zur Arbeitsmigration gezwungen sein, wenn sie nicht in der Lage sind, ihren Lebensunterhalt in ihrem Herkunftsland zu bestreiten. Hierdurch vermischen sich der Zwang und die Freiwilligkeit zusehends. Diesen beiden Typologien auf Metaebene können weitere Migrationsformen zugeordnet werden.

Zu einer erzwungenen Migration zählt Oltmer (2017: 35) neben Flucht:

- Deportation: Zielgerichtete Mobilisierung durch Gewalt.
- Evakuierung: Zwangsmaßnahmen aufgrund einer unmittelbaren Notlage.
- Umsiedlung: Zwangsmaßnahme zur Verlagerung von (Minderheits-)Gruppen.
- Vertreibung: Räumliche Mobilisierung durch Gewalt ohne einer Wiederansiedlung.

Der freiwilligen Migration kann neben Arbeitsmigration auch die *lifestyle migration* zugerechnet werden, welche durch die Verbesserung von Erwerbsmöglichkeiten vor allem in der Postmoderne entsteht. Ziel dieser Migrationsform ist die Erhöhung der Handlungsoptionen von Kollektiven, Familien und Individuen. Diese streben neue Umgebungen an, die ihre Lebensqualität erhöhen und Selbstverwirklichung ermöglichen. Von daher verlegen finanziell unabhängige Personen vorwiegend aus gesundheitlichen, klimatischen oder kulturellen Gründen ihren Wohnsitz (vgl. Benson/O'Reilly 2009, zitiert nach Oltmer 2017: 28; Oltmer 2017: 28f.). Ebenfalls eng mit der freiwilligen Migration verbunden sieht Han (2000: 72f.) die *Familienzusammenführung*, welche oft ein erster Schritt zur dauerhaften Niederlassung im Aufnahmeland ist. Seit 2015 wird in Deutschland der Familiennachzug aber auch in Bezug zur erzwungenen Migration kontrovers diskutiert. So wurde 2016 unter der Großen Koalition von CDU und SPD der Familiennachzug für Geflüchtete im subsidiärem Schutzstatus für zwei Jahre ausgesetzt (vgl. Bundesamt für Migration und Flüchtlinge 2019b, 30.5.2020). Andere Parteien hingegen, wie BÜNDNIS 90/DIE GRÜNEN (2017: 107, 26.5.2020) oder DIE LINKE (2017: 114, 29.5.2020), sehen den Familiennachzug als wichtige Voraussetzung für eine erfolgreiche Integration an. Bereits hier wird deutlich, dass die

Möglichkeiten für eine Familienzusammenführung maßgeblich von der Ausländer- und Einwanderungspolitik des jeweiligen Landes abhängig sind.

Eine weitere Migrationsform, die aktuell diskutiert werden muss, ist die sogenannte *illegale* oder besser *irreguläre Migration*. In den sozialwissenschaftlichen Diskursen wird der Begriff der *irregulären Migration* bevorzugt, um keine Assoziationen zu Kriminalität wie Schleuserkriminalität, Menschen- oder Drogenhandel hervorzurufen. „'Irregulär' verweist darauf, dass illegitime Grenzüberschreitung stattfindet, auf ein Leben ohne Papiere und/oder das Arbeiten ohne gültige Arbeitserlaubnis" (etwa Karakayali 2008, zitiert nach Castro Varela/Mecheril 2010: 33). In Anbetracht der Flüchtlingssituation im Jahr 2015 und der Covid-19-Pandemie im Jahr 2020 kam es vor allem an der griechisch-türkischen Grenze zu zahlreicher irregulärer Einwanderung, da keine Registrierungen durchgeführt wurden. „Die illegale Migration ist logische Konsequenz des weltweit wachsenden Migrationsdrucks, der im Zuge der sich zunehmend restriktiv verschärfenden Migrationspolitik aller Einwanderungsländer ein Ventil in der Illegalität sucht." (Han 2000: 96) Damit führt die Überforderung vieler Staaten durch Zuwanderung und die daraufhin restriktive Migrationspolitik zu wachsender irregulärer Migration. Diese Irregularität hat eine fast vollkommene Rechtslosigkeit zu Folge, die beispielsweise in einer mangelnden Krankenversicherung und fehlender Bildungschancen zum Ausdruck kommt.

Nowicka (2019) gibt mit Blick auf Migrationstypologien zu bedenken, dass auch *Transnationalismus* als weitere Migrationsform betrachtet werden sollte. Die Ursprünge eines transnationalen Blicks auf Migration liegen in den USA. Durch die erhöhte Zu- und Abwanderung zwischen den USA und Mexiko sowie zwischen Amerika und der Karibik kam es zu „Pendelbewegungen", durch die soziale Bindungen in beiden Ländern entstanden. Römhild (2011: 35, 25.6.2020) beschreibt Transnationalität als Beziehungen zwischen verschiedenen Teilen der Welt. Hierdurch macht Migration das traditionelle und geschlossene ‚Container-Bild' von Kulturen und Gesellschaften sowohl für Menschen, Güter und finanzielle Ressourcen, Ideen als auch Erfahrungen durchlässig. Der Begriff Transnationalisierung bezieht sich damit auf einen Prozess, welcher auf grenzübergreifende Interaktionen hindeutet. Innerhalb dieser Interaktionen entstehen Netzwerke und Informationsflüsse, die weitere Migration fördern. Infolgedessen bilden sich Regionen heraus, die von einem starken Fort- oder Zuzug betroffen sind. „Eine wichtige Folge dieses Prozesses auf der Mikroebene ist, dass Migration in den Herkunftsgemeinschaften normalisiert wird, d. h. dort als zugängliches und sozial legitimiertes Lebensmodell gilt. Auf der Makroebene ist laut Massey eine Entkoppelung der ursprünglichen Impulse für die Auswanderung von späteren Migrationsfaktoren zu beobachten." (Nowicka 2019: 52) Im Laufe der Zeit entstehen somit ganze Migrationssysteme. Diese Prozesse und Merkmale werden seit Anfang der 1990er Jahre häufig als transnational bezeichnet. Zwar waren schon früher ähnliche Mechanismen bei Wanderungen zu beobachten. Jedoch hat sich der wissenschaftliche Blick auf Migration verändert. Durch die transnationale, grenzüberschreitende Perspektive werden neue Fragestellungen in der Forschung fokussiert. Hierzu zählen Themenbereiche wie Netzwerke, Kommunikation oder

Beziehungen zwischen Migrant*innen und Personen im Herkunftsland (vgl. ebd.: 52f.).

Carey (2018: 26) konstatiert für das 21. Jahrhundert überdies eine weitere Migrationsform, welche sich auf drei große Entwicklungen stützt:

- gravierender Anstieg der Weltbevölkerung,
- massive Urbanisierung im globalen Süden,
- einschneidende Veränderungen der Umwelt.

Aus diesem Ökologiedilemma leitet er die Existenzmigration ab, welche sich bereits heute bemerkbar macht (vgl. Carey 2018: 26). In naher Zukunft kann davon ausgegangen werden, dass sich daran anschließend eine Umwelt- und Klimamigration herausbildet.

Dieser Darstellung folgend kann eine neue Differenzierung der Migrationsformen in zwei Meta-Typologien vorgenommen werden, deren Übergänge jedoch fließend sind. Sie dient daher nur als Hilfskonstruktion, um Wanderungsbewegungen voneinander abgegrenzt analysieren und erforschen zu können:

Tabelle 1: Migrationstypologien (Quelle: Eigene Darstellung)

Freiwillige Migration	*Erzwungene Migration*
Arbeitsmigration	Flucht
Lifestyle-Migration	Evakuierung
Familienzusammenführung	Umsiedlung
Irreguläre Migration	Deportation
Transnationalismus	Vertreibung
	Existenzmigration
	Umwelt- und Klimamigration

Um eine Praxisverknüpfung zu beiden Meta-Typologien herstellen zu können, werden anschließend exemplarisch zwei Fallbeispiele dargestellt. Diese werden auch im weiteren Verlauf der Publikation immer wieder aufgegriffen, um theoretische Inhalte nachvollziehbar und begreifbarer zu machen.

> **Fallbeispiel 1: Freiwillige Migration – Arbeitsmigration**
>
> Arbeitsmigration findet am häufigsten innerhalb der EU statt, da EU-Bürger*innen aufgrund des Freizügigkeitsgesetzes privilegierte Zuwanderungsmöglichkeiten haben. Dies gilt auch für Alexander Matei, 30 Jahre alt und wohnhaft in Rumänien. Aufgrund der Arbeitsmarktlage in seinem Heimatland findet er als Elektroniker keine Beschäftigungsmöglichkeit. Daher möchte er als Arbeitsmigrant in Deutschland Fuß fassen. Für die Einreise selbst braucht er weder ein Visum noch eine Aufenthaltsgenehmigung und kann sich dort für zunächst drei Monate aufhalten. Für einen längeren Aufenthalt muss er nachweisen, dass sein

Lebensunterhalt gesichert ist. Da er im Moment nicht erwerbsfähig ist, muss er zusätzlich eine Krankenversicherung vorlegen. Zudem steht er in der Pflicht, beim Einwohnermeldeamt vorstellig zu werden, sobald er eine Wohnung in Deutschland bezogen hat. Sein Zugang zur Beschäftigung oder selbstständigen Erwerbstätigkeit ist durch die Arbeitnehmerfreizügigkeit unbeschränkt. Benötigt er Hilfe bei der Jobsuche kann er sich an verschiedene Institutionen wenden. Ferner kann er als Elektroniker auf die Anerkennung seiner Qualifikation verzichten, da seine Ausbildung nicht zu den reglementierten Berufen zählt und damit bereits anerkannt ist. Um einen Arbeitsplatz zu finden, sind deutsche Sprachkenntnisse von Vorteil.

Als EU-Bürger gehen ihm darüber hinaus erworbene Ansprüche aus der Sozialversicherung nicht verloren. Für das Ankommen in Deutschland gibt es das Angebot eines Integrationskurses und mit einem ununterbrochenen rechtmäßigen Aufenthalt in Deutschland über 5 Jahre geht automatisch das Recht auf einen Daueraufenthalt einher.

Fallbeispiel 2: Erzwungene Migration – Flucht

Seit 2011 herrscht Bürgerkrieg in Syrien. Als sich die Situation im Jahr 2015 deutlich verschlechterte, versuchten viele vor der Terroreinheit Islamischer Staat (IS) zu fliehen. So auch Familie Alschami aus Damaskus. Vater Bachar hatte große Angst um die Sicherheit seiner Familie und davor, zum Militär einberufen zu werden. Nachdem ihr Haus durch einen Bombenangriff zerstört wurde, kamen sie vorerst bei seinen Eltern unter. Von dort aus planten sie ihre Flucht über das Mittelmeer und die Balkanroute. Seine Frau Dima war im achten Monat schwanger und die kleine Tochter Salam erst drei Jahre alt.

In einer Dezembernacht machten sie sich mit dem Allernötigsten zu Fuß auf den Weg in den Libanon. Von dort aus flogen sie in die Türkei und suchten in einem Hafen nach einem Schiff, das sie an die Küste Griechenlands bringen sollte. Nachdem sie einen Schlepper ausfindig gemacht hatten, bezahlten sie den Betrag von 6.000 € und bestiegen mit 18 weiteren Personen ein Boot, das lediglich für acht Personen ausgelegt war. Nach einer Stunde Überfahrt war das Benzin des kleinen Bootes aufgebraucht und es trieb verlassen im offenen Meer.

Vier Stunden später näherte sich ein Rettungsschiff der griechischen Küstenwache um sie aufzunehmen und an Land zu bringen. Die Zustände in Griechenland waren menschenunwürdig: überfüllte Aufnahmelager, schlechte Hygienebedingungen und Menschenrechtsverletzungen. Daher entschloss sich die Familie weiter zu wandern, um über die Balkanroute nach Deutschland zu gelangen. Zu Fuß und mit dem Bus legten sie die Strecke über Mazedonien, Serbien, Kroatien, Slowenien und Österreich zurück, bis sie schließlich in der Bundesrepublik ankamen.

In Deutschland angekommen, ließen sie sich registrieren und stellten beim Bundesamt für Migration und Flüchtlinge (BAMF) ihren Antrag auf Asyl. Sie wurden in einer Erstaufnahmeeinrichtung untergebracht und mit dem Nötigsten versorgt. Drei Wochen später kam ihr Sohn Saed zu Welt.

Bereits in diesen kurzen Fallbeispielen wird deutlich, wie unterschiedlich Migrationsgründe und -voraussetzungen sein können. Um das komplexe Phänomen *Migration* in all seinen Facetten besser verstehen und erklären zu können, werden daher einschlägige Theorien benötigt. Denn wie Kurt Lewin (zitiert nach Käpplinger 2019: 30, 3.8.2021) sagt: „Es gibt nichts Praktischeres als eine gute Theorie."

Migration als Forschungsthema gibt es allerdings erst seit dem 19. Jahrhundert. Ziel dieser Forschung ist es, die Gesetze, Ursachen und den Verlauf von Migration analysieren zu können. Da bei der Entwicklung dieser Ansätze diverse Wissenschaftsrichtungen interdisziplinär agierten, kam es zu ganz unterschiedlichen Zugängen zur Migrationsthematik. Nach Haug (2000, 21.12.2020) können diese in klassische und neuere Theorien der Migration unterschieden werden. Mit ihrer Hilfe können Typologien der Wanderung entwickelt und Ursachen und Folgen in einen systematischen Zusammenhang gebracht werden.

Klassische Theorien:

- Bevölkerungstheoretische Ansätze

Hierzu zählen beispielsweise die Gesetze der Wanderung nach Ravenstein (1889), dem „Urvater" aller traditionellen Migrationstheorien. Dieser sah in der geographischen Distanz den entscheidenden Faktor für seine Migrationsgesetze, die er in sechs Unterpunkte gliedert. Sie stellen einen Versuch dar, Regelmäßigkeiten der Wanderungsströme zu formulieren:

1. Migration ist ein Prozess, der sich unter normalen Bedingungen langsam und schrittweise vollzieht.
2. Der Migrationsstrom nimmt proportional zu der wachsenden geographischen Distanz in seiner Stärke ab. Die meisten Menschen migrieren in angrenzende Städte oder Länder („short-journey").
3. Migration löst Gegenmigration aus.
4. Das Wachstum der Städte geht auf Kosten der ländlichen Regionen.
5. Unter den „Short-journey"-Migrant*innen überwiegt die Anzahl der Frauen.
6. Je weiter das Verkehrswesen und die Industrie entwickelt sind, umso stärker nimmt die Migration zu (vgl. Ravenstein 1889: 288; Han 2000: 39).

Mit Hilfe dieses Ansatzes können Wanderungsregelmäßigkeiten im geographischen Sinn formuliert und hierüber Klassifikationen der Wander*innen, wie beispielsweise *short-journey migrants* oder *local migrants,* vorgenommen werden (vgl. Haug 2000: 1, 21.12.2020).

- Makroökonomische Ansätze

Ursache für Wanderungsbewegungen sind dieser Theorierichtung nach räumliche Ungleichheiten zwischen Produktionsorten und Arbeitsmärkten. Internationale Migration wird demnach durch unterschiedliche Lohnarten zwischen Staaten verursacht. Die Folge der Migration sollte daher eine Angleichung der Lohnniveaus sein, wodurch keine Migration mehr auftreten würde. Dieser Vorstellung nach können durch die Regulierung der Arbeitsmärkte Migrationsbewegungen beeinflusst werden (vgl. Hicks 1963, zitiert nach Haug 2000: 2, 21.12.2020). Hierfür können auch die Arbeitslosenquote oder die Anzahl von Beschäftigten als Einflussfaktoren betrachtet werden. Diese Faktoren können wiederum Push- oder Pull-Faktoren für Migration sein. So wirkt eine hohe Arbeitslosigkeit beispielsweise abstoßend, während eine hohe Beschäftigungsquote oder hohe Lohnniveaus anziehend sind. Mittels dieses Ansatzes sind Analysen zu ökonomischen

Ungleichheiten zwischen Regionen sowie Differenzen innerhalb der Arbeitsmärkte möglich, um darauf aufbauend ein Arbeitsmarktgleichgewicht zu fördern und Migration in gewisser Weise zu steuern (vgl. Wagner 1989: 37f., zitiert nach Haug 2000: 3, 21.12.2020).

- Arbeitsmarktforschung

Die Gründe für die Arbeitskräftewanderung liegen laut dieser Theorie in einem segmentierten Arbeitsmarkt, der sich aus einem sicheren (primär) und unsichereren (sekundär) Bereich zusammensetzt. Demzufolge ist die internationale Arbeitsmigration größtenteils nachfragebasiert und wird durch strukturelle Bedingungen der Wirtschaft initialisiert (vgl. Massey et al. 1993: 444, zitiert nach Haug 2000: 3, 21.12.2020). Ziel ist es, hierdurch Gründe für Arbeitsmigration in hoch industrialisierten Ländern darstellen zu können.

- Ökologische und systemtheoretische Ansätze

Internationale Migration wird als natürliche Folge der Entstehung von kapitalistischen Märkten in den sogenannten Entwicklungsländern im Rahmen von Globalisierungsprozessen verstanden. Demnach folgt die internationale Arbeitskräftemigration dem internationalen Fluss von Gütern und Kapital in umgekehrter Richtung. Daher tritt Migration besonders zwischen ehemaligen Koloniemächten und ihren damaligen Kolonien auf. Entsprechend kann Migration durch Investitionen und eine Kontrolle von Güter- und Kapitalflüssen reguliert werden. Jedoch ist diese Steuerungswirkung praktisch kaum realisierbar. Zudem hat das Scheitern politischer und militärischer Interventionen zum Schutz internationaler Investitionen und der Expansion des globalen Marktes Fluchtbewegungen zur Folge. Migration folgt in diesem Sinne der Dynamik der globalen Ökonomie. Im Gegensatz zu makroökonomischen Ansätzen werden hier aber auch nicht ökonomische Faktoren wie die Bevölkerung, Organisationsstruktur, Technologie und die Umwelt einbezogen (vgl. Massey et al. 1993: 447, zitiert nach Haug 2003: 4f., 21.12.2020).

- Neoklassische mikroökonomische Theorie

Diese Betrachtungsweise basiert auf der Vorstellung, dass individuelle Akteur*innen, „rationale Entscheidungen treffen, um ihren ökonomischen Nutzen zu maximieren. Migration wird erklärbar durch die Suche nach dem Ziel einer optimalen Versorgung mit ökonomischen Mitteln, wobei vor allem Lohnhöhe und Beschäftigungschancen berücksichtigt werden" (Kalter 1997: 43; Wagner 1989: 32, zitiert nach Haug 2000: 5, 21.12.2020). Somit rückt das Individuum, seine Einkünfte und Ausstattung mit Humankapital in den Mittelpunkt der Analyse, und Migration wird als Investition in Humankapital betrachtet (vgl. Haug 2000: 5f., 21.12.2020).

- Neue Migrationsökonomie

Ziel ist es, durch Migration eine Maximierung des Haushaltseinkommens zu erreichen. Hierbei kann der Haushaltsnutzen dem individuellen Nutzen entgegenstehen. Beispiele für diese Überlegungen sind Geldüberweisungen der entsendeten Migrant*innen an Verwandte im Herkunftsland (vgl. Mincer 1978, zitiert nach

Haug 2000: 7, 21.12.2020). Insofern bezieht sich dieser Ansatz nicht auf das Individuum, sondern auch auf Familien, Haushalte, Lohnunterschiede oder auch auf die Regulierung von Arbeitsmärkten (vgl. Massey et al. 1993: 439, zitiert nach Haug 2000: 8, 21.12.2020).

- Entscheidungstheoretische Ansätze

Für diesen Erklärungsansatz interpretierte Lee (1972: 118, zitiert nach Haug 2000: 8, 21.12.2020) das Push-Pull-Paradigma individualistisch, in dem er Faktoren im Herkunftsgebiet (Push), Faktoren im Zielgebiet (Pull) sowie intervenierende Hindernisse und persönliche Faktoren in seine „Theorie der Wanderung" integrierte. Der Vergleich zwischen den Push und Pull-Faktoren bezüglich des Herkunfts- und Ziellandes führt zu einer Entscheidungsfindung. Allerdings kann dieses Vorgehen eher als Vorstufe zu einer echten Entscheidungstheorie bewertet werden (vgl. ebd.; Haug 2000: 8, 21.12.2020). Dennoch können hierdurch individuelle Entscheidungsprozesse von Migrant*innen systematisch analysiert und dargestellt werden.

Bei einer zusammenfassenden Betrachtung der klassischen Migrationstheorien wird deutlich, dass deren Fokus eindimensional auf der Arbeitsmigration liegt und andere Migrationsformen wie Flucht, kaum thematisiert werden. Damit nehmen sie eine einseitige ökonomische und statische Betrachtungsweise von Migrationsprozessen ein. Dies ist vor allem darauf zurückzuführen, dass Arbeitsmigration gewöhnlich einfacher gesteuert werden kann und meist zeitlich begrenzt stattfindet. Zudem wird diese Migrationsform durch die Politik stark gefördert, da hiermit ein ökonomischer Gewinn für die Zielländer einhergeht. So reiste beispielsweise 2019 der Gesundheitsminister Jens Spahn eigens nach Mexiko um Pflegekräfte für Deutschland anzuwerben. Zwangsmigration hingegen ist nicht managebar und stellt Länder damit vor zahlreiche und komplexere Herausforderungen. Denn meist handelt es sich hierbei um Gruppenwanderungen, die nicht genau vorhersehbar sind. Aber auch die Integration dieser Migrant*innen wird oft als kritisch verlaufend betrachtet, da sie ihren Lebensmittelpunkt meist dauerhaft in das Aufnahmeland verlegen. Folgerichtig wurden aufgrund der Kritik an den klassischen Theorien neuere Ansätze entwickelt, um das vorgenannte statische und ökonomische Verständnis zu überwinden.

Neuere Ansätze:

- Transnationale Migration

Knapp (1994: 3f., zitiert nach Haug 2000: 16, 21.12.2020) definiert diesen Theorieansatz folgendermaßen: „Der transnationale Charakter dieser Wanderungsbewegung liegt darin, dass die Migranten als gesellschaftliche Akteure den wie auch immer politisch organisierten Herrschaftsverband ihres Herkunftslandes verlassen, um sich grenzüberschreitend als ‚Ausländer' in die Obhut eines anderen – in der Regel nationalstaatlich organisierten – Staatswesen zu begeben." Damit zielt die Theorie auf internationale Migration, an deren Ende eine neue Migration mit qualitativen und quantitativen Veränderungen steht. Transmigrant*innen weisen Beziehungen über nationale Grenzen hinweg auf und sind weder im Herkunfts-

noch im Einreiseort wirklich heimisch (vgl. Pries 1997: 3, zitiert nach Haug 2000: 16, 21.12.2020). Mit Hilfe dieser Theorie sollen Gemeinschaften und soziale Räume analysiert werden, „die durch die Zirkulation von Gütern, Personen und Informationen über Grenzen hinweg gebildet werden" (Rouse 1989, zitiert nach Haug 2000: 17, 21.12.2020).

- Migrationssystem-Ansatz

Hier wird davon ausgegangen, dass zwischen bestimmten Ländern ein intensiver Austausch von Ideen, Personen, Gütern, Kapital, Dienstleistungen und Informationen stattfindet und somit ein Migrationssystem entsteht, das Herkunfts- und Zielsystem verbindet (vgl. Bös 1997: 36, zitiert nach Haug 2000: 17, 21.12.2020). Somit können Nationen gleichzeitig mehreren Migrationssystemen angehören. Diese Systeme sind durch verschiedene Kategorien von Verbindungen gekennzeichnet und werden als dynamische Beziehungen formeller oder informeller Art betrachtet, die sich mittels Anpassungsmechanismen selbst regulieren (vgl. Massey et al. 1993: 454, zitiert nach Haug 2000: 17f., 21.12.2020). Durch die Berücksichtigung politischer, sozialer und demographischer Faktoren soll die „Dynamik von Migrationsprozessen im Rahmen einer systemtheoretischen Analyse angemessen berücksichtigt werden" (Bös 1995: 65; Tlotnik 1992: 2ff., zitiert nach Haug 2000: 17, 21.12.2020). Damit hilft das Konzept, Gesamtzusammenhänge zwischen verschiedenen Ebenen zu klassifizieren (vgl. Haug 2000: 17f., 21.12.2020).

- (Soziale) Netzwerk-Ansätze

Im Vordergrund dieser Theorie stehen die sozialen Emigrations- und Immigrationsnetzwerke und damit das soziale Kapital. Durch die verbindenden Beziehungen zwischen Herkunfts- und Zielland erhöht sich demnach die Wahrscheinlichkeit internationaler Arbeitsmigration, die wiederum zu Kettenmigration führen kann (vgl. Massey 1990, zitiert nach Haug 2000: 19). Denn „ob und inwieweit eine temporäre, zirkuläre oder auf einen längerfristigen Aufenthalt andernorts ausgerichtete Migration als individuelle oder kollektive Chance verstanden wird, hängt entscheidend vom Wissen über Migrationsziele, -pfade und -möglichkeiten ab" (Oltmer 2017: 24). Folglich können soziale Kontakte Migrationsbewegungen aufrechterhalten und antreiben. Netzwerk-Ansätze stellen damit die „sozialen Emigrations- und Immigrationsnetzwerke in den Vordergrund der Betrachtung" (Faist 1995b: 18, zitiert nach Haug 2000: 19, 21.12.2020).

- Soziales Kapital

„Soziales Kapital ist das Produkt des Eingebettetseins in Beziehungen." (Portes 1995: 13, zitiert nach Haug 2000: 22, 21.12.2020) Es wird auf der Mikroebene als Ressource von Einzelnen gesehen und zählt als wichtiger Aspekt in Migrationsentscheidungen. Entsprechend wird soziales Kapital als Motiv für den Transfer von Ressourcen angenommen (vgl. Portes 1995: 15, zitiert nach Haug 2000: 22, 21.12.2020). „Das Konzept des sozialen Kapitals findet Anwendung im Rahmen einer ökonomisch ausgerichteten Migrationssoziologie, die den Aspekt des Eingebettetseins in soziale Netze besonders berücksichtigt." (Haug 2000: 21, 21.12.2020)

■ Kumulative Ursachen von Migrationsprozessen

Internationale Migration wird nach diesem Verständnis als dynamischer, kumulativer Prozess mit sechs Grundprinzipien interpretiert:

1. Migration hat ihren Ursprung in strukturellen Transformationen.
2. Migration führt häufig zur Entwicklung einer Infrastruktur, die Massenwanderung ermöglicht.
3. Ist eine Alternative zur Migration zugänglich, wird diese oftmals von Familien verwendet.
4. Internationale Migration ist häufig ein selbsterhaltender, sozialer Prozess.
5. Die Sesshaftigkeit von Migrant*innen ist unausweichlich.
6. Migrationsnetzwerke werden durch kurzfristige oder endgültige Rückwanderungen erhalten (vgl. Massey et al. 1987: 4ff., zitiert nach Haug 2000: 24f., 21.12.2020).

Dieses Konzept soll durch ein dynamisches Migrationsverständnis eine alternative Erklärung für Migration anbieten und aufzeigen, dass die Zusammenhänge zwischen „individuellem Verhalten, Haushaltsstrategien, Gemeinschaftsstrukturen und nationalen politischen Ökonomien [dafür sprechen], dass Migrationsprozesse von Faktoren auf verschiedenen Ebenen abhängig sind, die sich im Zeitverlauf ändern können" (Haug 2000: 25, 21.12.2020).

Die Darstellung neuerer Ansätze macht deutlich, dass das zu Beginn statische Verständnis von Migration (-stheorien) im Verlauf der Entwicklung einer dynamischen Betrachtung weicht. Dennoch wird auch in diesen Theorieansätzen vorwiegend Arbeitsmigration betrachtet, wodurch Zwangsmigrationen oder auch die Familienzusammenführung kaum erwähnt werden. Zusammenfassend kann festgehalten werden, dass weitere Theorien, die außerhalb des Spektrums der Arbeitsmigration angesiedelt sind, benötigt werden, um die Gesamtheit von Ursachen und Wirkungen betrachten und reflektieren zu können. So komplex das Phänomen Migration ist, so verschieden müssen auch die erklärenden Theorien sein. „Es kann keine allgemeine Theorie der Migration im gleichen Sinne wie eine Theorie der Sozialisation, der Erziehung, der Wirtschaft, der Politik, des Rechts usw. geben. Migration steht quer zu solchen Unterscheidungen. Sie bezeichnet spezifische Strukturen von Gesellschaft, an denen sich Migrationen ausrichten." (Bommes 1999: 28) Entsprechend werden verschiedene Ansätze erforderlich, die stetig reflektiert werden müssen, um Migrationsgründe und -bewegungen theoretisch greifbar machen und systematisieren zu können. Denn Migration wird es weiterhin geben und ihre Gründe werden vielfältiger: Individualisierung, Klimawandel, Naturkatastrophen, Existenzängste und vieles mehr. Daher kann sich abschließend Krüger-Potratz (2016: 13) angeschlossen werden, welche erläutert: „*Migration* und – genereller – Mobilität über staatliche Grenzen hinweg wie auch innerhalb derselben, auf Dauer oder Zeit angelegt, verbunden mit unterschiedlichen Motiven, Zielen und Erwartungen stellt seit jeher eine Herausforderung für alle Politikbereiche des Ziellandes dar, insbesondere für die Bereiche Arbeit, Wohnen Gesundheit und Bildung. Stets geht es um die Frage, ob und in welchem Umfang die Zugewanderten an den gesellschaftlichen Ressourcen teilhaben sollen." Um die Auseinandersetzung mit Aspekten des Umgangs mit Zugewanderten nach erfolgter Migration geht es im Themenfeld Integration, das in Kapitel 3 vertieft wird.

> **Merke!**
> Unter *internationaler Migration* wird die Verlagerung des Lebensmittelpunktes über Ländergrenzen hinweg verstanden. Wird dieser innerhalb des Landes verlegt, wird von *Binnenmigration* gesprochen.
> Definitorisch wird zunächst in freiwillige und erzwungene Migration unterschieden. Diese beiden Begriffe werden wiederum unterschiedlichen Migrationsformen zugeordnet. Für die Soziale Arbeit und für die Politik sind vor allem fünf Formen bedeutsam: Arbeitsmigration, Fluchtmigration, Transnationalismus, Familienzusammenführung und irreguläre Migration.
> Migrationstheorien setzen sich vor allem mit der Frage auseinander, in welche Typologien Migrationsbewegungen differenziert werden können und welche Ursachen für eine Wanderung ausschlaggebend sind. Während die klassischen Theorien ihren Fokus auf ein statisches Verständnis und auf Arbeitsmigration legen, wird den neueren Ansätzen ein eher dynamisches und komplexeres Verständnis von Migrationsprozessen zugrunde gelegt.

1.2 Wer ist Migrant*in?

Wer jeweils als Migrant*in bezeichnet wird, kann nicht einfach festgelegt, sondern muss stets kontext- und situationsspezifisch definiert und verstanden werden. Abgeleitet von der eingangs getroffenen Begriffsannäherung an Migration, werden unter dem Terminus Migrant*in zunächst Personen verstanden, die ihren Lebensmittelpunkt in ein anderes Land, eine andere Gegend oder einen anderen Ort verlagern, also selbst „gewandert" sind. So bezeichnet das Glossar zu Asyl und Migration des Europäischen Migrationsnetzwerkes (2018: 228, 7.5.2020) eine*n Migrant*in als „eine Person, die sich außerhalb des Territoriums des Staates, dessen Staatsangehörigkeit oder Nationalität sie besitzt, befindet und die sich länger als 1 Jahr in einem ausländischen Land aufgehalten hat, unabhängig von den Gründen, ob freiwillig oder unfreiwillig, und unabhängig von den Mitteln, ob regulär oder irregulär, die bei der Migration genutzt wurden". Sind Migrant*innen nach ihrer Wanderung in einem Staat angekommen, werden sie von diesem hinsichtlich ihrer Aufenthaltsdauer, ihrer Rechte und Pflichten bestimmten Migrant*innengruppen zugeordnet. Grundlage für diese Eingruppierung sind vor allem die Motivation der Einwander*innen sowie deren voraussichtliche Aufenthaltsdauer im Zielland. In Anlehnung an den Migrationsbericht der Bundesregierung (vgl. Bundesministerium des Innern, für Bau und Heimat 2018b, 23.6.2020) und mit Blick auf die Soziale Arbeit sind für Deutschland acht Migrant*innengruppen bedeutsam, welche nachstehend dargestellt werden. Daran anschließend wird diskursiv und dekonstruktivistisch auf diese Klassifizierung und ihre Auswirkungen eingegangen.

1.2.1 Ausgewählte Migrationstypen

Vor allem im 20. Jahrhundert haben sich aufgrund der fortschreitenden Globalisierung und weltweiter wirtschaftlicher Verflechtungen unterschiedlichste Kategorien von Migrant*innen herausgebildet. Bevor die einzelnen Migrant*innengruppen dargestellt werden, muss zunächst erläutert werden, was unter dem Begriff *Migrationshintergrund* zu verstehen ist, da hierunter verschiedene Migrationstypen verortet werden können.

Menschen mit Migrationshintergrund:

Der Terminus *Migrationshintergrund* ist zunächst eine statische Kategorie, durch welche die Bevölkerung seit 2005 in Menschen mit und ohne Migrationshintergrund eingeteilt werden kann. Anhand dieser Abgrenzung soll der Blick bei Migration und Integration nicht nur auf die Zuwander*innen selbst, sondern auch auf in Deutschland geborenen Nachkommen gerichtet werden. Daher werden unter dem Begriff Migrationshintergrund alle Personen zusammengefasst, „die die deutsche Staatsangehörigkeit nicht durch Geburt besitzen oder die mindestens ein Elternteil haben, auf das dies zutrifft. Im Einzelnen haben folgende Gruppen nach dieser Definition einen Migrationshintergrund: Ausländer, Eingebürgerte, (Spät-)Aussiedler, Personen, die durch die Adoption deutscher Eltern die deutsche Staatsbürgerschaft erhalten haben, sowie die Kinder dieser vier Gruppen" (Statistisches Bundesamt o. J.[a], 10.5.2020). Diesem Verständnis nach haben auch die Personen aus den beiden Fallbeispielen einen Migrationshintergrund. Im Jahr 2019 lebten 21,2 Mio. Menschen mit Migrationshintergrund in Deutschland. Hiervon waren 10,2 Mio. Ausländer*innen, von denen 1,9 % keine eigenen Migrationserfahrungen haben. Zusätzlich wiesen 11,1 Mio. Deutsche einen Migrationshintergrund auf, wovon 7,3 % nicht selbst migriert sind (vgl. Statistisches Bundesamt, zitiert nach Bundeszentrale für politische Bildung 2020, 18.2.2021).

Ausländer*innen:

Ausländer*in ist jede*r, der*die nicht im Sinne von Art. 116 Abs. 1 des GG die deutsche Staatsangehörigkeit besitzt. Damit trifft diese Klassifizierung auf alle in den dargestellten Fallbeispielen genannten Personen zu. Ausländer*innen genießen Meinungs-, Versammlungs- und Vereinigungsfreiheit und können je nach Landesrecht auch in politischen Parteien und kommunalen Ausschüssen mitwirken. Es besteht jedoch kein Wahlrecht bei Bundestags-, Landtags- und Kommunalwahlen (vgl. Bundesministerium des Innern für Bau und Heimat o. J.[a], 7.5.2020). Laut Statistischem Bundesamt (o. J.[b], 18.2.2021) waren Ende 2019 rund 11,2 Millionen Ausländer*innen in Deutschland registriert. Etwa 43 % davon stammten aus den Mitgliedstaaten der Europäischen Union (EU). Die meisten besaßen die polnische, rumänische oder italienische Staatsbürgerschaft. Bei Ausländer*innen aus Nicht-EU-Staaten handelte es sich vor allem um Menschen aus der Türkei, Syrien oder Afghanistan. Von diesen registrierten Ausländer*innen hielten sich 7 % (759 000) weniger als ein Jahr und etwa die Hälfte seit mindestens acht Jahren in Deutschland auf.

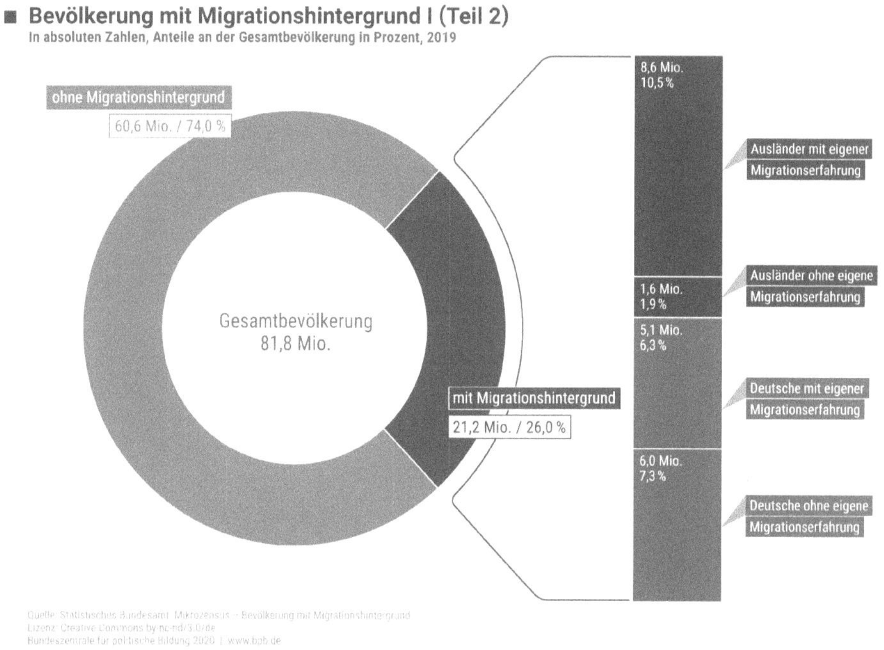

■ **Bevölkerung mit Migrationshintergrund I (Teil 2)**
In absoluten Zahlen, Anteile an der Gesamtbevölkerung in Prozent, 2019

- ohne Migrationshintergrund: 60,6 Mio. / 74,0 %
- Gesamtbevölkerung 81,8 Mio.
- mit Migrationshintergrund: 21,2 Mio. / 26,0 %
- 8,6 Mio. / 10,5 % – Ausländer mit eigener Migrationserfahrung
- 1,6 Mio. / 1,9 % – Ausländer ohne eigene Migrationserfahrung
- 5,1 Mio. / 6,3 % – Deutsche mit eigener Migrationserfahrung
- 6,0 Mio. / 7,3 % – Deutsche ohne eigene Migrationserfahrung

Quelle: Statistisches Bundesamt, Mikrozensus – Bevölkerung mit Migrationshintergrund
Lizenz: Creative Commons by-nc-nd/3.0/de
Bundeszentrale für politische Bildung 2020 | www.bpb.de

Abbildung 1: Kreisdiagramm Bevölkerung mit Migrationshintergrund (Quelle: Statistisches Bundesamt, zitiert nach Bundeszentrale für politische Bildung 2020, 18.2.2021)

Spätaussiedler*innen:

Bei Spätaussiedler*innen handelt es sich um Nachkommen deutscher Auswander*innen, „die aufgrund der deutschen Politik als Minderheiten in geschlossenen Siedlungen im europäischen Teil des Russischen Reiches lebten" (Vogelgesang 2008, zitiert nach Castro Varela/Mecheril 2010: 27). Sie sind nach § 4 des Bundesvertriebenengesetzes (BVFG) in der Regel deutsche Volkszugehörige, „die infolge des Zweiten Weltkrieges besondere Belastungen, einem besonderen Kriegsfolgenschicksal, ausgesetzt waren. Sie haben die im BVFG benannten Aussiedlungsgebiete nach dem 31. Dezember 1992 im Wege des Aufnahmeverfahrens verlassen und innerhalb von sechs Monaten ihren ständigen Aufenthalt im Bundesgebiet genommen" (Bundesministerium des Innern, für Bau und Heimat 2018b: 119, 23.6.2020). Eine Aussiedlung ist immer an das Konstrukt der Abstammungsgemeinschaft gekoppelt. Daher galt bis zum Jahr 2000 jede*r als Deutsche*r, der*die von Deutschen abstammte. Infolge dessen erlangten Spätaussiedler*innen einen privilegierten Status im Vergleich zu anderen Einwander*innengruppen (vgl. Vogelgesang 2008, zitiert nach Castro Varela/Mecheril 2010: 27). Denn durch die Ausstellung einer Bescheinigung zur Feststellung des Status *Spätaussiedler*in* erwerben sie parallel die deutsche Staatsangehörigkeit. Seit 1950 wanderten über vier Millionen Menschen innerhalb dieses rechtlichen Rahmens nach Deutschland zu (vgl. ebd.: 26). Die Herkunftsregionen der Spätaussiedler*innen haben sich

Kapitel 1: Was ist Migration?

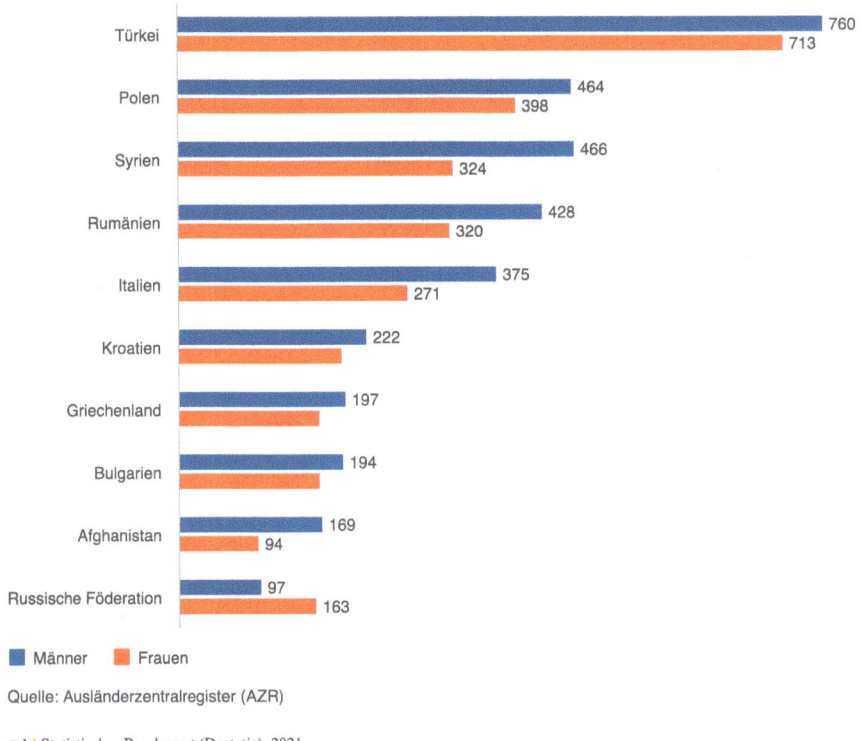

Abbildung 2: Balkendiagramm Ausländische Bevölkerung (Quelle: Ausländerzentralregister, zitiert nach Statistisches Bundesamt o. J., 18.2.2021)

im Laufe der Zeit stark verändert. Während in den 1990er Jahren vorwiegend Zuzüge aus der ehemaligen Sowjetunion sowie Polen und Rumänien zu verzeichnen waren, kommen Spätaussiedler*innen inzwischen fast ausschließlich aus der ehemaligen Sowjetunion. Ihr Anteil am gesamten Zuzug liegt bereits seit Jahren bei circa 98 % (vgl. Bundesministerium des Innern, für Bau und Heimat 2018b: 122, 23.6.2020). „Da Deutschkenntnisse in der Regel umso geringer werden, je jünger die Aussiedler/innen sind und die staatlichen Unterstützungsangebote auch mit Bezug auf Sprachförderung deutlich nachgelassen haben, befindet sich insbesondere die junge Generation der aus als deutsch geltenden Familien stammenden Einwanderer aus Osteuropa in einer prekären Situation." (Castro Varela/Mecheril 2010: 27)

Arbeitsmigrant*innen:

Wer als Arbeitsmigrant*in einreisen und berufstätig sein darf, wird von den Aufnahmestaaten selbst festgelegt. In Deutschland wird dies durch die Verordnung über die Beschäftigung von Ausländerinnen und Ausländern (BeschV) geregelt. Demnach muss sich die Zulassung von ausländischen Beschäftigten an den Erfordernissen des Wirtschaftsstandortes Deutschland orientieren. Berücksichtigt werden müssen hierbei vor allem die Verhältnisse auf dem Arbeitsmarkt und das Erfordernis, die Arbeitslosigkeit wirksam zu bekämpfen. Daher wurde die Zuwanderung für Fachkräfte mit Berufsabschlüssen in Mangelberufen und für Hochqualifizierte in Deutschland erleichtert (vgl. Bundesministerium des Innern, für Bau und Heimat o. J.ª, 7.5.2020). Dies betrifft aktuell vorwiegend den Gesundheits- und Pflegesektor. Eine Erhebung des Statistischen Bundesamtes (vgl. Afentakis/Maier 2014: 178, 7.5.2020) zeigt jedoch, dass die Pflegeberufe bislang kaum von einer Arbeitsmigration profitiert haben. Im März 2020 trat das Fachkräfteeinwanderungsgesetz in Kraft, das insbesondere den Zugang für Fachkräfte in Ausbildungsberufe und verbesserte Perspektiven für ausländische Fachkräfte ermöglichen soll. Unter Fachkräften werden Hochschulabsolvent*innen sowie Beschäftigte mit einer qualifizierten Berufsausbildung verstanden. Voraussetzung sind deutsche Sprachkenntnisse und die Sicherung des eigenen Lebensunterhalts während der Jobsuche (vgl. Bundesministerium des Innern, für Bau und Heimat 2018a, 7.5.2020). Somit kann die Politik die Zuwanderung von Arbeitsmigrant*innen je nach wirtschaftlichem Interesse steuern, wodurch bestimmten Berufs- oder Personengruppe eine Einwanderung auch gezielt vorenthalten bleibt. Wie im Fallbeispiel 1 dargestellt, haben EU-Bürger*innen eine privilegierte Zuwanderungsmöglichkeit. Daher ist es ihnen möglich, ohne Visum oder Aufenthaltsgenehmigung für drei Monate einzureisen, um eine Arbeitsstelle zu finden. Für einen längeren Aufenthalt muss nachgewiesen werden, dass der Lebensunterhalt gesichert ist. Der Zugang zur Beschäftigung oder selbstständigen Erwerbstätigkeit ist aber unbeschränkt möglich.

Neben der langfristigen Arbeitsmigration gibt es aber auch zahlreiche Saisonarbeiter*innen, die nur für einige Monate nach Deutschland einreisen. Während der Covid-19-Pandemie im Jahr 2020/2021 wurde besonders deutlich, inwieweit Deutschland auf Saisonarbeiter*innen angewiesen ist, um in bestimmten Bereichen wie der Landwirtschaft die Produktion aufrechtzuerhalten.

Bildungsmigrant*innen:
Zu den Bildungsmigrant*innen zählen:

- *Ausländische Studierende:* Hierzu gehören Bildungsinländer*innen, die ihre Hochschulzugangsberechtigung in Deutschland erworben haben, und Bildungsausländer*innen, die über eine ausländische Hochschulzugangsberechtigung verfügen. Während die erste Gruppe meist schon vor Beginn des Studiums in Deutschland lebt, reist die zweite Gruppe vorwiegend erst zum Studium ein. Bildungsausländer*innen benötigen daher ein Visum, dessen Voraussetzung meist eine anerkannte Hochschulzugangsberechtigung erfordert. In der Regel ist zudem ein Nachweis über ausreichende Sprachkenntnisse der Unterrichtssprache Voraussetzung (vgl. Bundesministerium des Innern, für Bau und Heimat 2018b: 73f., 23.6.2020).

- *Ausländische Hochschulabsolvent*innen:* Die Zahl der Bildungsausländer*innen, die einen Hochschulabschluss in Deutschland erworben haben, hat sich seit Ende der 1990er-Jahre mehr als verfünffacht. Die Geschlechterverteilung ist hierbei ausgeglichen. Die größte Gruppe stellen chinesische Absolvent*innen dar, gefolgt von Indien, der Russischen Föderation und Österreich (vgl. ebd.: 80f.). „Nach § 16 Abs. 5 AufenthG wird Studienabsolventinnen und Studienabsolventen aus Drittstaaten eine Aufenthaltserlaubnis zur Suche einer ihrem Abschluss angemessenen Erwerbstätigkeit für bis zu 18 Monate im Anschluss an das Studium erteilt." (ebd.: 81)
- *Sprachkurs und Schulbesuch:* Nach § 16 Abs. 1 AufenthG kann einer ausländischen Person eine Aufenthaltserlaubnis für Sprachkurse oder Schulbesuche erteilt werden. Nach erfolgreichem Abschluss kann die Aufenthaltserlaubnis um bis zu einem Jahr zur Suche eines Arbeitsplatzes verlängert werden. Im Jahr 2018 sind 5.521 Drittstaatenangehörige zu diesem Zweck nach Deutschland eingereist (vgl. ebd.: 81f.).
- *Sonstige Ausbildungszwecke:* „Drittstaatsangehörigen kann nach § 17 Abs. 1 AufenthG eine Aufenthaltserlaubnis für eine betriebliche Aus- und Weiterbildung erteilt werden." (Bundesministerium des Innern, für Bau und Heimat 2018b: 83, 23.6.2020) Nach erfolgreichem Abschluss kann der Aufenthalt um bis zu einem Jahr verlängert werden, um einen angemessenen Arbeitsplatz zu suchen (vgl. ebd.).

Geflüchtete:

Geflüchtete suchen in einem anderen Land Schutz, da ihr Herkunftsland diesen nicht bieten kann. Zu dieser Gruppe gehören zum einen Asylsuchende, die beabsichtigen einen Asylantrag zu stellen, aber noch nicht als Asylantragstellende beim Bundesamt erfasst sind. Und zum anderen Asylantragstellende, also Asylbewerber*innen, die sich aktuell im Asylverfahren befinden, über deren Verfahren aber noch nicht entschieden wurde. Aber auch Schutz- und Bleibeberechtigte, die eine Asylberechtigung, einen Flüchtlingsschutz oder einen subsidiären Schutz erhalten haben oder sich aufgrund eines Abschiebungsverbotes in Deutschland aufhalten, werden unter dem Terminus *Geflüchtete* zusammengefasst (vgl. Bundesamt für Migration und Flüchtlinge 2016: 2). Ein Asylverfahren besteht aus verschiedenen Stationen und kann daher einige Zeit in Anspruch nehmen:

> **Fallbeispiel Familie Alschami: Asylverfahren**
>
> Für alle Geflüchteten gilt, dass sie sich unmittelbar nach ihrer Ankunft in dem jeweiligen Staat registrieren lassen müssen. So auch Familie Alschami. Nach ihrer Ankunft in Deutschland müssen sie beim Bundesamt für Migration und Flüchtlinge (BAMF) einen Asylantrag stellen. Daraufhin erhalten sie einen Auskunftsnachweis, der zum Aufenthalt in der Bundesrepublik und zum Bezug staatlicher Leistungen berechtigt, bis das Asylverfahren abgeschlossen ist. Anschließend werden sie in einer Aufnahmeeinrichtung untergebracht.
> Innerhalb ihres Asylverfahrens wird zunächst nach dem Dublin-Abkommen entschieden, welches europäische Land für die Prüfung ihres Asylantrages zuständig ist. Da Familie Alschami in keinem anderen europäischen Land registriert wurde, entscheidet Deutschland über ihr Asyl. Entsprechend folgt eine persön-

> liche Anhörung, in der sie ihre individuellen Fluchtgründe darlegen müssen. Auf Basis dieser Anhörung und einer eingehenden Prüfung ihrer Dokumente und Beweismittel entscheidet das BAMF über ihren Asylantrag. Hierbei soll das Einzelschicksal maßgeblich sein. Mit Abschluss des Asylverfahrens werden sie einem Schutzstatus zugeteilt, der den Rahmen ihrer Rechte und Pflichten vorgibt. Familie Bachaar erhielt nach einem Dreivierteljahr die Zuerkennung des Flüchtlingsschutzes nach der Genfer Flüchtlingskonvention.

In Deutschland hat das BAMF insgesamt vier Entscheidungsmöglichkeiten hinsichtlich der Schutzformen:

- Anerkennung der Asylberechtigung nach Art. 16a GG

Asylberechtigt „ist eine Person, die aufgrund ihrer Rasse[1], Nationalität, politischen Überzeugung, religiösen Grundentscheidungen oder Zugehörigkeit zu einer bestimmten sozialen Gruppe im Falle der Rückkehr in ihr Herkunftsland einer schwerwiegenden Menschenrechtsverletzung ausgesetzt sein wird" (Bundesamt für Migration und Flüchtlinge 2016: 17). Asylberechtigte erhalten eine Aufenthaltserlaubnis für drei Jahre sowie einen unbeschränkten Arbeitsmarktzugang. Zudem haben sie Anspruch auf einen privilegierten Familiennachzug, der die Ehegatt*innen und Kinder umfasst.

- Zuerkennung des Flüchtlingsschutzes nach § 3 AsylG

Laut der Genfer Flüchtlingskonvention Artikel 1 Abs. 2 ist ein Flüchtling eine Person, die „aus der begründeten Furcht vor Verfolgung wegen ihrer Rasse, Religion, Nationalität, Zugehörigkeit zu einer bestimmten sozialen Gruppe oder wegen ihrer politischen Überzeugung sich außerhalb des Landes befindet, dessen Staatsangehörigkeit sie besitzt, und den Schutz dieses Landes nicht in Anspruch nehmen kann oder wegen dieser Befürchtungen nicht in Anspruch nehmen will; oder die sich als staatenlose infolge solcher Ereignisse außerhalb des Landes befindet, in welchem sie ihren gewöhnlichen Aufenthalt hatte, und nicht dorthin zurückkehren kann oder wegen der erwähnten Befürchtungen nicht dorthin zurückkehren will" (UNHCR Deutschland 2015: 6, 7.5.2020). Flüchtlinge haben demnach eine begründete Furcht vor Verfolgung aus unterschiedlichen Gründen. Aufgrund der Schutzlosigkeit in ihrem Herkunftsland haben sie das Recht auf Sicherheit in einem anderen Land. Flüchtlinge erhalten eine Aufenthaltserlaubnis für drei Jahre und einen unbeschränkten Arbeitsmarktzugang und haben ein Anrecht auf einen privilegierten Familiennachzug (vgl. ebd.).

- Zuerkennung des Subsidiären Schutzes nach § 4 AsylG

„Subsidiär schutzberechtigt sind Menschen, die stichhaltige Gründe dafür vorbringen, dass ihnen in ihrem Herkunftsland ein ernsthafter Schaden droht und sie den Schutz ihres Herkunftslandes nicht in Anspruch nehmen können oder wegen der Bedrohung nicht in Anspruch nehmen wollen. Ein ernsthafter Schaden kann sowohl von staatlicher als auch von nichtstaatlichen Akteuren ausgehen." (Bundesamt für Migration und Flüchtlinge 2016: 19) Zu den ernsthaften Schäden zäh-

---

1 Der Begriff „Rasse" wird in Anlehnung an den Vertragstext der Genfer Flüchtlingskonvention verwendet.

len beispielsweise die Todesstrafe, unmenschliche Bestrafung oder die individuelle Bedrohung des Lebens. Personen wird in dieser Schutzform eine Aufenthaltsdauer von einem Jahr mit einer Verlängerungsmöglichkeit von bis zu weiteren zwei Jahren zugesprochen. Auch sie haben einen unbeschränkten Arbeitsmarktzugang (vgl. ebd.). Der Anspruch auf Familiennachzug wurde im Jahr 2016 ausgesetzt. Seit August 2018 wurde er lediglich für ein deutschlandweites Kontingent von 1.000 Personen im Monat wieder aufgenommen (vgl. Bundesamt für Migration und Flüchtlinge 2019b, 30.5.2020).

- Feststellung Abschiebungsverbot nach § 60 V + VII AufenthG

Ist die Rückführung einer schutzsuchenden Person in ihr Herkunftsland mit einer Verletzung der Europäischen Konvention zum Schutz der Menschenrechte und Grundfreiheiten (EMRK) oder einer erheblichen Gefahr für Leib, Leben oder Freiheit verbunden, dürfen diese nicht zurückgeschickt werden. In diesem Fall erhalten die Betroffenen eine Aufenthaltsgenehmigung für mindestens ein Jahr. Eine wiederholte Verlängerung ist möglich. Um einer Beschäftigung nachgehen zu können, benötigen sie eine Erlaubnis der Ausländerbehörde. Zudem entfällt der privilegierte Familiennachzug (vgl. Bundesamt für Migration und Flüchtlinge 2016: 20f.).

Familiennachzug:

„Der Familiennachzug bezeichnet den Nachzug im Ausland lebender Familienangehöriger und ist grundsätzlich begrenzt auf die Kernfamilie, d. h. die Ehe- bzw. Lebenspartnerin oder Ehe- bzw. Lebenspartner und minderjährige Kinder bzw. Eltern von minderjährigen Kindern. Sonstige Familienmitglieder können nur in Ausnahmefällen nachziehen." (Bundesministerium des Innern, für Bau und Heimat 2018b: 103, 23.6.2020) Voraussetzung ist, dass die bereits in Deutschland lebende Person eine Niederlassungserlaubnis, Aufenthaltserlaubnis, Erlaubnis zum Daueraufenthalt-EU oder eine Intra-Corporate-Transfer-Karte (ITC) besitzt oder sich gemäß § 20a AufenthG berechtigt im Bundesgebiet aufhält und ausreichend Wohnraum zur Verfügung steht. Meist gilt auch ein gesicherter Lebensunterhalt ohne die Inanspruchnahme öffentlicher Mittel als Bedingung. Mit dem Aufenthaltstitel aus familiären Gründen geht auch das Recht zur Ausübung einer Erwerbstätigkeit einher. Im Regelfall muss vor der Einreise durch die Auslandsvertretung ein Visum erteilt werden (vgl. ebd.: 103f.). Für die Einreise aus bestimmten Ländern muss zudem in der Regel ein Nachweis über Deutschkenntnisse der Stufe A1 des Gemeinsamen europäischen Referenzrahmens für Sprachen vorgelegt werden (vgl. Bundesamt für Migration und Flüchtlinge 2015, 20.7.2020). Da Mitglieder der Kernfamilie von Asylberechtigten und Flüchtlingen grundsätzlich einen Anspruch auf Familiennachzug haben, könnte auch Familie Alschami unter den dargestellten Voraussetzungen dieses Recht in Anspruch nehmen. Für Alexander Matei ist dies aufgrund der Freizügigkeit innerhalb der EU ohnehin möglich.

Irreguläre Migrant*innen:

„Findet die (Wieder-)Einreise eines Ausländers in das Bundesgebiet ohne einen anerkannten und gültigen Pass oder Passersatz gemäß § 3 Abs. 1 AufenthG bzw. ohne den erforderlichen Aufenthaltstitel nach § 4 AufenthG statt oder besteht für den Ausländer ein Einreise- und Aufenthaltsverbot nach § 11 Abs. 1 AufenthG, so ist die Einreise unerlaubt (§ 14 Abs. 1 AufenthG)." (Bundesministerium des Innern, für Bau und Heimat 2018b: 154, 8.5.2020) Der Begriff irreguläre*r Migrant*in wird also dann verwendet, wenn sich eine Person ohne Aufenthaltsrecht oder Duldung und ohne Kenntnis der Ausländerbehörde in Deutschland aufhält. Schätzungen zufolge befinden sich zwischen 180.000 und 520.000 irreguläre Einwander*innen in Deutschland (vgl. ebd.). Meist resultiert hieraus eine Staatenlosigkeit, die nach Art. 15 AEMR eine Menschenrechtsverletzung darstellt, da jeder Mensch das Recht auf Staatsangehörigkeit besitzt. „Staatenlos ist, wer unter nationalen Gesetzen keine Staatsbürgerschaft eines Landes besitzt. Dies bedeutet, dass der rechtliche Bund, der normalerweise zwischen einer Regierung und einer Einzelperson geschlossen wird, nicht besteht." (UNHCR Deutschland o. J.[a], 10.12.1010) Eine der größten Herausforderungen für Staatenlose und irreguläre Migrant*innen besteht darin, dass letztlich nicht geklärt ist, ob das Asylrecht auch ein Menschenrecht darstellt. Die AEMR beinhaltet nach Art. 14 Abs. 1 lediglich das Recht, in anderen Ländern vor Verfolgung Asyl zu ersuchen und zu genießen (vgl. Krennerich 2013: 78). Aufgrund langer Wartezeiten, unzumutbaren Aufnahmelagern und Menschenrechtsverletzungen an den Außengrenzen Europas verlassen viele Asylsuchende ihr erstes Aufnahmeland und versuchen ‚illegal' weiterzureisen – auch wenn sie wieder dorthin zurückgesendet werden können. Allerdings sind derzeit nicht alle Länder zur Rückübernahme bereit, und Personen ohne Papiere werden meist nicht registriert und hierdurch in die Irregularität gezwungen. In der Regel unternehmen Betroffene den Versuch zur irregulären Einwanderung so lange, bis sie einen Erfolg erzielen, da sie nichts zu verlieren haben (vgl. Han 2000: 100). Insofern entwickelte sich irreguläre Migration in der Postmoderne zu einer dominierenden Form der Migration. Doch auf irreguläre Migrant*innen warten im Zielland zahlreiche Herausforderungen, da ein unerlaubter Aufenthalt in Deutschland nach § 95 Abs. 1 AufenthG strafbar ist: Bei der Wohnungssuche, Arztbesuchen, der Anmeldung von Kindern bei einer Bildungseinrichtung oder der Arbeitssuche. Eine Inanspruchnahme ihrer Rechtsposition wäre mit enormen Risiken wie Haft, Abschiebung oder staatliche Bestrafung verbunden. Folglich haben sie keine Möglichkeit, in der Öffentlichkeit zu agieren, und müssen Aufmerksamkeit um jeden Preis vermeiden, wodurch sie häufig ausbeuterischen Arbeitsverhältnissen und anderen Menschenrechtsverletzungen ausgeliefert sind (vgl. Bielefeldt 2006: 82, 89). Zwar ist heute die Inanspruchnahme von Rechten auch für irreguläre Migrant*innen im Prinzip möglich, in der Praxis ist dies aber nur mit großen Schwierigkeiten durchsetzbar.

Transnationale Migrant*innen:

Unter transnationalen Migrant*innen werden Personen verstanden, die den Kontakt in das jeweilige Herkunftsland auch nach ihrer Wanderung aufrechterhalten. Dies erfolgt zum Beispiel über neue Kommunikationsmedien oder durch das

Transferieren hoher Geldbeträge (vgl. Nowicka 2019: 51ff.). Diese Transaktionen spielen in der transnationalen Migration eine dauerhafte und zentrale Rolle, da sie Teil transnationaler Familienstrategien, beispielsweise als Unterstützung zur Universitätsausbildung, sind. Die Bedeutung transnationaler Migration zeigt sich auch im politischen Sektor. So finden Wahlkämpfe heute nicht mehr nur zu Hause, sondern auch über Ländergrenzen hinweg statt. Dieses Phänomen kann vor allem in den USA und Mexiko beobachtet werden. Ziel hierbei ist die Beeinflussung der Wähler*innen in den Herkunftsgemeinden über die Ausgewanderten (vgl. Pries 2011: 12, 23.6.2020). Folglich brechen transnationale Migrant*innen nicht alle Brücken hinter sich ab, sondern halten ökonomische, soziale und kulturelle Beziehungen in ihre Herkunftsländer aufrecht. Hierdurch entstehen transnationale Netzwerke, die verschiedene Gesellschaften verbinden bzw. durchdringen und Mobilität sowie Kommunikation zwischen ihnen erleichtern (vgl. Röhmhild 2011: 35, 14.5.2020). Die Lebenspraxis von transnationalen Migrant*innen ist entsprechend dadurch gekennzeichnet, dass ihre sozialen und geographischen Räume in verschiedenen Ländern angesiedelt sind. Somit entstehen neue Formen der Grenzziehung sozialer Räume, die nicht an territorialen oder staatlichen Grenzen Halt machen (vgl. Pries 2011: 11, 23.6.2020). Hierdurch bilden sich transnationale Identitäten aus, in denen Elemente aus der Herkunfts- und Zielregion zu etwas Eigenem und Neuem transformiert werden. Transmigrant*innen können sich sowohl mit dem Herkunfts- als auch mit dem Zielland identifizieren (vgl. Nowicka 2019: 52f.; Pries 2013). Im Hinblick auf die aktuelle politische Situation ist die Frage zentral, „ob eine transnationale Identität und ein transnationales Engagement von Migrant*innen und deren Nachkommen mit dem Integrationsbemühungen und -verläufen in Deutschland konfligieren" (z. B. Amelina/Faist 2008, zitiert nach Nowicka 2019: 61). Zahlreiche Forschungen belegen, dass die Teilhabe an transnationalen Welten kein Widerspruch zur Teilhabe am lokalen Alltagsleben sein muss und Migrant*innen vorleben, dass es sich mit mehreren Heimaten leben lässt, ohne dass damit ein Identitätsverlust oder Loyalitätskonflikt einhergehen muss (vgl. Bergmann/Römhild 2009, zitiert nach Römhild 2011: 35, 25.6.2020). Dennoch können vor allem aus institutionalisierter Transnationalität Spannungen innerhalb der Gesellschaft entstehen. Dies ist beispielsweise der Fall, wenn die Innenpolitik der Türkei versucht deutsche Staatsbürger*innen zu beeinflussen oder der Krim-Konflikt sich auf die Beziehungen zwischen Migrant*innen in Deutschland auswirkt (vgl. Golova 2017, 21.2.2021; Nowicka 2019: 61). Transnationalität ist durch mediale Kommunikation und virtuelle Netzwerke inzwischen nicht mehr von persönlichen Kontakten abhängig. „Auch die in den Einwanderungsgesellschaften geborenen ‚PostmigrantInnen' der zweiten und dritten Generation entwickeln eigene transnationale Verbindungen, nicht nur zu den Herkunftsgesellschaften ihrer Eltern und Großeltern." (Mau 2007, zitiert nach Römhild 2011: 35, 25.6.2020)

Nachdem die im deutschsprachigen Diskurs zentralen Migrationstypen deskriptiv dargestellt wurden, wird im anschließenden Kapitel reflexiv-analytisch auf die Auswirkungen dieser Kategorisierung eingegangen.

1.2.2 Überlegungen zur Funktion von Kategorisierungen

Das Phänomen der Kategorisierung in Migrant*innentypen ist vor allem in Deutschland zu beobachten, da „gerade in unserem Land das Denken in ethnischen Kategorien sehr verbreitet und stark im Alltagsbewußtsein verankert" (Auernheimer 1997: 303, zitiert nach Yıldız 2009: 273) ist. Entsprechend ist das Vererbungs- oder Abstammungsprinzip das wesentliche Kriterium zur Unterscheidung zwischen ‚offiziellen Deutschen' und den ‚Anderen' und damit die Staatsangehörigkeit Ausdruck formeller Zugehörigkeit (vgl. Castro Varela/Mecheril 2010: 39). Daher wird ausländischen Personen, bevor sie einem Migrationstyp zugeteilt werden, bereits das Etikett *Migrant*in* angeheftet. Der Terminus *Migrant*in* entstand also vorwiegend, um eine Ordnung zu schaffen und in Migrant*innen und Nicht-Migrant*innen zu unterscheiden. Daher sind diese Einordnung und Zuschreibung vor allem auf gesellschaftlicher Ebene bedeutsam. So stellt der Unterschied zwischen Migrant*in und Nicht-Migrant*in eine „allgemein verfügbare Ressource dar, die von Individuen, aber auch von Institutionen genutzt werden kann, und zwar in einer Weise, die, weil sie kommunikativ und imaginativ anschlussfähig ist, ein hohes Maß an Plausibilität besitzt" (Castro Varela/Mecheril 2010: 38). Folglich ist der Terminus Migrant*in von Diskursen um Identität, Fremdheit sowie ethnische und kulturelle Differenz begleitet. Auch wenn der Begriff Migrant*in zunächst als Indiz einer emanzipierten Einwanderungsbevölkerung gilt (vgl. ebd.), entsteht durch diese Differenzierung auch die Möglichkeit der Über- und Unterordnung zwischen gesellschaftlichen Gruppierungen. Denn in erster Linie wird er genutzt, um eine vermutete Abweichung von der ‚Norm' im Hinblick auf Identität, Herkunft und Biografie zum Ausdruck zu bringen. Insofern wird der Begriff Migrant*in verwendet um die Andersartigkeit von Personen oder Personengruppen auszudrücken. Edward Said entwickelte bereits in der 1970er Jahren das Konzept des *Otherings*, welches diese Möglichkeit des ‚Fremdmachens' und der ‚Wir-Konstruktion' aufzeigt. Hierbei wird ein beruhigendes, spannungsfreies und gemeinschaftliches *Wir* konstruiert, das sich bewusst von dem Fremden, also dem *Nicht-Wir*, abgrenzt. Dabei werden eigene Zuschreibungen positiv bewertet, während den Fremden das genaue Gegenteil zugesprochen wird. Wird das *Wir* also als zivilisiert und emotional beschrieben, werden die *Anderen* als unzivilisiert und rational bewertet. Damit orientieren sich die Darstellungen anderer Menschen oder Bevölkerungen immer an den eigenen, europäischen Vorstellungen (vgl. Castro Varela/Mecheril 2010: 42). Um diesem bis heute aktuellen Phänomen entgegenzuwirken, benötigt es eine stetige Reflexion des eigenen Orientierungs- und Wertesystems und der eigenen Biografie.

Mit der Einordnung von Migrant*innen in eine Migrationskategorie gehen erneut Über- und Unterordnungen einher, die sich vor allem auf ihre Rechte und Pflichten auswirken. So kann bereits an den Fallbeispielen aus Kapitel 2.1 eine Ungleichbehandlung zwischen Arbeitsmigrant*innen und Geflüchteten festgestellt werden. Während Alexander Matei als Europäer jederzeit nach Deutschland einreisen und Arbeit aufnehmen darf, muss Familie Alschami erst ein langwieriges Asylverfahren auf sich nehmen, um überhaupt in Deutschland bleiben und eine neue Existenz aufbauen zu dürfen. Diese Ungleichheit wurde vor allem im Jahr

2020 während der Covid-19-Pandemie deutlich. Während politische Ausnahmeregelungen für eine temporäre Einwanderung von benötigten Arbeitskräften gefunden werden konnten, mussten gleichzeitig Menschen unter menschenunwürdigen Bedingungen an den Außengrenzen Europas auf ein faires Asylverfahren hoffen. Geflüchtete, die dennoch versuchten, unentdeckt über die Grenzen weiter zu wandern, wurden aufgrund staatlicher Regulierungen in die Staatenlosigkeit gedrängt und haben hierdurch kaum die Möglichkeit ihre Menschenrechte geltend machen zu können. Damit wird deutlich, dass Politik bewusst Migrant*innengruppen bildet, um jeweils selektive Gruppenentscheidungen im Hinblick auf Rechte und Pflichten treffen zu können (Migrationspolitik Kapitel 2.3). Sicherlich erleichtern Kategorisierungen den reibungslosen Verwaltungsablauf. Jedoch dürfen hiermit aus Sicht der Sozialen Arbeit weder soziale Ungleichheit, Diskriminierungen noch Menschenrechtsverletzungen einhergehen.

Besonders deutlich wird die Schwierigkeit der Kategorisierung beim Begriff *Migrationshintergrund*. Mit dieser Einteilung gehen häufig negative Vorstellungen einher, bei der Menschen ohne Migrationshintergrund als ‚besser' dargestellt werden. Auch in der Sozialen Arbeit wird dieser Terminus nicht immer in einem deskriptiv-analytischen Sinn verwendet. Wird zum Beispiel explizit der Begriff Migrationshintergrund bei stadtteilbezogenen Angeboten benutzt, wird schnell der Schluss gezogen, dass es sich um problematische Quartiere handle. „Deutlich wird hier neben der bewertenden auch die homogenisierende Implikation des Begriffes: Menschen unterschiedlicher Lebenslagen (die z. B. schulische Schwierigkeiten haben oder in einem bestimmten Sozialraum leben) und verschiedener Lebensalter (z. B. Kinder, erwachsene Frauen) werden vor allem auf eine Facette reduziert, nämlich auf ihren ‚Migrationshintergrund' und die hiermit verbundenen bewerteten Pauschalzuschreibungen." (Schramkowski 2018: 46) Entsprechend werden diese Personen nicht in ihrer Ganzheit und Differenziertheit, sondern lediglich in ihrer Kategorie „Migrationshintergrund" wahrgenommen und den Zuschreibungen entsprechend behandelt. Für Castro Varela (2013: 15, zitiert nach ebd.) verweist der Begriff „auf die Nichtzugehörigkeit einer großen Bevölkerungsgruppe und fixiert diese gewissermaßen im Feld sozialarbeiterischer Zielgruppen. ‚Menschen mit Migrationshintergrund' bedürfen integrationspolitisch gerahmter sozialarbeiterischer Versorgung: Sie müssen bei ihren Integrationsbemühungen unterstützt werden". Hierdurch wird dieser Personengruppe eine benötigte Unterstützung durch die Soziale Arbeit verordnet, die mit einer Zuschreibung problematischer Lebenslagen und Hilfsbedürftigkeit einhergeht (vgl. Schramkowski 2018: 46). Damit fördert die Soziale Arbeit durch eine Abgrenzung des *Wir* von den *Anderen* das zuvor beschriebene *Othering* in gewisser Weise selbst, indem Menschen mit Migrationshintergrund als unterstützungsbedürftig und nicht zugehörig betrachtet werden. Dadurch wird der Profession eine Definitionsmacht verliehen, die eine eindeutige Kategorisierung und damit auch Exklusion zulässt. Insgesamt muss aber das Ziel verfolgt werden, Menschen mit Migrationshintergrund als selbstständige Individuen zu betrachten. Nur so kann ein selbstbestimmtes Leben erreicht und ihre Ressourcen zugänglich gemacht werden. Erkennen Sozialarbeiter*innen und die Gesellschaft an, dass Menschen mit Migrationshintergrund keine homogene Gruppe darstellen, sondern individuell agierende Subjekte sind, kann dies zu einer Veränderung der Wahrnehmungs- und Denkmuster führen. Daher gilt es, eine entsprechende Haltung einzunehmen und Menschen mit Migrationshintergrund nicht per se als hilfebedürftig und problembehaftet wahrzunehmen. „Insofern ist der bewusste Umgang mit dem Begriff und seinen widersprüchlichen Bedeutungen mit Blick auf skizzierte machtvolle Kategorisierungen in Migrationsverhältnissen zentral. Zu reflektieren ist das nicht auflösbare Spannungsfeld, dass der ‚Migrationshintergrund' *gleichzeitig* zu fokussieren wie auch zu ignorieren ist: Inwiefern ist die Thematisierung von Differenz entlang von ‚Migrationshintergründen' notwendig, und inwiefern trägt sie zur Fortschreibung (un-)reflektierter) kulturalisierender Kategorisierungen und struktureller Ungleichheit bei?" (Schramkowski 2018: 50f.). Deshalb stehen Sozialarbeiter*innen immer in einem Spannungsverhältnis zwischen Etikettierung und Diskriminierungssensibilität. Um eine kund*innenzentrierte, lebensweltorientierte und integrationsreflexive Soziale Arbeit verwirklichen zu können, muss an diesem Dilemma fortlaufend in Theorie und Praxis gearbeitet werden.

1.3 Soziale Arbeit und Migrationspolitik

Bevor die aktuelle Situation der deutschen Migrationspolitik betrachtet werden kann, soll eine kurze Darstellung der Migrationsgeschichte ab 1955 erfolgen, da die Soziale Arbeit seit dieser Zeit in dem Arbeitsfeld agiert. Zur Systematisierung wird in Anlehnung an Hamburger (1999, 20.6.2020) auf folgendes Phasenmodell zurückgegriffen:

- Gastarbeiter*innen-Ära (1955–1973):

Aufgrund der vollständigen Ausschöpfung des einheimischen Arbeitskräfteangebots begann im Jahr 1955 mit dem ersten zwischenstaatlichen Anwerbeabkommen mit Italien die amtlich organisierte Anwerbung ausländischer Arbeitskräfte. In den Jahren 1960 bis 1968 folgten Abkommen mit Spanien, Griechenland, Türkei, Marokko, Portugal, Tunesien und Jugoslawien (vgl. Bade/Oltmer 2004: 71f.). „Bundesregierung, Bundesanstalt für Arbeit, Arbeitgeberverbände und Gewerkschaften betrachteten, bei allen Unterschieden in der Einschätzung des Problems, eine stärkere Ausländerbeschäftigung als geeigneten Ausweg." (ebd.: 71) Da angenommen wurde, dass sich die Gastarbeiter*innen nur vorübergehend in Deutschland aufhalten, wurden ihnen „soziale Teilnahmerechte und in verschiedenen Hinsichten auch die faktische Teilnahme an für eine selbstständige Lebensführung relevanten Bereichen wie Arbeitsmarkt, Recht, Erziehung oder Gesundheit vorenthalten" (Bade 2001: 51, zitiert nach Gögercin 2018b: 32). Wegen der vermuteten Rückkehroption wurden die Eingewanderten mit der Bewältigung der psychosozialen Folgen ihrer Migration sich selbst überlassen. Bis Mitte der 1960er Jahre gab es daher keine Institutionen für die Unterstützung von Integrationsprozessen (vgl. Hamburger 2006: 179, zitiert nach Gögercin 2018b: 32). Entsprechend entfaltete sich die Soziale Arbeit mit Migrant*innen von Anfang an zwischen den Polen institutionalisierter Beratung und Selbstorganisation (vgl. Hamburger 1999, 20.6.2020). „Die Sozialberatung der Wohlfahrtsverbände bildete auch die zentrale Vermittlungsinstanz zu den Bewegungen und Institutionen außerhalb der Kolonie der in Wohnheimen Untergebrachten." (Hamburger 2006: 179, zitiert nach Gögercin 2018b: 33) In diesem Zusammenhang erfolgte eine Aufteilung der zugewanderten Menschen nach Nationen und Wohlfahrtverbänden: Spanien, Italien und Portugal lagen in der Zuständigkeit der katholischen Caritas, während die Diakonie für Griechenland und die AWO für die Türkei und Jugoslawien zuständig war. Eine Aufteilung, die bis heute Einfluss auf die Tätigkeitsgebiete der Spitzenverbände der Freien Wohlfahrtspflege hat.

- Ausländische Wohnbevölkerung entsteht (1973–1981):

„Infolge der Öl- und Wirtschaftskrise verkündete die Bundesregierung 1973 einen Anwerbestopp. Dieser gilt für die Arbeitsmigration als ein gravierender Einschnitt. Mit diesem Anwerbestopp wurde einerseits zur Reduzierung der Ausländer_innenzahl die endgültige Rückkehr der ursprünglich Angeworbenen gefördert." (Treibel 2008, zitiert nach Gögercin 2018b: 33) Gleichzeitig verstärkte sich hierdurch, politisch ungewollt, der Bedarf an Familienzusammenführung in Deutschland. Damit verwandelte sich das bisherige Kollektiv von Männern in eine ‚normale' Wohnbevölkerung von Familien. Folglich musste die neue Bevölkerungsgruppe in den Wohnungsmarkt und das Bildungssystem integriert werden. Die Zielgruppe der Sozialen Arbeit waren somit nicht mehr nur die Arbeiter allein, sondern auch ihre Familien und insbesondere als bildungsbenachteiligt betrachtete Kinder. Durch deutschlandweit in allen großen Stadtteilen gegründete Initiativgruppen sollte Chancengleichheit hergestellt und Integration ermöglicht werden. Im weiteren Verlauf haben sich diese Gruppen institutionalisiert und gehören seither als freie Träger der Migrant*innenarbeit an (vgl. Akpinar/Lopez-Blasco/Vink 1974, zitiert nach Hamburger 1999, 20.6.2020).

- Abwehr der Einwanderung (1981–1990):

Aufgrund des verstärkten Familiennachzuges und weiterer Zuwanderung fasste die Bundesregierung zu Beginn der 1980er Jahre migrationsverhindernde Beschlüsse und führte Maßnahmen zur Remigration ein. Gastarbeiter*innen und ihre Familien sollten damit dauerhaft am unteren Rand der Gesellschaft verbleiben oder nach Hause zurückkehren (vgl. Hamburger 2006: 180, zitiert nach Gögercin 2018b: 34). Trotz dieser Restriktionen gab es neue ausdifferenzierte Entwicklungen der migrationsbezogenen Sozialen Arbeit durch Adressat*innengruppen wie migrantische Frauen, Jugendliche oder Arbeitslose. So wurde beispielsweise die Eingliederung junger Ausländer*innen gefördert und offene Angebote der Jugendarbeit etabliert (vgl. Gögercin 2018b: 34). Gleichzeitig entstanden Selbstorganisationen und Zusammenschlüsse der Migrant*innen auf lokaler und Bundesebene. In dieser Zeit entwickelte sich die anfangs als „Ausländerpädagogik" bezeichnete Disziplin langsam weiter in Richtung interkulturell ausgerichtete Soziale Arbeit, die Migrant*innen und Einheimische gleichermaßen einbezog (vgl. Hamburger 1999, 20.6.2020).

- Gewalt und / oder Multikulturalismus (1991–1998):

Durch die deutsche Einheit wurde die deutsch-nationale Identifikation verstärkt und die migrationsspezifische Konfliktlage der achtziger Jahre entsprechend verschärft. Gleichzeitig wandelten sich die Migrationsmuster mit dem Verschwinden des „Eisernen Vorhangs" (vgl. Hamburger 1999, 20.6.2020). Die Zahl der Einwander*innen stieg rapide an und erreichte 1990 mit rund 400.000 Aussiedler*innen und 440.000 Asylsuchenden einen Höchststand. Damit wurde Deutschland zum zahlenmäßig größten Einwanderungsland der Welt (vgl. Gögercin 2018b: 35). Rassismus und Multikulturalismus können als entgegengesetzte Reaktionsmöglichkeiten auf diesen Wandel interpretiert werden. Trotz einiger Bedenken wurde die Soziale Arbeit weitestgehend als „interkulturell" ausgerichtet betrachtet. Aufgrund der Unterschätzung des Konfliktpotenzials der ethnischen Mobilisierung innerhalb des Multikulturalismus, trat der Interkulturalismus vermehrt in den Vordergrund (vgl. Hamburger 1999, 20.6.2020). Im interkulturellen Paradigma wird Unterschiedlichkeit nicht mehr wie in der sogenannten Ausländerpädagogik als Defekt betrachtet, sondern die Differenzhypothese entwickelt: Vielfalt besteht und darf weiterbestehen. Ein Fortschritt bestand somit darin, dass Migrant*innen und Einheimische gleichermaßen ins Visier genommen wurden. Mit der interkulturellen Öffnung sozialer Dienste wurde nicht nur eine neue Kundschaft entdeckt, sondern auch die Selbstverständlichkeit, dass Migrant*innen in sozialen Organisationen repräsentiert sein sollen und interkulturelle Kompetenzen bei allen Beteiligten eine Schlüsselqualifikation darstellen. Soziale Arbeit erweiterte in diesem Prozess nicht nur ihre Zielgruppe, sondern wendete sich auch neuen sozialen Notlagen wie Alter oder Armut zu (vgl. Hamburger 1999, 20.6.2020).

- Einwanderungsland Deutschland (ab 1999):

Nach dem Regierungswechsel im Jahr 1998 folgten gravierende Veränderungen im Zusammenhang mit Migration und Integration. Nachdem sich Deutschland nach jahrzehntelangem Ringen schließlich als Einwanderungsland betrachtet hatte, konnte eine staatlich gelenkte Integrationsförderung eingeleitet werden. Zusätzlich stieg die Zahl der Zuwander*innen aufgrund der Freizügigkeit vor allem durch EU-Bürger*innen erneut an. Es erfolgte ein Perspektivwechsel von der Anwerbung niedrig qualifizierter Arbeitskräfte hin zur Anwerbung Hochqualifizierter. Diese Entwicklung bringt, bspw. durch die Etablierung der Kategorie *Menschen mit Migrationshintergrund*, zahlreiche neue Herausforderungen an die Soziale Arbeit mit sich (vgl. Gögercin 2018b: 36f.).

Bevor differenziert auf die aktuelle Migrationspolitik eingegangen wird, kann an dieser Stelle festgehalten werden, dass Migrations- und Fluchtbewegungen nicht von selbst entstehen, sondern häufig Folgen von Kriegen, sozialen Unruhen oder ökonomischen Notlagen sind. Migrationspolitik beschäftigt sich daher neben Fragen zur Zu- und Abwanderung auch mit Konsequenzen unterschiedlicher politischer Entscheidungen im Kontext von Migration. „Migrationspolitik beschreibt Prozesse, die auf die Etablierung und Umsetzung allgemeinverbindlicher Regelungen und Steuerungsmechanismen im Umgang mit Migration und migrationsbedingter Vielfalt abzielt" (Schammann 2018: 68). Folglich sind auch NGOs wie der UNHCR, Amnesty International oder die EU-Kommission heute Teil migrationspolitischer Prozesse. Zudem kann Migrationspolitik nicht ohne internationale Bezüge betrachtet werden, da migrationsrechtliche Vereinbarungen meist zwischen verschiedenen Staaten bestehen, wodurch der Handlungsspielraum einzelner Nationalstaaten eingeschränkt wird (vgl. ebd.: 68f.). Für die Bundesrepublik spielt vor allem die innereuropäische Zusammenarbeit eine zentrale Rolle für die Migrationspolitik, da auf internationaler Ebene kaum wirksame Vereinbarungen existieren. Eine wichtige Ausnahme stellt die Genfer Flüchtlingskonvention (GFK) dar. Diese wurde 1951 verabschiedet und im Jahr 1967 erweitert. Zur Überwachung ihrer Einhaltung wurde ein Hochkommissariat der Vereinten Nationen (UNHCR) eingerichtet. Alle Mitgliedstaaten der EU haben diese Konvention ratifiziert und sind hierdurch verpflichtet, Verfolgte aufzunehmen, die keinen Schutz in ihrem Herkunftsland in Anspruch nehmen können. Auf europäischer Ebene wurde im Jahr 2013 das Gemeinsame Europäische Asylsystem (GEAS) verabschiedet. Hierin wurden beispielsweise Mindeststandards zur Feststellung der Flüchtlingseigenschaft oder zur Durchführung der Asylverfahren festgeschrieben. Allerdings konnten diese Regelungen bislang keine faktische Einebnung der Unterschiede zwischen den EU-Mitgliedstaaten bewirken (vgl. ebd.: 68ff.). Um die politischen Verflechtungen transparent zu machen, wird auf eine Abbildung nach Schammann (2018: 77) zurückgegriffen:

Internationales Flüchtlingsregime
Institutionen zum Flüchtlingsschutz, v.a. Genfer Flüchtlingskonvention (GFK) und Hochkommissariat der Vereinten Nationen (UNHCR) als „Wächter" der GFK

Europäische Union
Definition von Standards: *Common European Asylum System* (= Richtlinien und Verordnungen inkl. EASO, Frontex, AMIF); daran anschließend: Koordination und Harmonisierung

Bund
Rechtliche Rahmenbedingungen (u.a. AsylG, AsylbLG, AufenthG) - dabei auch Umsetzung der europäischen Standards - sowie Durchführen der Asylverfahren (BAMF)

Bundesländer
Umsetzung und Präzisierung der nationalen Regelungen für Aufenthalt, Aufnahme, Unterbringung, Sozialleistungen

Kommunen
Ausführen von Pflichtaufgaben im Auftrag des Landes (z.B. Unterbringung, Sozialleistungen, Aufenthalt), aber auch Angebot freiwilliger Leistungen (z.B. Koordination Ehrenamt)

Abbildung 3: Migration als Mehrebenenpolitik (Quelle: Schammann 2018: 77)

Innerhalb dieses komplexen Systems gehen die Interessen der Politik jedoch weit auseinander. Vor allem seit dem Jahr 2015 wird kontrovers über die Außengrenzen Europas und die Zuwanderung diskutiert. Insofern wurde die Migrationspolitik zum Zentrum der Wahlkämpfe der Bundestagswahl 2017 und Europawahl 2019. In der nachstehenden Tabelle werden die konkreten Forderungen um Umsetzungsideen der deutschen Parteien im Hinblick auf deren Migrationspolitik in Kürze dargestellt:

1.3 Soziale Arbeit und Migrationspolitik

Tabelle 2: Migrationspolitik der deutschen Parteien im Überblick (Quelle: Eigene Darstellung)

Partei	Die Linke (vgl. 2017: 12, 65, 107; 2019: 39ff.)	Bündnis 90/Die Grünen (vgl. 2017: 100ff.; 2018b: 89-98)	SPD (vgl. 2017: 74ff.; o.J.: 67ff.)	CDU/CSU (vgl. o.J.ᵃ: 56, 62; o.J.ᵇ: 14-18)	FDP (vgl. o.J.ᵃ: 6f., 68f., 107f., 110; J.ᵇ: 20, 122ff., 126-128.)	AfD (vgl. o.J.ᵃ: 28f., 31f., 56; o.J.ᵇ: 38-40, 49, 55)
Forderung	- Fluchtursachen bekämpfen - Sichere Fluchtwege - Offene Grenzen für alle - Menschenrechte verwirklichen - Seenotrettung statt Frontex - Schutz vor Diskriminierung - Funktionierende Demokratie - Rechtsruck in Europa stoppen	- Fluchtursachen bekämpfen - Legale Fluchtwege und Einwanderungsmöglichkeiten - Seenotrettung - Einwanderungsrecht liberalisieren und entbürokratisieren - Keine Erweiterung der sicheren Herkunftsstaaten	- Fluchtursachen bekämpfen - Recht auf Asyl - Legale Einwanderungswege schaffen - Solidarische Verteilung - Ausweitung EU-Resettlement-Programm - Europäische Seenotrettung - Schutz der europäischen Außengrenzen	- Fluchtursachen bekämpfen - Illegale Migration bekämpfen - Grenzschutz - Schnelle Asylverfahren - Weiterreise innerhalb Europas verhindern - Fehlanreize beseitigen - Migration steuern und reduzieren - Migrant*innen ohne Schutzanspruch vor Überfahrt nach Europa abhalten	- Fluchtursachen bekämpfen - Sichere Fluchtwege - Europäischer Grenzschutz - Außengrenzen schützen - Rettung von Menschenleben - Europäisches Asyl-, Flüchtlings- und Einwanderungsrecht - Sekundärmigration entgegenwirken - Rückführungen eindeutig regeln	- Schutz- und Asylgarantien abschaffen - Grenzkontrolle dauerhaft einführen - Missbrauch des Asylrechts stoppen - Asyl ist ein Gastrecht auf Zeit - Massenzuwanderung bekämpfen - Seenotrettung beenden - Keine Mittel für Zuwanderungspolitik
Forderungen zur Umsetzung	- Asylrecht herstellen und durchsetzen - EU-Türkei-Deal kündigen - Finanzierung der lybischen Küstenwache einstellen - Dublin-System stoppen - Das restriktive Aufenthaltsgesetz abschaffen - Nein zum Krieg - Legalisierung von irregulären Migrant*innen - Gerechte Weltwirtschaftsordnung - Keine Auffanglager in Afrika - Individueller Zugang zu Asylverfahren - Soziale Gerechtigkeit weltweit	- Recht auf Asyl schützen - EU-Türkei-Deal kündigen - Solidarität mit Seenotretter*innen und finanzielle Unterstützung - Dublin-System stoppen - Menschenrechte und demokratische Prinzipien schützen - Asylsuchenden eine angemessene Unterbringung garantieren - Freiwillige Ausreise stärken	- Reform des Dublin-Verfahrens - Asylverfahren beschleunigen - Förderprogramme für freiwillige Rückkehr ausbauen - Faire Handels-, Agrar- und Fischereipolitik, um Fluchtursachen zu bekämpfen - Bekämpfung von Schlepperbanden - Einwanderung als Chance nutzen	- Europäisches FBI - Europäische Transitzentren - Frontex ausbauen - Tunesien, Algerien, Marokko und Georgien zu sicheren Herkunftsstaaten erklären - Weitere Flüchtlingsabkommen wie mit der Türkei - Migrationsmonitoring - Vorgehen gegen Schlepperbanden - Ein- und Ausreiseregister - Zivil- und Katastrophenschutz ausbauen	- Frontex zur europäischen Grenzschutzbehörde ausbauen - Dublin-Regeln weiterentwickeln - Nachhaltige Entwicklung gegen Fluchtursachen - Konsequente Rückführungen für Ausreisepflichtige - Instrumente für die freiwillige Rückkehr ausbauen - Möglichkeit, Asyl im Ausland stellen zu können - Humanitäre Schutzzonen errichten - Dauerhafte Einwanderer selbst aussuchen	- Grenzen schließen - Privilegierung türkischer Staatsangehörigkeit beenden - Selbst entscheiden wer kommen darf - Ausschließlich qualifizierter Zuzug nach Bedarf - Bundeswehr und Frontex müssen Schlepperdienst beenden - Keinen Familiennachzug - Obligatorische Altersuntersuchungen - Zum Abstammungsprinzip zurück

45

Die Meinungen bezüglich Zu- und Abwanderung gehen innerpolitisch weit auseinander. Auch hier kann zunächst ein deutlicher Unterschied zwischen Arbeitsmigrant*innen und Geflüchteten festgestellt werden, welcher auch in den Gesetzen verankert ist. Daher soll nachstehend auf beide Typologien gesondert eingegangen werden.

Arbeitsmigration:

Eine geregelte Arbeitsmigration wird politisch insgesamt positiv und als Chance bewertet, weshalb hier auch lediglich Zuwanderungsstrategien diskutiert werden. Diese Tatsache ist auf eine Fokussierung des Migrationsthemas auf ausschließlich wirtschaftliche Faktoren zurückzuführen. Arbeitsmigration erzeugt einen wirtschaftlichen Mehrwert und wird benötigt, um den Wirtschaftsstandort Deutschland zu sichern. Gleichzeitig ist sie für die Arbeitsbereiche nötig, in denen ein Fachkräftemangel besteht. Daher wurde 2019 ein neues Zuwanderungsgesetz für Fachkräfte verabschiedet. „Ziel dieses Gesetzes ist es, die Fachkräftesicherung durch eine gezielte und gesteuerte Zuwanderung von Fachkräften' aus Nicht-EU-Staaten zu flankieren. Demzufolge sollen künftig alle Fachkräfte, die über einen Arbeitsvertrag und eine anerkannte Qualifikation verfügen, in den entsprechenden Berufen in Deutschland arbeiten können. Die Beschränkung auf besonders vom Fachkräftemangel betroffene ‚Engpassberufe' soll entfallen." (Stoltenberg/Hausding 2019, 20.5.2020) Um dies zu beschleunigen, wird auf die sogenannte Vorrangprüfung, das heißt darauf, ob nicht auch Deutsche für diese Stelle in Frage kommen, verzichtet. Gleichzeitig soll durch das Gesetz ein rechtssicherer Aufenthalt für Geduldete während der Ausbildung und Beschäftigung ermöglicht werden. Durch diese neue Gesetzgebung erhofft sich Bundesinnenminister Seehofer (CSU) die irreguläre Migration zu beenden und eine Zuwanderung von Menschen, die nützlich für das Land sind, zu gewährleisten (vgl. ebd.).

In diesem parteipolitischen Sinne werden Migrant*innen aber nicht als Individuen, sondern als wirtschaftliche Faktoren gesehen. So bemängelt DIE LINKE, das neue Gesetz bediene einseitig die Interessen von Wirtschaftsverbänden und Unternehmen und orientiere sich weder am Gemeinwohl noch an den Migrant*innen selbst (vgl. ebd.). Dies hat vor allem starke Auswirkungen auf die Migrationspolitik für Geflüchtete. „Die Staaten machen die Einreisechancen vom jeweiligen Herkunftsland abhängig und unterscheiden innerhalb dieser Kategorien häufig noch nach dem wirtschaftlichen Status, nach ethnischer Zugehörigkeit, Geschlecht oder Alter. [...] Generell kann man sagen, dass wohlhabende, gebildete, qualifizierte Bewerber_innen [...], insbesondere wenn sie rechtlich vertreten werden, in diesem System weniger Schwierigkeiten haben und legal einreisen können. Zu unterschiedlichen Zeitpunkten in der Geschichte konnten auch Arbeitskräfte ohne oder mit geringer Qualifikation, oft aus ehemaligen Kolonien, ohne Schwierigkeiten einreisen, wenn im jeweiligen Zielland Arbeitskräftemangel herrschte." (Bhabha 2019: 81) Doch Menschen mit Fluchterfahrungen können oder dürfen nicht sofort nach ihrer Ankunft arbeiten. Entsprechend benötigen sie finanzielle Unterstützung vom Staat, womit der Verlust ihres wirtschaftlichen Mehrwertes einhergeht. Daher fordert beispielsweise die FDP (vgl. FDP-Bundespartei 2014, 18.2.2021) eine Arbeitserlaubnis bereits für alle im Asylverfahren befindlichen

Personen. Hierdurch würde der von ihnen verursachte Kostenfaktor sinken. Somit wird deutlich, dass es in politischen Debatten um Arbeitsmigration vorwiegend um Zuwanderungsmöglichkeiten für Menschen geht, die nützlich für die Wirtschaft des Aufnahmelandes sind.

Geflüchtete:

Die Zuwanderung von Geflüchteten wird politisch sehr kontrovers betrachtet. In diesem Zusammenhang wird häufig diskutiert, wie viel Migration Deutschland und Europa finanziell und kulturell ‚verkraften' kann. Entsprechend wird im Bereich der Geflüchteten sowohl eine Zu- als auch Abwanderung thematisiert.

Zuwanderung:

Im Zentrum diesbezüglicher Auseinandersetzungen können drei wesentliche Steuerungsmechanismen beschrieben werden:

- Sicherung der Außengrenzen

Durch die sogenannte Sicherung der Außengrenzen geht eine Minimierung von ungeordneter Zuwanderung einher. Daher setzen CDU/CSU (o. J.a: 56, 26.5.2020) und FDP (o. J.a: 110, 26.5.2020) auf die Sicherung der europäischen Außengrenzen. Dies soll vor allem durch die Ausweitung der Europäischen Grenz- und Küstenwache Frontex und der libyschen Küstenwache umgesetzt werden. Die AfD (o. J.a: 17f., 26.5.2020) hingegen fordert eine sofortige Grenzschließung und verlangt eine entsprechende Änderung der Seeaußengrenzverordnung, um Geflüchtete auf dem Mittelmeer an ihre Ausgangsorte zurückzubringen. SPD (o. J.: 67, 16.5.2020), BÜNDNIS 90/DIE GRÜNEN (2017: 99, 26.5.2020) und DIE LINKE (2017: 166, 29.5.2020) setzen sich dagegen für offene Grenzen und die Umsetzung eines Rechts auf Asyl ein, um Menschenrechte zu sichern. Entsprechend plädieren alle drei Parteien für verschiedene Möglichkeiten einer humanitären Seenotrettung.

Bereits an dieser Stelle wird ersichtlich, wie weit die Interessen innerhalb einer nationalen Migrationspolitik auseinandergehen. Dabei wird in der AEMR in Art. 14 festgehalten: *Jeder Mensch hat das Recht, in anderen Ländern vor Verfolgung Asyl zu suchen und zu genießen.* Folglich stehen Europa und Deutschland in der Pflicht, Zugangsmöglichkeiten für individuelle Asylverfahren zu schaffen. Die Inanspruchnahme dieses Rechts wird durch die aktuelle Migrationspolitik jedoch stark eingeschränkt. Denn ein Asylantrag kann erst in einem sicheren Land gestellt werden. Durch die Schließung der Balkanroute im März 2016, die Sicherung und Schließung der Außengrenzen sowie die Einführung einer libyschen Küstenwache werden Flucht und Migration durch die Politik deutlich erschwert. Ziel dieser Abschottungspolitik ist es, das Elend von Personen zu nutzen, um Migration zu minimieren (vgl. Flüchtlingsrat Niedersachsen e.V. o. J., 30.5.2020). Dass hierbei täglich Menschenrechtsverletzungen erfolgen, scheint politisch kaum mehr Beachtung zu finden.

Da die Meinungen zum Schutz der Menschenrechte innerhalb der deutschen Politik bereits weit auseinandergehen, scheint es kaum möglich eine einheitliche humanitäre EU-Migrations- und Außenpolitik zu verwirklichen. „Die Abwehr von Flüchtlingen ist heute der einzig funktionierende Teil der EU-Flüchtlingspolitik" (Prantl 2015: 15). Dabei werden beträchtliche Menschenrechtsverletzungen in Kauf genommen. So beschreibt Carola Rackete: „Die schlimmste Sorge der Geretteten ist, dass sie nach Libyen zurückmüssen, wo sie zuletzt gefangen waren. Es gibt viele Berichte von Rettungsaktionen, bei denen Menschen einfach aus dem Schlauchboot sprangen und ertranken, wenn die libysche Küstenwache ins Spiel kam. Sie hatten panische Angst davor, die Libyer könnten sie wieder mit zurücknehmen und in eins der Lager stecken." (Rackete 2019: 27) Selbst wenn Migrant*innen von einem zivilen Rettungsboot aufgenommen werden, müssen sie dort Tage oder Wochen ausharren, bis sie an Land dürfen. Zu lange ziehen sich politische Aushandlungen über die Aufnahme der Geretteten in Europa hin. Gleichzeitig sperren die an den Außengrenzen liegenden EU-Staaten ihre Häfen, sodass gerettete Personen erst gar nicht an Land gebracht werden und Asyl erbitten können. Zudem finanziert die EU eine „libysche Küstenwache", die im Rahmen ihrer Patrouillen Gewalt gegen Männer, Frauen und Kinder anwendet und Geflüchtete zurück in das unsichere Libyen bringt. Hiermit verstoßen EU-Staaten täglich gegen das Folterverbot nach Art. 3 der Europäischen Menschenrechtskonvention (EMRK) und das Refoulement-Verbot[2] nach Art. 33 der Genfer Flüchtlingskonvention (GFK) (vgl. Pro Asyl 2019a, 30.5.2020).

Negative Auswirkungen hatte auch die Covid-19-Pandemie seit März 2020, da weniger Länder zu einer Aufnahme der Geretteten bereit waren. Während dieser Zeit brachte Verkehrsminister Scheuer (CSU) zudem eine neue Sicherheitsverordnung auf den Weg, wodurch die Seenotrettung nochmals erschwert wurde. Entsprechend müssen Seenotrettungsschiffe ein neues Sicherheitszeugnis vorlegen, um trotz des erhöhten Risikos für die Sicherheit der Personen an Bord sowie der Schifffahrt garantieren zu können. Damit kommen hohe Mehrkosten auf die verschiedenen Rettungsorganisationen zu. Außerdem geht viel Zeit verloren, in der keine Menschenleben gerettet werden können (vgl. Lichdi 2020, 9.6.2020). Damit werden die Geflüchteten zum Spielball der EU-Politik und das Mittelmeer zur Bühne einer *Festung Europa*.

- Dublin-Verfahren:

Zentraler Bestandteil des gemeinsamen Europäischen Asylsystems ist das Dublin-Verfahren, das 1997 eingeführt wurde. Durch dieses erfolgt ein Zuständigkeitsverfahren, ehe ein Asylantrag stattfinden kann. Entsprechend ist das jeweilige Land für den Asylantrag zuständig, in welches der/die Asylsuchende zuerst einreist (vgl. Hanewinkel 2016, 30.5.2020). Aufgrund migrationspolitischer Entscheidungen hinsichtlich der Fluchtrouten müssen Geflüchtete in Italien, Griechenland oder Spanien um Asyl ersuchen. Hierdurch hat die Bundesrepublik zwar kaum neue Asylsuchende zu verzeichnen, gleichzeitig werden die zuvor genannten Länder in der hierbei entstehenden Überforderung allein gelassen. Dies führt laut UNO-Flüchtlingshilfe e. V. (o. J., 8.5.2020) zu langen Wartezeiten, unzumutbaren Aufnahmelagern und Menschenrechtsverletzungen. Für Deutschland hingegen wird

---

2 Grundsatz der Nichtzurückweisung. Verbietet die Auslieferung einer Person, falls Gründe vorliegen, dass für die betreffende Person im Zielland das Risiko einer Menschenrechtsverletzung besteht.

die ungesteuerte Einwanderung minimiert. Um schnelles und zielführendes Handeln zu ermöglichen und die Außengrenzen von Europa zu entlasten, fordern neben den Parteien DIE LINKE (2017: 108, 29.5.2020) und BÜNDNIS 90/DIE GRÜNEN (2017: 102, 26.5.2020) auch zahlreiche NGOs und Teile der Bevölkerung mit Nachdruck eine Änderung des Dublin-Verfahrens. Damit soll vor allem ein gerechter Verteilungsmechanismus innerhalb Europas geschaffen werden. Allerdings muss diese Entscheidung einstimmig durch den Europarat beschlossen werden, der diese bislang verschleppt (vgl. Pro Asyl 2013, 30.5.2020). Ob es jemals zu einer Änderung des Verfahrens kommen wird, bleibt fraglich, da es viele Länder im Inneren Europas schützt.

- Familiennachzug:

Ein weiteres Instrument, um Zuwanderung zu regeln und gleichzeitig zu reduzieren, stellt der sogenannte privilegierte Familiennachzug dar. Dieser wurde im März 2016 im Rahmen des Asylpakets II für alle im subsidiären Schutzstatus befindenden Personen für zunächst zwei Jahre ausgesetzt, obschon ihnen dieser rechtlich zusteht. Seit August 2018 wird der Familiennachzug für diese Personen durch den neu eingeführten § 36a AufenthG geregelt. Demzufolge können Mitglieder der Kernfamilie eine Aufenthaltserlaubnis erteilt bekommen, bis ein deutschlandweites Kontingent von monatlich 1.000 Personen erreicht ist. Ausschlaggebend hierfür sind humanitäre Gründe, wie die Dauer der Trennung, das Alter der Kinder oder Erkrankungen (vgl. Bundesamt für Migration und Flüchtlinge 2019b, 30.5.2020). Diese Regelung hat innerhalb der Politik große Debatten ausgelöst. So lehnte die Partei BÜNDNIS 90/DIE GRÜNEN das Familiennachzugsneuregelungsgesetz ab, da das Recht auf Zusammenleben mit der Familie nicht kontingentierbar sei. Vielmehr wird Familienzusammenführung als wichtiges Instrument für eine erfolgreiche Traumabewältigung und Integration angesehen (vgl. BÜNDNIS 90/DIE GRÜNEN 2018a, 10.5.2020). Auch die Diakonie sieht den begrenzten Familiennachzug kritisch. So erläutert Diakonie-Präsident U. Lilie: „Dass der Familiennachzug monatlich nur 1.000 Personen gewährt wird, ist schon kleinherzig. Dass aber im ersten Monat der Neuregelung nur 65 Anträge genehmigt wurden, ist ein Armutszeugnis für unser Land und seine Behörden. Bereits jetzt liegen den Auslandsvertretungen 34.000 Anträge vor. Die zu uns Geflüchteten warten sehnlichst auf ihre engsten Angehörigen. Das Leben in intakten Beziehungen und Familien ist ein wesentlicher Baustein für das Gelingen von Integration. Die Diakonie fordert alle Beteiligten auf, ihre Anstrengungen zu erhöhen, um wenigstens das Kontingent von 1.000 Fällen im Monat zu erfüllen." (Diakonie Deutschland 2018, 30.5.2020)

Abwanderung:

Mittels eines Abwanderungssystems sollen weniger „unerwünschte" Menschen auf Dauer in Europa und der Bundesrepublik ansässig werden und Personen, deren Asylbegehren abgelehnt wurde, schnell abgeschoben werden können. Nachstehend sollen zwei diesbezügliche Mechanismen dargestellt werden.

- Rückkehrgesetz:

Um Abschiebungen zu beschleunigen trat im August 2019 das ‚Geordnete-Rückkehr-Gesetz' in Kraft. Dieses betrifft vorrangig abgelehnte Asylbewerber*innen, die die Bundesrepublik verlassen müssen. Seehofer erklärte hierzu: „Menschen ohne Bleiberecht müssen unser Land verlassen. Einer Pflicht zur Ausreise muss auch eine tatsächliche Ausreise folgen. Mit dem Geordneten-Rückkehr-Gesetz setzen wir dies konsequent um." (Bundesministerium des Innern, für Bau und Heimat 2019, 1.6.2020) Mit Hilfe des Gesetzes können bei ungeklärter Identität Sanktionen wie Erwerbstätigkeitsverbot, Wohnsitzauflage oder Bußgeld verhängt werden. Zudem wurde die Mitwirkungshaft geschaffen, um die Identitätsklärung zu erleichtern. Auch die Abschiebungshaft soll durch das Gesetz praktikabler gestaltet werden, sodass ein Abtauchen vor Ausreisepflicht verhindert wird. Darüber hinaus ist die Ausweisung von Straftätern künftig unter leichteren Voraussetzungen möglich (vgl. ebd.). Zahlreiche NGOs reagierten mit heftiger Kritik auf diese Gesetzesänderung: „Durch das nun in Kraft getretene Hau-ab-Gesetz wird es erschwert, ein Attest für ein Abschiebungsverbot zu bekommen, die Polizei darf ohne richterlichen Beschluss eine Wohnung zur Abschiebung ‚betreten', die Inhaftnahme zur Abschiebung wird vereinfacht, Abschiebungshaft kann nun in regulären Gefängnissen durchgeführt werden, und der gesamte Ablauf der Abschiebung gilt als Dienstgeheimnis." (Pro Asyl 2019b, 1.6.2020) Daher fordert Pro Asyl, das Gesetz wegen erheblicher verfassungsrechtlicher und rechtstaatlicher Bedenken dem Bundesverfassungsgericht vorzulegen. Auch BÜNDNIS 90/DIE GRÜNEN (2019, 1.6.2020) sieht das Gesetz verfassungsrechtlich fragwürdig an und gibt zu bedenken, dass es einseitig auf Abschreckung ausgerichtet ist und der Integrationsidee schadet. In diesem Zusammenhang stellt sich die Frage, weshalb eine Migrationspolitik gleichzeitig auf die Abschiebung erwerbsfähiger in Deutschland lebender Personen drängt, während der Fachkräftemangel durch erleichtertere Einwanderung abgebaut werden soll. Hier wird einmal mehr deutlich, dass konstruierte Unterschiede zwischen Migrant*innen und deren Herkunft gemacht werden und der wirtschaftliche Aspekt im Zentrum der aktuellen Migrationspolitik steht.

- Freiwillige Remigration:

Ein Instrument, um die Abwanderung zu fördern, sind Programme der freiwilligen Remigration. Vor allem in den letzten Jahren kommt diesem Begriff eine steigende Beachtung innerhalb der Migrationspolitik zu. Unter freiwilliger Remigration wird die unterstützte freiwillige Rückkehr verstanden, wobei der Begriff *freiwillig* nicht unumstritten ist. In Deutschland gilt aufgrund humanitärer und finanzieller Gründe der rechtliche Vorrang der freiwilligen Rückkehr vor einer Ausreisepflicht. Auf operativer Ebene werden die Aufgaben einer Rückkehrberatung an staatliche und nicht-staatliche Organisationen delegiert (vgl. Feneberg 2019: 8). Dennoch ist keine flächendeckende Rückkehrberatung vorhanden. Daher finden in der Regel hauptsächlich gezielte Beratungen statt, die in Zusammenhang mit bestimmten Programmen stehen. Primäres politisches Instrument sind hierbei finanzielle Unterstützungen wie zum Beispiel auch das bundesweite Programm

REAG/GARP[3] (vgl. Kreienbrink et al. 2006: 28ff., 30.5.2020). REAG/GARP finanziert neben Flug- oder Bustickets auch Geld für die Reise, medizinische Unterstützung und eine einmalige Förderung mit 1.000 € pro Person. Im Jahr 2018 reisten 15.969 Personen in diesem Rahmen aus (vgl. Bundesamt für Migration und Flüchtlinge 2019, 30.5.2020).

Die freiwillige Remigration muss insgesamt kritisch betrachtet werden, da häufig eine transparente Aufklärung sowie Mittel im Herkunftsland fehlen, damit eine Rückkehr tatsächlich erfolgreich sein kann. Wenn es um eine Rückkehr im Sinne einer Zuwanderungs- und Niederlassungseindämmung geht, müssen die Programme sorgfältig beleuchtet werden, da nicht immer Menschenrechte eingehalten und Beratung häufig nicht Adressat*innenorientiert durchgeführt werden. Zudem bedeutet *freiwillige Ausreise* in gesetzlicher Hinsicht „lediglich, bei einer bestehenden Ausreisepflicht der Abschiebung durch eine fristgerechte Ausreise zuvorzukommen. [...] Die ‚freiwillige Ausreise' ist also in erster Linie eine Erfüllung der Ausreise*pflicht*, deren Verletzung Zwangsmaßnahmen nach sich ziehen kann. Die terminologische Ungereimtheit einer ‚freiwilligen Pflichterfüllung' liegt auf der Hand" (Die Bundesregierung 2017; Webber 2011, zitiert nach Feneberg 2019: 14).

Zusammengefasst kann festgehalten werden, dass die Politik mit all diesen Verordnungen, Gesetzen und Schließungen versucht, ein Phänomen durch Fernhalten zu lösen, das es seit Jahrhunderten gibt und noch viele Jahre geben wird. Doch „Verzweiflungsmigration lässt sich durch noch strengere Grenzkontrollen, durch humanitäre Hilfe oder Vorgehen gegen Schlepper einfach nicht stoppen. Die stärkeren, gesünderen und leistungsfähigeren Migrant_innen suchen sich einfach andere Wege" (Bhabha 2019: 96). So wichtig es ist, sich den jeweils auftretenden Symptomen anzunehmen, eine umfassende und zielführende Strategie ist dies nicht. Vielmehr müssen Fluchtursachen und Triebkräfte betrachtet werden, um den Menschen in ihren Herkunftsländern ein menschenwürdiges Leben ermöglichen zu können. Leichte und schnelle Wege wird es nicht geben. Bhabha (2019: 99ff.) differenziert daher in Schlüsselprobleme, die es anzupacken gilt, um sich neben Symptomen auch um das Migrationsmanagement zu kümmern:

- Konflikte zählen zu den wichtigsten Triebkräften. Sie müssen detailliert betrachtet und reduziert werden. Militärisches Eingreifen kann hierbei nicht zielführend sein. Vielmehr müssen Auseinandersetzungen durch friedliche Konfliktbewältigung verantwortungsvoll begleitet werden.
- Humanitäre Katastrophen und Klimawandel: Es braucht eine politische internationale Zusammenarbeit und eine Einigung auf gerechte Aufnahme- und Entschädigungspläne, wobei die Kompromissbereitschaft der beteiligten Akteur*innen ausschlaggebend sein wird. Erschwerend kommt hinzu, dass es bisher kein Instrument in Form eines definierten Migrationsstatus für diesen Personenkreis gibt.

---

3 Reintegration and Emigration Program for Asylum-Seekers in Germany (REAG); Government Assisted Repatriation Program (GARP).

- Weltweite Ungleichheit und Armut sind Ergebnisse massiver Ungerechtigkeit im Handelssektor und einer Entwicklungspolitik, die verhindert, dass arme Bevölkerungsschichten gesellschaftliche und wirtschaftliche Rechte erhalten. Hier müssen lokale und nationale politische Strukturen stabilisiert und Korruption bekämpft werden. Außerdem soll die soziale und wirtschaftliche Entwicklung vorangetrieben werden (vgl. Bhabha 2019: 99–113).

Nur durch die Betrachtung der genannten Ursachen und Symptome kann eine umfassende und menschenrechtsbasierte Migrationspolitik erarbeitet und umgesetzt werden.

Abschließend ist festzustellen, dass Exklusionsmechanismen in der deutschen und europäischen Migrationspolitik stetig zunehmen, indem Grenzen geschlossen und ungesteuerte Migration bewusst eingeschränkt werden. Zudem fokussiert sich die Politik auf die Symptome der Migration, ohne konkret Ursachen zu bekämpfen. Gerade deshalb muss die Soziale Arbeit Debatten zu den Fluchtursachen, aber auch den beschriebenen Menschenrechtsverletzungen anstoßen und sich für das Recht auf Asyl sowie die Einhaltung der Menschenrechte einsetzen. Denn sie ist als einzige Profession explizit den Prinzipien der Menschenrechte und Gerechtigkeit verpflichtet (Menschenrechtsprofession siehe Kapitel 4.3). „Unsere humanitären Verpflichtungen gegenüber Menschen in Not, über unterschiedliche Gesellschaften und Kulturen hinweg ein Grundpfeiler religiöser und ethischer Normen […], gebieten, dass wir dringend unser Sicherheitsnetz für all jene verbessern, die vor Gewalt und anderen schwerwiegenden Bedrohungen von Leben und Freiheit fliehen." (Bhabha 2019: 118f.) Entsprechend muss Soziale Arbeit „nationale und europäische Asylrechtssetzung kritisch begleiten, auf Missstände bei der Unterbringung und Versorgung von Migranten, Migrantinnen und Flüchtlingen hinweisen, Flüchtlinge im Asylverfahren beraten und notfalls Kirchenasyl für von Abschiebung bedrohte Menschen gewähren, immer wieder mahnend auf Behörden und Gesetzgeber dahingegen einwirken, Menschen in der Illegalität ein Leben in Würde und körperlicher Unversehrtheit zu sichern. Die prekäre Rechtsstellung dieser Menschen selbst können sie jedoch nicht ändern" (Schickle 2014: 381).

1.4 Migration im Wohlfahrtsstaat Deutschland

Seit Beginn der 1990er Jahre ist Westeuropa eine beliebte Zielregion für Zuwander*innen. Dass sich die politischen Auseinandersetzungen um den adäquaten Umgang mit Migration seither zunehmend verschärfen, wurde im vorhergehenden Kapitel dargestellt. Gründe für diese Veränderungen liegen in nationalen Regelungen zur Staatsbürgerschaft und in den vorhandenen wohlfahrtstaatlichen Sicherungssystemen (vgl. Bommes/Halfmann 1997, 3.6.2020). Nationalstaaten sind zunächst politisch organisierte territoriale Solidargemeinschaften. Durch Steuern, Abgaben und eine staatliche Umverteilung werden die Staatsbürger*innen in einen Solidarzusammenhang einbezogen. Mit dieser Verpflichtung zur Solidarität geht eine Abgrenzung gegenüber anderen Nationalstaaten einher, während gleichzeitig die Zugehörigkeit zu einer *imaginären Gemeinschaft* verfestigt wird. Dieser Idee zur Folge gehen alle Bürger*innen davon aus, dass die Politik dem Wohlergehen der Staatsbürger*innen dienen muss. Das Wohlergehen anderer Personen wird hierdurch zweitrangig (vgl. Scherr 2018: 44f.). Durch den demografischen Wandel, soziokulturelle Herausforderungen, politisch-ökonomische Veränderungen, Globalisierung und Migration steht der Sozialstaat seit Jahren vor vielen Herausforderungen. Entsprechend werden immer wieder Diskussionen über Kürzungen von Sozialleistungen geführt, da der Druck auf die Sozialbudgets steigt (vgl. Schmid 2012, 4.6.2020). Durch solche Maßnahmen würde aber auch die Exklusion gesellschaftlicher Teilsysteme bewirkt werden. Denn in der Postmoderne befinden sich Individuen zunächst prinzipiell außerhalb dieser Teilsysteme, wie zum Beispiel Politik, Recht, Wirtschaft, Gesundheit oder Erziehung. Erst durch jeweils spezifische Bedingungen können sie Zugang zu diesen finden; beispielsweise als Arbeitgeber*in oder Konsument*in. Ohne eine aktive Anstrengung zur Inklusion stellt Exklusion damit das normale Verhältnis der Individuen zur Gesellschaft dar. Migration kann als eine Reaktion auf diese Exklusion verstanden werden. Migrant*innen wechseln den Ort mit dem Ziel wieder in soziale Systeme eingeschlossen zu werden. Wohlfahrtstaaten moderieren aber lediglich die Zugangsbedingungen zu diesen Teilsystemen. Die Inklusion selbst ist damit Sache der Systeme und Individuen (vgl. Bommes/Halfmann 1997, 3.6.2020).

Der Aufenthalt von Migrant*innen ist vor allem für moderne Staaten von Bedeutung. „Märkte, Bildungs-, Rechts-, Wissenschafts- und Gesundheitssysteme sind über die konkrete Inanspruchnahme hinaus gegenüber dem Verbleib ihrer Teilnehmer weitgehend indifferent. Dies weist auf die Besonderheit der Rolle von Staaten als organisatorische Einheiten des politischen Systems und ihren Modus der Inanspruchnahme von Individuen als Staatsbürger hin, die die Weltbevölkerung territorial in Staatsbevölkerung einteilt." (Bommes 1999: 29) Grenzüberschreitende Migration steht damit quer zum modernen Nationalstaat, weshalb sich viele Migrationsforscher*innen und Ökonom*innen darin einig sind, dass sich Wanderung in zahlenmäßig großem Umfang und Wohlfahrt ausschließen. Begründet wird dies durch das Angebot einer garantierten umfassenden Versorgung, die die Einwanderung in soziale Netze fördert. Folglich fühlt sich die Allgemeinheit überlastet und die Sicherheitslage wird als verschlechtert wahrgenommen. Abwanderung kann so angekurbelt werden. Somit kann der Wohlfahrtsstaat zum Abwanderungsstaat werden, da seine Wirtschaftskraft schwindet (vgl. Margolina 2016, 3.6.2020). Gleichzeitig steigt die Unzufriedenheit der Bürger*innen an, da sich die Politik nicht ausschließlich deren Wohlergehen verpflichtet fühlt. Ein Autor der Zeitung Welt folgert diesbezüglich: „Der Wohlfahrtsstaat scheint über unendliche Ressourcen zu verfügen, er hat auch, hört man täglich, ‚gut gewirtschaftet' und einige Milliarden mehr eingenommen, als der Finanzminister erwartet hatte. [...] Dennoch bröselt langsam das Vertrauen in die unbegrenzte Leistungsfähigkeit des Wohlfahrtsstaates. Die gute Konjunktur könnte einbrechen, die positive Handelsbilanz schrumpfen und eine neue Rettungsaktion für Griechenland weitere Milliarden verschlingen. [...] Deutschland bleibt das gelobte Land, nicht unbedingt für diejenigen, die schon länger hier leben, sondern für diejenigen, die sich eine Überfahrt nach Deutschland leisten können. Der Unmut der Einheimischen wird zunehmen." (Broder 2017, 4.6.2020) Gleichzeitig ist ein Wohlfahrtsstaat missbrauchs- und betrugsanfällig. Zwar hält die erwartete Moral der Steuerzahler*innen und der Empfänger*innen von Hilfeleistungen den Sozialbetrug in Grenzen.

Dennoch hinterziehen Reiche Steuern, und Hartz-IV-Empfänger*innen arbeiten schwarz (vgl. Margolina 2016, 3.6.2020). „Es ist kaum möglich, das Ausmaß an Missbrauch aller Art – von gefälschten Pässen und erfundenen Identitäten bis zum einfallsreichen Sozialbetrug – genau einschätzen, geschweige denn unterbinden zu können. Die Wohlfahrt und das überholte Asylsystem sind es, die Voraussetzungen für den Massenbetrug schufen. [...] Die Frage ist, ob und wie Politik und Gesellschaft aus dieser selbstverschuldeten Sackgasse herauszukommen gedenken?" (ebd.)

Durch Zuwanderung stehen nationale Wohlfahrtsstaaten also unter enormem Druck, da ihre Finanzierbarkeit implizit oder explizit auf einer erfolgreichen Kontrolle und Begrenzung von Zuwanderung beruht. Hierdurch werden Konzepte der Solidarität, die lediglich auf die nationalstaatliche Gesellschaft bezogen war, brüchig. Demnach liegt ein Kernproblem in der Ungleichheit und fehlenden Integration der Zuwander*innen, wodurch sich Nationalstaaten zu ‚institutionalisierten Ungleichheitsschwellen' entwickeln können. Infolgedessen haben Wohlfahrtsstaaten entgegen der häufig vertretenen Programmatik keine Gleichheit, sondern vielmehr Differenz befördert; Gleichheit kann lediglich in Abgrenzung nach Außen zur Geltung gebracht werden. Durch die Freisetzung einer Differenzierungsdynamik stehen diese Staaten vor dem Problem der Aufrechterhaltung ihrer Leistungsfähigkeit. Mit einer Leistungsschwäche geht die Frage einher, in welchem Maße Staaten Inklusionsansprüche überhaupt noch aufnehmen können. Denn die politische Durchsetzung und Aufrechterhaltung von Inklusion wird schwieriger (vgl. Bommes 1999: 30ff.).

Zuwanderung stellt Wohlfahrtsstaaten somit vor enorme Herausforderungen. Hieran schließt die Frage an, wie viel Zuwanderung ein Wohlfahrtsstaat aushalten kann, ohne dass der Zusammenhalt zerbricht und die Solidarität verloren geht. Denn aufgrund der Globalisierung der Wirtschaft und einer politischen Desintegration der Länder des globalen Südens werden die demokratischen Wohlfahrtsstaaten zusehends attraktiver für Zuwander*innen.

Als Antwort hierauf versuchen Wohlfahrtsstaaten Zuwanderung aufzuhalten oder zumindest zu steuern. Dies erfolgt vorwiegend durch gestaffelte Leistungen für Migrant*innen, da es kein generelles Recht auf die Einwanderung in einen Staat gibt. Folglich regelt jeder Staat selbst die Bedingungen, unter denen eine Zuwanderung gestattet wird (vgl. Bommes 1999: 177). In der Bundesrepublik ist eine Ausweitung der Einwanderung vor allem im Arbeitsmigrationsbereich zu verzeichnen. Sogenannte „Wirtschaftsflüchtlinge" hingegen sollen das Land erst gar nicht erreichen und um Asyl erbitten können. Da jedoch nicht alle „ferngehalten" werden können und rechtlich das Stellen von Asylanträgen möglich ist, und Asyl unter bestimmten Voraussetzungen auch gewährt werden muss, liegt es an den Staaten neue Wege zur Regulierung zu finden. Als Instrument nutzen sie daher Inklusions- und Exklusionsmechanismen. „Sie lassen Migration unter nationalen, wirtschafts- bzw. arbeitsmarkt- und bevölkerungspolitischen, bildungs- und entwicklungspolitischen, familienrechtlichen oder flüchtlingsrechtlichen Gesichtspunkten zu und regulieren die daran gebundenen Inklusionschancen durch die Zuteilung von rechtlichem Aufenthaltsstatus, damit direkt oder indirekt verknüpften Privilegien, Erlaubnissen, Verboten und Leistungsansprüchen. Solche Festlegungen können in abgestufter Weise inklusionsbegünstigend gefasst sein. Sie können aber auch darauf zielen, Inklusionen in wirtschaftlicher, rechtlicher, gesundheitlicher oder erzieherischer Hinsicht zu limitieren oder zu verhindern, um so politische Optionen der Exklusion und territorialen Ausweisung zu erhalten." (ebd.)

Ganz anders reagierte Schweden auf die Herausforderungen durch Migration. Die dortige Migrationspolitik gilt als eine der ehrgeizigsten und erfolgreichsten. „Während der skandinavische Wohlfahrtsstaat heute den freien Handel und die liberale Marktwirtschaft befürwortet und dabei – anders als früher – auch eine wachsende Einkommensungleichheit in Kauf nimmt, hat er trotzdem immer noch einen vergleichsweise großen öffentlichen Sektor, der auch umfassende soziale Sicherungssysteme bietet. Diese stehen allen registrierten Einwohnern offen, unabhängig von ihrer Nationalität. Gleichberechtigung, Solidarität, Kooperation und Konsens sind Kernbestandteile dieses Systems, das in den vergangenen Jahren jedoch vielfach infrage gestellt wurde." (Parusel 2015, 24.6.2020) So setzte sich die Regierung das Ziel, dass Einwander*innen die Möglichkeiten haben sollten, die gleichen Lebensstandards zu erzielen wie die Einheimischen. Doch durch steigende Einwanderungszahlen und den Familiennachzug steht auch Schweden heute vor der Frage, ob der Arbeitsmarkt stark genug und Wohnraum ausreichend vorhanden ist. Infolgedessen wird das über die Jahre geprägte Image der Großzügigkeit und Gleichberechtigung von den Einheimischen zusehends als Belastung gesehen. Als Gegenmittel setzt Schweden nun auf strikte Zuwanderungskontrollen und eine veränderte Integrationspolitik: weg vom Multikulturalismus hin zur Betonung von Gemeinsamkeiten, um den Zusammenhalt der Gesellschaft in den Blick nehmen zu können. So werden Zuwander*innen zu Integrationskursen verpflichtet und die Integration in den Arbeitsmarkt favorisiert. Ferner hofft die Regierung durch die Verteilung der Zuwander*innen auf ganz Schweden eine unverhältnismäßige Konzentration der Eingewanderten in bestimmten Regionen zu verhindern (vgl. ebd.).

Damit wird deutlich, dass sich Wohlfahrtsstaaten ständig in einem Spannungsverhältnis zwischen Inklusion und Exklusion befinden, um den Zusammenhalt und die Solidarität in der Gesellschaft aufrechterhalten zu können. Innerhalb Europas ist generell eine starke Tendenz in Richtung Exklusion zu verzeichnen. Hierbei entstehen neben einer Benachteiligung gegenüber der einheimischen Bevölkerung in Deutschland auch rechtliche Differenzierungen innerhalb der Migrant*innengruppen. Allerdings ist ein Wissen über dieses Vorgehen der Nationalstaaten noch lange nicht in der Bevölkerung angekommen. Viele Bürger*innen betrachten Migrant*innen als diejenigen, die sich nicht integrieren *wollen*. Jedoch haben sie oftmals nicht die Chance, sich integrieren oder inkludieren zu *können*. Dieses Unwissen schürt erneut die negative Einstellung gegenüber Migrant*innen, diese würden das System ausnutzen, um einen wirtschaftlichen Erfolg ohne eigenes Zutun erzielen zu können. Dabei haben Migrant*innen prinzipiell nicht die gleichen Arbeitsmarkt- oder Bildungschancen, wenn sie dieselben Leistungen wie die Staatsbürger*innen erhalten. Vielmehr „wirkt der Wohlfahrtstaat als eigenständiges System der Stratifizierung, das durch seine spezifische institutionelle Ausgestaltung bestimmte Gruppen privilegiert und andere benachteiligt und gegenüber dem sich Personen mit Migrationshintergrund aufgrund ihrer häufig marginalen Arbeitsmarktposition in einer strukturell schwachen Position befinden" (Mohr 2005: 385).

Folgerichtig muss der Zusammenhang zwischen Inklusions- und Exklusionsmechanismen im Wohlfahrtsstaat analysiert werden. Hierzu leistet auch die Soziale Arbeit einen wesentlichen Beitrag, denn sie ist ohne Bezug auf das zuvor genannte Demokratieverständnis nicht denkbar und steht fortwährend in einer Interdependenz zum Wohlfahrtsstaat: „Wohlfahrtsstaat und Soziale Arbeit war und ist eine Form der organisierten Hilfe, die innerhalb nationalstaatlich verfasster Gesellschaften, auf der Grundlage des nationalstaatlichen Rechts und überwiegend mit staatlicher Finanzierung erbracht wird. [...] Wohlfahrtsstaat und Soziale Arbeit sind so betrachtet Formen der Regulierung des Zusammenlebens von Wohlhabenden und Armen, Etablierten und Außenseitern, Normkonformen und Abweichenden *innerhalb* nationalstaatlich verfasster Gesellschaften." (Scherr 2018: 43f.) Soziale Arbeit kann somit generell als Inklusionsermöglichung, Exklusionsvermeidung und Exklusionsverwaltung bestimmt werden. „So betrachtet besteht die Aufgabe Sozialer Arbeit darin, einerseits Hilfen bereitzustellen, die Individuen befähigen und motivieren sollen, sich an Teilnahmebedingungen der gesellschaftlichen Teilsysteme und ihrer Organisationen auszurichten; andererseits darin, in Bezug auf diejenigen, bei denen dies auf begrenzte Zeit oder dauerhaft nicht gelingt, dafür Sorge zu tragen, dass direkte und indirekte negative Auswirkungen von Armut und Ausgrenzung auf die Gesellschaft verhindert oder zumindest verringert werden." (ebd.: 48) Insofern muss Teilhabe, Inklusion und Partizipation durch die Soziale Arbeit ermöglicht werden. Gleichzeitig ist sie verpflichtet, Vielfalt und Diversität zu fördern sowie gegenseitige Toleranz für unterschiedliche Lebensformen und verschiedene (Teil-)Gruppen der Gesellschaft einzufordern (vgl. Kreß 2012 et al., zitiert nach DBSH 2014: 24, 4.6.2020).

Hierfür ist zum einen die Haltung einer kritischen Parteilichkeit zentral. Dabei sind Sozialarbeiter*innen aufgefordert, „sich gegenüber den öffentlichen Auftraggebern und den Anstellungsträgern für die Hilfesuchenden einzusetzen und Forderungen im Zusammenhang von Aufgaben, Handlungsvorschriften und Zielen auf der Grundlage der Berufsethik kritisch zu hinterfragen und Fehlentwicklungen und Probleme zu benennen" (DBSH 2014: 27, 4.6.2020). Zum anderen muss eine offensive Haltung zum politischen Einsatz für eine menschenwürdige Gesellschaft eingenommen werden. „Akteure treten auf der Grundlage von Menschenrechten und sozialer Gerechtigkeit für die Interessen sozial Benachteiligter ein und gesellschaftlich bedingten Behinderungen und Diskriminierungen entgegen. Ziel ist die Befähigung der Menschen, ihr Leben in freier Entscheidung zu gestalten und ihr eigenes Wohlbefinden und die Lebensqualität zu stärken." (ebd.) Hierzu zählt auch das Thematisieren sozialverträglicher Strukturen und die Beteiligung an gesellschaftlichen Aushandlungsprozessen für eine menschengerechte Gesellschaft (vgl. ebd.). Ein Wohlfahrtsstaat, der Menschen aufgrund ihrer Herkunft oder einer Schutzform bewusst exkludiert, um Zuwanderung zu minimieren, kann nicht im Sinne einer offenen, diskriminierungsfreien und vielfältigen Gesellschaft sein. Vielmehr muss es um Solidarität, Ausgleich und das Garantieren von Rechten gehen. Denn „der Sozialstaat gehört zu den institutionell, kulturell und mental tief verankerten Elementen der modernen westlichen Gesellschaften; er vermittelt zwischen Demokratie und Kapitalismus und trägt zur Funktionsfähigkeit fast aller Lebensbereiche und Teilsysteme bei. Dabei muss jede Zeit ihre speziellen sozialstaatlichen Arrangements finden, abhängig von den jeweiligen ökonomischen, politischen und soziokulturellen Rahmenbedingungen" (Schmid 2012, 4.6.2020).

> **Diskussionsfragen**
>
> - Was bedeutet für Sie Migration?
> - Welche Arten von Migration sind Ihnen bekannt?
> - Welche besonderen Herausforderungen hat Migration im Wohlfahrtsstaat?
> - Wie definieren Sie die Bedeutung der Sozialen Arbeit im Kontext von Migration?
> - Welche Inhalte dieses Kapitels haben Sie irritiert, welche Aspekte oder Perspektiven waren neu oder ungewohnt?

Literatur zur Einführung

Mecheril, Paul/Castro Varela, Maria do Mar/Dirim, Inci/Kalpaka, Annita/Melter, Claus (2010): Migrationspädagogik. Weinheim und Basel: Beltz.
Bade, Klaus J./Oltmer, Jochen (2004): Normalfall Migration. Bonn: Bundeszentrale für Politische Bildung.
Oltmer, Jochen (2017): Migration. Geschichte und Zukunft der Gegenwart. Darmstadt: Theiss.
Pries, Ludger (2013): Internationale Migration. 4., unveränderte Aufl., Bielefeld: Transcript.
Treibel, Annette (1990/2011): Migration in modernen Gesellschaften. Soziale Folgen von Einwanderung, Gastarbeit und Flucht. 5. Aufl., Weinheim/München: Juventa.

Weiterführende Literatur

Schammann, Hannes/Gluns, Danielle (2021): Migrationspolitik. 1. Aufl., Baden-Baden: Nomos.
Bommes, Michael (1999): Migration und nationaler Wohlfahrtsstaat. Ein differenzierungstheoretischer Entwurf. Opladen/Wiesbaden: Westdeutscher Verlag.
Bröse, Johanna/Faas, Stefan/Stauber, Barbara (Hrsg.) (2018): Flucht. Herausforderungen für die Soziale Arbeit. Wiesbaden: Springer VS. DOI: 10.1007/978-3-658-17092-9
Han, Petrus (2016): Soziologie der Migration. 4., unveränderte Aufl., Konstanz und München: UVK Verlagsgesellschaft/UTB-Band Nr. 2118.
Nowicka, Magdalena (2019): Transnationalismus. 1. Aufl., Baden-Baden: Nomos.

Kapitel 2: Was ist Integration?

> **Zusammenfassung**
>
> Im folgenden Kapitel wird zunächst aufgezeigt, welche Lesarten des Integrationsbegriffs möglich sind und wie dieser mit dem Terminus Kultur verwoben ist. Daran anschließend werden verschiedene Integrationstheorien vorgestellt und diskursiv beleuchtet. Neben den klassischen assimilationstheoretisch ausgerichteten Sozialintegrationsformen werden auch neuere, integrationsreflexive Ansätze erörtert.
> Darauf aufbauend wird auf die Wechselwirkung zwischen der Integrationspolitik in Deutschland und der Sozialen Arbeit eingegangen. Politische Strategien stellen eine wichtige Grundlage für die Soziale Arbeit als Handlungswissenschaft dar, weil sie die Ziele der Integration und damit die Aufgaben der Profession maßgeblich beeinflussen.

2.1 Begriffsannäherung Integration

Für die Klärung des Begriffs *Integration* können sehr unterschiedliche Zugänge gewählt werden, die jeweils auf die Anschlussfähigkeit zu ihrer Fachdisziplin ausgerichtet sind. Eine einheitliche und verbindliche Definition gibt es daher nicht.

Nach dem Duden stammt der Terminus Integration von dem lateinischen „integratio" ab und bedeutet „Wiederherstellung eines Ganzen", „Eingliederung in ein größeres Ganzes" oder „Verbindung einer Vielheit von Einzelnen zu einer gesellschaftlichen und kulturellen Einheit" (vgl. Bibliographisches Institut GmbH – Dudenverlag o. J., 28.7.2020).

Aus soziologischer Perspektive bezeichnet Integration daher den Zustand der Gesellschaft, „in dem alle ihre Teile fest miteinander verbunden sind und eine nach außen abgegrenzte Einheit bilden" (Münch 1997: 66, zitiert nach Hans 2016: 25). Demzufolge versteht Leggewie (1996: 164ff.) unter Integration im sozial- und bildungswissenschaftlichen Sinn eine Leistung, die alle tagtäglich zu erbringen haben. Es ist ein Prozess, in dem Bestehendes akzeptiert, aber auch verändert wird, der nicht abgeschlossen ist, Konflikte miteinschließt und in dessen Verlauf etwas Neues entsteht.

Aus politikwissenschaftlicher Sicht beschreibt Aumüller (2009: 25) Integration in normativem Sinn „als den Zustand einer Gesellschaft mit einem möglichst geringen Grad an gesellschaftlichen Konflikten, mit gleichen Chancen auf gesellschaftliche Teilhabe für alle Mitglieder der Gesellschaft, einer Gesellschaft, in der die Gewährleistung der Menschenrechte gesichert ist und in der einzelne soziale oder ethnische Gruppen keine Diskriminierung befürchten müssen". Dadurch soll die Identifikation mit der politischen Gemeinschaft, den politischen Werten, Rechtsordnungen und Institutionen erreicht werden (vgl. Oberndörfer 2004: 13).

Insofern findet Integration in verschiedenen Bereichen wie Schulen oder Gemeinden und in Bezug auf unterschiedliche Gruppen wie Menschen mit Behinderungserfahrungen oder mit Migrationshintergrund statt. Im weiteren Verlauf des Kapitels wird Integration mit Fokus auf die Einwanderungsgesellschaft diskutiert.

Hierbei wird zunächst in *Systemintegration* und *Sozialintegration* unterschieden. Die Systemintegration bezieht sich auf das Funktionieren der Gesellschaft als Ganzes und ist über drei Mechanismen möglich (vgl. Esser 2001a: 6ff., 6.6.2020; Esser 2001b: 1, 6.6.2020):

- *Märkte:* finden ihre „Ordnung" über die Positionierung der einzelnen Akteur*innen zwischen Angebot und Nachfrage. Hierzu zählen bspw. Waren-, Arbeits-, Wohnungs- oder Heiratsmärkte. Dadurch ist eine „spontane" Systemintegration möglich, die sich auch dann ergeben kann, wenn niemand der Beteiligten diese beabsichtigt hat.
- *Organisationen:* durch Organisationen wird eine Systemintegration bewusst gesteuert und in institutionellen Regeln zum Ausdruck gebracht. Mit der Durchsetzung dieser Regelungen wird die Systemintegration von den Motiven der Akteur*innen unabhängig. Dies ist z. B. bei zentralistisch ausgerichteten Staaten der Fall.
- *Akteur*innen:* Systemintegration erfolgt über bestimmte Orientierungen der Akteur*innen, bspw. durch deren Loyalität zur Gesellschaft. Diese Orientierungen hängen in erster Linie von den Fertigkeiten und Qualifikationen der Akteur*innen ab (vgl. ebd.).

Die Sozialintegration hingegen stellt die Beziehungen zwischen Menschen in den Vordergrund (vgl. Schulte/Treichler 2010: 45). Damit entspricht sie einer handlungstheoretischen Perspektive (vgl. Löffler 2011: 26, zitiert nach Grote 2011: 7) und verweist auf den Einbezug der Beteiligten in die jeweiligen sozialen Systeme (vgl. Esser 2001a: 3f.). So hat sie unmittelbar mit den Motiven, Orientierungen, Absichten einzelner Akteur*innen und deren Beziehungen zu tun (vgl. ebd.). In diesem Sinne befasst sich Integration ganz allgemein mit der Frage, wie das Einleben in der Fremde gelingen kann (vgl. Düsener 2010: 32). Folgerichtig wird im weiteren Verlauf des Kapitels vor allem die Sozialintegration weiter beleuchtet, da Sozialarbeiter*innen fortwährend mit Individuen, Gruppen und Gemeinwesen zu tun haben und hierdurch in allen Arbeitsfeldern unmittelbar mit den Chancen und Herausforderungen der Sozialintegration konfrontiert sind. Grundlage für professionelles Handeln in diesem Bereich ist neben einer Reflexion des Begriffs die Auseinandersetzung mit unterschiedlichen theoretischen Konzepten zur Sozialintegration (s. Kapitel 3.3).

Generell kann Sozialintegration[4] als die „Eingliederung von Minderheiten in den Gesamtzusammenhang eines offenen und pluralen gesellschaftlichen Systems" (Soziologie Heute 2008, 6.6.2020) beschrieben werden. Treibel (2016: 33) stellt diesbezüglich fest, dass Integration meist die Eingliederung einer kleineren, neueren, anderen Gruppe in eine ältere, größere, etabliertere Gruppe meint. Diesem Verständnis nach gilt die neue Gruppe als untergeordnet und soll sich an das Reglement der alteingesessenen Gruppe anpassen. Daher wird der Begriff Integration im öffentlichen Diskurs häufig im Sinne der Assimilation der Zugewanderten verwendet, wobei es hier um einen einseitigen Prozess der Anpassung der Zugewanderten an die aufnehmende Gesellschaft geht (vgl. Mecheril 2011, zitiert

---

4 Wird im weiteren Verlauf der Arbeit von *Integration* gesprochen, ist hierunter *Sozialintegration* zu verstehen.

nach Freise 2017: 58). Dieser Lesart folgend, wären Migrant*innen wie bspw. Familie Alschami aufgefordert, zusätzlich zu dem Verlust ihrer Heimat die eigene Kultur und damit einen Teil ihrer Identität aufzugeben, um möglichst angepasst in Deutschland leben zu können. Dies sind große Herausforderungen, da vieles aus ihrem bisherigen Leben wie die Sprache, Werte oder Verhaltensweisen in ihrem neuen Umfeld nicht mehr gilt. Parallel hierzu würden durch eine einseitige Anpassungsleistung wichtige Ressourcen und die Möglichkeit zu einem selbstbestimmten Leben der Migrant*innen verloren gehen.

Der UNHCR Deutschland (o. J.[b]) versteht unter Integration daher „eine wechselseitige und dynamische Beziehung zwischen Flüchtlingen und der Aufnahmegesellschaft". So müssen beide Seiten ihren Beitrag zu einer gelingenden Integration erbringen. Auch Barmyer (2012: 77) stellt Integration als andauernden, dynamischen und komplexen Prozess der Annäherung eines Individuums an ein fremdkulturelles soziales System dar, bei dem die Minderheitsgesellschaft sowohl den Kontakt zur Mehrheitsgesellschaft sucht, gleichzeitig aber auch das eigene kulturelle Erbe aufrechterhält. Das Bundesministerium des Innern, für Bau und Heimat (o. J.[b], 6.6.2020) sieht diesen wechselseitigen Prozess sogar als notwendig an, da eine gelungene Integration heißt, „sich einer Gemeinschaft zugehörig zu fühlen. Sie bedeutet die Entwicklung eines gemeinsamen Verständnisses, wie man in der Gesellschaft zusammenlebt. Zuwanderung kann deshalb nur als wechselseitiger Prozess gelingen". Folgerichtig versteht das „Haager Programm", ein Aktionsprogramm zur Stärkung von Freiheit, Sicherheit und Recht in der EU, unter Integration

- einen fortlaufenden, wechselseitigen Prozess, an dem sich die aufnehmende Gesellschaft und die Zuwander*innen beteiligen,
- eine Antidiskriminierungspolitik,
- den Respekt vor den Grundrechten der EU und den Menschenrechten,
- die Entwicklung von Teilhabemöglichkeiten an der Gesellschaft,
- vielfache Interaktionen und einen interkulturellen Dialog zwischen allen Mitgliedern der Gesellschaft (vgl. Amtsblatt der Europäischen Union 2005: C 53/4f., 19.7.2021).

Folglich muss Integration als wechselseitiger Prozess ausgerichtet werden, in dem es nicht um eine spurenlose Auflösung der Unterschiede, sondern vielmehr um einen respektvollen Umgang trotz der vorhandenen Vielfalt geht. Da allerdings Integration immer noch häufig als einseitiger Prozess verstanden wird, lehnen einige kritische Theoretiker*innen den Terminus Integration vollkommen ab. Dieses Vorgehen erscheint allerdings nicht zielführend dafür zu sein, das Phänomen analysieren und eine Einwanderungsgesellschaft gestalten zu können. Vielmehr muss Integration exakt definiert und das jeweilige Verständnis umfassend begründet werden, um diskursfähig zu bleiben und sich professionell in gesellschaftliche und politische Debatten einbringen zu können.

Um den Begriff und Prozess der Sozialintegration differenzierter betrachten, analysieren und gestalten zu können, kann diese in vier Bereiche unterteilt werden:

Bei der *kulturellen Integration* geht es vorrangig um soziale Werte und das Erlernen der neuen Sprache (vgl. Toprak/Weitzel 2017: 17). Unter kultureller Integration ist aber noch mehr zu verstehen. Kultur wird zunächst als erlerntes Orientierungs- und Referenzsystem von Werten und Praktiken verstanden, das von Angehörigen einer Gruppe kollektiv gelebt wird und sie von anderen Gruppen unterscheidet. Damit gibt Kultur ihren Mitgliedern Möglichkeiten, gemeinsames und individuelles Handeln zu gestalten (vgl. Barmeyer 2012: 95). Darüber hinaus ist Kultur kein fixes System, sondern veränderbar. So entstehen zum Beispiel durch Individualisierung und Heterogenisierung der Gesellschaften multiple kulturelle Bezugspunkte und polyvalente Identitäten, die bisherige Analyserahmen wie beispielsweise eine Nationalkultur in Frage stellen (vgl. Sackmann/Phillips 2004, zitiert nach ebd.: 96). Somit schließt kulturelle Integration „kognitiv-kulturelle Lern- und Internalisierungsprozesse bei der zugewanderten wie bei der einheimischen Bevölkerung ein, die notwendig sind für die Teilnahme und Teilhabe am gesellschaftlichen Leben" (Heckmann 2015: 72ff., zitiert nach Gögercin 2018: 178). Folgerichtig steht Integration in einem engen Verhältnis zur Kultur, worauf in Kapitel 3.2 vertiefend eingegangen wird.

Strukturelle Integration betrifft vorrangig den Arbeitsmarkt und das Bildungssystem. Diese Bereiche sind wichtig, da nur durch das Erreichen eines Arbeitsplatzes gewährleistet werden kann, „dass ein Mensch über ökonomisches Kapital verfügt, welches den materiellen Ausgangspunkt für Flexibilität und Selbstbestimmung darstellt" (Toprak/Weitzel 2017: 18). Zudem wirkt Erwerbsarbeit sinnstiftend und kann einer Person sozialen Status sowie Anerkennung und Selbstwertgefühl verleihen. Das Bildungssystem ist für eine dauerhafte Integration von besonderer Bedeutung, da der Zutritt zum Arbeitsmarkt hauptsächlich über Bildungsabschlüsse und Sprachkenntnisse erfolgt (vgl. ebd.: 19). Bei der strukturellen Integration geht es somit auch um einen gleichberechtigten Zugang zu Bildung, Arbeit und Institutionen und darum, einen Platz in der Gesellschaft zu finden.

Unter *sozialer Integration* ist die erfolgte Mitgliedschaft und das Interagieren im privaten Bereich zu verstehen (vgl. Heckmann 2015: 72ff., zitiert nach Gögercin 2018: 178). Es geht also um Netzwerke, Freundschaften und soziale Kontakte der Zuwander*innen, bei welchen die soziale Begegnung jenseits ethnischer Gruppen im Vordergrund steht. Diese Netzwerke können als soziales Kapital angesehen werden, die Unterstützungsleistungen bieten. Soziale Integration ist damit kaum politisch durch Gesetze oder Regeln beeinflussbar, da es sich vor allem um die individuelle Bereitschaft zur Kontaktaufnahme handelt (vgl. Toprak/Weitzel 2017: 20).

Emotionale Integration stellt die „Königsdisziplin" innerhalb des Integrationsprozesses dar, da sie komplex, subjektiv und nicht durch Gesetzmäßigkeiten erklärbar ist. Sie entwickelt sich langfristig und ist von verschiedenen äußeren Faktoren abhängig. Beispielsweise davon, wie Geflüchtete in der Aufnahmegesellschaft willkommen geheißen werden. Dieser Teilbereich ist durch konkrete Maßnahmen nicht direkt beeinflussbar, da die Ausgestaltung davon abhängt, inwieweit sich ein Mensch grundsätzlich mit dem Aufnahmeland identifizieren kann und sich hier umfassend wohlfühlt (vgl. Toprak/Weitzel 2017: 22).

Doch wie genau können die Ziele von Integration formuliert werden, und welche Schritte führen zu einem erfolgreichen Integrationsprozess?

Antworten auf diese Fragestellungen sind stets kontext- und interessenabhängig zu geben. Während die Politik versucht Eckpunkte und Zielgrößen zu definieren, steht für die Angewandten Sozialwissenschaften meist der Prozess im Mittelpunkt. Soziolog*innen verstehen unter Integration meist ein funktionales Konzept. Nachstehend wird daher diskursiv auf die verschiedenen Sichtweisen eingegangen, um eine lösungsorientierte Antwort für die Soziale Arbeit zu entwickeln.

Nach Esser (2001a: 8–12, 6.6.2020; Grote 2011: 7ff., 6.6.2020) können vier inhaltliche Dimensionen der Sozialintegration aufgeführt werden, die als Stufenmodell einer erfolgreichen Integration aufzufassen sind:

1. *Kulturation:* Die Akteur*innen erwerben das nötige Wissen und bestimmte Kompetenzen, durch welche sie sinnhaft, verständlich und erfolgreich interagieren können. Diese Fertigkeiten sind als Humankapital zu verstehen, durch welche die Akteur*innen für andere interessant werden.
2. *Platzierung:* „Unter Platzierung wird, ganz allgemein, die Besetzung einer bestimmten gesellschaftlichen Position durch einen Akteur verstanden" (Esser 2001a: 9, 6.6.2020). Hierdurch werden die Beteiligten in ein bestehendes soziales System integriert. Zentral ist hierbei die Verleihung von Rechten und die Übernahme von beruflichen Positionen.
3. *Interaktion:* Akteur*innen agieren wechselseitig über Wissen und Symbole. Es geht demnach vorrangig um die Aufnahme von sozialen Beziehungen. „Eine erfolgreiche Kulturation und Platzierung eines Akteurs sind (meist) die Voraussetzung für die Aufnahme von interethnischen Beziehungen, da sie Gelegenheiten zu interethnischen Interaktionen bieten und den Akteur durch seine Ressourcen und Kompetenzen für andere Akteure erst interessant machen" (Esser 2001: 11f., zitiert nach Grote 2011: 8, 6.6.2020).
4. *Identifikation:* Hierbei geht es um die Einstellung der Akteur*innen, sich mit der Gesellschaft als eine Einheit zu sehen und mit dieser identisch zu werden (vgl. Esser 2001a: 12, 6.6.2020).

Essers Konzeption nach würde Sozialintegration statisch, in Form eines festen Phasenmodells verlaufen und schließlich in der Identifikation enden. Gleichzeitig wäre das Innehaben einer gesellschaftlichen Position, wie beispielsweise eines Arbeitsplatzes, Voraussetzung für interkulturelle Begegnungen. Diese Vorstellung passt jedoch nicht zur gegenwärtigen postmodernen Gesellschaft, da vielfältige Menschen auch im Alltag miteinander in Kontakt kommen. So begegnet Familie Alschami bspw. in der Kindertagesstätte, der Schule oder im Wohnquartier selbstverständlich Personen der aufnehmenden Gesellschaft. Entsprechend können interethnische Begegnungen auch unabhängig von einer erreichten gesellschaftlichen Position gelingen. Ein stringentes Stufenmodell hingegen lässt keine zirkulären und individuellen Integrationsverläufe zu und erweist sich von daher als wenig geeignet zur Abbildung und Erklärung gesellschaftlicher Wirklichkeit.

Student*innen der Evangelischen Hochschule Ludwigsburg haben ebenfalls Überlegungen zum Thema „Erfolgreiche Integration" angestellt und eigene Definitionsversuche verfasst, die hier beispielhaft angeführt werden:

Definitionsversuche von Student*innen zum Thema ‚Erfolgreiche Integration'[5]
„Gelungene Integration kennzeichnet sich für mich durch ein hohes Maß an Partizipation und gesellschaftlicher Teilhabe von Migrant*innen innerhalb der Aufnahmegesellschaft. Dazu gehört beispielsweise die Einbettung in ein soziales Netzwerk mit Ansprechpartner*innen, ein Ausbildungsplatz oder ein sinnstiftender Beruf, eine menschenwürdige Wohnunterkunft sowie eine angemessene materielle Versorgung. Um dieses Ziel zu erreichen, sind Sprach- und Integrationskurse auf Seiten der Migrant*innen unerlässlich. Trotzdem ist Integration immer ein beidseitiger Prozess und fordert auch den Willen, das Engagement und die interkulturelle Kompetenz der Bürger*innen in der Aufnahmegesellschaft. So soll nach Gemeinsamkeiten gesucht werden, anstatt sich nur auf die kulturellen Unterschiede zu konzentrieren. Dennoch brauchen wir auch die Fähigkeit Unterschiede auszuhalten und anzunehmen."
„Integration ist meiner Meinung nach dann erfolgreich, wenn aus einem Nebeneinander ein Miteinander wird. Wenn Migrant*innen nicht nur toleriert werden, sondern mit ihnen gelebt wird und sie in allen Bereichen des Lebens mit eingebunden werden sowie auf Akzeptanz, Respekt und Aufgeschlossenheit treffen. Wenn sie sich nicht unserer Kultur oder Lebensweise vollständig anpassen müssen, sondern auch wir was von ihnen mitnehmen und lernen können und so auch ihre Kultur zu einer bunten Vielfalt in unserer Gesellschaft führt."
„Integration ist meiner Meinung nach erfolgreich, wenn Unterschiede gegenseitig akzeptiert werden, also von beiden Seiten versucht wird, in einem fortlaufenden Prozess ein verständnisvolles und rücksichtsvolles, gegenseitig anpassendes Miteinander zu schaffen, ohne die eigenen kulturellen Werte dafür zwangsläufig infrage stellen bzw. aufgeben zu müssen. Alles darf sein, solange es niemandem schadet. Ich denke, es bedarf von beiden Seiten immer wieder ein stetiges Hinterfragen und „Anpassen". Nur von der „Minderheit" zu fordern, wäre keine erfolgreiche Integration. Damit sie erfolgreich sein kann, ist auch die „Mehrheit" gefordert ihre Denkweise und ihre Strukturen zu hinterfragen und in einem gemeinsamen Prozess Möglichkeiten auszuhandeln, damit ein gerechtes gemeinsames Leben möglich sein kann. Ich finde es schwierig den Begriff „erfolgreich" zu verwenden, da ich denke, dass es bei diesem Thema kein „Ankommen" gibt und stetig aus eventuellen Fehlern oder missglückten Beschlüssen/Umsetzungen gelernt werden kann. Ein Bewusstsein darüber, hohe Reflexionsfähigkeit, ein Verständnis für andere Kulturen zu haben und die Bereitschaft auch Rücksicht darauf zu nehmen, sind meiner Meinung nach wichtig, um in die Richtung „erfolgreiche Integration" zu gehen."
„Für mich ist Integration dann erfolgreich, wenn wir es als Gesellschaft schaffen, alle in unserem Land lebenden Menschen auf allen Ebenen mit einzubeziehen. Integration ist für mich ebenfalls verbunden mit der Chance auf Partizipation und Teilhabe. Die Haltungen der Bürger*innen sind entscheidend, um ein integratives gemeinschaftliches Leben zu ermöglichen. Integration muss als selbstverständlich verstanden werden. Jede*r sollte sich in unserer Gesellschaft willkommen, akzeptiert, verstanden und als Teil/Mitglied fühlen."

---

5 Für die Barrierefreiheit wurden die Definitionsversuche einheitlich durch die Autor*innen gegendert.

> „Für mich ist Integration erfolgreich, wenn beide Seiten sich gegenseitig akzeptieren, tolerieren und respektieren. Es soll demnach nicht von der einen Seite die ganze Arbeit erwartet werden, sondern die andere Seite soll die gleiche Arbeit leisten. Das Prinzip der Gegenseitigkeit in allen Bereichen ist hierbei die Basis. Wichtig dabei ist, dass beide Seiten sich ohne Vorurteile entgegentreten und füreinander offen sind. Sie sollen sich auf der gleichen Ebene begegnen und sich nicht als Konkurrenz sehen (wir sind besser/schlechter als ihr). Beide Seiten sollten in allen Bereichen gleich und fair behandelt werden."

Mit Blick auf diese Definitionen kann zunächst festgestellt werden, dass Integration auch hier als wechselseitiger Prozess verstanden wird, der Bemühungen, Respekt und Toleranz auf beiden Seiten fordert. Kurz zusammengefasst sind für die Studierenden vor allem Teilhabechancen in diversen Bereichen sowie Partizipation und Begegnungen für eine gelingende Integration ausschlaggebend. Im Gegensatz zu Essers Darstellung wird hier aber weder ein Stufenmodell noch ein ‚Endpunkt' der Integration festgeschrieben. Vielmehr wird Integration dynamisch und als Wechselspiel beschrieben, dessen Ausgang individuell und unvorhersehbar ist.

Dies ist nicht ungewöhnlich, da Integration als langfristiger Prozess verstanden werden kann, der „je nach Bedingungen unterschiedlichen Pfaden folgen und somit unterschiedliche Ausgänge haben kann" (Sauer/Brinkmann 2016: 4). So erklärt Penninx (2004: 12, zitiert nach Schulte/Treichler 2010: 44) Integration als „the process of becoming an accepted part of society". Damit kommt zum Ausdruck, dass Integration als Prozess betrachtet werden muss, der unterschiedliche Geschwindigkeiten und Verläufe nehmen kann (vgl. Schulte/Treichler 2010: 45). Welche Entwicklung der Integrationsprozess macht, ist vor allem von individuellen und gesellschaftlichen Bedingungen sowie Teilhabechancen abhängig (vgl. Sauer/Brinkmann 2016: 4). „Integration meint in diesem analytischen Verständnis eine möglichst chancengleiche Teilhabe aller Menschen an den als wichtig erachteten Teilbereichen des gesellschaftlichen Lebens (vgl. Sachverständigenrat 2010). Sie ist nicht nur von den Zugewanderten und ihren Merkmalen oder Orientierungen abhängig, sondern auch von den gesellschaftlichen, wirtschaftlichen, rechtlichen und politischen Rahmenbedingungen, sowie der Offenheit der Aufnahmegesellschaft und der Gewährung der Chancengleichheit. Integration wird hier also deutlich von Assimilation abgekoppelt, die zwar als *ein* möglicher – jedoch nicht einzig wünschenswerter, sinnvoller oder erfolgreicher – Ausgang des Integrationsprozesses gesehen wird" (Sauer/Brinkmann 2016: 4). Eine gleichberechtigte Teilhabe ist auch dem Bundesamt für Migration und Flüchtlinge (vgl. Bundesamt für Migration und Flüchtlinge o. J., 6.6.2020) ein Anliegen, welches Integration als einen Prozess beschreibt, dessen Ziel es ist, alle Menschen, die dauerhaft in Deutschland leben, in die Gesellschaft einzubeziehen. Zugewanderten soll eine gleichberechtigte Teilhabe in allen gesellschaftlichen Bereichen ermöglicht werden. Diese Bereiche spezifiziert die Bertelsmann Stiftung (vgl. De Geus 2016, 6.6.2020) als Sprache, Arbeit, Bildung und fasst sie unter dem Begriff „soziale Integration" zusammen. Für den UNHCR genügen diese Aspekte jedoch nicht, weshalb zusätzlich die rechtliche, wirtschaftliche und politische Teilhabe hinzufügt werden. Durch die umfassende Teilhabe der Geflüchteten sollen langfristige Abhängigkeiten vermieden und ein konstruktives Miteinander geschaffen werden, welches die Vorzüge von Mehrheitsgesellschaft und Zugewanderten vereint. Hierfür fordert der UNHCR einen Dialog mit den Betroffenen, um an deren vorhandenen Fähigkeiten und Kompetenzen anknüpfen zu können und eine Identifikation mit den Integrationsangeboten zu ermöglichen (vgl. UNHCR Deutschland o. J.[b], 6.6.2020).

Entsprechend ist die Teilhabe in den Bereichen Sprache, Arbeit, Bildung, Gesellschaft, Rechte, Kultur und Politik für einen erfolgreichen Integrationsverlauf notwendig. Angesichts dieser vielfältigen Bereiche kann das Gelingen eines Integrationsprozesses als eine enorme Anstrengung betrachtet werden. Häufig schaffen es Migrant*innen, in Teilbereichen integriert zu sein, während sie in anderen Subsystemen exkludiert bleiben. Diese Tendenz ist auch durch die beherrschenden rechtlichen oder gesellschaftlichen Rahmenbedingungen bedingt. So dürfen zum Beispiel bestimmte Migrant*innengruppen nicht arbeiten, oder der Zugang zum Arbeitsmarkt ist in vielen Branchen für Zuwander*innen immer noch erschwert. Hinzu kommt, dass Menschen nicht automatisch in ihren Teilsystemen integriert bleiben. Sie müssen fortlaufend Anstrengungen auf sich nehmen, um nicht erneut ausgeschlossen zu werden. Gerade deshalb ist das Schaffen von Zugangsmöglichkeiten zur Teilhabe eine wichtige Voraussetzung für die Integration in unterschiedliche gesellschaftliche Systeme. Darüber hinaus muss Integration immer auch individuell betrachtet werden, denn jede*r Migrant*in bringt seine*ihre eigene Geschichte, seine*ihre eigenen Ressourcen und Möglichkeiten mit. Folgerichtig kann der Integrationsprozess nie den gleichen standardmäßigen Verlauf in derselben Zeit und mit demselben Ergebnis nehmen. Daher muss Soziale Arbeit lebensweltorientiert und situations- und individuumsbezogen Integrations- und Teilhabechancen ermöglichen, damit Migrant*innen auch in Deutschland ein selbstverantwortetes und autonomes Leben führen können.

Insofern ist Integration dann erfolgreich verlaufen, wenn Menschen „sich bei der Beteiligung an den verschiedenen gesellschaftlichen Teilbereichen ihren Begabungen, ihrem Leistungsvermögen und ihrer Leistungsbereitschaft entsprechend möglichst uneingeschränkt und eigenständig entfalten können, [wenn] sie diskriminierungsfrei arbeiten und leben können. Bezogen auf den einzelnen Zuwanderer ist es das Ziel von Integration, ein selbstbestimmtes Leben führen zu können, als zugehörig akzeptiert zu werden" (Sachverständigenrat für Zuwanderung und Integration 2004: 233f., zitiert nach Hoesch 2018: 81). Voraussetzung für die Umsetzung dieses Ziels ist eine „Gesellschaft, in der die Gewährleistung der Menschenrechte gesichert ist und in der einzelne soziale oder ethnische Gruppen keine Diskriminierung befürchten müssen" (Aumüller 2009: 25). Somit können die Grund- und Menschenrechte als Basis für eine gelingende Sozialintegration verstanden werden, da diese ein friedliches Zusammenleben regeln und einfordern. Als Ergebnis dieser diskursiven Betrachtungsweise kann Sozialintegration folgendermaßen definiert werden:

2.1 Begriffsannäherung Integration

Definition Sozialintegration:

Integration ist ein langfristiger, wechselseitiger Prozess des aktiven Aufeinanderzugehens und der aktiven Auseinandersetzung mit verschiedenen Kulturen, Werten und Praktiken der Zuwander*innen und denjenigen der Mehrheitsgesellschaft.
Gelingende Integration ist die Basis für ein friedvolles, auf den Grund- und Menschenrechten basierendes Zusammenleben in einer pluralen Gesellschaft.
Sozialintegration unterteilt sich in die vier Teilbereiche kulturelle, strukturelle, soziale und emotionale Integration und verfolgt das Ziel der Teilhabe <u>aller</u> Gesellschaftsmitglieder in <u>allen</u> Bereichen, um ein selbstbestimmtes Leben für alle zu ermöglichen.
Ihr Verlauf ist stets von individuellen Teilhabechancen sowie den gesellschaftlichen Rahmenbedingungen abhängig. Damit ist sie ein ergebnisoffener und zirkulärer Prozess, der niemals vollständig abgeschlossen ist.

Kritisch ist anzumerken, dass erfolgte Integration nicht mit vollkommener Harmonie oder ausschließlich positiven Gefühlen gleichzusetzen ist, denn gesellschaftliche Systeme integrieren sich nicht zuletzt durch Konflikte, die ständig ausgetragen werden müssen (vgl. Coser 1956/2009; Treibel 2016: 37). Daher wird hier ein kurzer Exkurs zu Konflikten im Verlauf der Sozialintegration angefügt:

Exkurs: Konflikte in der Sozialintegration

El-Mafaalani (2018: 30f.) beschreibt, dass mit der erfolgreichen Integrationspolitik in Deutschland zwei Veränderungen verbunden sind: Zum einen steigen die subjektiven Erwartungen an die Akteur*innen und zum anderen die objektiven Grundlagen für den Verlauf des Integrationsprozesses. Damit erhöhen sich die Ansprüche parallel zum Erfolg. Das heißt, je erfolgreicher die Integration ist, desto mehr Erwartungen hat die Gesellschaft an Zuwander*innen und diese wiederum an die Gesellschaft und ihre Strukturen. Folglich ist nicht die Situation an sich das Problem, sondern die Differenz zwischen den Erwartungen und der Realität. Dabei handelt es sich um zwei Variablen, die unterschiedlich schnell steigen. Die Erwartung steigt schneller als die Realität hinterherkommen kann. Dadurch sind Konflikte quasi vorprogrammiert. Diese Differenz zwischen der objektiven und subjektiven Realität bildet auch den Nährboden für Rechtspopulismus oder Nationalsozialismus (vgl. ebd.: 29–35). Somit wird die Gesellschaft immer unzufriedener, wenn Integrationserfolge ausschließlich an Harmonie gemessen werden. Denn je mehr Teilhabe verwirklicht wird, desto mehr Menschen haben die Möglichkeit, ihre Wünsche zu artikulieren und mitzubestimmen (vgl. ebd.: 75ff.). „Gelungene Integration erhöht deshalb das Konfliktpotential, weil Inklusion, Gleichberechtigung oder eine Verbesserung der Teilhabechancen nicht zu einer Homogenisierung der Lebensweisen, sondern zu einer Heterogenisierung, nicht zu mehr Harmonie und Konsens in der Gesellschaft, sondern zu mehr Dissonanz und Neuaushandlungen führt." (ebd.: 79)
Falsch wäre nun zu schlussfolgern, Teilhabemöglichkeiten müssten eingeschränkt werden. Ganz im Gegenteil. Hierdurch würden sich negative Konflikte erhöhen, da sich Menschen ausgegrenzt und bevormundet fühlen würden. Konflikte gilt es vielmehr anders zu deuten. El-Mafaalani (2018: 79f.) begreift diese als *die Gesellschaft verändernde Konflikte*. „Der Konflikt ist also nicht

etwa Ausdruck einer Spaltung, denn gespalten sein kann man nur, wenn man zuvor irgendeine Einheit darstellte. Vielmehr ist das Gegenteil der Fall: Der Konflikt ist Ausdruck des Zusammenwachsens. Es entstehen Spannungen beim Sichnäherkommen. Zusammenwachsen tut weh" (ebd.: 81).
Hieraus lässt sich eine veränderte Herausforderung für die Soziale Arbeit ableiten. Sie muss bestehende Konflikte als positive Auseinandersetzungen wahrnehmen und für die Adressat*innen, die aufnehmende Gesellschaft und Politik transparent machen, um dadurch Lösungen der entstehenden Probleme adäquat begleiten zu können. Nur so kann ein *Sichnäherkommen* von Einheimischen und Zugewanderten gefördert und verwirklicht werden (vgl. Aschenbrenner-Wellmann/Geldner 2021: 151).

2.2 Überlegungen zum Kulturbegriff

Das komplexe Phänomen Kultur lässt sich nicht in einen eindeutigen Definitionsrahmen bringen. So vielfältig die Kulturen der Weltgesellschaft sind, so verschieden sind auch Kulturdefinitionen. Wesentlich ist auch, dass ganz unterschiedliche Fachdisziplinen wie z. B. die Soziologie, Psychologie, Ethnologie aber auch die Soziale Arbeit eigenständige Zugänge zum Kulturbegriff anbieten. Wie unterschiedlich Kultur definiert werden kann und wie eng dieser mit dem Integrationsbegriff verbunden werden kann, zeigen einige Definitionsversuche Studierender der Evangelischen Hochschule Ludwigsburg aus dem Sommersemester 2020:

Definitionsversuche von Student*innen zu Kultur

„Früher habe ich Kultur immer mit Besuchen von Museen verbunden, da dort die Kultur und deren Entwicklung dargestellt und erklärt wird. Heute ist Kultur für mich die Zusammensetzung von eigenen Werten, Normen und Traditionen der verschiedenen Länder, aber auch der verschiedenen Religionen. Jedes Land hat andere Traditionen, Gegebenheiten und Einstellungen zum Leben, die die jeweilige Kultur bilden."

„Für mich ist Kultur eine dauerhafte Abbildung der Gesellschaft. Was die Menschen bewegt und beeinflusst, wird in der Kultur durch verschiedene Kanäle reproduziert, verarbeitet und modifiziert. Da sich die Gesellschaft und die Menschen sowie deren Einflüsse dauerhaft (vor allem in den global vernetzten Zeiten) verändern, ist die Kultur ständig in Bewegung und verändert sich. Kultur wird also auch dauerhaft geschaffen. Spannend finde ich vor allem auch den Prozess des Übergangs von etwas, das einer Subkultur angehört, hin zur breiten, öffentlichen Kultur (als sehr simples Beispiel der Essenskultur zum Beispiel die Geschichte und Verbreitung des Dönerkebaps). Gerade dieses Beispiel zeigt auch, wie sich etwas, das zunächst nicht der ‚heimischen Kultur' angehört, durch z. B. andere Einflüsse modifiziert wird und sich so in die ‚heimische Kultur' integriert und ein Teil davon wird, ohne seine ursprüngliche Form komplett zu verändern. Spannend ist natürlich auch die Frage, inwieweit die Kultur durch viele Veränderungen nicht auch zu einer Art ‚Wegwerfkultur' wird – die Frage ist also, was muss etwas haben bzw. erfüllen, dass es dauerhaft einen Platz in der Kultur findet."

> „Ursprünglich bedeutet Kultur ja, dass etwas vom Menschen geschaffen oder bearbeitet wurde. Ausgehend von dieser Ursprungsdefinition, sehe ich Kultur als etwas, das durch Menschen geschaffen und weiterentwickelt wurde, besonders in Bezug auf menschliches Zusammenleben. Dazu gehören Sprache und Bildung, Glaube und Religion, Sitten, Bräuche und Normen, die jeder kennt, aber nicht festgelegt sind. Kultur grenzt von Anderen ab, wenn diese eine andere Kultur pflegen, aber schafft auch ein Zusammengehörigkeitsgefühl innerhalb der gleichen Kultur."
>
> „Kultur ist für mich etwas Erlerntes und zugleich etwas sehr Dynamisches. Da jeder Mensch anders ist, hat auch jeder Mensch eine eigene Kultur. Mit jedem Erlebnis habe ich die Möglichkeit, durch meine Erfahrungen meine Kultur zu erweitern und zu verändern. Bei der Kultur eines Landes oder einer Region werden die Kulturen der einzelnen Individuen dieser Regionen zusammengefasst und deren Gemeinsamkeiten betrachtet."

Hier wird deutlich, auf welch vielfältige Weise und mit welch unterschiedlichen Schwerpunktsetzungen Kultur beschrieben werden kann und wie wandelbar und prozesshaft diese im Zeitverlauf ist. Dennoch kombinieren auch heute noch viele Autor*innen den Terminus *Kultur* ausschließlich mit dem Nationenbegriff. Hierbei bleibt jedoch unberücksichtigt, dass „die unter historisch-politischen Gesichtspunkten entstandenen Nationen nicht notwendigerweise mit den jeweils dort angesiedelten sprachlichen und kulturellen Gruppen identisch sind" (Aschenbrenner-Wellmann 2003: 17). Durch Migration und Heterogenisierung der Gesellschaften entstehen multiple kulturelle Bezugspunkte und polyvalente Identitäten, die bisherige Analyserahmen wie beispielsweise die Nationalkultur in Frage stellen. So existiert nicht mehr „der Deutsche" oder „der Araber". „Das so häufig benutzte Bild vom Kulturkreis suggeriert eine Abgeschlossenheit, die es so nicht gibt. Es gibt auch bei den Einwanderern selbst eine vielfältige und dynamische Ausdifferenzierung." (Müller-Wille 2000: 38, 25.2.2021) Damit kann Kultur nicht als festes und statisches System verstanden werden. Der Begriff muss offener, prozesshafter und dynamischer gefasst werden. So erklärt auch Welsch (2017: 68), dass das klassische Verständnis abgeschlossener Einzelkulturen in der Postmoderne nicht mehr haltbar ist. Moderne Gesellschaften sind bereits in sich hochgradig differenziert, sodass eine Einheitlichkeit nicht mehr erreicht werden kann. „Das klassische Kulturmodell ist nicht nur deskriptiv falsch, sondern auch normativ gefährlich und unhaltbar. Der Abschied von diesem Konzept ist in jeder Hinsicht angezeigt. Heute gilt es, die Kulturen jenseits des Gegensatzes von Eigenkultur und Fremdkultur zu denken." (ebd.: 69) Entsprechend wird ein wandelbares und prozesshaftes Verständnis von Kultur benötigt, um adäquat auf die vorhandene Vielfalt der Gesellschaft eingehen, sie verstehen und gestalten zu können.

Die Kultur kann „in ihrem weitesten Sinne als die Gesamtheit der einzigartigen geistigen, materiellen, intellektuellen und emotionalen Aspekte angesehen werden […], die eine Gesellschaft oder eine soziale Gruppe kennzeichnet. Dies schließt nicht nur Kunst und Literatur ein, sondern auch Lebensformen, die Grundrechte des Menschen, Wertesysteme, Traditionen und Glaubensrichtungen" (Deutsche UNESCO-Kommission e.V. o. J., 25.2.2021). Dieser erweiterte Kulturbegriff bezieht sich damit auf allgemeine lebensweltliche Zusammenhänge, zu denen Religion, Ethik, Recht, Technik, Bildung, Produkte und die Umwelt zählen. Nach diesem Verständnis werden Kulturen durch mehr oder weniger beliebige Kollektive repräsentiert, die nach außen durch offene Netzwerkverbindungen charakterisiert sind (vgl. Ik-Kompetenz Thüringen, zitiert nach IKUD 2009, 7.6.2020).

Entsprechend ist jedes Individuum mit seiner/ihrer Kultur verwoben, wodurch Kultur Teil der Identität und Lebensform wird. Insofern spielt Kultur eine zentrale Rolle, wenn es um die Integration von Menschen geht. Denn Migrant*innen nehmen ihre Herkunftskultur in ein Land mit, in dem andere kulturelle Äußerungsformen gelebt werden. Ständig treffen verschiedenste Kulturen und Identitäten und damit vielfältige Werte, Verhaltens- und Lebensweisen aufeinander. Somit stehen Prozesse der Enkulturation und Integration in einem wechselseitigen Austausch zueinander.

Auf diesen Zusammenhang gehen auch die nachfolgenden Deutungsansätze ein.

Maletzke (1996, zitiert nach Heringer 2012: 24) erläutert, dass Kultur im Wesentlichen als ein System von Konzepten, Überzeugungen, Einstellungen und Wertorientierungen zu verstehen ist, „die sowohl im Verhalten und Handeln der Menschen als auch in ihren geistigen und materiellen Produkten sichtbar werden. Ganz vereinfacht kann man sagen: Kultur ist die Art und Weise, wie die Menschen leben und was sie aus sich selbst und ihrer Welt machen".

Um Kulturen differenziert betrachten und analysieren zu können, unterscheidet Barmeyer (2012: 95) diese in Anlehnung an die interkulturelle Forschung z. B. nach Thomas, Hofstede und Parsons in drei Dimensionen:

- *Kultur als Interpretationssystem:* „Kultur besteht aus gemeinsamen und als selbstverständlich und natürlich erachteten Vorstellungen, Zeichen, Symbolen und Bedeutungen, die innerhalb einer Gruppe Eindeutigkeit, Sinnstiftung, geteiltes Wissen, zielführende Kommunikation und Kooperation ermöglichen." (Geertz 1973; Thomas 2005; Weber 1904, zitiert nach Barmeyer 2012: 95)
- *Kultur als Wertesystem:* Durch Sozialisation und Enkulturation erwirbt ein Individuum bestimmte Muster des Denkens, Fühlens und Handelns. Diese konstruieren ein emotionales und kognitives System, das für die jeweilige Gesellschaft spezifisch ist. Sie werden unbewusst gespeichert und festigen sich als Werte, Lebensregeln und Haltungen der Menschen (vgl. Hofstede 2001; Inglehart et al. 2005; Kluckhohn/Strodtbeck 1961, zitiert nach Barmeyer 2012: 95).
- *Kultur als System zur Zielerreichung und Problembewältigung:* Aufgrund von Werten, Erfahrungen und Ansprüchen bewähren sich für Gesellschaften bestimmte Vorgehensweisen zur Regulierung zwischenmenschlichen Handelns. So entwickeln sich bestimmte Lösungsmuster, die für eine gewisse Kontinuität sorgen und in Institutionen verfestigt werden (vgl. Kluckhohn/Strodtbeck 1961; Parsons 1952, zitiert nach Barmeyer 2012: 95f.).

Hofstede hat sich ebenfalls mit der bereits erwähnten Interdependenz zwischen Kultur und Individuum auseinandergesetzt. Um dieses Verhältnis genauer zu beschreiben, wird hier auf eine schematische Darstellung nach Aschenbrenner-Wellmann (2003: 48) in Anlehnung an Hofstede (2006: 4f.) zurückgegriffen:

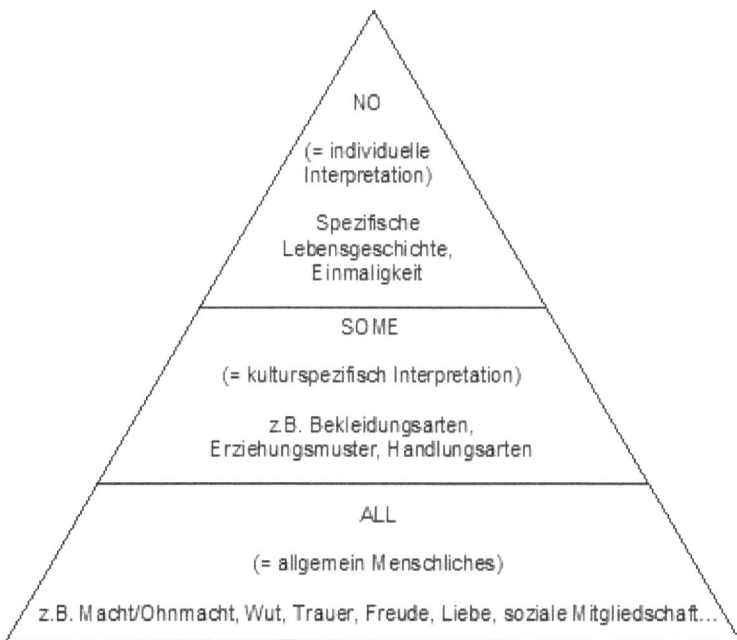

Abbildung 4: Kulturdreieck nach Hofstede (2006: 4f.), zitiert in Anlehnung an Aschenbrenner-Wellmann (2003: 48)

Hofstede (2006: 4f.) vereint unter dem allgemein Menschlichen, was Personen gemeinsam durch ihre Gene geerbt haben, wie bspw. das Verlangen nach Gemeinschaft oder Emotionen. Was jedoch mit diesen Gefühlen gemacht oder ausgedrückt wird, wird wiederum durch die Kultur beeinflusst. Persönlichkeit bedeutet für ihn die einzigartige persönliche Kombination mentaler Programme, welche mit keinem anderen Menschen geteilt wird. Sie gründet sich sowohl auf genetische Dispositionen als auch auf Erlerntes. Hier finden wir den Bezug zu Kultur: Zwischen beiden Dimensionen ist Kultur angesiedelt als etwas von Beginn an Erlerntes, wodurch sie stets veränderbar bleibt und der Einfluss von Lernprozessen nicht zu unterschätzen ist.

Darüber hinaus setzt sich Kultur aus sichtbaren und unsichtbaren Elementen zusammen. „In diesem Zusammenhang wird von der *Concepta* bzw. *Percepta-Ebene* gesprochen. Die Percepta-Ebene umfasst dabei die sichtbaren bzw. beobachtbaren Elemente einer Kultur. Hierzu sind sowohl die materiellen Charakteristika wie beispielsweise Kleidung, Architektur oder Kunstgegenstände als auch die immateriellen Artefakte einer Kultur wie Sitten, Sprache, Gebräuche und soziale Strukturen zu zählen. Die Concepta-Ebene hingegen beschreibt die nicht beobachtbaren Bestandteile der Kultur, welche als die Verhaltensursachen der jeweilgen Kulturmitglieder gesehen werden. Insbesondere Werte, Einstellungen und Normen lassen sich zu dieser schwer analysierbaren Ebene zählen" (Scherm/Süß 2001: 20 f., zitiert nach Reimer 2005: 9, 7.6.2020).

Aus den bisher dargestellten Betrachtungsweisen von Kultur lässt sich eine Vielfalt von Definitionsmerkmalen ableiten, die letztendlich zu einem offenen und wandelbaren Kulturbegriff führen. Denn nur mit Hilfe dieses Verständnisses kann ein wechselseitiger Integrationsprozess zwischen Mehrheitsgesellschaft und Zuwander*innen gelingen. An dieser Stelle ist daher kritisch auf den Begriff *Leitkultur* zu verweisen, der vorrangig in politischen Diskursen verwendet wird, wenn es um die Anpassung von Migrant*innen geht. Entsprechend versuchen politische Akteur*innen mit Hilfe der Leitkultur einen gemeinsamen Wertekonsens zu schaffen, um die Gesellschaft durch eine kollektive Identität zusammenzuhalten und ihre Leistungsfähigkeit steigern zu können. Denn im Kontext von Politik wird Kultur verstanden als „die räumlich wie zeitlich bestimmbare menschliche Fähigkeit zur sozialen und gesellschaftlichen Formierung im Sinne einer Identitätsbildung" (Schwarz 2017a: 111). Allerdings ist Deutschland bereits unabhängig von der migrantisch bedingten Vielfalt durch zahlreiche „Dialekte, soziale Milieus und polarisierte Lebenslagen […] gekennzeichnet" (Treibel 2016: 37), sodass es eine Leitkultur durch gemeinsame Normen und Werte kaum mehr geben kann und auch nicht geben muss. Somit bestehen in unserer postmodernen Gesellschaft bereits verschiedene Normen und Werte nebeneinander, „die durch Schicht- und Milieuzugehörigkeit, bestimmte Interessenlagen oder Lebenseinstellungen geprägt sind, und die sich stetig ändern" (Sauer/Brinkmann 2016: 5).

Trotzdem bleibt zu bedenken, dass Kulturen neben einem Sich-Öffnen für alle auch die Tendenz des Sich-Schließens für ihre Mitglieder in sich tragen. Menschen haben das Bedürfnis sich trotz ihrer Einzigartigkeit und ihren multiplen Bezugspunkten eindeutig zugehörig zu fühlen. Daher werden für die Bildung von (Sub-)Kulturen förderliche Rahmenbedingungen wie beispielsweise der Wertekanon der Menschenrechte benötigt, damit Vielfalt auch als für die Gesamtgesellschaft wertvoll verstanden und gelebt werden kann. Denn Schließungstendenzen hin zu einem statischen, nationalstaatlichen Verständnis von Kultur können nicht zielführend im Sinne einer weltoffenen und pluralen Gesellschaft sein. Durch die beschriebenen Mechanismen wird deutlich, dass sich Individuen fortwährend in einem Spannungsverhältnis zwischen Verschiedenheit/Abgrenzung und Gemeinsamkeit/Zugehörigkeit befinden. Dieses wirkt sich besonders deutlich in der Einwanderungsgesellschaft aus. Gerade hier sind Schließungstendenzen zu verzeichnen, die auf gleichzeitig ablaufende Prozesse der Individualisierung, Globalisierung und Migration zurückzuführen sind. Denn durch eine vielfältige Gesellschaft reduzieren sich die normativ kulturellen Bezugspunkte für einzelne Menschen, und dies kann zu einer Überforderung führen. Entsprechend suchen Individuen nach einem neuen Zusammenhalt und nach Gemeinschaft – nach einer „Leitkultur" in einem eng definierten Sinne. Rechtspopulist*innen nutzen diese Unsicherheit, um bereits Jugendliche für ihre Vorstellungen von der ‚besseren' Kultur zu überzeugen. Durch entsprechende Netzwerke und Kampagnen breitete sich der Rechtsextremismus in der Bundesrepublik in den letzten Jahren schnell aus.

„Diese Entwicklung ist zum einen darauf zurückzuführen, dass rechtsextreme Aktivist/innen das Potential von Alltagskultur für die Verbreitung rechtsextremer Inhalte erkannt und gezielt Strategien kultureller Subversionen angewendet haben. [...] Heute existieren rechtsextrem mitbestimmte Lifestyle-Bewegungen mit eigener Kulturindustrie und eigenen Sprachformen in fast allen Jugendkulturen. Rechtsextrem(-orientiert)e Ausdrucksweisen haben somit keinen subkulturellen Charakter mehr, sondern sind Teil des jugendkulturellen Mainstreams geworden." (Klose et al. 2007, 7.6.2020) Wohin diese Tendenzen führen können, zeigen die rechtsextremen Gewalttaten, durch die seit der deutschen Einheit bereits 182 Menschen starben. Nach den Morden in Hanau vom 19. Februar 2020 wurde erstmals öffentlich durch Bundesinnenminister Seehofer geäußert, dass vom Rechtsextremismus die höchste Bedrohung für die Bundesrepublik Deutschland ausgehe (vgl. Aisslinger et al. 2020).

In diesem Kontext werden, ausgehend von einem abgeschlossenen, nationalstaatlichen Kulturverständnis, narrativ Über- und Unterordnungssysteme geschaffen und Diskriminierungen und Rassismus gegenüber andersethnischen Menschen legitimiert. Von daher muss Soziale Arbeit für ein offenes, dynamisches und wandelbares Verständnis von Kultur eintreten, um eine offene, vielfältige und diskriminierungsfreie Gesellschaft fördern zu können. Denn im Rahmen eines nationalstaatlichen Verständnisses von Kultur haben Migrant*innen keine Chance auf ein friedliches, integriertes und selbstbestimmtes (Zusammen-)Leben mit Angehörigen der Mehrheitsgesellschaft.

Zusammengefasst werden hier fünf Aspekte aufgegriffen, die als wegweisend für einen analytisch-reflexiven Kulturbegriff im Bereich der Sozialen Arbeit angesehen werden können (vgl. Freise 2017: 16ff.):

1) Kultur muss das Alltägliche mit einbeziehen:

Soziale Arbeit muss sich an der Lebenswelt ihrer Adressat*innen orientieren. Kultur umfasst auch das, was Menschen im Alltag hervorbringen. Sie enthält Alltagsnormen, Wertesysteme, Lebensstile, aber auch Rituale und Verhaltensweisen (vgl. ebd.: 16).

2) Kultur muss dynamisch verstanden werden:

Individuen nehmen im Alltag unterschiedliche Rollen in oft mehreren (Sub-)Kulturen ein. Ein statischer Kulturbegriff muss daher abgelehnt werden, da dieser Stereotypenbildung fördert und zu falschen Abgrenzungen und rassistischen Unterscheidungen führen kann (vgl. ebd.).

3) Kultur muss weit gefasst sein und verschiedene Zugehörigkeiten einbeziehen:

Menschen leben in nationalen Kulturen, Sprachkulturen, Milieus und verschiedenen weltanschauungsorientierten und politischen Gemeinschaften. Hinzu kommen diverse kulturelle Äußerungsformen, die über unterschiedliche Anerkennung in der Gesellschaft verfügen. Daher ist ein Intersektionalitätsansatz wichtig, der verschiedene Differenzlinien wie Geschlecht, Alter oder Hautfarbe gleichzeitig betrachtet und Machtaspekte einbezieht (vgl. ebd.: 17).

4) Kultur trägt ein Sich-Öffnen und Sich-Schließen in sich:

Im Zentrum eines Sich-Öffnens steht die Aufnahme neuer Ideen, Werte und Verhaltensweisen aus unterschiedlichen Kulturen. Bereits heute besteht eine transkulturelle Ausrichtung von Menschen und Gesellschaften, ohne dass diese explizit wahrgenommen wird. Gleichzeitig prägt Kultur aber auch die Abgrenzung zwischen Gruppen. Die eigene kulturelle Identität wird daher erst im Umgang mit anderen ersichtlich. Zur Kultur gehören immer beide Aspekte (vgl. ebd.).

5) Der Kulturbegriff spiegelt ungleiche Machtverhältnisse wider:

Kultur steht immer in Bezug zur Machtdimension, da Kultur bestimmte Werte positiv oder negativ einordnet (vgl. Römhild 2015: 43, zitiert nach Freise 2017: 17f.). Soziale Arbeit muss sich daher stets an der Lebenswelt ihrer Adressat*innen orientieren und deren Einfluss dadurch thematisieren. Der Lebensweltbezug schließt institutionelle Ordnungen, Individuen und Kulturen gleichermaßen mit ein (vgl. Habermas 2009, zitiert nach Freise 2017: 18).

Im Anschluss an die Auseinandersetzung mit dem Begriff Integration und der Darstellung seiner Verwobenheit zum Terminus Kultur werden im folgenden Kapitel, darauf aufbauend, verschiedene Theorien zur (Sozial-)Integration diskutiert und im Hinblick auf ihre Bedeutung für die Soziale Arbeit vertieft.

2.3 Theorien zur (Sozial-)Integration

Innerhalb der Sozialen Arbeit als Handlungswissenschaft, der Praxis sozialer Einrichtungen und der Politik bestehen unterschiedliche Schwerpunktsetzungen und Vorstellungen darüber, welche Form der Sozialintegration die geeignete ist und welche Konzepte und Modelle bei ihrer Realisierung umgesetzt werden sollen. Grundsätzlich kann festgehalten werden, dass alle unterschiedlichen Theorieansätze eine spezifische Gültigkeit für Teilbereiche der Integration im Migrationskontext bieten und je nach ausgewählter Perspektive ihre Erklärungskraft entwickeln können (vgl. Gögercin 2018: 183). Folgerichtig sollen hier zunächst auch assimilationsorientierte Theorien betrachtet werden, da diese häufig den gesellschaftlichen Diskurs dominieren und in ihrem Ergebnis von Teilen der Bevölkerung angestrebt werden. Ergänzt werden diese durch multikulturalistische und integrationsreflexive Ansätze, um den Erklärungswert von Theorien in seiner Gesamtheit analysieren zu können und um aufzuzeigen, welche Konzepte von einer professionellen Sozialen Arbeit im 21. Jahrhundert, das durch Globalisierung und Migration geprägt ist, verfolgt werden sollen.

2.3.1 Assimilationsorientierte Theorieansätze

Der Diskurs zu assimilationstheoretischen Ansätzen wird seit Jahren bestimmt durch den Mannheimer Soziologen H. Esser. Dieser unterscheidet folgende vier Typen von Integrationsverläufen, die sich nach erfolgter bzw. nicht erfolgter Sozialintegration in der Herkunfts- bzw. Aufnahmegesellschaft unterteilen lassen. Die möglichen Ausprägungsformen werden nachstehend einzeln dargestellt (vgl. Esser 2001a: 19, 6.6.2020):

Tabelle 3: Assimilationstheoretische Sozialintegrationsformen nach Esser (2001a: 19, 6.6.2020) (leicht veränderte Darstellung)

		Sozialintegration in der Aufnahmegesellschaft	
		ja	nein
Sozialintegration in der Herkunftsgesellschaft	Ja	*Mehrfachintegration*	*Segmentation*
	nein	*Assimilation*	*Marginalität*

2.3.1.1 Marginalität

Unter Marginalität wird ein Prozess und Gefühl kultureller Desorientierung und Orientierungslosigkeit verstanden, welches aus dem Verlust kultureller Referenzsysteme resultiert (vgl. Barmeyer 2012: 119). Zuwander*innen erleben den Wechsel von einer in die andere Gesellschaft als Kulturkonflikt, der sich in ihnen selbst abspielt. Dies drückt sich beispielsweise durch seelische Instabilität, Gehemmtheit, Ruhelosigkeit und Unwohlsein aus (vgl. Treibel 1990/2011: 107). Entsprechend kann das Individuum im Rahmen von Migrationsprozessen keine positive Beziehung zur Mehrheitskultur aufbauen, verliert aber gleichzeitig seine eigene kulturelle Herkunftsidentität. Dies führt zur sozialen und lokalen Ausgrenzung, weshalb Marginalität häufig von Isolierung und Vereinsamung begleitet wird (vgl. Berry 2005: 697 f., zitiert nach Barmeyer 2012: 119). Esser (2001a: 20, 7.6.2020) folgert daher, dass Marginalität den sozialintegrativen Ausschluss aus allen Bereichen kennzeichnet und Individuen sich weder in der Herkunfts- noch Aufnahmegesellschaft erfolgreich integrieren können. Damit werden sie an die Ränder der Gesellschaft gedrängt, d. h. marginalisiert. Die Mehrheitsgesellschaft betrachtet diese Individuen allerdings als Minoritäten, weshalb die Außenseiterpositionen nur von den betroffenen Personen selbst erlebt wird. Somit erfährt das Individuum einen Kulturkonflikt innerhalb der Person und gleichzeitig ein Auseinanderfallen zugeschriebener und angestrebter Zugehörigkeit (vgl. Treibel 1990/2011: 107). Daher ist unter Marginalität das Fehlen jeder Sozialintegration zu verstehen, und dieser Zustand kann nicht das Ziel eines wechselseitigen Integrationsprozesses darstellen. Diese Einschätzung gilt gleichermaßen für die Soziale Arbeit, Politik und Gesellschaft. Vielmehr müssen Migrant*innen „ihre Beziehungen zum kulturellen und sozialen System ihrer Aufnahmegesellschaft insgesamt neu strukturieren und aufbauen, um dort individuelle Ziele erreichen zu können" (Han 2000: 58).

2.3.1.2 Mehrfachintegration

Eine Mehrfachintegration ist dann erreicht, wenn eine Person in beide Gesellschaften, d. h. Herkunfts- und Aufnahmegesellschaft, gleichermaßen integriert ist. Dieser Verlauf ist allerdings nur unter besonders günstigen Verhältnissen zu erwarten, wie etwa bei hohem Bildungsabschluss der Eltern, gleichzeitig positiv verlaufendem Kontakt mit beiden Kulturen und materiellem Wohlstand. Meist ist diese Idealsituation nur bei Akademiker*innen, Diplomat*innen oder erfolgreichen Sportler*innen gegeben (vgl. Esser 2001b: 2, 6.6.2020). Daher wäre diese

Form der Integration zwar wünschenswert, jedoch für die meisten Menschen in unserer Gesellschaft und insbesondere für die Adressat*innen der Sozialen Arbeit nicht realisierbar. Esser stellt deshalb fest: „Weil die Mehrfachintegration nur unter sehr speziellen (günstigen) Verhältnissen zu erwarten ist und weil die Marginalisierung der Migranten kein politisches Ziel sein kann, gäbe es als Optionen für die Sozialintegration der Migranten nur die Alternativen der Segmentation und der Assimilation" (Esser 2001a: 73, 6.6.2020).

2.3.1.3 Segmentation

Eine häufige Folge von Migrationsprozessen ist die räumliche Konzentration der Migrant*innen in speziellen städtischen Siedlungsgebieten. Geht dieser Prozess mit einer ethnischen Homogenisierung der Stadtteilbevölkerung einher, entsteht Segmentation (vgl. Han 2000: 223). Hierbei handelt es sich um eine „dauerhafte Etablierung der ethnischen Gruppe als eigene gesellschaftliche Einheit mit systematischen Unterschieden zwischen den verschiedenen Gruppen, etwa als räumlich abgegrenzte ethnische Gemeinden mit eigenen Institutionen wie Medien, Schulen und einem eigenen Status- und Aufstiegssystem" (Esser 2001b: 2, 6.6.2020). Damit entstehen ghettoartige, isolierte Sozialräume, in denen Migrant*innen tendenziell in der Ideenwelt ihrer Herkunftskultur verhaftet bleiben. Dies ist insbesondere in Bezug zur Sprache, alltäglichen Gewohnheiten, Interaktionen und der emotionalen Identifikation zu beobachten. Vorwiegend betrifft dieser Integrationsverlauf Migrant*innen der ersten Generation mit geringer Bildung, wenig beruflichen Qualifikationen und einer hohen kulturellen Distanz zur Aufnahmegesellschaft (vgl. Esser 2000: 300). „Räumliche Segregationen und kulturelle Segmentation verstärken sich gegenseitig: Segregationen fördern über die strukturell erzeugte Kontaktdichte der Akteure kulturelle Segmentation, und die kulturellen Segmentationen verstärken wiederum die räumlichen Segregationen. Besonders bei zahlenmäßig großen Gruppen von Migranten wird es auf dieser Grundlage dann auch wahrscheinlich, daß sich eine mehr oder weniger ausgebaute und vollständige *ethnische Gruppe* (bzw. ethnische Kolonie) institutionalisiert. [...] Oft werden solche ethnischen Gemeinden oder Kolonien zu ethnischen Sub-Gesellschaften mit eigenen funktionalen Bereichen und einem eigenen Schichtungssystem ausgebaut." (Esser 2001a: 40, 6.6.2020) Durch die Segmentation entsteht dieser Argumentation nach eine „Parallelgesellschaft", in welcher die Integration in das Aufnahmeland nicht gewollt scheint. Folglich entspricht der geschilderte Integrationsverlauf nicht den erwünschten Teilhabechancen innerhalb der aufnehmenden Gesellschaft und kann als wenig erfolgsversprechend eingeordnet werden. Damit bleibt nach Esser letztendlich nur die Assimilation als gelingende Art der Sozialintegration.

2.3.1.4 Assimilation

„Der Begriff ‚Assimilation' bedeutet, wörtlich aus dem Lateinischen übersetzt, die ‚Ähnlichmachung', d. h. die Angleichung und Anpassung. Im Zusammenhang mit Migration bedeutet dies die Anpassung der Mitglieder der Minderheitsgesellschaft an die Maßstäbe, Vorgaben, Verhaltenskodizes und Normen der Mehrheitsgesellschaft." (Hoesch 2018: 82) Esser (2001b: 2, 6.6.2020) versteht unter Assimilation

„das Verschwinden der systematischen Unterschiede zwischen den verschiedenen Gruppen [...] unter Beibehaltung aller *individuellen* Ungleichheiten". Demnach wäre Assimilation nicht die spurlose Auflösung aller Unterschiede zwischen den Menschen, sondern die Verringerung systematischer Unterschiede zwischen den Gruppen (vgl. ebd.). Esser unterscheidet Assimilation in absolute und relationale Eigenschaften, denen wiederum die vier Sozialintegrationsbereiche zugeordnet werden (vgl. Han 2000: 59). Diese sollen nachfolgend dargestellt und kritisch diskutiert werden:

Individuell-absolute Eigenschaften:

Im Bereich der *kulturellen Assimilation* geht es um die Angleichung von Wissen und Fertigkeiten. Für Esser (2001b: 3, 6.6.2020) steht hier die Sprache im Mittelpunkt, weshalb er die Beherrschung der Sprache des Aufnahmelandes als Schlüssel zur Sozialintegration betrachtet. Dies führt er darauf zurück, dass nur durch Deutschkenntnisse der Zugang in das Bildungssystem und den Arbeitsmarkt erfolgreich geschaffen werden kann. Sicherlich sind Kenntnisse der Sprache des Aufnahmelandes eine wichtige Voraussetzung für die Integration und notwendig, um einer Marginalisierung vorzubeugen. Doch ist es erforderlich, die Muttersprache aufzugeben? Reich und Roth (2002, zitiert nach Toprak/Weitzel 2017: 17) erläutern, dass das Erlernen einer neuen Sprache schwerer fällt, wenn die eigene Muttersprache nicht beherrscht wird. Dies bedeutet im Umkehrschluss, dass Migrant*innen, die ihre Muttersprache können, auch die Sprache des Aufnahmelandes erfolgreicher erlernen. Demnach stellt die Muttersprache eine wichtige Ressource dar und ist zudem Bestandteil der interkulturellen Kompetenz, die insgesamt wertgeschätzt und als Humankapital sowie Qualifikationsbaustein angesehen werden muss (vgl. Toprak/Weitzel 2017: 17; Beirat Integration/Die Beauftragte der Bundesregierung für Migration, Flüchtlinge und Integration 2013, 8.6.2020). Überdies ist Mehrsprachigkeit ein „wesentlicher Bestandteil einer weltoffenen Gesellschaft [und] eröffnet eine Vielfalt von Erfahrungsmöglichkeiten, die das Individuum und die Gesellschaft gleichermaßen bereichern" (Beirat Integration/Die Beauftragte der Bundesregierung für Migration, Flüchtlinge und Integration 2013, 8.6.2020). So meint auch Karakaşoğlu, dass wir in einer globalisierten Welt leben und es daher wichtig ist, zwei Sprachen zu beherrschen. Dass Türkisch oder Arabisch als Zweitsprache nicht gefördert werden, ist ihrer Meinung nach bedauerlich (vgl. Spiewak 2010, 21.12.2020). Ziel wäre es also, die Sprache des Aufnahmelandes zu erlernen und parallel dazu die Muttersprache als gleichwertig zu betrachten.

Neben dem Spracherwerb geht es bei kultureller Assimilation auch um Werte, Normen und Verhaltensmuster, durch die Menschen ihre Identität erlangen. Wird Assimilation im kulturellen Bereich gefordert, müssten Menschen wie Familie Alschami (Fallbeispiel 2) ihre Kultur und damit einen Teil ihrer Identität aufgeben und eine neue Kultur übernehmen, die mit ihrem bisherigen Erlernten kaum verknüpfbar ist. Unklar bleibt, welche Kultur angenommen werden soll, da in einer modernen pluralen Gesellschaft keine einheitliche ‚Leitkultur' vorhanden ist. Folglich wäre es für eine gewinnbringende Integration und ein selbstbestimmtes Leben zielführender, die jeweilige Kultur der Migrant*innen als Ressource anzusehen und diese in den Integrationsprozess einzubeziehen. Sicherlich werden manche Bereiche der Kultur wie beispielsweise Begrüßungsrituale im Laufe der Zeit automatisch übernommen. Dies ist im Integrationsprozess mit seinem Austausch zwischen Mitgliedern der Mehrheits- und Minderheitsgesellschaft selbstverständlich. Denn es geht nicht darum, eine „Parallelgesellschaft" im kulturellen Bereich zu erschaffen, sondern vielmehr um Respekt und Interaktion zwischen Menschen aus unterschiedlichen Kulturen innerhalb eines wechselseitigen Integrationsprozesses. Migrant*innen bringen vielfältige Erfahrungen, Ressourcen und Stärken mit. Diese müssen als wertvolles kulturelles Kapital angesehen werden, das für den Integrationsprozess gewinnbringend ist und daher nicht durch einen Assimilierungsanspruch verloren gehen darf.

Eine erfolgte emotionale Integration nennt Esser (2001a: 22, 6.6.2020) *identifikative Assimilation*. Sie schließt sich der sozialen Assimilation an und ist realisiert, wenn sich Zuwanderer*innen mit Deutschland oder ihrem Wohnort identifizieren und sich dem Aufnahmeland angleichen möchten. Identifikative Assimilation beruht auf subjektiven Zugehörigkeitsgefühlen, entwickelt sich langwierig und ist von günstigen äußeren Faktoren abhängig. Daher kann sie nur schwer durch Gesetze und politische Maßnahmen beeinflusst werden. Diese Integrationsebene ist von den Betroffenen nur schwer erreichbar, weshalb sie oft als „Königsdisziplin", als krönender Abschluss eines langen Prozesses, betrachtet wird. Denn häufig empfinden sich Zugewanderte als zwischen den Stühlen angesiedelt: Sie fühlen sich weder der einen noch der anderen Kultur ganz zugehörig (vgl. Toprak/Weitzel, 2017: 22). Damit sich Menschen an ihrem Wohnort und der Gesellschaft verbunden fühlen, braucht es Begegnungen und einen wechselseitigen Austausch- und Lernprozess zwischen Einheimischen und Zugewanderten. Daher muss emotionale Integration unabhängig von Assimilierungsgedanken betrachtet werden, da sich weder Beziehungen noch Emotionen einfach angleichen lassen und menschliches Wohlbefinden nur durch vielfältige und anerkennungsgeleitete Kontakte entstehen kann.

Individuell-relationale Eigenschaften:

Unter *struktureller Assimilation* versteht Esser die Platzierung der Migrant*innen in den verschiedenen Teilsystemen der Gesellschaft. Für diesen Bereich sieht er keine andere Verhaltensmöglichkeit als die Assimilation der Zugewanderten (vgl. Esser 2001a: 66, 6.6.2020). Denn: „Der Zugang zu Erwerbsarbeit stellt in der Gegenwartsgesellschaft eine wesentliche Bedingung für soziale Teilhabe dar." (Söhn/Marquardsen 2017: 9, 12.6.2020) Für Geflüchtete ist der Zugang zum Bildungssektor und zum Arbeitsmarkt jedoch weiterhin erschwert. So erlangen Herr und Frau Alschami aus dem Fallbeispiel erst nach drei Monaten die Chance auf einen Arbeitsmarktzugang und auch nur, wenn sie nicht mehr in einer Aufnahmeeinrichtung wohnen. Ansonsten ist eine Arbeitsaufnahme erst nach sechs Monaten gestattet. Durch Assimilation in diesem Bereich sollen strukturelle und rechtliche Barrieren für die Integration in die Arbeitswelt abgebaut werden. Ein Vorgang, der idealerweise soziale Teilhabe ermöglichen soll. Fraglich ist aber, weshalb sich Arbeitsmigrant*innen und Geflüchtete einseitig an das System anpassen müssen. Zielführender wäre es, durch Instrumente wie der interkulturellen

Öffnung Institutionen so zu verändern, dass alle Menschen gleichberechtigt daran teilhaben können. „Bei dem Konzept der interkulturellen Öffnung geht es nicht nur darum, interkulturelle Kompetenzen des Personals zu entwickeln, sondern um einen umfassenden Wandlungsprozess interner Strukturen. Die komplette Planung, Steuerung und Außendarstellung von Verwaltung oder Organisation muss sich an der gewandelten Klientel orientieren und Zugangsprobleme für Migranten aus dem Weg räumen. Interkulturelle Öffnung hat das Ziel, die Chancengleichheit für alle Bürgerinnen und Bürger, unabhängig von Herkunft, Sprache und Kultur, zu gewähren." (IKUD o. J.[b], 12.6.2020)

Soziale Assimilation ist nach Esser (2001a: 22, 6.6.2020) abhängig von einer erfolgreichen strukturellen und kulturellen Assimilation. Hier geht es vor allem um die sozialen Kontakte der Einwander*innen. Im Vordergrund steht hierbei die Vielfalt der Begegnungen, also die Frage, inwieweit Partnerschaften, Eheschließungen und Freundschaften ausschließlich innerhalb der eigenen ethnischen oder religiösen Gruppe oder auch interkulturell und interreligiös geschlossen werden. Soziale Kontakte müssen dabei als soziales Kapital angesehen werden, da sie Unterstützung in verschiedenen Bereichen bieten können und somit auch die Integration fördern (vgl. Toprak/Weitzel 2017: 20). Ferner bauen interkulturelle Kontakte Barrieren und Grenzen zwischen Migrant*innen und Einheimischen ab und tragen so zu sozialem Frieden in der Gesellschaft bei. Gleichzeitig sollen aber auch Kontakte innerhalb der eigenen ethnischen oder religiösen Gruppe als soziale Ressource angesehen werden, weshalb intra- und interethnische Formen als wichtig erachtet werden. Für interkulturelle Kontakte ist ein wechselseitiger Prozess notwendig, in dem sich beide Seiten respektieren und auf Augenhöhe begegnen um voneinander lernen und das Zusammenleben gestalten zu können. Damit unterstützt Assimilation auch in diesem Bereich nicht den wechselseitigen Integrationsprozess, sondern erweist sich als kontraproduktiv für ein kohärentes Gemeinwesen.

Esser ist jedoch mit Blick auf die vier dargestellten Dimensionen der Auffassung, dass „die vollzogene Sozialintegration von Migranten in die Aufnahmegesellschaft realistischerweise bis auf die wenigen Ausnahmen von Diplomaten, Akademikern oder sonstigen Kosmopoliten, wohl kaum anders denn als „Assimilation" (Esser 2001a: 23, 6.6.2020) vollzogen werden könne. Eine erfolgreiche Assimilation ist seiner Meinung nach jeweils abhängig von den beteiligten Menschen und ihrer Umgebung. Für die Personen selbst sind nach Esser (zitiert nach Han 2000: 59) vier Variablen ausschlaggebend:

1. Motivation: Anreizwert der Zielsituation (Werteaspekt der Handlung)
2. Kognition: kognitive Erwartungen (Wissensaspekt der Handlung)
3. Attribution: Vertrauen der Akteur*innen in die Wirksamkeit des eigenen Tuns
4. Widerstand: eingeschätzte Kosten, Nebenfolgen, Aufwand der Handlung

„Ein Akteur wählt in einer Ausgangssituation, unter Berücksichtigung dieser Variablen, aus allen möglichen Handlungen die Handlung aus, von der er annimmt, daß er die Zielsituation mit dem relativ höchsten Anreizwert am sichersten durch eigenes Handeln bei relativer Kostenminimierung erreichen wird." (Esser 1980, zitiert nach Han 2000: 60)

Zu den Umgebungsvariablen, die ebenfalls das Handeln der Menschen steuern, zählen:

1. Opportunitäten: Bedingungen, die Assimilation unterstützen
2. Barrieren: Faktoren, die der Assimilation entgegenstehen
3. Alternativen: Handlungsmöglichkeiten nicht assimilativer Art (vgl. Esser 1980: 211ff., zitiert nach Han 2000: 60)

Damit entsteht folgendes Grundmodell der Assimilation von Migrant*innen (vgl. Esser 1980: 213, zitiert nach Han 2000: 62):

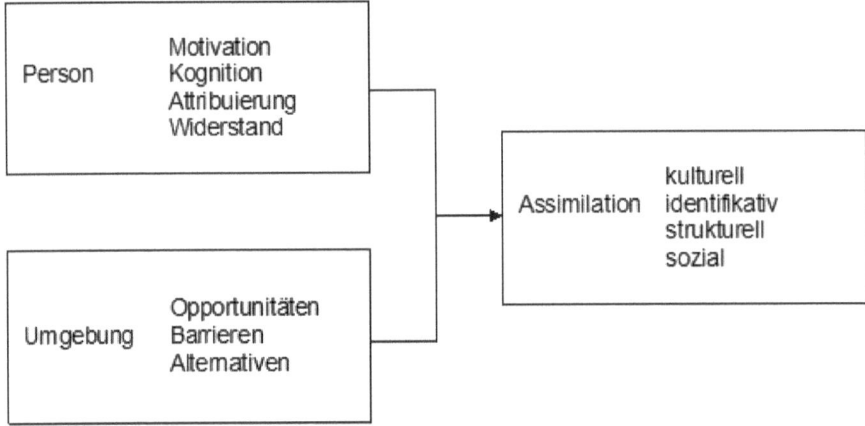

Abbildung 5: Grundmodell der Assimilation (Quelle: Esser 1980: 213, zit. nach Han 2000: 62)

Ergänzend zu dieser schematischen Darstellung wurde durch die oben geführte Diskussion deutlich, dass durch Assimilation keine wechselseitigen Lern-, Austausch- und Integrationsprozesse stattfinden können und der Erfolg der Sozialintegration einseitig vom angleichungsbereiten Verhalten der Migrant*innen abhängig ist. Im Kern geht es in Essers Theorie also um die „Anpassung eines Individuums oder einer Gruppe an die Aufnahme- bzw. Mehrheitskultur und einhergehende Geringschätzung oder gar Ablehnung der Eigenkultur" (Berry 2005: 697–712, zitiert nach Barmeyer 2012: 23). So beschreibt auch Hans (2016: 26) Assimilation als einen Prozess, in dem kulturelle und soziale Unterschiede sowie die damit verbundene Identität zwischen ethnischen Gruppen verschwimmen, bis sie letzten Endes ganz verschwinden. Daher wird dieser Begriff „in politischen Debatten in einem normativen Sinn verstanden und verwendet: entweder als Forderung nach einer einseitigen Anpassung von Migranten an die vorherrschende Kultur und Lebensweisen der Einheimischen [...] oder umgekehrt als Ablehnung einer erzwungenen Anpassung von ethnischen Minderheiten an die Mehrheit" (ebd.:

27). Insgesamt wird im Assimilationsdiskurs die Bringschuld der Migrant*innen in den Mittelpunkt gerückt.

Freise (2013: 49, 21.12.2020) weist in diesem Zusammenhang darauf hin, dass Integration oft „missverstanden [wird] als Assimilation, als einseitiger Prozess der Anpassung der Migrant/innen an die Gesellschaft, in die sie eingewandert sind. Integration muss aber als zweiseitiger Prozess verstanden werden, als eine Akkulturation, die von den Migrant/innen zu leisten sind, und als Akkulturation der Alteingesessenen, sich in die veränderte multikulturelle Gesellschaft einzubringen". Für ihn geht es darum, dass Zuwander*innen nicht ihre eigene Herkunft verleugnen müssen, sondern ihre spezifische Identität wie die Muttersprache oder Religion einbringen sollen. Für die aufnehmende Gesellschaft fordert er daher berufliche und persönliche Beziehungen mit Migrant*innen zu pflegen (vgl. ebd.). Barmeyer ist ebenfalls der Auffassung, dass bei einer Assimilation „Personen und Gruppen versuchen durch bewusste Übernahme von Normen, Bedeutungen, Verhaltensweisen und Sprache des anderskulturellen Systems, sich an die (Mehrheits-)Kultur anzupassen und ihr eigenkulturelles Orientierungssystem abzulegen" (Barmeyer 2012: 23 f.). Daher wird Assimilation meist als kultureller Anpassungsdruck beschrieben, welcher von der Mehrheitsgesellschaft auf aufgenommene Individuen und Gruppen ausgeübt wird und der damit einen einseitigen Anpassungsprozess einer Minderheits- an die Mehrheitsgesellschaft fordert (vgl. ebd.: 24). Hannah Arendt beschrieb schon 1943 die Herausforderung von Assimilation aus Sicht der Geflüchteten: „Unser ganzes Tun ist darauf ausgerichtet, dieses Ziel zu erreichen: wir wollen keine Flüchtlinge sein […]. Es gelingt uns nicht, und es kann uns auch nicht gelingen; unter der Oberfläche unseres ‚Optimismus' kann man unschwer die hoffnungslose Traurigkeit von Assimilation ausmachen." (Arendt 2018: 28f.). Bereits damals plädierte sie daher „mit Nachdruck gegen die Anstrengung der Assimilation und für ein neues, ein politisches Selbstbewusstsein der Flüchtlinge, für ihre Sache einzutreten" (Meyer 2018: 45).

Aufgrund der dargestellten Kritik an assimilationsorientierten Theorieansätzen sowie einem Verständnis von Sozialintegration als wechselseitigem und partizipativem Prozess kann Assimilation nicht als Ziel einer erfolgreichen Integration angesehen werden. Daher gilt es nachstehend Alternativen zum Assimilationsdiskurs darzustellen und dabei genauer auf multikulturalistische und integrationsreflexive Theorieansätze einzugehen.

2.3.2 Multikulturalistische und integrationsreflexive Theorieansätze
2.3.2.1 Der Multikulturalismus-Diskurs

Multikulturalismusdebatten finden seit Jahren vor allem in den Disziplinen Politikwissenschaft und Philosophie statt. Der Begriff *multikulturell* stammt aus der kanadischen Diskussion um die Rechte derjenigen Menschen, die sich weder zur englischen noch französischen Mehrheit rechneten (vgl. Mintzel 1997: 22ff., zitiert nach Treibel 2011: 64). Im Jahr 1988 wurde diese Politik mit dem *Canadian Multiculturalismus Act*-Gesetz verabschiedet: „Sie setzt sich von der Ideologie des ‚Schmelztiegels' in den USA ab und akzeptiert die kulturellen Werte der Ethnien im Land. Damit wird dem einzelnen eine allmähliche Integration in die für ihn neue Gesellschaft ermöglicht, ohne seine Identität aufzugeben." (Lenz 1996: 240, zitiert nach Treibel 2011: 64)

Mit den Termini *multiethnische* oder *multikulturelle Gesellschaft* befassen sich unterschiedliche Forschungsansätze, die sich durch ihre Argumentation klar gegenüber den Assimilationstheorien abgrenzen. Sie sind aus der Kritik an diesen entstanden und mahnen an, „noch zu ethnozentrisch und zu sehr auf die Bringschuld der Einwander_innen konzentriert zu sein" (Hoesch 2018: 93). Allgemein ist Multikulturalität ein „Begriff zur Umschreibung kulturell heterogen geprägter Gesellschaften, in denen Gruppen relativer kultureller Homogenität innerhalb einer Gesellschaft nebeneinander existieren" (Barmeyer 2012: 125). Somit zielt Multikulturalität auf Toleranz, Verständigung, Akzeptanz und Konfliktvermeidung zwischen kulturellen Gruppen und unterstützt den Wunsch nach kultureller Vielfalt (vgl. Dünkel 2008, zitiert nach Mayer/Vanderheiden 2014: 32). Die Grundidee ist dabei die „Wertschätzung von Diversität und die Anerkennung unterschiedlicher Kulturen als gleichwertig" (Hans 2016: 39). Diese Prämisse ist für das Zusammenleben von Menschen unterschiedlicher ethnischer Herkunft in einer Gesellschaft zentral, da hierdurch Minderheiten gefördert sowie deren kulturelle Eigenständigkeit und Lebensweise unterstützt werden können (vgl. ebd.: 39). Überdies sollen durch den Multikulturalismusansatz grundlegende Freiheitsrechte der Menschen respektiert sowie die Entfaltung von unterschiedlichen kulturellen Lebensformen im privaten Bereich und in der Öffentlichkeit ermöglicht werden. Für die Umsetzung dieser Philosophie braucht es den Respekt für eine Vielfalt kultureller Ausdrucks- und Lebensformen. Hierbei gibt es allerdings auch Grenzen, denn autoritäre und diskriminierende Praktiken (wie bspw. Kinder- oder Zwangsverheiratungen) sind stets zu verurteilen (vgl. Bielefeldt 2007: 18ff.). Mit Blick auf den rechtsphilosophischen Diskurs geht es für Taylor, dem ‚Vater' des kanadischen Multikulturalismusdiskurses, im Kern darum, kulturelle Zugehörigkeiten und Identitäten als individuelle Freiheitsrechte zu akzeptieren. Gleichzeitig soll die Vielfalt kollektiver kultureller Lebensformen rechtlich anerkannt und garantiert werden. Mit diesem Ziel ist die Annahme verbunden, dass alle Kulturen von gleichem Wert sind und alle Menschen etwas Wichtiges zu sagen haben. Damit geht es im Kern um die Anerkennung ethnischer Kulturen und kollektiver Identitäten in liberal-pluralen Gesellschaften (vgl. Schulte/Treichler 2010: 54ff.).

Zusammengefasst zielt eine multiethnische Gesellschaft also darauf ab, „dass verschiedene ethnische Gruppen unter einem politischen bzw. staatlichen Dach koexistieren und ihre kulturelle Eigenständigkeit behalten können, ohne diskriminiert zu werden. Als Basis hierfür müssen die Grund- und Menschenrechte angesehen werden" (Aschenbrenner-Wellmann/Geldner 2021: 51).

Bereits 2003 (68ff.) gab Aschenbrenner-Wellmann zu bedenken, dass auch eine multiethnische Gesellschaft von einem statischen und geschlossenen Kulturbegriff geprägt ist, wodurch eine gegenseitige Annäherung und Veränderung der Individuen erschwert sein kann. Da es innerhalb einer multiethnischen Gesellschaft lediglich um das ‚Nebeneinander-her-leben' und nicht um das Voneinander-und-miteinander-lernen geht, scheinen wechselseitige Integrationsprozesse in dieser

Form immer nur begrenzt stattzufinden. Auch Welsch (2017: 70) betrachtet dieses Konzept generell als nicht geeignet zur Lösung der Folgeprobleme kultureller Pluralität innerhalb der Gesellschaft beizutragen, da sich Fragen der Toleranz, Akzeptanz und Konfliktvermeidung zwischen diversen Gruppierungen nicht auf Grundlage eines homogenisierenden Kulturbegriffes lösen lassen. Infolgedessen wird eine Erweiterung des Ansatzes in Richtung eines *Interkulturellen Paradigmas* erforderlich. Dieses Konzept hält das einfache Nebeneinander von Kulturen für unzureichend und geht einen Schritt weiter, indem es die gegenseitige Beziehung und das gemeinsame Gestalten des Zusammenlebens betont (vgl. ebd.). Damit stellt Multikulturalität ein Faktum dar, während Interkulturalität erst erzeugt werden muss (vgl. Erll/Gymnich 2015: 32). So beschreibt Mintzel (1997: 58, zitiert nach ebd.: 33), dass mit Multikulturalität eine gesellschaftliche Tatsache bezeichnet wird, „etwas empirisch Gegebenes, nämlich die Tatsache, dass innerhalb einer Gesellschaft bzw. einer staatlich organisierten Gesellschaft/Bevölkerung mehrere Kulturen koexistieren, sei es friedlich oder im Konflikt, sei es in einem Nebeneinander oder in einem integrierten Miteinander". Folglich geht es im Multikulturalismusdiskurs nicht um die Qualität oder das *Wie* des Miteinanders in der Gesellschaft, sondern um die Tatsache, dass gesellschaftliche Vielfalt bereits faktisch besteht. Interkulturalität hingegen entsteht erst, wenn Angehörige verschiedener Kulturen miteinander in Kontakt treten und interagieren. Auch Schulte und Teichler (2010: 56) geben in Anlehnung an Hauck zu bedenken, dass beispielsweise Tylor ein substanzielles Kulturkonzept verfolgt, wodurch der veränderliche und wandelbare Charakter von Kultur kaum berücksichtigt wird. Dabei bewegen sich moderne Identitäten bereits seit Jahren in gemischten, kreolischen und oftmals hybriden Kontexten. Daher fordert Aschenbrenner-Wellmann (2003: 37), dass Migrant*innen „weder unter dem Primat der formalen Gleichheit als unvollkommene Deutsche betrachtet, noch Multikulturalismus als ein Nebeneinander verschiedener Gruppen mit teilweise unterschiedlichen bzw. gegensätzlichen Werten präferiert werden [dürfen]. Vielmehr geht es um eine Politik der Anerkennung, die den Eigenwert kultureller Differenz und die darauf aufbauende Identität schätzt". Von daher wird nachstehend der interkulturelle Ansatz als mögliches zukunftsweisendes Konzept für eine erfolgreiche Sozialintegration diskutiert.

2.3.2.2 Interkulturalität und ihre Bedeutung für die Sozialintegration

„Im Begriff der Interkulturalität wird auf der Ebene von Gruppenprozessen, aber auch inter- und intrapersonal eine gesellschaftliche Realität der Vielfalt und Interaktion bestimmt. Interkulturalität bezeichnet Prozesse des Austausches, der Verständigung, der Konstruktion, der Irritation wie auch Prozesse der Selbstvergewisserung, der Deformation, der Erweiterung und des Wandels, die dann bedeutsam werden, wenn Kulturen auf der Ebene von Gruppen, von Individuen und Symbolen in Kontakt miteinander treten." (Mecheril 1998: 287) Unter Interkulturalität wird demnach ein gegenseitiger Prozess der Interaktion und Interpretation verstanden, welcher dann relevant wird, wenn Kulturen auf der Ebene von Gruppen, Individuen und Symbolen in Kontakt kommen und nicht über dieselben Wertorientierungen, Bedeutungssysteme und Wissensbestände verfügen (vgl. Barmeyer 2011; Spencer-Oatey/Franklin 2009, zitiert nach Barmeyer 2012:

81). Somit entsteht Interkulturalität, „wenn das Eigene und das Fremde in eine wechselseitige Beziehung miteinander treten und das Fremde für das Eigene an Bedeutung gewinnt. Dies kann sowohl in positiver als auch negativer Hinsicht stattfinden. Das Fremde kann als etwas anregendes Neues empfunden werden oder aber als etwas bedrohlich Unbekanntes" (IKUD o. J.ª, 13.6.2020.). So beschreibt Interkulturalität „die kulturellen Beziehungen zwischen den Kulturen über ihre Grenzen hinaus und kann selbst das Resultat von Überlagerungen, Diffusionen und Konflikten darstellen" (Wägenbaur 1995: 32, zitiert nach Mayer/Vanderheiden 2014: 31). Insofern kann Interkulturalität als Kultur einer Begegnung erst durch interkulturelle Interaktionen entstehen. Barmeyer nutzt zur Visualisierung dieses Phänomens ein Schaubild nach Thomas (2003: 46, zitiert nach Barmeyer 2012: 82):

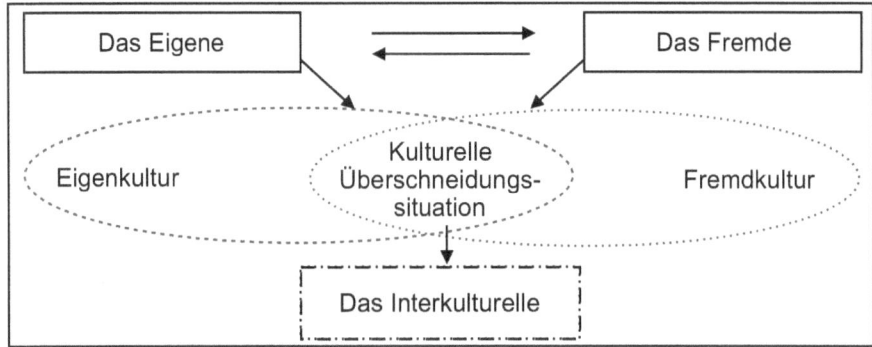

Abbildung 6: Interkulturalität nach Thomas (2003: 46, zitiert nach Barmeyer 2012: 82)

Für Blioumi (2001: 90f., zitiert nach Mayer/Vanderheiden 2014: 31) geht es dabei nicht nur um Erscheinungsformen zwischen Kulturen, sondern auch innerhalb von Kulturen. „Interkulturalität bezeichnet also nicht nur die Überschreitung der Grenzen zwischen den Kulturen, sondern signalisiert besondere Aufmerksamkeit auf die vielfältigen kulturellen Formationen auch innerhalb einer Kultur. Das ‚inter' verweist auf eine besondere Form von Beziehungen und Interaktionen, die auf der Ebene der Gruppenphänomene die Entwicklung einer neuen Kultur bezeichnet, z. B. der Afro- oder Indoamerikaner. Interkulturalität eröffnet letztlich neue Wahrnehmungsmöglichkeiten, indem sie das Augenmerk auf den Zwischenraum ‚zwischen' den Kulturen legt" (ebd.).

Verschiedene Soziolog*innen betrachten das Konzept der Interkulturalität kritisch, da sie das Konstrukt der Begegnung von Eigenkultur und Fremdkultur als zu statisch ansehen und Kulturen generell als intern sehr heterogen beschrieben werden müssen. Auch die Vertreter*innen der Ungleichheitsforschung stehen dem Begriff skeptisch gegenüber. Sie bemängeln an der interkulturellen Pädagogik, „dass sie die den Migrant/innen gesellschaftlich zugeschriebene Fremdheit ontologisiert und verfestigt" (Freise 2013: 46, 21.12.2020). Folglich würden bspw. schulische Defizite von Migrant*innenkindern auf kulturelle Ursachen zurückgeführt, auch wenn andere Gründe, wie zu beengte Wohnverhältnisse, eine zentrale Bedeutung haben (vgl. ebd.). Scherr (1998: 42, zitiert nach ebd.) betrachtet kulturelle Unterschiede daher lieber unter dem Stichwort *Fremdheit*. Demnach gehört es zum Alltag, dass sich in der Postmoderne Individuen begegnen, die sich in Bezug auf diverse Bereiche wie Sprache, Religion oder politische Überzeugungen fremd sind. Fremdsein wird allerdings erst dann empfunden und negativ bewertet, wenn das Fremde (zu) nahekommt und hierdurch die soziale Ordnung irritiert wird oder ein Kampf um bedrohte Ressourcen wie Arbeitsplätze droht. Damit stellt die Wahrnehmung von Fremdheit ein soziales Konstrukt dar: „Der soziale Konflikt bringt die Wahrnehmung der Andersartigkeit der Außenseiter hervor und findet in dieser Wahrnehmung eine Legitimation." (Scherr 1998: 54f., zitiert nach Freise 2013: 46, 21.12.2020) Durch diese Gegenüberstellung von Einheimischen und Migrant*innen wird das zuvor beschriebene *Othering* reproduziert: Migrant*innen werden als Andere, als Fremde konstruiert, wodurch Diskriminierungen Vorschub geleistet wird. Folgerichtig macht eine Fokussierung auf kulturelle Unterschiede Sinn, eine Fixierung darauf ist jedoch abzulehnen. Hierfür ist ein differenzsensibles Vorgehen zentral, da ansonsten Vorurteile und Rassismen durch interkulturelle Begegnungen sogar verstärkt werden können (vgl. Castro Varela/Mecheril 2010: 42; Freise 2013: 47, 21.12.2020).

Ziel der Auseinandersetzung mit Interkulturalität innerhalb der Sozialen Arbeit ist vor allem die Initiierung gegenseitiger Lernprozesse und die Gestaltung des Zusammenlebens in einer multiethnischen Gesellschaft (vgl. Schröer 2011: 46, zitiert nach Freise 2017: 68). Gleichzeitig können Tendenzen zur gegenseitigen Abschottung von Mehr- und Minderheiten abgebaut, eine wechselseitige Akzeptanz gegenüber kultureller Besonderheiten weiterentwickelt und Probleme, die sich aus der Zuwanderung für Migrant*innen und die Aufnahmegesellschaft ergeben, auf der Grundlage humanitärer Grundsätze bearbeitet werden (vgl. FH Düsseldorf 2004, zitiert nach Freise 2007: 19).

Aufgrund der geschilderten Vorteile des interkulturellen Ansatzes und der Ermöglichung umfassender Integrationsprozesse muss dieser als weitere Form erfolgreicher Sozialintegration mit der Zielsetzung einer offenen und vielfältigen Gesellschaft angesehen werden. Gleichzeitig kann durch eine interkulturelle Ausrichtung Partizipation und Teilhabe auf allen Ebenen gefördert und realisiert werden, da sich faktisch Minderheiten und Mehrheitsgesellschaft einbringen können. Parallel hierzu ist gelebte Interkulturalität gerade in der aktuellen gesellschaftspolitischen Situation wichtig, da „heutzutage [...] Kulturen nicht isoliert und losgelöst voneinander [existieren], sondern [...] in ständigem Kontakt und Austausch miteinander [sind]" (Aschenbrenner-Wellmann 2003: 64).

Einschränkend bleibt jedoch zu bedenken, dass Interkulturalität Menschen weiterhin dazu veranlasst, „eigene und fremde Kulturen zu vergleichen, zu bewerten und sich abzugrenzen" (Aschenbrenner-Wellmann 2003: 69). Ist dies der Fall, ist der Weg zum Alltagsrassismus nicht weit, da durch den Bewertungsprozess fortlaufend die Konstruktion des *Anderen* erfolgt (vgl. Freise 2017: 70). Auch Welsch (1995, zitiert nach Freise 2017: 69) kritisiert, dass das Interkulturalitätskonzept auf einem überholten Kulturbegriff fußt, der ethnisiert. Kultur kann nicht in Form von Homogenität oder Separiertheit gedacht, sondern nur in hybrider Form analysiert werden. Daher müssen an den Interkulturalitätsansatz anschließend Überlegungen zur Transkulturalität folgen, da erst dort der „grenzüberschreitende Vorgang von einer kulturellen Einheit zu einer anderen im Vordergrund" (Reimann 1992: 14, zitiert nach Aschenbrenner-Wellmann 2003: 69) steht. Dies ist umso notwendiger, da in unserer postmodernen Gesellschaft kulturelle Determinanten, von der Makro- bis Mikroebene, bereits transkulturell geworden sind (vgl. Welsch 2017: 73).

2.3.2.3 Transkulturalität als integrationsrelevanter Ansatz

Das Konzept der Transkulturalität ist aus der Kritik an traditionellen Ansätzen zur Betrachtung von Einzelkulturen entstanden. Da moderne Gesellschaften in sich so hochgradig differenziert sind, dass Einheitlichkeit nicht mehr erreichbar ist, konzeptualisierte Welsch (2017: 68), ein Vertreter der Kulturphilosophie, ein neues Kulturverständnis. Demnach sind Kulturen durch eine Vielzahl verschiedener Lebensformen und -stile gekennzeichnet und haben damit eine neuartige Form angenommen, die durch traditionelle Kulturgrenzen hindurchgeht (vgl. Welsch 1995, 15.6.2020). „Der Begriff Transkulturalität geht im Gegensatz zur Interkulturalität und Multikulturalität davon aus, dass Kulturen nicht homogene, klar voneinander abgrenzbare Einheiten sind, sondern, besonders infolge der Globalisierung, zunehmend vernetzt und vermischt werden. Die Transkulturalität umschreibt genau diesen Aspekt der Entwicklung von klar abgrenzbaren Einzelkulturen zu einer Globalkultur." (IKUD o. J.c, 15.6.2020) Welsch (1997, zitiert nach IKUD o. J.c, 15.6.2020) beschreibt in seinem Konzept eine Gesellschaft, „in der sich kulturelle Identitäten durch die Vermischung von Elementen verschiedener Kulturen konstituieren". Damit greifen verschiedene Kulturen ineinander, und in diesem Prozess entsteht aus dem Eigenen und Fremden etwas Neues, Drittes (Mind Culture Building). Welsch (2017: 71f.f.) unterteilt das Transkulturalitätskonzept von seinem Wirkungsbereich in Makro- und Mikroebene:

Makroebene:

1. Transkulturalität als die Folge innerer Differenzierung und Komplexität der modernen Kulturen. Dies umfasst eine Vielzahl von Lebensformen und Kulturen, die einander durchdringen oder auseinander hervorgehen.
2. Die alte Idee von Kultur (homogen und separiert) wurde durch die externe Vernetzung der Kulturen überholt. Kulturen sind gerade in der Postmoderne aufs Stärkste miteinander verbunden. Lebensformen sind daher global geprägt und Migrationsprozesse führen zu neuen Verflechtungen.
3. Kulturen sind durch Hybridisierung gekennzeichnet. Damit ist alles in innerer oder äußerer Reichweite, wodurch weder ein strikt Eigenes, noch ein strikt Fremdes weiterbesteht (vgl. ebd.).

Mikroebene:

Transkulturalität tritt auf der Mikroebene direkt bei den beteiligten Individuen auf. Diese Erscheinungsform ist vor allem für den Bereich Sozialintegration interessant. „Die meisten unter uns sind in ihrer kulturellen Formation durch mehrere kulturelle Herkünfte und Verbindungen bestimmt. Wir sind kulturelle Mischlinge." (Welsch 2017: 72) Demnach bestehen für den Einzelnen in der Postmoderne polyvalente Bezugspunkte unterschiedlicher Kulturen, die Einfluss auf die kulturelle Identität und Integration nehmen. Diese kulturelle Identität ist aber nicht mit der nationalen Identität gleichzusetzen, denn die kulturelle Formation eines Individuums ist nicht allein durch Nationalität oder Staatsangehörigkeit bestimmt (vgl. ebd.). Somit sind im Verständnis der Transkulturalität Kulturen durch „eine Pluralisierung möglicher Identitäten gekennzeichnet und weisen extern grenzüberschreitende Konturen auf" (Welsch 1995, 15.6.2020). Dadurch entsteht ein inklusives Verständnis von Kultur, durch das auch ein transkulturelles Verständnis von uns selbst entwickelt werden kann (vgl. Welsch 2017: 75). „Es intendiert eine Kultur, deren pragmatische Leistungen nicht in Ausgrenzung, sondern in Integration besteht. Stets gibt es im Zusammentreffen mit anderen Lebensformen nicht nur Divergenzen, sondern auch Anschlußmöglichkeiten. Solche Erweiterungen, die auf die gleichzeitige Anerkennung unterschiedlicher Identitätsformen innerhalb einer Gesellschaft zielen, stellen heute eine vordringliche Aufgabe dar." (Welsch 1995, 15.6.2020) Damit wird auch ein veränderter Blick auf die Begegnung mit Fremden möglich: weg von der Fokussierung auf Eigenes und Fremdes hin zu Gemeinsamem und Verbindendem. Durch diesen Wahrnehmungswechsel können kontaktverhindernde Barrieren abgebaut, ein gegenseitiger Integrationsprozess realisiert und ein selbstbestimmtes und diskriminierungsfreies Leben aller Migrant*innen unterstützt werden. Welsch macht hier deutlich, dass die Anerkennung eigener innerer Fremdheitsanteile die Voraussetzung für die Akzeptanz anderer darstellt. Als Basis dafür gilt nach Wittgenstein eine geteilte Lebenspraxis, die in der Interaktion mit Fremden entsteht (vgl. Welsch 2017: 77). Dass Begegnungen und Interaktionen mit Fremden zu mehr Offenheit führen, kann auch empirisch belegt werden. So sind in den Bundesländern, in denen die wenigsten Menschen mit Migrationsbiografien leben, die meisten rassistischen und diskriminierenden Übergriffe sowie Schließungstendenzen zu verzeichnen (vgl. Reimann 2015, 15.6.2020).

Durch den transkulturellen Ansatz wird eine erweiterte Denkweise von Integrationsprozessen möglich: „Es gilt, nicht nur Ausdifferenzierungsbestände der eigenen Kultur, sondern transkulturelle Komponenten miteinander zu verbinden, ja, ihnen in erster Linie Rechnung zu tragen. Eine derartige Integration zielt nicht auf die erneute Erzeugung einer Standardidentität, sondern auf die gleichzeitige Anerkennung unterschiedlicher Identitätsformen innerhalb der Gesellschaft, wobei diese einzelnen Identitäten durch unterschiedliche transkulturelle Anschlüsse und Identitätslinien gekennzeichnet sind. [...] Eine solche Integration ist ein dynamischer Prozeß, der auch seine faktische Basis verändern und neue integrative Kompetenzen und Selbstverständlichkeiten erzeugen kann." (Welsch 1994, 16.6.2020) Entsprechend fordert Welsch das traditionelle Kulturkonzept zu verabschieden, und nicht wie im interkulturellen Ansatz nur zu ergänzen. Im inselartigen Kulturverständnis der Interkulturalität kann aus seiner Sicht keine Verständigung und kein Austausch stattfinden (vgl. ebd.).

Folgerichtig führt eigentlich nur das transkulturelle Konzept zu einem dynamischen, wechselseitigen Integrationsprozess, aus dem etwas gemeinsames Neues entstehen kann, das wiederum zu einem friedvollen Zusammenleben aller in der Gesellschaft Lebenden beiträgt. Denn durch dieses Konzept kann Vielfalt umfassend akzeptiert und ein gemeinsames Miteinander professionell gestaltet werden. Gleichzeitig muss Integration Schritt für Schritt gesteuert und initiiert werden. Dies erfordert in der Praxis oft auch noch interkulturelle Ansätze als integrationssensible Begleitmaßnahmen, da durch sie in Theorie und Praxis interkulturelle Begegnungen und Lernprozesse in Gang gebracht werden. Ausgehend von diesem erweiterten Integrationsverständnis kann als weiterer möglicher integrationsreflexiver Theorieansatz die Inklusionsdebatte betrachtet werden, die sich derzeit besonderer Beliebtheit im interdisziplinären Fachdiskurs erfreut und dabei explizit den Integrationsbegriff zu überwinden versucht.

2.3.3 Vom Integrations- zum Inklusionsdiskurs

Wie in den Kapiteln 2.3 und 2.4 zum Thema Migration dargestellt, nutzen Politik und Wohlfahrtsstaat Inklusions- und Exklusionsmechanismen als Instrument um Zuwanderung und Integration zu steuern. Im Kontext von Integration und Inklusion müssen diese Mechanismen genauer betrachtet werden, da auch hier der Versuch unternommen wird, Individuen zu sortieren und zu bewerten: „Wer dazugehören darf und wer nicht, wer eingeschlossen und wer ausgeschlossen, wem Macht zugedacht und wem Ohnmacht zugeordnet wird, wem Menschenrechte zuerkannt und abgesprochen werden, das gehört vorbereitet und begründet in Dispositiven aus Gesagtem und Ungesagtem, in Gesten und Gesetzen, administrativen Vorgaben oder ästhetischen Setzungen, in Filmen und Bildern. Durch sie werden bestimmte Personen als akzeptabel, zugehörig, wertvoll und andere als minderwertig, fremd und feindlich beurteilt." (Emcke 2016: 116, zitiert nach Spatscheck/Thiessen 2017: 11)

Sowohl im wissenschaftlichen als auch alltagskommunikativen Bereich werden die Termini Integration und Inklusion häufig synonym verwendet. Dies ist aufgrund zahlreicher Gemeinsamkeiten wie der Zielsetzung der Anerkennung von Vielfalt, Bekämpfung von Diskriminierung oder Ermöglichung von Partizipation auch nicht ungewöhnlich (vgl. Köttig 2017: 32). Während der Begriff Integration meist in Bezug zur Einwanderung gesetzt wird, wird Inklusion in enger Verbindung zur UN-Behindertenrechtskonvention (UNBRK) und dem Bundesteilhabegesetz gesehen. Im Gegensatz zur Inklusion betont Integration häufig das räumliche Beioder Nebeneinander statt das Miteinander, wodurch soziales Eingebundensein und emotionales Wohlbefinden weniger in den Blick genommen werden (vgl. Hinz 2002: 4, 16.6.2020). Der Integrationsbegriff und das Verständnis von Integrationsprozessen hat sich zwar weiterentwickelt, und Anderssein wird nicht primär auf Fremdartigkeit reduziert. Dennoch wird in Diskursen generell nicht die Gleichheit aller betont und die Differenzlinien zwischen Einzelnen und Gruppen eher hervorgehoben als überwunden (vgl. ebd.: 7). Inklusion versteht sich dagegen als Konzept, das von einer einzigen, untrennbaren Gruppe ausgeht. „In ihr sind unterschiedlichste Dimensionen von Heterogenität vorhanden: Verschiedene

Geschlechterrollen, ethnische, sprachliche und kulturelle Hintergründe, religiöse und weltanschauliche Überzeugungen, Familienstrukturen, soziale Lagen sowie Fähigkeiten und Einschränkungen kommen in ihnen vor." (O'Brien 1997, zitiert nach Hinz 2002: 7, 16.6.2020) Damit wird Heterogenität zur Normalität. Um den Unterschied zwischen Integration und Inklusion darstellen zu können, wird häufig auf folgendes Schaubild zurückgegriffen:

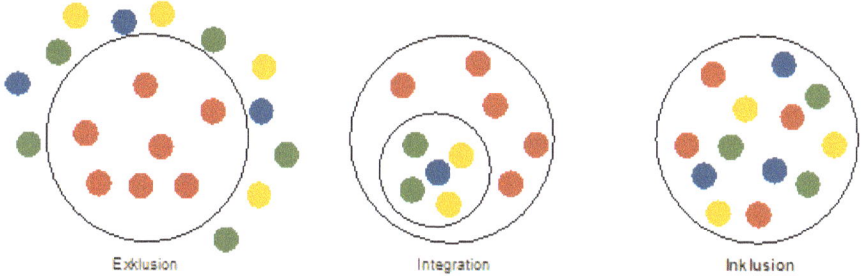

Abbildung 7: Von der Exklusion zur Inklusion (Quelle: Eigene Darstellung)

Der zentrale Anspruch des Inklusionskonzeptes ist in Anlehnung an die UN-Behindertenrechtskonvention die gleichberechtigte Teilhabe aller Menschen an der Gesellschaft in den Bereichen Justiz, Bildung, Gesundheit und Wahlrecht. Jedoch geht es gerade bei Inklusion nicht darum, bestimmten Menschen oder Gruppierungen Vorteile oder spezifische Leistungen einzuräumen. Vielmehr soll jede*r uneingeschränkt an der Gesellschaft teilhaben können; ganz nach dem Leitbild „wenn alle Menschen selbstverständlich dabei sein können, werden Unterschiede zunehmend unwichtig" (Bundesministerium für Arbeit und Soziales o. J., 16.6.2020). Das Ziel von Inklusion liegt also darin, „Teilhabe für alle Menschen in sozialen Verhältnissen der Differenz und sozialen Ungleichheit zu realisieren und die Beteiligten dabei nicht auf einen gemeinsamen Nenner homogener Normalitätsvorstellungen bringen zu müssen" (Spatscheck/Thiessen 2017: 11). Damit beabsichtigt Inklusion die Akzeptanz jeglicher Vielfalt sowie ein Verständnis von Verschiedenheit als Normalzustand. Hierfür werden rechtliche Rahmenbedingungen benötigt, die benachteiligte Ausgangslagen ausgleichen und Partizipation ermöglichen. Denn die Ausgangslagen sind gerade in der Migrationsgesellschaft durch eine Vielfalt an Differenzkategorien (Alter, Geschlecht, Ethnie, physische und psychische Behinderung, sexuelle Identität, Nationalität, Religion und Status) geprägt. Der Inklusionsbegriff ist damit eng mit dem der Diversität verbunden, da die Anerkennung gesellschaftlicher Vielfalt, Individualität und die Bedürfnisse Einzelner im Mittelpunkt stehen (vgl. Prengel 2001: 93, zitiert nach Georgi 2015: 27, 21.12.2020).

Inklusion ist ein Menschenrecht, das für alle gilt, jedoch halten politische Diskurse und rechtliche Rahmenbedingungen bezüglich Migrant*innen stringent an traditionellen Integrationsvorstellungen, meist in assimilatorischer Form, fest. Trotzdem kann sich eine zukunftsweisende Soziale Arbeit nicht vor Debatten über Inklusion und Teilhabemöglichkeiten Migrierender verschließen. Sie muss vielmehr eigenständige Beiträge zur Realisierung von Partizipationschancen leisten, um so gegen soziale Ungleichheit und Diskriminierungen vorzugehen und Chancengerechtigkeit zu ermöglichen. Doch Inklusion erweist sich auch im Kontext von Migration als nicht ganz einfach umzusetzen. Es fehlt an Ressourcen, Mitarbeiter*innen und der Bereitschaft der Gesellschaft, dieses Ziel mitzutragen. Denn Inklusion kann nur realisiert werden, wenn der Staat entsprechende Gesetze formuliert und sich die Bürger*innen mit förderlichem zivilgesellschaftlichem Engagement einbringen. Denn während Integration immer noch primär auf die zu integrierenden Migrant*innen schaut, geht Inklusion vom Gesamten der Gesellschaft aus (vgl. Prömper 2010: 190). Entsprechend zielt Inklusion darauf, „strukturelle (rechtliche) Rahmenbedingungen zu schaffen, die benachteiligende Ausgangslagen ausgleichen können und Partizipation ermöglichen" (Georgi 2015: 26, 21.12.2020). Im Gegensatz zur strukturellen Assimilation geht es aber nicht darum, dass sich Migrant*innen an Organisationen anpassen, sondern Strukturen so gestaltet werden, dass alle Mitglieder ihr Recht auf Chancengleichheit, Selbstbestimmung und Teilhabe verwirklichen können (vgl. Merx 2013, zitiert nach Georgi 2015: 27, 21.12.2020). Damit richtet sich die Aufmerksamkeit nicht auf die Integrationsfähigkeit Einzelner, „sondern auf die Transformationsfähigkeit von regulären Institutionen und Strukturen" (Merx 2013, zitiert nach Georgi 2015: 27, 21.12.2020). Insofern impliziert der Inklusionsbegriff Diversity, „weil auch er die Anerkennung gesellschaftlicher Vielfalt, die Individualität und die Bedürfnisse des einzelnen Menschen sowie dessen Teilhabe an unterschiedlichen Bereichen der Gesellschaft zum handlungsleitenden Prinzip macht. Aus Inklusionsperspektive ist der Einzelne unabhängig von seinem ‚Nutzen' wertvoll für die Gesellschaft und außerdem von Anfang an zugehörig" (Prengel 2001: 93, zitiert nach Georgi 2015: 27, 21.12.2020).

In dieser strukturellen Veränderung liegt ein entscheidender Unterschied zu den vorgenannten integrationsreflexiven Ansätzen, da erst Inklusion beides stringent verbindet: die gesellschaftliche und die strukturelle Dimension.

Folgerichtig ermöglicht Inklusion in wünschenswerter Weise gleichberechtigte Teilhabe und ein Verständnis von Vielfalt als Normalzustand. Da wir als Gesellschaft und als Einzelne noch weit von dieser Idee entfernt sind, kann nicht auf die zuvor dargestellten multikulturellen und integrationssensiblen Konzepte verzichtet werden. Ein direkter Übergang von einem statischen, auf Anpassung ausgerichteten zu einem inklusiven Integrationsverständnis kann in der Praxis nicht gelingen. Nur durch eine Aushandlung neuer gemeinsamer Normen durch integrationsreflexive Ansätze „kommt es zu einer schrittweisen Integration der „Fremdheit" in eine neue „Normalität" (Koall/Bruchhagen 2005: 40f.), wodurch der Zusammenhalt der Gesellschaft dauerhaft gewährleistet werden kann.

Zusammenfassend können dynamische Entwicklungslinien von assimilationstheoretischen über integrationsreflexive hin zu inklusiven Theorieansätzen gezeichnet werden: Während Assimilationstheorien auf die Bringschuld der Einwander*innen fokussiert sind, soll Integration einen wechselseitigen Prozess zwischen aufnehmender Gesellschaft und Migrant*innen und Partizipation ermöglichen. Inklusion setzt darüber hinaus bei der Gesellschaft als Ganzes, ihren Institutionen und

Strukturen, an, um bisher gültige Normalitätsvorstellungen in Frage zu stellen oder aufzulösen. Damit kann Inklusion als Zielgröße für die Verwirklichung einer offenen und Vielfalt fördernden Gesellschaft betrachtet werden. Allerdings wird es noch einige Zeit in Anspruch nehmen, dieses Ziel zu erreichen – sollte es angesichts gegenwärtiger gesellschaftlicher Veränderungen wie Rechtsradikalismus, Antisemitismus, Fremdenfeindlichkeit etc. überhaupt verwirklicht werden können. Denn solange Migrant*innen noch gefragt werden, woher sie denn eigentlich kommen und ob sie sich schon eingelebt bzw. integriert hätten, werden sie weiterhin als *anders*, *fremd* und *hilfsbedürftig* abgewertet. Daher muss Integration realistischerweise zunächst als wechselseitiger Prozess verstanden werden, der sich klar von Assimilationsideen abgrenzt. Nur ausgehend von der Vorstellung einer multiethnischen Gesellschaft kann Interkulturalität und Transkulturalität aufgebaut werden, wodurch wir schrittweise der Zukunftsperspektive einer inklusiven Gesellschaft näher kommen können. Ausgehend von diesem Verständnis wurde folgendes Schaubild zur Visualisierung des komplexen Integrationsprozesses angefertigt:

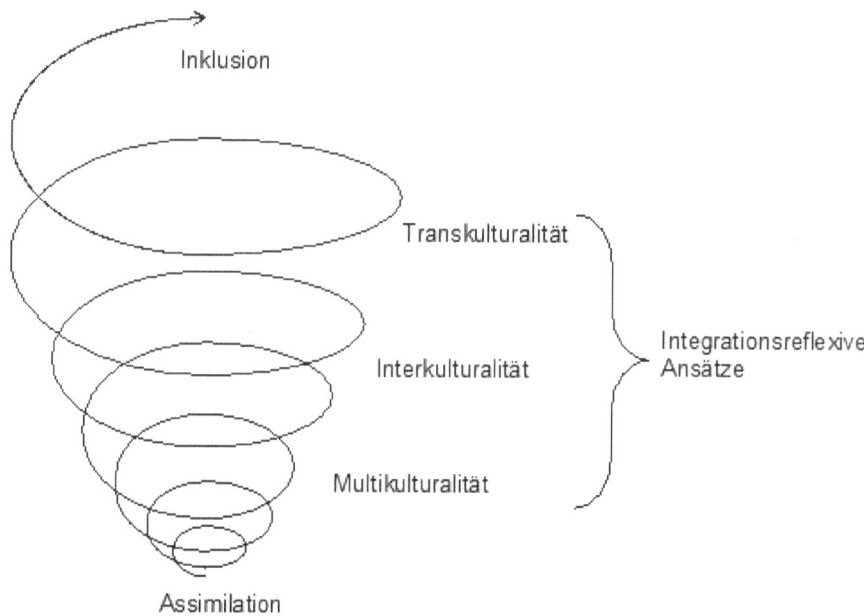

Abbildung 8: Spiralenmodell von der Assimilation zur Inklusion (Quelle: Eigene Darstellung)

Mit Blick auf dieses Modell wird deutlich: Je weiter sich eine Gesellschaft zur Inklusion entwickelt, desto offener, vielfältiger und heterogener wird sie. Gleichzeitig ist die dafür notwendige Veränderung als sich wiederholender und kontinuierlich ablaufender Prozess zu verstehen, da sich Gruppen, Subkulturen und Individuen der Gesellschaft in jeweils unterschiedlichen Phasen dieses Prozesses befinden. Ausgehend von diesem Modell ist es eine zentrale Aufgabenstellung Sozialer Arbeit, die notwendigen Entwicklungsprozesse von einer multikulturellen Gesellschaft zu einem inklusiven Verständnis von Zusammenleben anzustoßen, um Chancengerechtigkeit und Teilhabe auch für Migrant*innen zu ermöglichen und bewusst für eine vielfältige und demokratische Gesellschaft einzutreten.

2.4 Soziale Arbeit und Integrationspolitik

Deutschlands Bevölkerung ist schon seit Langem durch Einwanderung geprägt. 26 % aller Einwohner*innen hatten im Jahr 2019 einen Migrationshintergrund (vgl. Statistisches Bundesamt 2020, 29.7.2020). Einwanderungsgesellschaften befinden sich in der Regel nicht im Modus einer harmonischen Idylle, sondern sind häufig durch Probleme, Konflikte und Herausforderungen gekennzeichnet. Entsprechend gehören Fragen der Integration und die hierzu existierenden kontroversen Sichtweisen zum Inhalt der Integrationspolitik auf kommunaler, Landes- und Bundesebene. Traditionell orientiert sich Integrationspolitik an die Adressat*innen und an deren rechtlichen Status. Somit wurde zunächst von Gastarbeiter*innen- oder Ausländer*innen-Politik gesprochen (vgl. Schulte 2011: 30, 25.2.2021). „Diese Bezeichnung ist einerseits ideologisch, da sie die zugrunde liegenden sozialen und politischen Sachverhalte verhüllt, andererseits aber auch bezeichnend, da sie auf die spezielle Ausprägung dieser Politik und die besonderen institutionellen Zugehörigkeiten verweist." (Castles/Miller 2009: 100, zitiert nach Schulte 2011: 31, 25.2.2021)

Integrationspolitik bezieht sich heute im engeren Sinn auf die Eingliederung von Personen(-gruppen), die sich seit längerer Zeit im Einwanderungsland aufhalten oder voraussichtlich länger anwesend sein werden. Somit geht es hierbei um Ziele und Wege der Sozialintegration. In einem weiteren Sinne bezieht sie sich aber auch auf die Aufrechterhaltung und Weiterentwicklung des gesellschaftlichen und politischen Zusammenhangs, also auf Systemintegration (vgl. Schulte 2011: 32, 25.2.2021). Wie bereits dargestellt, bewegen sich die Interventionen und Programme der Sozialen Arbeit vorwiegend im Bereich der Sozialintegration, weshalb hier vertiefend auf diesen Aspekt eingegangen wird. Zudem besteht dort eine besondere Wechselwirkung zwischen Sozialer Arbeit und Integrationspolitik, da von dieser Arbeitsaufträge, Rahmenbedingungen und Ziele in Form von gesetzlichen Grundlagen für die Praxis der Sozialen Arbeit festgeschrieben werden.

Für Integrationspolitiken generell sind immer verschiedene Ebenen, Bereiche und Akteur*innen relevant (vgl. Schulte 2011: 32f., 25.2.2021):

Ebenen:

- Makro-Ebene: supranationale bzw. EU-Ebene
- Meso-Ebene: staatliche Ebene
- Mikro-Ebene: kommunale und regionale Ebene

Bereiche:

- Arbeitsmarkt und Beschäftigungssystem
- Schul- und Ausbildungssystem
- Wohnbereich
- Gesundheitssektor
- politisches System

Akteur*innen:

- Angehörige der einheimischen und zugewanderten Bevölkerung
- gesellschaftliche, politische, kulturelle Initiativen/Gruppen/Organisationen und Institutionen

Damit geht es bei der Integrationspolitik nicht um das *Ob,* sondern um das *Wie* des Zusammenlebens von Einheimischen und Zugewanderten in allen drei genannten Dimensionen. Bei der Weiterentwicklung von Integrationswegen kann Politik demnach entweder als Barriere oder als Instrument der Förderung fungieren. Welche Funktion sie übernimmt, hängt nicht zuletzt davon ab, inwiefern sie sich an den Menschenrechten orientiert (vgl. Schulte 2011: 33, 25.2.2021).

Eine Förderung der Sozialintegration von Zuwander*innen wurde in Deutschland erst durch das Zuwanderungsgesetz im Jahr 2005 als staatliche Aufgabe festgeschrieben. Zuvor wurde diese Aufgabe ungeachtet der kritischen Stimmen aus Wissenschaft und Politik, die bereits in den 1970er Jahren auf die Dringlichkeit der Integrationsförderung hingewiesen haben, an Wohlfahrtsverbände delegiert. Trotz gesetzlicher Neuerungen haben Migrant*innen und ihre Nachkommen aber bis heute keine gleichberechtigte Teilhabe an allen gesellschaftlichen Bereichen. Denn die Auffassungen drüber, welche Integrationspolitik verfolgt werden soll, ist europaweit und innerhalb Deutschlands sehr unterschiedlich. Zwar wurde im Zuge des Zuwanderungsgesetzes das Bundesamt für Anerkennung ausländischer Flüchtlinge zum Bundesamt für Migration und Flüchtlinge (BAMF) weiterentwickelt und mit der Steuerung der Integrationsmaßnahmen betraut. Hierunter zählen beispielsweise Integrationskurse, die aus einem Sprachkurs (600 Stunden) und einem Orientierungskurs (100 Stunden) zu landeskundlichen Kenntnissen wie Gesetze, Geschichte oder Kultur Deutschlands, bestehen (vgl. Dejure, zitiert nach Hanewinkel/Oltmer 2017, 28.6.2020). Darüber hinaus konnten Integrationsmaßnahmen in alle wichtigen politischen Ressorts und auf allen Ebenen einbezogen und in nationale und kommunale Integrationspläne umgesetzt werden, wodurch auch die Kooperation zwischen Bund, Ländern, Kommunen und (zivil-)gesellschaftlichen Akteur*innen weiterentwickelt sowie das Prinzip der interkulturellen Öffnung berücksichtigt wurden (vgl. Schulte 2011: 42, 25.2.2021).

Der Grundsatz deutscher Integrationspolitik lautet dennoch bis heute *Fördern und Fordern* (vgl. Hanewinkel/Oltmer 2017, 28.6.2020). „Zuwanderer stehen einerseits in der Pflicht, Deutschkenntnisse zu erwerben und die Grundwerte der deutschen Gesellschaft, insbesondere die freiheitlich-demokratische Rechtsordnung, zu respektieren. Andererseits ist die deutsche Gesellschaft gefordert, „Zuwanderern einen durch Chancengleichheit und Gleichbehandlung gekennzeichneten Zugang zu allen wichtigen Bereichen von Gesellschaft, Wirtschaft und Politik zu gewährleisten, indem bestehende Barrieren erkannt und abgebaut werden" (Bundesministerium des Innern 2014, zitiert nach Hanewinkel/Oltmer 2017, 28.6.2020). Durch diese Sichtweise soll die aufgrund der Einwanderung entstehende Vielfalt nicht nur anerkannt, sondern auch unterstützt werden (vgl. Pavković 2017: 29, 28.6.2020). „Zwar betont dieser Ansatz, dass auch die aufnehmende Gesellschaft ihren Beitrag zu gelingender Integration von Zugewandertem leisten muss, in der Praxis und im öffentlichen Diskurs um Integration werden Integrationsleistungen aber vor allem von Migrantinnen und Migranten gefordert." (Hanewinkel/Oltmer 2017, 28.6.2020). Damit steht die derzeitige deutsche Integrationspolitik nahe an den Prämissen der Assimilationstheorie nach H. Esser.

Zunehmend wird jedoch deutlich, dass der Grundsatz *Fördern und Fordern* die Zukunftsfähigkeit der Bundesrepublik angesichts des demographischen Wandels, Facharbeitskräftemangels etc. nicht sichern kann, und so macht der Begriff *Willkommenskultur* in größerem Umfang Karriere. Hierbei geht es aber nicht in erster Linie um das Willkommenheißen von Geflüchteten, wie beispielsweise an den Münchner Bahnhöfen im Jahr 2015 geschehen, sondern um Chancen für den Wirtschaftsstandort Deutschland. Mit Hilfe einer sichtbaren und erfahrbaren Willkommenskultur soll die Bundesrepublik im globalen Wettbewerb um Fachkräfte an Attraktivität gewinnen (vgl. Pavković 2017: 29, 28.6.2020). „Diese Zielsetzung, eine umfassende Haltungsänderung zu bewirken, ist also nicht das Ergebnis einer grundsätzlich weltoffeneren Grundhaltung, sondern des zunehmenden Mangels an gut ausgebildeten Beschäftigten. Die demographische Entwicklung und die Interessen der Wirtschaft waren die wichtigsten Impulsgeber für die neu propagierte Willkommens- und Anerkennungskultur" (ebd.). Folglich bezieht sich Willkommenskultur vor allem auf die Phase der ‚Erstintegration' für Fachkräfte, die nach Deutschland einreisen wollen, um hierzulande den Fachkräftemangel auszugleichen (vgl. ebd.). Somit wird die Integration von Arbeitsmigrant*innen stark gefördert, während die Integration anderer Migrant*innen, vor allem im Kontext Flucht und Asyl, weiterhin kontrovers diskutiert wird.

Diese Haltung spiegelt sich auch im Integrationsgesetz, das 2016 in Kraft trat, wider. Hierbei geht es nicht, wie der Begriff zunächst vermuten lässt, um eine umfassende Integrationspolitik, sondern um technische Detailregelungen hinsichtlich der Arbeitsmigration von Asylsuchenden mit guter Bleibeperspektive und anerkannten Flüchtlingen. Erneut wurde hier das Prinzip *Fördern und Fordern* aufgegriffen: „Asylbewerber können demnach von Behörden zu Sprach- und Integrationskursen verpflichtet werden. Bei einer Teilnahmeverweigerung drohen ihnen Kürzungen der Sozialleistungen. Um den Arbeitsmarktzugang für Asylsuchende mit guter Bleibeperspektive zu vereinfachen, verzichtet die Bundesagentur für Arbeit in Regionen mit niedriger Arbeitslosigkeit drei Jahre lang auf eine Vorrangprüfung. Im Rahmen des Programms ‚Flüchtlingsintegrationsmaßnahmen' können Asylbewerber für bis zu sechs Monate verpflichtet werden, eine einfache Beschäftigung im Umfang von bis zu 30 Stunden in der Woche aufzunehmen. Sie erhalten dafür eine geringfügige Aufwandentschädigung von 80 Cent pro Stunde. Geduldete, die einen Ausbildungsplatz vorweisen können, dürfen für die Dauer der Ausbildung in Deutschland bleiben. Anerkannte Flüchtlinge sollen nicht mehr nach drei Jahren, sondern erst nach fünf Jahren eine unbefristete Aufenthaltserlaubnis erhalten. Diese wird zudem an den Nachweis von grundlegenden Deutschkenntnissen […] und Integrationsleistungen geknüpft." (Hanewinkel/Oltmer 2017, 28.6.2020) Erbringen Flüchtlinge herausragende Integrationsleistungen, kann ihnen bereits nach drei Jahren eine Niederlassungserlaubnis erteilt werden. Durch eine Wohnsitzauflage wird die Wohnortwahl für die ersten drei Jahre ihres Aufenthalts eingeschränkt. Können sie keine sozialversicherungspflichtige Beschäftigung oder einen Studienplatz nachweisen, müssen sie in dem Bundesland leben, das ihnen zugeteilt wurde (vgl. ebd.).

Damit zielt die deutsche Integrationspolitik einseitig auf die Vermittlung in den Arbeitsmarkt. Bundesarbeitsministerin Andrea Nahles (SPD) betonte 2016, dass der Weg in die Arbeit der beste Weg in die Integration sei. Auch Bundesinnenminister Thomas de Maizière (CDU) erklärte in diesem Zusammenhang, das Gesetz sei eine entscheidende Zäsur für Deutschland, da es Menschen mit Bleibeperspektive ein Angebot mache und Ausbildung, Spracherwerb sowie die Einbindung in das wirtschaftliche, kulturelle und rechtliche Gefüge des Landes ermögliche. Daniele Kolbe (SPD) nennt das Gesetz sogar einen grandiosen Schritt für Unternehmen und Betroffene. An anderer Stelle stößt das Zuwanderungsgesetz auf deutlichen Widerstand. So kritisiert Brigitte Pothmer von den Grünen, es sei vom Geist der Ausgrenzung durchzogen, statt auf Integration zu setzen. Die Bundestagsabgeordnete Dağdelen (DIE LINKE) beurteilt das Gesetz als neues Werkzeug zum Lohndumping und es sei unerträglich, da Flüchtlinge in Konkurrenz mit den Einheimischen gebracht werden. Somit wird nicht integriert, sondern gespalten (vgl. Stoltenberg 2016, 28.6.2020). Auch NGOs wie Pro Asyl und Migrationsexpert*innen wie der Rat für Migration übten heftige Kritik an diesem Gesetz. So stehe die Wohnsitzauflage im Widerspruch zur Freizügigkeit, die auch anerkannten Flüchtlingen gewährt werden müsste. Zudem sei der integrationspolitische Nutzen zweifelhaft. Aufgrund der unzureichenden Integrationskursangebote könnten darüber hinaus nicht alle an diesem Angebot partizipieren und würden dennoch wegen Nichtteilnahme bestraft (vgl. Pro Asyl 2016, 3.5.2020). An dieser Stelle wird deutlich, dass der Fokus der deutschen Integrationspolitik genauso wie bei der Migrationspolitik auf dem Arbeitssektor liegt. Hierdurch verlieren andere gesellschaftliche Bereiche wie Bildung oder Wohnen an Bedeutung. Zusätzlich stehen weiterhin assimilationstheoretische Ansätze im Zentrum deutscher Politik, wodurch integrationsreflexive Ansätze im Mainstream der Diskussionen kaum Beachtung finden und Ressourcen der Einwander*innen dauerhaft verloren gehen.

Dies wird auch bei einem Blick auf die Wahlprogramme deutscher Parteien aus den Jahren 2017 bis 2019 (s. Tabelle) ersichtlich, denn auch hier wird vor allem die Integration in den Arbeitsbereich unterstützt und weiterhin auf das Primat *Fördern und Fordern* gesetzt. Bei dieser Sichtweise müssen Migrant*innen aber meist mehr in ihre Integration investieren als die aufnehmende Gesellschaft. So votieren alle Parteien, außer der AfD, für Integrations- und Sprachkurse, damit sich Migrant*innen schnell in Deutschland zurechtfinden und Parallelgesellschaften verhindert werden können. Die AfD verzichtet auf jegliche Integration von Zugewanderten, da sie Multikulturalismus als Gefahr betrachtet. So fordert sie eine deutsche Leitkultur, die für alle gilt sowie die Anerkennung der deutschen Sprache als Staatssprache. Parallel dazu wird ein Stopp für die Einwanderung in die Sozialsysteme propagiert als Maßnahme zur Aufrechterhaltung der ‚deutschen Kultur'.

Als Schlüssel zur Integration werden in den Wahlprogrammen neben der strukturellen Integration in den Bildungs- und Arbeitssektor sowie dem Spracherwerb seit einigen Jahren auch kulturelle Aspekte betrachtet. Allerdings in sehr unterschiedlicher Weise. Während DIE LINKE (2017: 64, 29.5.2020), Die Grünen (2017: 112, 236, 25.6.2020) und die SPD (2017: 78f., 26.5.2020) vorwiegend die Demokratiestärkung und mehr Teilhabemöglichkeiten der Migrant*innen fordern, setzt auch die CDU (vgl. CDU/CSU o. J.[a]: 70, 26.5.2020) auf Assimilation mit einem Verweis auf die Leitkultur, als Voraussetzung für ein gutes Zusammenleben. Erst im Februar 2020 plädierte der 27-jährige CDU-Politiker Philipp Amthor für eine Leitkultur anstelle eines Multikulti-Konzeptes. Diese bezeichnet er als ‚unsere Hausordnung', die ebenso viel politische und gesellschaftliche Aufmerksamkeit verdiene wie die Frage der Migration. Hierzu erläutert er, dass Integration seiner Meinung nach die Eingliederung in eine von unserer Leitkultur geprägte Gesellschaft sei. Schließlich habe das propagierte ‚Multikulti-Konzept' Parallelgesellschaften, kriminelle Familienclans und dunkle Nebenstraßen befördert. Dass der Begriff Leitkultur, in seinem ursprünglichen Sinn nach Bassam Tibi, nicht auf eine spezifische deutsche Kultur, sondern vielmehr auf Demokratie, Menschenrechte und Vernunft gegenüber jeder Religion abzielt, wird hierbei völlig aus dem Blick verloren. Vielmehr wird der Terminus von konservativen Politiker*innen umgedeutet, um Einwanderung mit einer Anpassungspflicht in Zusammenhang zu bringen (vgl. Eydlin 2020, 28.6.2020). Bis heute setzt das CDU-Wahlprogramm (vgl. CDU o. J.[a]: 70f., 26.5.2020) auf eine deutsche Leitkultur mit dem Ziel, Parallelgesellschaften und ein Multi-Kulti zu verhindern.

Auch der Deutsche Kulturrat, Spitzenverband der Bundeskulturverbände und Ansprechpartner für Politik und Verwaltung des Bundes, Länder und der EU, nimmt kulturelle Integration in den Fokus und formulierte entsprechend 15 Thesen zur kulturellen Integration. Auch dadurch erhielt die Debatte um die deutsche Leitkultur einen zusätzlichen Aufschwung. Zu diesen 15 Thesen gehören zielführende und sinnvolle Überlegungen wie z. B., dass das Grundgesetz als Grundlage für das Zusammenleben angesehen werden muss, Geschlechtergerechtigkeit einen Eckpfeiler des Zusammenlebens darstellt oder in der Demokratie Toleranz und Respekt verlangt werden kann (vgl. Initiative kulturelle Integration o. J., 28.6.2020). Es werden aber auch Thesen aufgestellt, die kritisch zu bewerten sind. So wird das alltägliche Zusammenleben, basierend auf bestimmten kulturellen Gepflogenheiten, beschrieben, wodurch Umgangsformen und Bräuchen eine wichtige Rolle zugesprochen wird. Zwar werden diese als wandelbar beschrieben, dennoch befindet sich hier die Mehrheitsgesellschaft in einer privilegierten Position und gibt Veränderungen entsprechend vor. Zudem wird der Schlüssel zur gesellschaftlichen Teilhabe allein in der deutschen Sprache gesehen, weshalb diese als Grundvoraus-

Tabelle 4: Integrationspolitik der deutschen Parteien im Überblick (Quelle: Eigene Darstellung)

Partei	Die Linke (vgl. 2017: 12, 64ff. 98f., 117, 2019: 40f.)	Bündnis 90/Die Grünen (vgl. 2017: 106ff., 112ff., 142; 2018b: 104ff., 180)	SPD (vgl. 2017: 7, 78, 86ff., o.J.: 25f.)	CDU/CSU (vgl. o.J.ª: 70f, 74f.; o.J.ᵇ: 7, 14, 21)	FDP (vgl. o.J.ª: 30f, 69ff.; o.J.ᵇ: 75, 124)	AfD (vgl. o.J.ª: 24, 29, 32, 34f., 47; o.J.ᵇ: 51f., 75)
Forderung	- Menschenrechte verwirklichen - Schutz vor Diskriminierung - Partizipation und Anerkennung - Soziale, globale Infrastruktur - Soziale, kulturelle und demokratische Teilhabe - Solidarische Einwanderungs-gesellschaft - Inklusion ist Menschenrecht - Gleiche Rechte für alle - Kommunen unterstützen - Strukturen des Zusammenhalts schaffen	- Menschenrechte schützen - Diskriminierung und Rassismus bekämpfen - Prävention und Partizipation - Dezentrale Unterbringung - Stärkung der Zivilgesellschaft - Asylbewerber*innen-leistungsgesetz abschaffen - Kampf gegen Gruppenbezogene Menschen-feindlichkeit	- Demokratie stärken - Zusammenhalt und Solidarität fördern - Gleiche Chancen auf Teilhabe für alle - Neuankömmlinge sollen Teil der Gesellschaft werden - Offene Gesellschaft festigen	- Asylbewerberleistungen europaweit angleichen - Kein Platz für Antisemitismus, Rassismus und Diskriminierung - Erwartung der Achtung des Grundgesetzes - Verhinderung von Parallelgesellschaft und Multi-Kulti - Doppelte Staatsbürgerschaft als Ausnahme	- Integration in den Arbeitsmarkt fördern - Diskriminierung und Rassismus EU-weit entgegentreten - Parallelgesellschaften verhindern - Doppelte Staatsbürgerschaft möglich - Verbindliche Integration mit dem Ziel, dass sich Einwander*innen mit der offenen Gesellschaft identifizieren	- Deutsche Leitkultur statt Multi-Kulti - Einwanderung in die Sozialhilfe stoppen - Deutsche Kultur erhalten - Deutsche Sprache stärken - Islam gehört nicht zu Deutschland
Maßnahmen zur Umsetzung	- Integrations- und Sprachkurse - Lehrkräfte und Schulsozialarbeiter*innen qualifizieren - Gute Bildung für alle - Guter und bezahlbarer Wohnraum für alle - Gute Ausbildung und Arbeit für alle - Zivilgesellschaftliche Gruppen stärken - Sportangebote ausbauen - Kinder- und Jugendhilfe ausbauen - Antirassistische Initiativen fördern - Abschiebung stoppen - Familiennachzug ausbauen	- Anspruch auf Integrationskurse - Psychosoziale Betreuung von Flüchtlingen - Familiennachzug ausbauen - Bezahlbarer Wohnraum - Rechtmäßiger Aufenthalt während und nach der Ausbildung - Bleibeperspektiven für Geduldete - Ausbau Kinder- und Jugendhilfe	- Offenheit bedeutet Toleranz und Vielfalt - Teilhabe als Leitbild - Gemeinsame Werte und Normen; - Grundlage ist das Grundgesetz - Bildung als Schlüssel - Integrationskurse - Stärkung der Integrations- und Migrationsforschung - Sport als Integrationsmotor - Interreligiösen Dialog fördern	- Existenzrecht Israels muss von allen anerkannt werden - Leitkultur als Voraussetzung für gutes Zusammenleben - Deutsche Sprache auf allen Ebenen fördern - Ehrenamtliches Engagement stärken - Wer Integration verweigert, muss mit Konsequenzen rechnen - Integrationsgesetz stärken - Kulturelle Bildung ist elementar für gesellschaftliche Integration	- Punktesystem für Facharbeiter*innen schaffen - Sprachkenntnisse und Berufs-qualifikation stärken - Europäische Ausbildungszentren - Sport als Schlüssel - Teilnehmerecht am Unterricht - Anerkennung ausländischer Schul- und Berufsabschlüsse	- Bau von Moscheen durch ausländische Geldgeber nicht gestatten - Religionsfreiheit muss durch Gesetze Schranken gesetzt werden - Multikulturalismus als Illusion und Gefahr - Deutsche Sprache als Staatssprache - ‚Politisch korrekte' Sprache' wird abgelehnt - Polizei stärken

2.4 Soziale Arbeit und Integrationspolitik

setzung einer erfolgreichen Integration beschrieben wird. Auch der Erwerbsarbeit wird eine herausragende Rolle zugesprochen, die Stolz und Identifikation mit dem aus eigener Kraft Geleisteten begründet. Entsprechend fordert der Kulturrat den Zugang aller erwerbsfähigen Menschen zum Arbeitsmarkt (vgl. ebd.).

Auch wenn diese 15 Thesen weiter gefasst sind als der gängige Leitkulturdiskurs, werden auch hier normative Richtlinien festgeschrieben, die auch nicht von allen Deutschen akzeptiert oder realisiert werden (können). So ist Teilhabe beispielsweise auch außerhalb von Erwerbsarbeit möglich – denkbar bei Müttern, die aufgrund ihrer Familientätigkeit keiner Erwerbsarbeit nachgehen oder bei Menschen mit Behinderungserfahrungen, die keine Möglichkeit haben einen Beruf auszuüben. Damit entsprechen weder die Überlegungen zur Leitkultur noch die 15 Thesen des Kulturrats den Konzepten und Wirklichkeitsvorstellungen der einheimischen Bevölkerung. Dennoch wird von vielen Seiten gefordert, dass sich Migrant*innen diesen Werten anzupassen haben, um dadurch den Zusammenhalt der Gesellschaft aufrechterhalten und dauerhaft sicherstellen zu können.

Parteien wie BÜNDNIS 90/DIE GRÜNEN (2017: 112, 25.6.2020) und DIE LINKE grenzen sich deutlich von der Idee des Existierens einer Leitkultur ab und setzen als Weg zu einer gelungenen Integration auf Teilhabechancen, Bleibeperspektiven und die Stärkung des gesellschaftlichen Zusammenhalts. So erläutert DIE LINKE: „Der herrschende Integrationsdiskurs stellt die Integration als ein individuelles Problem der Migrantinnen und Migranten dar. Sie seien selbst schuld an ihrer Lage. Sie sollen besser Deutsch lernen, kriminelle Migrantinnen und Migranten sollen abgeschoben, Integrationsunwillige sanktioniert, Parallelgesellschaften aufgelöst werden u. v. m. Doch die Sinus-Studie, die Lebenswelten von Menschen mit Migrationshintergrund in Deutschland untersucht hat, belegt, dass die Probleme soziale und nicht kulturelle Ursachen haben. Für die Fraktion DIE LINKE ist Integration deshalb eine soziale Frage. Die Begrenzung auf Sprache und Kultur ist falsch. Mehr und bessere Sprachkurse sind zwar wichtige Schritte, sie werden Migrantinnen und Migranten aber nicht vor den Hartz-Gesetzen, Lohndumping, Arbeitsverboten und sozialen Benachteiligungen im Bildungssystem schützen. Eine erfolgreiche Integrationspolitik erfordert einen ganzheitlichen Ansatz, die gleichberechtigte, politische, soziale und gesellschaftliche Teilhabe aller Menschen zum Ziel hat. Deshalb fordert die Fraktion Die LINKE eine kostenlose Bildung für alle, eine gesetzliche Ausbildungsplatzumlage, die Anerkennung von im Ausland erworbenen Abschlüssen und einen gesetzlichen Mindestlohn. Das kommt sowohl Migrantinnen und Migranten als auch Deutschen zugute." (DIE LINKE o. J., 28.6.2020)

Folglich müssen statt einer Fokussierung auf ‚Leitkultur', dem Erlernen der deutschen Sprache, dem Zugang zum Arbeitsmarkt etc. soziale Fragen im Mittelpunkt der Integrationspolitik stehen. Diese Forderung ist anschlussfähig an die Zielsetzung der Sozialen Arbeit, denn „die Profession der Sozialen Arbeit fördert den sozialen Wandel, Problemlösungen in zwischenmenschlichen Beziehungen sowie die Ermächtigung und Befreiung von Menschen, um ihr Wohlbefinden zu heben. Unter Nutzung von Theorien menschlichen Verhaltens und sozialer Systeme greift Soziale Arbeit an den Punkten ein, in denen Menschen mit ihrer Umgebung interagieren. Prinzipien der Menschenrechte und sozialer Gerechtigkeit sind für die Soziale Arbeit fundamental" (IFSW, zitiert nach Wendt 2017: 26).

Entsprechend muss sich Soziale Arbeit dafür einsetzen, dass soziale Fragen vermehrt in politische Integrationsdebatten Einzug finden. Zum einen, um ein selbstbestimmtes Leben von Migrant*innen zu fördern und zum anderen, damit Arbeitsaufträge im Sinne der Profession durchgeführt werden. Denn die Orientierung an einer normativen Leitkultur kann nicht im Sinne einer integrationsreflexiven, vielfaltsfördernden und auf Menschenrechte basierenden Sozialen Arbeit sein. Vielmehr muss es um Teilhabechancen, die Veränderung von Machtverhältnissen und um das Erreichen von Transkulturalität gehen. Folgerichtig müssen auch Themen wie soziale, gesellschaftliche und politische Teilhabe sowie Rassismus und Diskriminierungen als Teil der Integrationspolitik angesehen werden. „Für die Lebenssituation und -chancen der Immigranten und für Prozesse und Politiken der Integration sind soziale Teilhabe und Schutz vor Diskriminierung von zentraler Bedeutung." (Schulte 2011: 47, 25.2.2021) So beschreibt auch BÜNDNIS 90/DIE GRÜNEN: „Menschenfeindliche Ideologien verhindern Integration und gefährden den gesellschaftlichen Frieden. Allen Versuchen, unsere Gesellschaft durch Ausgrenzung, rassistische Diskriminierung und Bedrohung von Menschen zu spalten, stellen wir uns entschieden entgegen, egal aus welcher Ecke sie kommen. Das ist eine gemeinsame Aufgabe, die uns allen etwas abverlangt und von der wir alle profitieren." (BÜNDNIS 90/DIE GRÜNEN o. J., 28.6.2020).

Doch die soziale Lage der Mehrheit der Migrant*innen ist im Vergleich zur einheimischen Bevölkerung immer noch durch erhebliche Ungleichheiten, Benachteiligungen und beeinträchtigte Lebenschancen gekennzeichnet. Diese sozialen Ungleichheiten sind auch durch Formen und Mechanismen von Diskriminierung verursacht. Hierbei geht es um Ungleichbehandlungen, die weder sachlich begründet sind noch den Gleichheits- und Gleichberechtigungsgrundsätzen standhalten und eine Benachteiligung zum Ziel oder zur Folge haben (vgl. Schulte 2011: 48, 25.2.2021). Dabei gilt nach Art. 2 Abs. 1 der AEMR: „Des Weiteren darf kein Unterschied gemacht werden auf Grund der politischen, rechtlichen oder internationalen Stellung des Landes oder Gebietes, dem eine Person angehört, gleichgültig ob dieses unabhängig ist, unter Treuhandschaft steht, keine Selbstregierung besitzt oder sonst in seiner Souveränität eingeschränkt ist". Damit widersprechen Diskriminierungen den Menschenrechten, die jedem/jeder zustehen. Doch durch vorherrschende Machthierarchien und vorhandene (Exklusions-)Strukturen sind die Mechanismen der Diskriminierung alltäglich. Folglich muss eine „menschenrechtsbasierte und auf gleiche soziale Teilhabe zielende Integrationspolitik [...] einen umfassenden und wirksamen Schutz vor Diskriminierung gewährleisten" (Mahlmann 2007: 41, zitiert nach Schulte 2011: 49, 25.2.2021). Laut Art. 2 Abs. 1 des Internationalen Übereinkommens zur Beseitigung jeder Form von Rassendiskriminierung sind die Vertragsstaaten auch dazu verpflichtet, „mit allen geeigneten Mitteln unverzüglich eine Politik der Beseitigung der Rassendiskriminierung in jeder Form und der Förderung des Verständnisses unter allen Rassen zu verfolgen".

Kapitel 2: Was ist Integration?

Da trotzdem tagtäglich gegen rechtliche Regelungen verstoßen wird und Alltagsrassimus häufiger denn je auftritt, muss sich Soziale Arbeit als Profession für eine menschenrechtsbasierte Integrationspolitik einsetzen. Schließlich sind Menschenrechte „untrennbarer Bestandteil der Theorie, Wert- und Moralvorstellungen sowie der Praxis der Sozialen Arbeit" (vgl. IFSW/IASSW/UNO, zitiert nach Staub-Bernasconi 2007: 26). Seit geraumer Zeit wird daher akzeptiert, dass „die Prinzipien der Menschenrechte auf der einen und die Idee einer sozialen Gerechtigkeit auf der anderen Seite die ethischen Grundlagen der Sozialen Arbeit bilden" (Mührel/Röh 2013: 89).[6] Auch hier gilt, wie bereits in Kapitel 2.4 erläutert, dass Soziale Arbeit Teilhabe, Inklusion und Partizipation ermöglichen und Vielfalt fördern muss. Dies gelingt aber nur, wenn auch Arbeitsaufträge der Politik diese Ziele verfolgen und hierdurch die Menschenrechtsprofession unterstützt wird. Entsprechend ist Soziale Arbeit an dieser Stelle aufgefordert, eine offensive Haltung im politischen Diskurs einzunehmen, sodass soziale Fragen im Mittelpunkt dieser Debatten etabliert werden und so zukünftig schrittweise eine menschenrechtsbasierte Integrationspolitik verwirklicht werden kann.

Da die deutsche Integrationspolitik stark zwischen Einheimischen und Zugewanderten unterscheidet und hierbei auch immer wieder Bezug auf vermeintlich ethnische Unterschiede nimmt, soll abschließend ein Exkurs zum Begriff „Rasse" erfolgen. Vor allem durch den Tod George Floyds' am 25. Mai 2020 und der daraufhin in den Blick geratenen Black-Lives-Matter-Bewegung in den USA, rücken Überlegungen zur Zeitgemäßheit des Begriffs auch in Deutschland vermehrt in den politischen (Integration-)Diskurs.

Exkurs zum „Rassebegriff":

Der Terminus „Rasse" wurde 1948/49 in Art. 3 Abs. 3 des Grundgesetztes niedergeschrieben:
„Niemand darf wegen seines Geschlechts, seiner Abstammung, seiner Rasse, seiner Sprache, seiner Heimat und Herkunft, seines Glaubens, seiner religiösen oder politischen Anschauungen benachteiligt oder bevorzugt werden."
Das Grundgesetz galt in dieser Zeit als Zwischenlösung und sollte eine Antwort auf die Brutalitäten des Dritten Reichs sein. Ziel der Grundrechte ist es bis heute, die Würde des Menschen zu sichern und zu schützen (vgl. Prantl 2020).
Jedoch klingt in Artikel 3 GG ein Echo der damaligen Zeit mit: die Sprache der NS-Vernichtungspolitik. Es benutzt das Wort, das zur Grundlage einer verbrecherischen Politik wurde. Dabei ist bis heute wissenschaftlich unumstritten, dass es keine „Menschenrasse" gibt. Es gab in der Entstehungszeit des Grundgesetzes jedoch kein Bewusstsein darüber, dass allein die Verwendung des Begriffs „Rasse" diskriminierend sein kann und rassistische Vorstellungen durch die Nutzung dieses Terminus weiter fortgeschrieben werden (vgl. Prantl 2020). Denn auch in der Allgemeinen Erklärung der Menschenrechte (1948), der Europäischen Menschenrechtskonvention (1950), dem Allgemeinen Gleichstellungsgesetz (2006) und der EU-Grundrechtecharta (2009) sind Benachteiligungsverbote aufgrund der „Rasse" verankert (vgl. Prantl 2020).

---

6 Näheres zur Menschenrechtsprofession siehe Kapitel 4.3.

Gerade in den letzten Jahren hat der Begriff und seine Ideologie in Form der „Rassenlehre" durch die AfD einen erneuten Aufschwung innerhalb Deutschlands erhalten. So konnte auf der offiziellen Facebookseite der AfD Oder-Spree gelesen werden: „Wir wollen als deutsche Rasse überleben. Und wir wollen weiß sein dürfen" (Garrelts/Peters 2019, 1.8.2020).
Doch warum beharren viele Deutsche auf dem „Rasse-Begriff" und stören sich nicht an Bezeichnungen wie „Mohren" oder „Zigeunerschnitzel", wenn es um Biersorten, Restaurants oder Speisen geht?
Sharon Dodua Otto (zitiert nach Häntzschel 2020) stellt diesbezüglich fest: „Wenn es um Rassismus geht, gibt es eine besondere Empfindlichkeit, weiße Menschen beharren auf ihrer Deutungshoheit. Vielleicht weil es eher wenige Schwarze Menschen in Deutschland gibt und diese als ‚fremd' wahrgenommen werden? Weiße Deutsche scheinen sich zu fragen: Wollen sie uns was wegnehmen?". Dabei ist eines Realität: es gibt keine Menschenrassen. „Race does not exist, but it does kill people", so die französische Soziologin Colette Guillaumin (zitiert nach Prantl 2020).
Doch wie sollte dann in Zukunft mit dem „Rassebegriff" umgegangen werden? Die Anti-Rassismus-Richtlinie der EU reagierte mit einem Zusatz zum „Rassebegriff", in dem zu lesen ist: „Die EU weist Theorien zurück, mit denen versucht wird, die Existenz menschlicher Rassen zu belegen. Die Verwendung des Begriffs ‚Rasse' in dieser Richtlinie impliziert nicht die Akzeptanz solcher Theorien." (zitiert nach Prantl 2020)
Parteien wie die FDP hingegen fordern das Streichen dieses Terminus aus dem Grundgesetz. SPD und Grüne legten demgegenüber den Antrag vor, das Wort „Rasse" durch „rassistisch" zu ersetzen, um Rassismus weiterhin als gesellschaftliches Problem gezielt bekämpfen zu können. Diesem schlossen sich auch die Antidiskriminierungsstelle des Bundes und weitere Expert*innen an (vgl. Antidiskriminierungsstelle des Bundes 2015, 1.8.2020).
„Weiße Kritiker wenden nun gerne ein, dass die Bemühungen, mit neuen Begriffen ein neues Bewusstsein zu schaffen, bestenfalls akademische Glasperlenspiele seien. Was helfe es der alleinerziehenden Mutter an der Rewe-Kasse, was dem Geflüchteten, der bei MacDonald's für Mindestlohn schuftet, dass Intellektuelle ihnen einen neuen Begriff schenken?" (Häntzschel 2020). Jeff Kwasi Klain vom Migrationsrat Berlin erwidert, dass diese Kritiker*innen den Betroffenen unterstellen, sie seien zu dumm, um diese Begrifflichkeiten und ihre Konzepte zu verstehen. Damit komme zum Rassismus noch Klassismus dazu (vgl. ebd.).
Unabhängig von allen Diskussionen um den „Rassebegriff" ist festzustellen: Das Grundgesetz ist kein Relikt der Vergangenheit. Es ist ein Denkmal seiner Zeit und zugleich ein Wegweiser in die Zukunft. Ein Wegweiser aber verträgt keine Erklärungen, Fußnoten oder Rechtfertigungen (vgl. Prantl 2020). So folgert Tahir Della: „Letztlich muss das Ziel sein, dass wir die Zuschreibungen überflüssig machen, dass sie keine Relevanz mehr haben." (zitiert nach Häntzschel 2020)
Ein Ziel, das einer vielfaltsfördernden, pluralen Gesellschaft des 21. Jahrhunderts entsprechen würde und diesbezügliche Diskurse dringend nötig macht, um Rassismus entgegenzutreten. Jedoch wird es auf dem Weg dorthin immer neue Selbstzuschreibungen geben, die Abbilder von dem sind, wo wir als Gesellschaft geradestehen (vgl. ebd.). Daher ist die Haltung gegenüber Zuschreibungen, unser Sprachgebrauch und die Bewusstheit aller Beteiligten entscheidend. Sharon Dodua Otto folgert: „Mein Wunsch wäre, dass wir achtsam mit Sprache um-

gehen, wohlwollend auf Fehler hinweisen, und dass die anderen wohlwollend sagen: ‚Oh, Verzeihung. Das wusste ich nicht.' Das ist ein kollektiver Prozess, der dauernd und voller Widersprüche sein wird, aber wie sollen wir es anders machen?" (zitiert nach Häntzschel 2020)

Eine Aufforderung, die die ganze Gesellschaft und insbesondere die Soziale Arbeit betrifft, um rassistische Anfeindungen und Diskriminierungen sowohl auf struktureller als auch individueller Ebene bewusst entgegentreten und Etikettierungen sensibel reflektieren zu können.

Diskussionsfragen

- Was bedeutet für Sie Integration?
- Wann ist Sozialintegration aus Ihrer Sicht *erfolgreich*?
- Welche integrationsreflexiven Handlungskonzepte sind Ihnen bekannt?
- Welche besonderen Herausforderungen kommen auf die Soziale Arbeit im Kontext der Integrationspolitik zu?

Literatur zur Einführung

Blank, Beate/Gögercin, Süleyman/Sauer, Karin E./Schramkowski, Barbara (Hrsg.) (2018): Soziale Arbeit in der Migrationsgesellschaft: Grundlagen – Konzepte – Handlungsfelder. Wiesbaden: Springer VS.
Esser, Hartmut (2001a): Integration und ethnische Schichtung. Arbeitspapiere – Mannheimer Zentrum für Europäische Sozialforschung. Nr. 40, 2001. Mannheim. www.mzes.uni-mannheim.de/publications/wp/wp-40.pdf, 6.6.2020.
Grote, Maik (2011): Integration von Zuwanderern: Die Assimilationstheorie von Hartmut Esser und die Multikulturalismustheorie von Seyla Benhabib im Vergleich. Universität Bremen: Migremus Arbeitspapiere Nr 2/2011. www.ams-forschungsnetzwerk.at/downloadpub/2011_grote_2011_assimilationmultikulturalismus.pdf, 24.6.2021.
Hanewinkel, Vera/Oltmer, Jochen (2017): Integration und Integrationspolitik in Deutschland. www.bpb.de/gesellschaft/migration/kurzdossiers/265044/integration-und-integrationspolitik, 28.6.2020.
Schulte, Axel/Treichler, Andreas (2010): Integration und Antidiskriminierung. Eine interdisziplinäre Einführung. Weinheim und München: Juventa.

Weiterführende Literatur

Aschenbrenner-Wellmann, Beate (2003): Interkulturelle Kompetenz in Verwaltung und Wirtschaft. Theorie und Praxis eines Change-Prozesses von der Monokulturellen zur Globalen Kompetenz. Berlin: Logos.
Düsener, Kathrin (2010): Integration durch Engagement? Migrantinnen und Migranten auf der Suche nach Inklusion. Bielefeld: Transcript.
Spatscheck, Christian/Thiessen, Barbara (2017): Inklusion und Soziale Arbeit. Teilhabe und Vielfalt als gesellschaftliche Gestaltungsfelder. Opladen, Berlin & Toronto: Barbara Budrich.

Kapitel 3: Grundlagen der migrationsbezogenen Sozialen Arbeit

> **Zusammenfassung**
>
> In diesem Kapitel werden die Themenfelder Migration und Integration in den Kontext Sozialer Arbeit eingebettet. Hierzu erfolgen zunächst Überlegungen zum Auftrag der Sozialen Arbeit und zu den rechtlichen Rahmenbedingungen innerhalb dieses Arbeitsfeldes. Daran anschließend werden förderliche Haltungen und Methoden vorgestellt und zu einem integrationsreflexiven Ansatz für die Soziale Arbeit erweitert, der Handlungsmöglichkeiten fokussierend ausgerichtet ist mit dem Ziel, ressourcen- und adressat*innenorientiert vorzugehen und eine transkulturelle Gesellschaft zu fördern.

3.1 Zum Auftrag der Sozialen Arbeit im Kontext von Migration und Integration

Soziale Arbeit befasst sich als Disziplin und Profession theorie- und praxisgeleitet mit der Bearbeitung von Migration und deren Folgen, also der Integration. Seit Jahren stellt Migration und Integration für die Soziale Arbeit kein unbedeutendes Handlungsfeld mehr dar. Im Rahmen dieses Arbeitsfeldes wird häufig der Begriff *migrationsbezogene Soziale Arbeit* verwendet, der auch hier genutzt werden soll, da er „Arbeitsansätze und Methoden bezeichnet, welche sich professionell mit sozialen Fragen und Problemen in Folge grenzüberschreitender Migration sowie mit Diversität, Interkulturalität, Integration und Rassismus beschäftigen" (Gögercin 2018b: 31).

Zunächst kann die Frage gestellt werden, welchen Stellenwert Theorien in diesem Arbeitsfeld besitzen, da diese für Menschen in Not keine unmittelbare Hilfe bieten. Es gibt jedoch gute Gründe für theoretische Ansätze innerhalb einer migrationsbezogenen Sozialen Arbeit, denn „eine auf Dauer und langfristig angelegte Arbeit in diesem Feld [...] kann sich nicht allein auf moralische Empörung und politischen Protest stützen. [...] Deshalb gibt es einen Bedarf an Analysen, die dazu beitragen, die eigene Praxis einzuordnen, ihre Rahmenbedingungen zu verstehen und sich ihrer gesellschaftlichen Situation zu vergewissern" (Scherr 2018: 42).

Um aufzeigen zu können, welche besonderen Herausforderungen auf die Soziale Arbeit im Bereich von Migration und Integration zukommen, gilt es zunächst, den Auftrag der Sozialen Arbeit im Allgemeinen zu klären. Zum einen bestimmen die jeweiligen Auftraggeber*innen die konkreten Ziele und Vorgehensweisen für die Praxis Sozialer Arbeit. Diese ist dabei nicht allein den Klient*innen, sondern auch dem Staat (rechtliche Rahmenbedingungen s. Kapitel 3.2) in Form des sogenannten „Doppelten Mandats" verpflichtet. Seit einigen Jahren ist darüber hinaus unumstritten, dass die Profession auch einen eigenständigen Auftrag verfolgt und damit spezifische Ziele, Handlungsweisen- und Haltungen vorgibt. Durch das hierdurch entstehende „Tripelmandat" soll das mögliche Spannungsfeld zwischen Auftraggeber*in und Klient*in im Sinne einer „Menschenrechtsprofession" (s. ausführlicher Kapitel 4) überwunden werden.

Umstritten ist bis heute das konkrete Ausmaß des „politischen Mandats" der Sozialen Arbeit, das sich aus dem Menschenrechtsansatz ableiten lässt. Kritiker*innen dieses Mandats sprechen der Sozialen Arbeit einen generellen politischen Auftrag ab, da sie lediglich dazu verpflichtet sei, im sozialstaatlichen Auftrag professionelle Dienstleitungen für Klient*innen in prekären Lebenslagen zu erbringen. Dennoch haben alle Professionen das Recht, sich berufspolitisch zu organisieren, um ihre Interessen zu vertreten. So auch die Soziale Arbeit (vgl. Lüssi 2008, zitiert nach Benz/Rieger 2015: 36). Zudem zeigt sich empirisch, dass Soziale Arbeit sowohl durch einzelne Sozialarbeitende als auch mit ihren Einrichtungen und Verbänden von jeher Politik betreibt (vgl. Benz/Rieger 2015: 36). Schon „die Gründer der freien Wohlfahrtspflege waren nie nur Sozialunternehmer, sondern immer auch politische Unternehmer. Sich zu organisieren, sich in Vereinen und Verbänden zusammenzuschließen, diente der Bündelung von Ressourcen um die Quantität wie Qualität individueller Hilfe zu steigern und um politisch Einfluss zu nehmen, damit sich Strukturen der Hilfeleistung wie die Lebensbedingungen der Klienten verbessern" (Boeßenecker 2005; Pabst 1996, zitiert nach Benz/Rieger 2015: 36). Dass sich Soziale Arbeit in einem politischen Rahmen bewegt und in diesem bestimmte Ressourcen zugewiesen bekommt, ist offensichtlich. Folgerichtig muss sich Soziale Arbeit im Sinne der Menschenrechtsprofession in (sozial-)politische Entscheidungsprozesse einmischen (vgl. Staub-Bernasconi 2008: 9, 21.7.2021; 2010a: 277), um relevante soziale Systeme so zu verändern, dass sie den Menschenrechten entgegenkommt. Darüber hinaus dient Soziale Arbeit im Wohlfahrtsstaat der Inklusionsermöglichung und Exklusionsvermeidung, auch im politischen Sektor (vgl. z. B. Scherr 2018: 43f.). Damit wird politisches Handeln automatisch zum unverzichtbaren Teil der „unspezifischen Hilfe" Sozialer Arbeit (vgl. Benz/Rieger 2015: 40).

Zusammengefasst kann somit festgehalten werden, dass Soziale Arbeit immer verschiedene Auftraggeber*innen hat und damit differierende Ziele, Handlungen und Haltungen verfolgt, die je nach Praxisfeld unterschiedlich ausgelegt werden können.

Auftraggeber*innen der Sozialen Arbeit

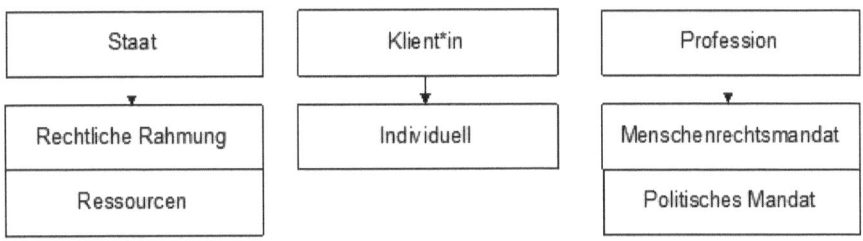

*Abbildung 9: Auftraggeber*innen der Sozialen Arbeit*

Nicht immer stehen dabei die Anforderungen der verschiedenen Auftraggeber*innen im Einklang, weshalb dem eigenständigen Mandat ein besonderer Stellenwert zukommt.

Die *International Federation of Social Workers* definiert den Auftrag Sozialer Arbeit wie folgt:

> „Die Profession der Sozialen Arbeit fördert den sozialen Wandel, Problemlösungen in zwischenmenschlichen Beziehungen sowie die Ermächtigung und Befreiung von Menschen, um ihr Wohlbefinden zu heben. Unter Nutzung von Theorien menschlichen Verhaltens und sozialer Systeme greift Soziale Arbeit an den Punkten ein, in denen Menschen mit ihrer Umgebung interagieren. Prinzipien der Menschenrechte und sozialer Gerechtigkeit sind für die Soziale Arbeit fundamental." (IFSW, zitiert nach Wendt 2017: 26)

Für Wendt (2017) zeigt diese Definition drei wichtige Aspekte für das methodische Handeln der Sozialen Arbeit auf:

1. Das Problemlösen, welches durch die Nähe zum Alltag der Zielgruppe und deren Alltagsproblemen gekennzeichnet ist. Deshalb muss sich das methodische Handeln am Kriterium der Alltagsnähe bewähren und messen (vgl. ebd.: 26).
2. Die Ermächtigung und Befreiung von Menschen, da Soziale Arbeit dazu aufgerufen ist, „Menschen dabei zu unterstützen, sich selbst von Umständen und Verhältnissen frei zu machen, die ein gutes Leben („Wohlbefinden") be- oder verhindern" (ebd.: 27).
3. Die Menschenrechte, welche allen gleichermaßen zustehen, da Menschen aufgrund ihres Menschseins mit gleichen Rechten ausgestattet sind (vgl. ebd.: 27). Darüber hinaus hat Soziale Arbeit den Auftrag, elementare Menschenrechte für alle zu sichern (vgl. Scherr 2018: 49).

Auch Schilling und Zeller (2012: 208) benennen für die Soziale Arbeit als Profession drei schwerpunktmäßige Aufgabenbereiche:

1. Individuelle Funktion: Hilfe zur Selbstfindung und Selbsthilfe, Entfaltung und Förderung der Persönlichkeit.
2. Gesellschaftliche Funktion: Verbesserung und Veränderung der gesellschaftlichen Bedingungen sozialer Problemlagen.
3. Orientierung an europäischen, weltgesellschaftlichen und menschenrechtlichen Perspektiven und Zielen Sozialer Arbeit.

Übertragen auf die migrationsbezogene Soziale Arbeit, können parallel zum allgemeinen Auftrag drei Dimensionen dargestellt werden, die gleichzeitig berücksichtigt werden müssen: „Zum einen die sozialarbeiterische Vermittlung von Unterstützungsleistungen, zum zweiten die pädagogische Aufgabe der Vermittlung von Fähigkeiten, welche die realen Chancen für Erfolg und Akzeptanz vergrößern, und schließlich die gesellschafts- und kulturpolitische Aufgabe, ein freundlicheres Klima und faire Behandlung für ethnische Minderheiten zu erreichen." (Müller 2006: 258, zitiert nach Filsinger 2017: 7, 20.12.2020) Scherr (2018: 48) sieht die Aufgaben der migrationsbezogenen Sozialen Arbeit darin, „einerseits Hilfen bereitzustellen, die Individuen befähigen und motivieren sollen, sich an den Teilnahmebedingungen der gesellschaftlichen Teilsysteme und ihrer Organisationen auszurichten; andererseits darin, in Bezug auf diejenigen, bei denen dies auf begrenzte Zeit oder dauerhaft nicht gelingt, dafür Sorge zu tragen, dass direkte und indirekte negative Auswirkungen von Armut und Ausgrenzung auf die Gesellschaft verhindert oder zumindest verringert werden". Diese Orientierung gründet darin, dass jedem Gesellschaftsmitglied „individuelle Freiheit und Selbstachtung im Rahmen der jeweiligen demokratischen Verfassung und der in modernen Gesellschaften vielfältigen und widersprüchlichen Kultur eines Landes ermöglicht" (Filsinger 2017: 7, 20.12.2020) werden muss. Entsprechend soll jeder Mensch in die Lage versetzt werden, ein selbstbestimmtes, individuell angemessenes und sozial anerkennungsfähiges Leben zu führen (vgl. ebd.). Des Weiteren kommt der Sozialen Arbeit die Verantwortung einer integrationsfördernden Instanz zu, denn „sie kann an den Integrationsprozessen aktiv gestaltend mitwirken und dazu beitragen, potenzielle Brüche und desintegrative Tendenzen zu reduzieren sowie Chancengleichheit und Teilhabe der Menschen mit Migrationsgeschichte an gesellschaftlichen Prozessen [...] ermöglichen" (Gögercin 2018: 183).

Ein Positionspapier Hochschullehrender bringt sechs wesentliche Ziele, Aufgaben und Prinzipien migrationsbezogener Sozialer Arbeit auf den Punkt, welche unmittelbar an die wissenschaftliche und professionelle Fachdiskussion anschließen (vgl. Schirilla 2016; Scherr/Yüksel 2016, zitiert nach Filsinger 2017: 20, 20.12.2020):

1. *Anerkennung:* vollständige Anerkennung der Person, unabhängig von ihrem rechtlichen Status.
2. *Materielles Wohlergehen:* Realisierung der vollen gesellschaftlichen Teilhabe, Sicherheit, Entfaltung, gleicher Zugang zum Wohnungs-, Arbeits- und Konsummarkt, selbstbestimmte Unterbringung, Zugang zu sozialer Unterstützung, uneingeschränkte Gesundheitsversorgung.
3. *Menschliche Entwicklung:* Förderung von Bildung, Anerkennung von Lebenserfahrung und vorhandenen Kompetenzen, Förderung der Aufnahme von Beschäftigung.
4. *Soziale Nähe:* Verringerung sozialer Distanz zur Umgebung, Unterstützung von nachbarschaftlichen Angeboten und Angeboten von Erfahrungs- und Interessengemeinschaften.
5. *Partizipation und Engagement:* Förderung, eigenständige Entscheidungen zu treffen, und des eigenen Engagements.
6. *Veränderung der Machtverhältnisse:* (Selbst-)kritische Auseinandersetzung seitens der Sozialarbeiter*innen mit Machtverhältnissen auf allen Handlungsebenen.

Filsinger (2017: 7, 20.12.2020) kommt im Hinblick auf die geschilderte Komplexität der Disziplin zu dem Schluss, dass es für die Soziale Arbeit zentral ist, alle Adressat*innen als Individuen anzuerkennen, die über ihre Zugehörigkeit selbst verfügen können. So folgert auch Wendt (2017: 32), dass Ressourcen als Potenziale von Menschen zu verstehen sind, weshalb gerade Sozialarbeiter*innen eine ressourcenorientierte Haltung einnehmen müssen. Um dies verwirklichen zu können, müssen Begriffe, Beobachtungs-, Deutungs- und Handlungspraxen kritisch analysiert sowie Identitätskonstruktionen, Differenzbildungen und Normalisierungstendenzen kritisch hinterfragt werden. Denn „ob Migrant_innen ihre Kompetenzen zur Geltung bringen können, hängt von den gesellschaftlichen, institutionellen und sozialen Bedingungen ab, mit denen sie konfrontiert sind" (Filsinger 2017: 8, 20.12.2020). Demzufolge liegt in der interkulturellen bzw. Diversitätskompetenz eine Schlüsselkompetenz der Sozialen Arbeit begründet (s. Kapitel 3.3.1).

Insofern muss die bislang vorherrschende Defizitperspektive (Migrant*innen können vieles noch nicht) überwunden und die Aufmerksamkeit auf Kompetenzen und Ressourcen der Adressat*innen gerichtet werden. Daher wird ein Ansatz benötigt, der auf die Potenziale der Zuwander*innen setzt, ohne deren Werthaltungen und Lebensformen an den hierzulande vorherrschenden Lebensformen zu messen. Nur hierdurch ist es möglich, ihnen zu einem selbstbestimmten und sozial anerkennungsfähigen Leben zu verhelfen, das möglichst frei von Umständen ist, die ein gutes Leben behindern. Konkrete Überlegungen zu diesem Ansatz werden in Kapitel 3.3.6 vorgenommen. Zusammengefasst kann angemerkt werden, dass Soziale Arbeit gerade in diesem Handlungsfeld konzeptionell und politisch Einfluss nehmen muss, um ihre Aufgaben und Sozialen Dienste professionell und nachhaltig ausrichten zu können.

Um die dargestellten Ziele realisieren zu können, ist zudem eine interkulturelle Öffnung auf Seiten der Institutionen unabdingbar. Nur so können Zuwander*innen ihre mitgebrachte Identität wie die Muttersprache oder Religion einbringen. Hierfür benötigt es strukturelle Veränderungen und die Förderung von Bewusstseinsprozessen bei allen Beteiligten; Bedingungen, die bis heute als Herausforderung für die Soziale Arbeit bewertet werden können (vgl. Freise 2013: 49ff., 21.12.2020). Hierzu erklärt der Beirat Integration (vgl. Beirat Integration/Die Beauftragte der Bundesregierung für Migration, Flüchtlinge und Integration 2013, 8.6.2020), dass interkulturelle Öffnungen von Institutionen und gesellschaftlichen Einrichtungen einen Ausdruck gegenseitiger Verpflichtung und Verbindlichkeit darstellen. Dadurch soll sich das Potenzial der Einwander*innen zum Nutzen aller besser entwickeln und entfalten können. Zur Realisierung fordert der Beirat eine Öffnung und Neuausrichtung der sozialen Dienste, beispielsweise eine Fokussierung der Leistungen im Kontext der Integration, die auf interkulturellen bzw. diversitätsorientierten Leitbildern basieren.

Merke!

Zusammengefasst liegen die zentralen Aufgaben der migrationsbezogenen Sozialen Arbeit darin, für ihre Adressat*innen Partizipations- und Zugangsmöglichkeiten auf allen gesellschaftlichen Ebenen zu schaffen, um deren Chancen auf Erfolg, Integration, Akzeptanz und ein selbstbestimmtes Leben steigern zu helfen.

> Um diese komplexe Zielsetzung erreichen zu können, wird neben der Vermittlung von Unterstützungsangeboten vor allem das Menschenrechts- und politische Mandat der Sozialen Arbeit benötigt. Zusätzlich muss Partizipation als Grundlage für Integrationsprozesse angesehen und strukturelle Veränderungen in Form einer interkulturellen Öffnung sozialer Dienste sowie eine Modifikation der Machtverhältnisse angestrebt werden.
> Für das konkrete Handeln der Sozialarbeiter*innen liegt der Schlüssel im Erwerb interkultureller bzw. diversitätsorientierter Kompetenz.

So notwendig die aufgezeigten Prämissen und fachlichen Ausrichtungen der migrationsbezogenen Sozialen Arbeit sind, einfach ist die Verwirklichung keinesfalls, da diese Arbeit bereits auf struktureller Ebene ein grundsätzliches Dilemma aufweist: „Sie ist dabei beim Klassifizieren, bei der Altersfeststellung, sie hilft beim Willkommenheißen wie auch beim Abschieben, beim Solidarisieren und Unterstützen wie auch beim Verwahren und Verwalten." (Bröse/Faas/Stauber 2018: IX-X) Damit kommt dem Spannungsfeld zwischen professionseigenem und staatlichem Auftrag in der migrationsbezogenen Sozialen Arbeit eine besondere Bedeutung zu.

3.2 Rechtliche Rahmenbedingungen – Das Aufenthaltsrecht für Ausländer*innen in Deutschland im Überblick (Holger Hoffmann)

Kaum ein Feld Sozialer Arbeit ist so stark von rechtlichen und politischen Rahmungen geprägt wie jene mit „Menschen mit Migrationshintergrund". Dabei handelt es sich um keine homogene Gruppe: Je nach rechtlichem Status leben sie z. B. als Asylantragsteller*innen, anerkannte Flüchtlinge, Unionsbürger*innen, Drittstaatler*innen, Kontingentflüchtlinge, Spätaussiedler*innen in Deutschland. Dieser Status hat jeweils Auswirkungen auf ihre lebensweltlichen Handlungsmöglichkeiten und Erfahrungen, also ob ihnen ermöglicht wird, z. B. mit staatlicher Förderung Deutsch zu lernen, zu arbeiten, zu studieren, sich für einen Arzt ihrer Wahl entscheiden oder Anspruch auf bestimmte soziale Leistungen geltend machen zu können. Die Handlungsmöglichkeiten und Ansatzpunkte Sozialer Arbeit sind dabei oft vorgegeben von den jeweiligen aufenthaltsrechtlichen Voraussetzungen. Gelegentlich entstehen auch ethische Dilemmata, z. B. wenn rechtliche Voraussetzungen fachlichen Anforderungen der Sozialen Arbeit entgegenstehen. Zu fragen ist also: Welcher rechtliche Rahmen bestimmt Soziale Arbeit bei Beratung und Unterstützung ausländischer Staatsangehöriger in Deutschland?

„Ausländer ist jeder, der nicht Deutscher im Sinne des Artikels 116 Abs. 1 des Grundgesetzes ist" – so definiert es § 2 Abs. 1 des „Gesetzes über den Aufenthalt, die Erwerbstätigkeit und die Integration von Ausländern im Bundesgebiet"[7] (im folgenden Text: AufenthG). Diese „Negativ"-Definition („der nicht Deutscher … ist") scheint einfach zu sein: Sie umfasst alle natürlichen Personen, die weder die deutsche Staatsangehörigkeit besitzen (Art. 116 Abs. 1, 1. Alt. GG = wortgleich mit § 1 StaatsangehörigkeitsG), noch als Geflüchtete oder Vertriebene deutscher Volkszugehörigkeit (heute oft „Spätaussiedler" genannt) oder als deren Ehegat-

---

[7] In Kraft seit 1. Januar 2005, zuletzt geändert durch Gesetz vom 9.12.2020 (BGBl. I S. 2855.).

te oder Abkömmling im Gebiet des deutschen Reichs nach dem Stand vom 31.12.1937 Aufnahme gefunden haben (Art. 116 Abs. 1, 2. Alt GG). Damit sind alle Personen, die sich haben einbürgern lassen, deutsche Staatsangehörige – auch wenn sie neben der deutschen noch eine oder sogar mehrere andere Staatsangehörigkeiten besitzen, z. B. ca. 4,5 Mio. Spätaussiedler*innen, die Deutschland aufgenommen hat, die aber z. B. ihre russische oder kasachische Staatsangehörigkeit neben der deutschen behalten haben.

3.2.1 Rechtliche Grundlagen

Das Aufenthaltsrecht[8] regelt Einreisevoraussetzungen, Aufenthaltstitel und Beendigung des Aufenthaltes von Ausländer*innen in Deutschland. Es zählt rechtsdogmatisch zum „Eingriffsrecht", speziell zum Recht der „Gefahrenabwehr". Ergänzend gelten humanitäre (Bleiberechts-) Regelungen wie etwa die Genfer Flüchtlingskonvention (GK) und (EU-) Normen) des Flüchtlingsschutzes/Asylrechts (z. B. Dublin III-Verordnung), die parallel zum nationalen deutschen Aufenthaltsgesetz von der Europäischen Union als „Gemeinsames Europäisches Asylsystem" (GEAS) entwickelt wurden[9]. Dabei handelt es sich um ein „europäisiertes" Flüchtlingsrecht, das seit 2003 und in revidierter Form seit 2015 mit Richtlinien und Verordnungen gemeinsame EU-Standards für die Anerkennung als Flüchtling, die Durchführung von Asylverfahren, die (materiellen) Aufnahmebedingungen während dieser Verfahren oder die Durchsetzung von Rückkehrverpflichtungen regelt.[10]

Für die Staatsangehörigen der 27 Staaten der Europäischen Union („Unionsbürger*innen")[11] regelt ihr Aufenthaltsrecht in Deutschland das Freizügigkeitsgesetz/EU. Sie benötigen i. d. R. seit 2005 keine Aufenthaltserlaubnis mehr und müssen nur – wie deutsche Staatsangehörige – ihren jeweiligen Wohnsitz in Deutschland anmelden. Sie haben von Beginn ihres Aufenthaltes an Zugang zum deutschen Arbeitsmarkt.

Demgegenüber gelten für Staatsangehörige anderer Staaten („Drittstaatsangehörige" = weder Deutsche noch Unionsbürger*innen) das Aufenthaltsgesetz (AufenthG) und die Aufenthalts-VO. Sie benötigen für einen Aufenthalt in Deutschland einen „Aufenthaltstitel". Für ihre Einreise ist dies ein Visum, für ihren weiteren Aufenthalt eine Aufenthalts- oder Niederlassungserlaubnis. Auch für Menschen ohne Staatsangehörigkeit (z. B. Palästinenser*innen) gilt das AufenthG. Ausnahmen gelten z. B. für ausländische Diplomat*innen, Mitarbeiter*innen ausländischer Botschaften oder Soldat*innen der NATO – Truppen, die sich in Deutschland aufhalten (§ 1 Abs. 2 AufenthG).

---

8 Normtexte werden hier nicht referiert oder abgedruckt, da deren Umfang den Rahmen des Textes deutlich sprengen würde. Empfohlen wird ausdrücklich, parallel zum Text eine der üblichen Gesetzessammlungen zu nutzen, z. B. „Gesetze für Sozialberufe" aus dem Fachhochschulverlag in der jeweils aktuellen Ausgabe oder „Ausländerrecht"- Beck-Texte im dtv.
9 Näher unten: 3.2.3.
10 Näher unten 3.2.3.
11 „Gesetz über die allgemeine Freizügigkeit von Unionsbürgern" (= Freizügigkeitsgesetz/EU) vom 30. Juli 2004.

Ebenfalls europarechtlich geregelt sind die Aufenthaltsrechte türkischer Arbeitnehmer*innen und ihrer Familienangehörigen. Zwar sind sie „Drittstaatsangehörige", jedoch besitzen sie bezüglich des Zugangs zu Arbeitsmarkt und Ausbildung Sonderrechte z. B. für den Nachzug von Familienangehörigen, Möglichkeiten zum Wechsel des Arbeitgebers oder eine längere Erkrankung oder Arbeitslosigkeit. Diese leiten sich her aus den Bestimmungen der Assoziationsratsbeschlüsse (= ARB) I/1980 und III/1980.[12] Kurzformel: Die Einreise türkischer Staatsangehöriger unterliegt (noch) den Reglungen für Drittstaatsangehörige, nach der Einreise ist ihr Aufenthalt dem der Unionsbürger*innen so gut wie gleichgestellt.

Alle Normen des deutschen und des europäischen Rechts werden bei den Erteilungsvoraussetzungen geprägt von unbestimmten Rechtsbegriffen (z. B. „gesicherter Lebensunterhalt", „angemessener Wohnraum", „besondere Härte", „außergewöhnliche Härte", „dringende humanitäre Gründe", „Gefährder") und von Ermessen bei den Rechtsfolgen der jeweiligen Normen („kann"-Regelungen). Zudem werden sie durch sehr umfangreiche Verwaltungsvorschriften „regierungsamtlich" für die Arbeit der Ausländerbehörden interpretiert. Daher ist es oft schwierig, vorauszusagen, wie eine Ausländerbehörde im konkreten Einzelfall entscheiden wird.

Das AufenthG[13] trat erst nach längeren politischen Diskussionen am 1. Januar 2005 in Kraft. § 1 Abs. 1 definiert: *„Das Gesetz dient der Steuerung und Begrenzung des Zuzuges von Ausländern in die Bundesrepublik Deutschland. Es ermöglicht und gestaltet Zuwanderung unter Berücksichtigung der Aufnahme- und Integrationsfähigkeit sowie der wirtschaftlichen und arbeitsmarktpolitischen Interessen der Bundesrepublik Deutschland. Das Gesetz dient zugleich der Erfüllung der humanitären Verpflichtungen der Bundesrepublik Deutschland. Es regelt hierzu die Einreise, den Aufenthalt, die Erwerbstätigkeit und die Integration von Ausländern. Die Regelungen in anderen Gesetzen bleiben unberührt."*

Für die Soziale Arbeit war und ist von besonderer Bedeutung, dass erstmals ein gesetzlicher Anspruch auf Integration mit einem staatlich geförderten/teilfinanzierten „Integrationskurs" eingeführt wurde.[14]

Grundsätzlich gilt, dass (Drittstaats-)Ausländer*innen der Aufenthalt in Deutschland nur erlaubt ist, wenn sie vor ihrer Einreise von der deutschen Botschaft oder einem deutschen Konsulat im jeweiligen Herkunftsland auf ihren Antrag hin ein *Visum* (§ 6 AufenthG) für einen bestimmten Aufenthaltszweck erhalten haben. In diesem *Visumsverfahren* wird bereits geprüft, ob der Lebensunterhalt

---

12 1980 verhandelten die Türkei und die damaligen Mitgliedstaaten der EU über einen Beitritt der Türkei zur EU. Im Vorgriff darauf gründete man einen „Assoziationsrat", der strittige Punkte insbesondere zu Aufenthaltsrechten und dem Zugang zum Arbeitsmarkt für türkische Staatsangehörige europarechtlich für alle EU-Staaten regeln sollte. Zum Beitritt der Türkei kam es bis heute nicht, die zeitliche Perspektive ist weiterhin offen und abhängig von verschiedenen politischen Entwicklungen vor allem in der Türkei.

13 Vollständiger Titel: Gesetz über den Aufenthalt, die Erwerbstätigkeit und die Integration von Ausländern im Bundesgebiet;
zuvor galt in der Bundesrepublik das Ausländergesetz von 1965, das z. T. auf der preußischen allgemeinen Polizeiverordnung zum Ausländerwesen von 1938 beruhte und als nicht mehr zeitgemäß angesehen wurde.

14 §§ 43–45a AufenthG – näher unten 3.2.5.2.

einschließlich ausreichendem Krankenversicherungsschutz und die Unterkunft in Deutschland gesichert sind. Das Visum beinhaltet zunächst nur ein auf 90 bis 180 Tage befristetes (vorläufiges) Aufenthaltsrecht, das i. d. R. nach der Einreise entsprechend seinem Zweck von der örtlich zuständigen Ausländerbehörde als *Aufenthaltserlaubnis* für z. B. Arbeit, Studium, Familiennachzug etc. erteilt werden muss.

Das Gesetz kennt *befristete und unbefristete Aufenthaltsrechte*. Das *befristete* Aufenthaltsrecht heißt „*Aufenthaltserlaubnis*" (§ 5 AufenthG). Sie ist stets an einen bestimmten *Aufenthaltszweck* gebunden. Als Zwecke benennt das AufenthG z. B. Studium und Berufsausbildung (§§ 16 f. AufenthG), selbständige oder unselbständige Erwerbstätigkeit (§§ 18–21 AufenthG), Nachzug von Familienangehörigen (§§ 27–32 AufenthG) sowie verschiedene Aufenthaltsrechte aus völkerrechtlichen oder humanitären Gründen oder zur Wahrung politischer Interessen Deutschlands (§§ 23–27 AufenthG). Eine Aufenthaltserlaubnis kann ausnahmsweise auch aus anderen, nicht ausdrücklich im Gesetz benannten Gründen erteilt werden (§ 7 AufenthG). Wichtig ist, dass der Zweck i. d. R. vor der Einreise gegenüber der Botschaft benannt werden muss und nach der Einreise nur in Ausnahmefällen (z. B. Heirat eines/einer deutschen Staatsangehörigen nach der Einreise) geändert werden darf. Das *unbefristete* Aufenthaltsrecht heißt „*Niederlassungserlaubnis*" (§§ 9 ff. AufenthG). Diese setzt gem. § 9 Abs. 2 Ziff. 1–9 AufenthG vor Erteilung i. d. R. einen mindestens fünfjährigen Aufenthalt in Deutschland voraus, zudem die Einzahlung von mindestens 60 Monats(pflicht)beiträgen in die Rentenversicherung und ausreichende Deutschkenntnisse. Liegen diese Voraussetzungen vor, wird sie unabhängig von einem Aufenthaltszweck erteilt.

Unabhängig von der Zugehörigkeit zu einer der vorgenannten Gruppen bekommen Personen, die nach Deutschland geflohen sind und einen Schutzstatus erhalten haben, sei es

- eine *Asylberechtigung* (§ 2 AsylG),
- *internationalen Schutz*, also die Flüchtlingseigenschaft gem. Genfer Flüchtlingskonvention (§ 3 AsylG) oder
- „*subsidiären Schutz*" (§ 4 AsylG), weil im Herkunftsland (z. B. wegen eines Bürgerkrieges) ein ernsthafter Schaden droht, ebenfalls eine (zunächst befristete) Aufenthaltserlaubnis „aus humanitären Gründen" gem. § 25 Abs. 1 oder Abs. 2 AufenthG[15].

Während des Verfahrens auf Anerkennung von Flüchtlingsschutz (Asylverfahren) halten sie sich im Rahmen einer „*Aufenthaltsgestattung*" (§ 55 Abs. 1 AsylG) legal in Deutschland auf.

Scheitert das Anerkennungsverfahren, ist nur ein *geduldeter Aufenthalt* (§ 60a AufenthG) möglich. Dabei handelt es sich nicht mehr um einen erlaubten, also legalen Aufenthalt, sondern nur um die Aussetzung des Vollzugsaktes der Abschie-

---

15 § 26 Abs. 3 AufenthG bestimmt, dass bei Vorliegen verschiedener weiterer Voraussetzungen nach drei bzw. fünf Jahren anerkannten Flüchtlingen die Niederlassungserlaubnis zu erteilen ist.

bung. Eigentlich sollte nach der gesetzlichen Konzeption diese innerhalb kurzer Zeit (wenige Wochen nach Ende des Asylverfahrens) erfolgen, tatsächlich hält sich die Mehrheit der „Geduldeten" seit mehr als fünf Jahren auf dieser Grundlage in Deutschland auf, weil aus ganz unterschiedlichen Gründen ihre Rückkehr in den jeweiligen Herkunftsstaat ausgeschlossen ist. Menschen mit Duldung stellen eine zahlenmäßig große (ca. 235.000) und sachlich – mangels sicherer Aufenthaltsperspektive – oft schwierige Klientel für die Soziale Arbeit dar.[16]

3.2.2 Statistische Orientierung

Am Jahresende 2020 waren 11.432.460 Ausländerinnen und Ausländer im Ausländerzentralregister (AZR) registriert.[17] Nach Angaben des Statistischen Bundesamtes (Destatis) stieg ihre Zahl 2020 um rund 204.000 (= 1,8 %) gegenüber 2019 – die niedrigste Wachstumsrate der vergangenen zehn Jahre. Ursächlich ist ein Rückgang der „Nettozuwanderung", d. h. das AZR registrierte ca. 740.000 neu zu- und ca. 479.000 fortgezogene Ausländerinnen und Ausländer (= Nettozuwanderung ca. +261.000 Personen). 2019 waren 923.000 Menschen zu- und 547.000 fortgezogen (= Nettozuwanderung ca. +376.000 Personen).[18], [19] 4.895.905 Bürger*innen aus Staaten der Europäischen Union lebten Ende 2020 in Deutschland. Aus europäischen Staaten insgesamt (inklusive EU) stammten 7.928.675 „Zugewanderte". Die größte „Einzelgruppe" waren türkische Staatsangehörige (1.461.910). Aus afrikanischen Staaten stammten 615.830, aus asiatischen 2.457.535 „Zugewanderte" (dazu zählen auch Staatsangehörige aus Syrien, Afghanistan, Irak, China, Japan), aus Amerika (Nord-, Mittel- und Südamerika) 294.280. Ferner lebten 26.445 Staatenlose oder Personen mit ungeklärter Staatsangehörigkeit Ende 2020 in Deutschland.

Die Gesamtzahl der Geflüchteten, die als Asylberechtigte oder international Schutzberechtigte in Deutschland leben, betrug Ende 2020 ca. 1,3 Mio. (2019: 1,25 Mio.). Neu gestellt wurden 122.170 Asylanträge (2019: 165.938).[20] Zum Jahresende 2020 lagen zu diesen Verfahren erst zum Teil bereits Entscheidungen vor.

Von den insgesamt 281.143 ausreisepflichtigen Ausländer*innen, die sich Ende 2020 in Deutschland aufhielten, besaßen 235.771 eine Duldung, d. h., ihre Abschiebung war vorübergehend ausgesetzt. Am 31.3.2021 lebten nach Angaben des AZR von den Vorgenannten 17.988 Personen mit einer Duldung nach § 60b

---

16 Näher zu den unterschiedlichen Arten von Duldungen, insbes. Ausbildungs- und Beschäftigungsduldung: unten 4.2.5.3.
17 Zur Kritik an der Richtigkeit der Erfassung durch das AZR: BT – Drucksache 19/28170 – Gesetzentwurf zur Weiterentwicklung des AZR – Stellungnahmen der Sachverständigen in der öffentliche Anhörung – 3. Mai 2021: https://www.bundestag.de/ausschuesse/a04_innenausschuss/anhoerungen#url=L2F1c3NjaHVlc3Nl L2EwNF9pbm5lbmF1c3NjaHVzcy9hbmhvZXJ1bmdlbi84Mzc2NzYtODM3Njc2&mod=mod541724.
18 Pressemitteilung des Statistischen Bundesamtes – 31. März 2021 –.
19 [19] Diese und die folgenden Zahlen beruhen auf den Angaben des Ausländerzentralregisters (AZR), das beim BAMF geführt wird – www.bamf.de. Sie finden sich auch in den Übersichten des statistischen Bundesamtes zur ausländischen Bevölkerung in Deutschland – www.destatis.de – https://www.destatis.de/DE/Themen/ Gesellschaft-Umwelt/Bevoelkerung/Migration-Integration/Publikationen/Downloads-Migration/auslaend -bevoelkerung-2010200207004.pdf?__blob=publicationFile.
20 BAMF-Asylstatistik – Schlüsselzahlen Asyl 2020 – 22.2.2021- FLYER ASYL UND FLÜCHTLINGSSCHUTZ.

AufenthG für „Personen mit ungeklärter Identität" in Deutschland. Ende 2020 waren es erst 12.697.

Aus Deutschland abgeschoben wurden 2020 insgesamt 10.800 Personen (2019: 22.097; 2018: 23.617). Die Abgeschobenen stammten vor allem aus Albanien, Georgien, Serbien, Moldau und Nordmazedonien[21].

3.2.3 Das Gemeinsame Europäische Asylsystem („GEAS")

Für Soziale Arbeit in Form der Beratung und Unterstützung von Geflüchteten und anderen ausländischen Staatsangehörigen ist es von erheblicher Bedeutung, über Grundwissen der einschlägigen europäischen Rechtsnormen zu verfügen, weil das deutsche Ausländerrecht in vielfältiger Weise davon geprägt wird („Europäisierung des Aufenthaltsrechts"). Der nachstehende Text vermittelt daher einen Überblick über die wichtigsten Regelungen.

3.2.3.1 Die wichtigsten Richtlinien und Verordnungen des GEAS

Insbesondere das Flüchtlingsrecht, aber auch andere wesentliche Bereiche (z. B. Familienzusammenführung, touristische Besuchsaufenthalte, Geschäftsreisen) sind weitgehend nicht mehr national geregelt, sondern wurden zur Einführung und Sicherung von Freizügigkeit in der EU stufenweise seit 1985 (Abkommen von Schengen 1985; „Schengener Durchführungsübereinkommen" 1989; Dublin-Übereinkommen 1990[22]) von einem besonderen, EU-weit geltenden Rechtssystem aus Richtlinien (RL) und Verordnungen (VO) abgelöst. Das hat zu einer Vielzahl von VO und RL geführt. Alle EU-Mitgliedstaaten (= MS) sind verpflichtet, in ihrer (ergänzenden) nationalen Gesetzgebung diese Normen zu beachten. Dabei gelten europarechtliche VO ab Inkrafttreten in allen EU-Staaten mit demselben Wortlaut. RL beinhalten jeweils nur „Mindeststandards". Diese sind innerhalb bestimmter Fristen (i. d. R.: 2 Jahre) in das jeweilige nationale Recht umzusetzen. Nationales Recht kann günstigere Regelungen vorsehen, darf aber die Mindeststandards nicht unterschreiten.

Die gemeinsame Grundlage aller EU-Regelungen zum Asyl- und Flüchtlingsrecht bildet seit 2008 ein in 146 Staaten gültiges Rechtsinstrument der UN, die *Genfer Flüchtlingskonvention (GFK)*.[23] Ursprünglich galt diese nur für Europa und bezweckte, die Situation der ca. 4 Mio. Flüchtlinge und „displaced persons" zu regeln, die sich nach dem 2. Weltkrieg in anderen als ihren Herkunftsstaaten aufhielten. Art. 1 A GFK enthält die bis heute weltweit gültige Definition des Begriffs *„Flüchtling". Flüchtling ist, wer wegen seiner Rasse, Religion, Nationalität, Zugehörigkeit zu einer bestimmten sozialen Gruppe oder politischer Überzeugung verfolgt wird und sich aufgrund begründeter Furcht vor Verfolgung außerhalb des Staates aufhält, dessen Staatsangehörigkeit er besitzt, ferner auch Staatenlose, die*

---

[21] https://www.bpb.de/gesellschaft/migration/flucht/zahlen-zu-asyl/265765/abschiebungen.
[22] In Kraft seit 1997.
[23] UN „Abkommen über die Rechtsstellung der Flüchtlinge vom 28. Juli 1951" – seit 22. April 1954 in Kraft. Ergänzt wurde sie 1967 durch das „Protokoll über die Rechtsstellung der Flüchtlinge". Als verbindliche gemeinsame Vorgabe für die Flüchtlingsanerkennung der EU-Staaten wird die GFK erst seit 2008 angewandt, obwohl sie als Völkerrecht der UN in 146 Staaten (auch Deutschland) schon seit 1954 galt.

sich aus den genannten Gründen außerhalb ihres gewöhnlichen Aufenthaltsstaates befinden.

Die GFK normiert für anerkannte Flüchtlinge insbesondere soziale Rechte, die gelten, während sie sich in dem Staat aufhalten, der Schutz gewährt hat (z. B. Zugang zu Arbeit, Schule, Gesundheitsversorgung etc.). *Ein Recht auf Asyl gewährt dagegen jeder Staat nach eigenen Vorgaben unter Beachtung der Kriterien der GFK* (in Deutschland z. B.: Art 16a Grundgesetz). Die GFK begründet also keine individuellen Einreise- und Aufenthaltsrechte. Art. 33 GFK sieht aber das „*refoulment*"-Prinzip vor: Wer behauptet, Gründe für die Anerkennung als Flüchtling zu haben, darf zunächst nicht ab- oder zurückgeschoben werden und so lange im Zufluchtsstaat bleiben, bis von dessen zuständigen Institutionen abschließend entschieden wird, ob solche Gründe vorliegen.

Die wesentlichen Verordnungen und Richtlinien des GEAS sind im Einzelnen:

Das *Dubliner Übereinkommen* von 1990 (in Kraft seit 1997) zielte darauf ab, sicherzustellen, dass in einem Staat der Union jedem Flüchtling ein Asylverfahren garantiert wird (vermeiden von „refugees in orbit"). 2003 wurde das Übereinkommen, bis dahin nur ein Vertrag zwischen zehn Staaten, in eine EU-VO umgewandelt und mehrfach überarbeitet[24]. Diese VO enthält Verteilungsregeln, die festlegen, welcher EU-Mitgliedstaat (= MS) für die Prüfung eines Asylantrags zuständig ist. Zentral ist dabei das „One-State-Only"-Prinzip: Irreguläre Weiterwanderungen und mehrfache Asylanträge in verschiedenen MS sollen verhindert werden. Jeweils nur ein MS soll für die Prüfung eines Asylantrages zuständig sein. Das ist i. d. R. jener, der einen Asylsuchenden zuerst hat einreisen lassen (Problem: Überwachung der Außengrenzen, Registrierung von Anträgen). Das sogenannte „Dublin-Verfahren" bedeutet: Reisen Asylsuchende (irregulär) in einen anderen MS weiter (z. B. von Griechenland nach Deutschland), bleibt der Staat der Erstaufnahme (hier: Griechenland) verpflichtet, sie zurückzunehmen. Das kann z. B. der MS sein, der einem Drittstaatsangehörigen Visum oder Aufenthaltstitel erteilt hat oder jener, über dessen Außengrenze ein Flüchtling unberechtigt den Staat betreten hat. Einheit der Familie oder der Schutz unbegleiteter Minderjähriger sind die Hauptgründe für Ausnahmen von dieser Regel. Dieser Mechanismus hat in der Vergangenheit insbesondere wegen sehr unterschiedlicher nationaler Asylverfahren und Anerkennungsquoten sowie unterschiedlicher materieller Aufnahmebedingungen in den MS zu einer unübersehbaren Zahl von Rechtsproblemen geführt. Folge davon ist, dass die EU sich seit 2016 bemüht, das als im Wesentlichen gescheitert angesehene System zu reformieren.[25] Die MS konnten sich über Reformvorschläge der EU-Kommission aber bisher nicht einigen.

VO EURODAC (EU-VO Nr. 603/2013): schafft die rechtliche Grundlage für die europäische Datenbank zum Abgleich der Fingerabdrücke von Asylbewerber*innen. Wer in der EU – gleich an welchem Ort – Asyl beantragt, dessen Fingerab-

---

24 Seit 2014 gilt diese in überarbeiteter Fassung als VO Nr. 604/2013 – genannt „Dublin III".
25 Im September 2020 hat die EU-Kommission neue Reformvorschläge vorgelegt, der Diskussionsprozess der MS dauert an, ein Ende ist nicht abzusehen – Einzelheiten zu den Vorschlägen: https://www.consilium.europa.eu/de/policies/migratory-pressures/eu-asylum-reform/.

drücke werden an das zentrale Eurodac-Computer-System (in Straßburg) übermittelt. Dort können alle EU-Staaten jederzeit online überprüfen, ob eine Person über einen anderen MS eingereist ist, dort bereits Asyl beantragt und evtl. bereits einen Schutzstatus erhalten hat.

Asylverfahrensrichtlinie (RL 2013/32/EU): legt gemeinsame Schutzstandards und Garantien fest, um Zugang zu einem fairen und zügigen Asylverfahren zu gewährleisten.

Richtlinie Aufnahmebedingungen (RL 2013/33/EU): normiert gemeinsame Mindeststandards für die Lebensbedingungen von Asylbewerber*innen. Sie gewährleistet insbesondere, dass während der gesamten Dauer eines Asylverfahrens Zugang zu Unterkunft, Verpflegung, Beschäftigung (nach Wartezeit), Schulausbildung und Gesundheitsversorgung besteht.

Qualifikationsrichtlinie (RL 2011/95/EU): legt EU-weit gemeinsame Standards für die Zuerkennung internationalen Schutzes fest und gewährt eine Reihe von Rechten (Aufenthaltstitel, Reisedokumente, Zugang zu Arbeit und Bildung, sozialer Absicherung und Gesundheitsversorgung). Sie benennt auch die Voraussetzungen für sogenannten *„subsidiären Schutz"* für Menschen, die nicht als Flüchtlinge anerkannt wurden, aber nicht abgeschoben werden können (z. B. weil im Herkunftsstaat Bürgerkrieg herrscht oder sie an schweren Krankheiten leiden).

Richtlinie Familienzusammenführung (RL 2003/86/EG): ist keine ausschließlich an Geflüchtete adressierte RL. Sie regelt vielmehr generell Familienzusammenführungen für Drittstaatsangehörige, die sich rechtmäßig im Gebiet der MS aufhalten. Ergänzend gewährt die Qualifikations-RL Flüchtlingen und subsidiär Schutzberechtigten Rechte zu (erleichtertem) Familiennachzug. Die Zustimmung erfolgt aber jeweils nach nationalem Recht unter Beachtung der Vorgaben der RL. So werden z. B. in Deutschland für Ehegattennachzug aus Drittstaaten zu einem Deutschen/einer Deutschen u. a. Sprachkenntnisse des Ehepartners/der Ehepartnerin gefordert, nicht aber von Ehepartner*innen von Unionsbürger*innen.

Rückführungsrichtlinie (RL 2008/115/EG): harmonisiert Bestimmungen und Verfahren, die bei der Rückführung („Abschiebung") von Drittstaatsangehörigen ohne gültigen Aufenthaltstitel anzuwenden sind. Ob die Situation dadurch entstanden ist, dass die betreffende Person irregulär einreiste, ihr Asylgesuch abgelehnt wurde oder der Gültigkeitszeitraum ihres Aufenthaltstitels ablief, ist dabei grundsätzlich unerheblich. Sie legt rechtliche Mindestgarantien für die Rückführung fest; dabei will sie nicht Rechtsvorschriften der Mitgliedstaaten ausschließen, die für Drittstaatsangehörige günstiger sind, soweit diese mit der Richtlinie in Einklang stehen (Art. 4 Abs. 3).

Massenzustrom-Richtlinie (RL 2001/55/EG, bisher nie angewandt): legt Mindestnormen für die Gewährung sofortigen vorübergehenden Schutzes im Falle eines Massenzustroms von Flüchtlingen fest. Sie bietet einen Mechanismus einer EU-weit koordinierten Aufnahme einer großen Zahl von Flüchtlingen ohne individuelle Asylverfahren und jenseits des Dublin-Systems, insbes. bei Krieg, Gewalt oder Verletzungen der Menschenrechte. Aufenthaltsdauer ist zunächst ein Jahr, kann aber um bis zu zwei Jahre verlängert werden. Zuständig dafür, einen Massenzustrom festzustellen, ist der Rat der EU. Die RL soll eine ausgewogene Verteilung auf die MS sicherstellen, sieht jedoch keine verpflichtende Verteilung („Quoten") vor.

EU – Visakodex Verordnung (EG VO Nr. 810/2009, Neufassung in Kraft seit Februar 2020): legt die Verfahren und Voraussetzungen für die Erteilung von Visa für Kurzaufenthalte (insbesondere touristische Aufenthalte oder Geschäftsreisen) fest, sowie für die Durchreise durch EU-Staaten („Schengen-Visa"). Sie bestimmt jene Länder, deren Staatsangehörige zur Durchreise durch die internationalen Transitzonen der EU-Flughäfen ein Visum für den Flughafentransit besitzen müssen[26], und regelt Verfahren und Voraussetzungen für die Erteilung dieser Visa. Ziel ist es, für die Erteilung von Visa für Kurzaufenthalte (höchstens 90 Tage im Zeitraum von 180 Tagen) in den Unionsstaaten und den assoziierten Staaten), die das Schengener Abkommen vollständig anwenden (Schweiz, Norwegen, Liechtenstein) sowie für die Durchreise durch diese Staaten Verfahrensvereinfachungen zu gewährleisten (z. B. ein Touristenvisum genügt, um innerhalb des Geltungszeitraums mehrere EU-Staaten als Tourist*in besuchen zu können). Ergänzt wird die VO durch das (für die Praxis wichtige) umfangreiche Visumshandbuch.

3.2.3.2 Zur Kritik am GEAS

Spätestens seit Herbst 2015 befindet sich die Migrations- und Flüchtlingspolitik der EU in Schockstarre. Es herrscht Angst vor einer Wiederholung der damaligen Ereignisse. Der Abwehrmechanismus lautet seitdem „Sicherung der Außengrenzen und Verhinderung von Sekundärmigration". Daher gab es „Fortschritte" nur in Sicherheitsbereichen (z. B. Ausbau der EU-Grenzschutzagentur „Frontex").

Die Verteilungsregeln, welche die „Dublin III-VO" vorsieht, haben schon seit Inkrafttreten des Dublin-Übereinkommens 1997 nicht funktioniert. Dies gilt insbesondere seit 2015. Selbst die Bundesregierung räumt diesen Mangel inzwischen ein. Ein Verteilungssystem nach festen Quoten hat in den europäischen Staaten kaum Anhänger*innen. Die sogenannten „Visegrad"-Staaten (Ungarn, Polen, Slowakei, Tschechien) lehnen Flüchtlingsaufnahme generell, erst recht aber eine nach festen Quoten ab. Die EU-Kommission hat deswegen vorgeschlagen, zukünftig ein System der „flexiblen Solidarität" anzuwenden: Während z. B. ein Staat Flüchtlinge aufnimmt, zieht ein anderer Zäune an den Außengrenzen und ein dritter führt dem Frontex-Kontingent mehr „man power" zu, ein vierter organisiert Rückführungen/Abschiebungen. Ob und wenn ja, wann diese Vorschläge, die im September 2020 vorgelegt wurden, umgesetzt werden, ist offen.

Die von vielen EU-Staaten seit längerer Zeit gewünschte Zusammenarbeit mit nordafrikanischen Staaten mit dem Ziel, Flüchtlinge dort in Lagern unterzubringen („Ausschiffungsplattformen" o. Ä.), funktioniert nicht. Kein Staat in (Nord-)Afrika ist bisher zur Kooperation bereit. Gefürchtet wird dort, wenn keine asylrechtliche Aufnahme in die EU erfolgt, die Menschen selbst im Land behalten

---

26 Gemäß der in der Verordnung (EG) Nr. 539/2001 aufgestellten Länderliste.

und/oder sie zurückführen/abschieben zu müssen. Investitionen und wirtschaftliche Zusammenarbeit zur Arbeitsplatzsicherung als „Hilfe für Afrika" sind weder ausfinanziert, noch steigen die entsprechenden Budgets. Es handelt sich bei der politischen Behauptung, man könne so „Fluchtursachen bekämpfen", bisher oft um ein bloßes Lippenbekenntnis.

Ein verstärkter Schutz von Menschenrechten oder die Wahrung menschenrechtlicher Aspekte in flüchtlingsrechtlichen Verfahren (z. B. bei der Familienzusammenführung) haben zurzeit keine Lobby in der EU. Europäischer Gerichtshof (*EuGH* – zuständig für die Einhaltung des EU-Rechts in den 27 MS) und Europäischer Gerichtshof für Menschenrechte (*EGMR* – zuständig für die 47 Staaten des Europarates) greifen punktuell korrigierend ein, verhalten sich aber insgesamt eher sehr zurückhaltend im Hinblick auf die politischen Vorgaben. Hinzu kommt, dass „flüchtlingsfreundliche" Urteile dieser Gerichte in den MS oft nicht umgesetzt werden (seit Jahren insbesondere in Ungarn und Polen), ohne dass die Gerichte Sanktionen dagegen ergreifen.

Die EU stellte bisher keine Mittel für die Integration von Flüchtlingen zur Verfügung. So sind z. B. zur Gewährleistung gemeinsamer Mindeststandards für die Aufnahmebedingungen von Flüchtlingen gemäß der RL allein die MS zuständig. Erhebliche Unterschiede im Umfang der Leistungsgewährung etwa zwischen Italien, Griechenland, Bulgarien und Deutschland und entsprechende Versuche der Betroffenen zur „Sekundärmigration" in einen „reicheren" EU-Staat sind die Folge. Deutschland hat aber selbst z. B. die RL Aufnahmebedingungen nur zum Teil umgesetzt. Zum Beispiel fehlen Kriterien für die Feststellung, welche Personen „special needs", also besondere Bedürfnisse, haben, denen Rechnung getragen werden muss. Eine Klage vor dem EuGH ist deswegen seit Längerem anhängig.

3.2.4 Das deutsche Asylverfahren seit 2016[27]

Der Streit um das Asylrecht (Einschränkung des Grundrechts auf Asyl in Art. 16a GG – 1993), Verfahrensverkürzungen und Aufnahmebeschränkungen durchzieht die politische Geschichte der Bundesrepublik Deutschland seit Mitte der 80er Jahre des vergangenen Jahrhunderts. Befriedigende, humanitär gebotene Lösungen gesetzgeberischer Art wurden bis heute nicht gefunden. Geregelt ist das Asylverfahren seit 1981 im Asylgesetz (AsylG)[28]. Alle Änderungen waren geprägt von den

---

[27] Eine detaillierte Darstellung des deutschen Asylverfahrens würde den Umfang dieses Überblicks deutlich sprengen. Angesprochen werden deswegen hier nur die wesentlichen Änderungen des „beschleunigten" Asylverfahrens seit 2016 mit Blick auf die Beratungssituation durch Sozialarbeitende. Kompetente, kostenfrei herunterzuladende Überblicke über das gesamte Verfahren (inkl. Fallbeispielen) bieten z. B.:
https://www.asyl.net/view/detail/News/basisinformationen-fuer-die-beratungspraxis/Arbeitshilfen: *Das Asylverfahren in Deutschland – Basisinformationen für die Beratungspraxis Nr. 1, 3. Auflage* 2020
"Leitfaden zum Flüchtlingsrecht" – Broschüre des Deutschen Roten Kreuzes und des Informationsverbundes Asyl & Migration (Autorin: Kirsten Eichler – GGUA Flüchtlingshilfe Münster 3. Aufl. 2020) zu den materiell-rechtlichen Voraussetzungen für die Gewährleistung von Flüchtlings- und anderweitigem Schutz (Stand: Dezember 2019): https://www.asyl.net/view/leitfaden-zum-fluechtlingsrecht/
56-seitige Broschüre des BAMF: https://www.bamf.de/SharedDocs/Anlagen/DE/AsylFluechtlingsschutz/Asylverfahren/das-deutsche-asylverfahren.pdf?__blob=publicationFile&v=21.

[28] Bis 2016 „AsylverfahrensG" – im folgenden Text: AsylG.

Zielsetzungen „Verfahrensbeschleunigung" und „Einschränkung des Rechtsschutzes".

Höhepunkt der Restriktionen war das „Gesetz zur Einführung beschleunigter Asylverfahren" (sog. „Asylpaket II"). Es trat im März 2016 in Kraft unter dem Eindruck der „Flüchtlingskrise" von 2015, die tatsächlich keine Krise der Flüchtlinge war, sondern eine der staatlichen und kommunalen Institutionen. Diese waren nicht in der Lage, eine hohe Zahl von Asylerstanträgen in angemessener Zeit zu bearbeiten und die Antragsteller*innen ausreichend zu versorgen. Das führte zu einer Welle neuer Gesetze, die weitere Einschränkungen beinhalten. Trotz deutlich gesunkener Antragszahlen insbes. 2019 und 2020[29] wurden diese Gesetze bisher nicht geändert.

Für die Soziale Arbeit sind insbesondere von Bedeutung die im „Paket" enthaltenen Normen zum beschleunigten Verfahren sowie zur Verpflichtung der Antragsteller*innen, in besonderen Aufnahmeeinrichtungen zu wohnen. Diese Regeln werden deswegen im folgenden Text dargestellt.

§ 30a AsylG eröffnet die Möglichkeit, „beschleunigte Verfahren" für bestimmte Personengruppen durchzuführen. Davon umfasst sind Asylsuchende, die

- aus „sicheren Herkunftsstaaten" kommen (zurzeit neben den EU-Mitgliedstaaten auch Albanien, Bosnien und Herzegowina, Ghana, Kosovo, Mazedonien, Montenegro, Senegal, Serbien – § 29a AsylG);
- durch falsche Angaben, durch das Verschweigen wichtiger Angaben oder durch Zurückhalten wichtiger Dokumente „offensichtlich" über ihre Identität oder Staatsangehörigkeit getäuscht haben;
- Identitäts- oder Reisedokumente mutwillig vernichtet haben;
- einen Folgeantrag stellen, aber nach Abschluss des vorhergehenden Asylverfahrens ausgereist waren;
- den Asylantrag nur stellen, um eine geplante oder unmittelbar bevorstehende Abschiebung zu verhindern;
- sich weigern, Fingerabdrücke abzugeben;
- bei denen aus schwerwiegenden Gründen angenommen wird, dass sie eine Gefahr für die nationale Sicherheit oder öffentliche Ordnung darstellen oder die wegen einer solchen Gefahr bereits ausgewiesen wurden.

Die Betroffenen können in „besonderen Aufnahmeeinrichtungen" untergebracht werden, dort finden die beschleunigten Verfahren statt. Für den Aufbau besonderer Aufnahmeeinrichtungen ist eine Vereinbarung zwischen dem BAMF und den Bundesländern erforderlich (davon hat bisher nur Bayern Gebrauch gemacht). Das BAMF richtet dort Außenstellen ein oder ordnet eine Außenstelle des BAMF zu (§ 5 Abs. 5 AsylG). Das beschleunigte Verfahren wurde „in Anlehnung an das Flughafenverfahren" gestaltet. Gemeinsam ist beiden Verfahren, dass das BAMF

---

29 Asylerstanträge seit 2015: 2015: 441.899; 2016: 772.370; 2017: 198.317; 2018: 161.191; 2019: 142.508; 2020: 102.531 – Quelle: BAMF – Schlüsselzahlen Asyl 2020.

innerhalb kurzer Frist entscheiden muss, ob ein Antrag als „offensichtlich unbegründet" oder als „unbeachtlich" abgelehnt wird.

Im Detail unterscheiden sich aber beide Verfahren: Im beschleunigten Verfahren muss das BAMF innerhalb einer Woche über den Antrag entscheiden, beim Flughafenverfahren innerhalb von zwei Tagen. Besondere Regelungen für vorläufigen Rechtsschutz gibt es im beschleunigten Verfahren nicht – im Gegensatz zum Flughafenverfahren. Insbesondere fehlt auch eine Regelung für unabhängige Rechtsberatung, die im Flughafenverfahren durch einen Bereitschaftsdienst von Rechtsanwältinnen und Rechtsanwälten ermöglicht wird. Nach einer Ablehnung als „offensichtlich unbegründet" gilt die Frist von einer Woche für den Antrag auf einstweiligen Rechtsschutz und die Klage. Dabei müssen sich die Betroffenen selbst um Rechtsbeistand kümmern – was faktisch oft nicht möglich ist.

Die Asylsuchenden sind während des beschleunigten Asylverfahrens verpflichtet, in der besonderen Aufnahmeeinrichtung zu wohnen. Dort werden sie zwar nicht eingeschlossen, unterliegen aber der üblichen räumlichen Beschränkung nach § 56 AsylG („Residenzpflicht"), die auf den Bezirk der Ausländerbehörde begrenzt ist, in dem die Aufnahmeeinrichtung liegt. Sie können sich innerhalb der jeweiligen Stadt oder des Landkreises frei bewegen. Allerdings greift eine wesentliche Verschärfung bei Verstößen gegen die „Residenzpflicht": Nach § 33 Abs. 2 Nr. 3 AsylG wird vermutet, dass sie das Asylverfahren *nicht betreiben*, wenn sie ohne Erlaubnis ihren zugewiesenen Aufenthaltsbereich verlassen. Diese Vermutung kann nur widerlegt werden durch den unverzüglichen Nachweis, dass der Verstoß „auf Umstände zurückzuführen war, auf die er/sie keinen Einfluss hatte" (§ 33 Abs. 2 S. 2 AsylG). Gelingt dieser Nachweis nicht, gilt der Asylantrag als zurückgenommen, und das Asylverfahren wird eingestellt.

Die Verpflichtung, in der besonderen Aufnahmeeinrichtung zu wohnen, bleibt bestehen, wenn das BAMF innerhalb einer Woche eine der folgenden Entscheidungen trifft:

- Ablehnung des Asylantrags als „offensichtlich unbegründet" oder „unbeachtlich";
- bei einem Folgeantrag die Entscheidung, dass kein neues Asylverfahren durchgeführt wird;
- Einstellung des Verfahrens.

In allen anderen Fällen und auch, wenn das BAMF nicht innerhalb einer Woche entscheidet, sind die Asylsuchenden aus der „besonderen Aufnahmeeinrichtung" zu entlassen, und das Verfahren wird nicht als beschleunigtes fortgesetzt.

„Nichtbetreiben" des Verfahrens als Sanktion: Gibt sich eine Person bei der Grenz-Polizei oder einer Behörde als asylsuchend zu erkennen, erfolgt i. d. R. mit Hilfe des bundesweit eingesetzten Verteilungsverfahrens „EASY" (= Erstaufnahme Asyl) die Weiterleitung an die zuständige Aufnahmeeinrichtung. Die Asylsuchenden sind verpflichtet, dieser Weiterleitung „unverzüglich" (= „ohne schuldhaftes Zögern") oder innerhalb der von der Behörde gesetzten Frist nachzukommen (§ 20 AsylG). Auch bei Antragstellung in einer Außenstelle des BAMF kann

die Weiterleitung an eine Aufnahmeeinrichtung an einem anderen Ort erfolgen, wenn diese als zuständig bestimmt wurde (§ 22 AsylG). Nach Eintreffen in der zuständigen Aufnahmeeinrichtung greift die Verpflichtung, unverzüglich oder zu einem festgesetzten Termin bei der Außenstelle des BAMF zur förmlichen Asylantragstellung zu erscheinen (§ 23 AsylG). In den §§ 20, 22 und 23 AsylG ist eine Sanktion für Verstöße vorgesehen: In diesem Fall findet nun § 33 Abs. 1, 5 und 6 AsylG „entsprechend Anwendung". Nicht rechtzeitiges Eintreffen in der zuständigen Aufnahmeeinrichtung bzw. bei der Außenstelle des BAMF wird als „Nichtbetreiben" des Asylverfahrens gewertet. Konsequenz ist die Einstellung des Verfahrens, bevor es begonnen hat. Das Asylbegehren ist damit abgelehnt. Auf diese Rechtsfolge sind die Asylsuchenden von der Behörde, bei der sie das Asylgesuch vorgebracht haben, schriftlich und gegen Empfangsbestätigung hinzuweisen. Um die Einstellung abzuwenden, muss der/die Asylsuchende unverzüglich nachweisen, „dass das Versäumnis auf Umstände zurückzuführen war, auf die er/sie keinen Einfluss hatte" (§ 20 Abs. 1 S. 3 AsylG).

Abschiebungshindernisse aus gesundheitlichen Gründen: Zwei wesentliche Änderungen im AufenthG betreffen die Geltendmachung gesundheitlicher Gründe als Abschiebungshindernis bzw. Abschiebungsverbot. Der Gesetzgeber geht davon aus, dass „nur äußerst gravierende Erkrankungen" dazu führen können, dass eine Abschiebung ausgesetzt werden darf. § 60 Abs. 7 AufenthG, in dem die (nationalen) Abschiebungsverbote geregelt sind, benennt die Voraussetzungen, die im Rahmen des Asylverfahrens zu prüfen sind. Satz 2 definiert in Bezug auf gesundheitliche Gründe die *„erhebliche konkrete Gefahr"*, die zu einem Abschiebungsverbot führt. Von einer solchen Gefahr ist nur auszugehen *„bei lebensbedrohlichen oder schwerwiegenden Erkrankungen, die sich durch die Abschiebung wesentlich verschlechtern würden"*. In der Gesetzesbegründung wird hierzu ergänzend ausgeführt, dass z. B. eine posttraumatische Belastungsstörung (PTBS) i. d. R. nicht als schwerwiegende Erkrankung anzusehen sei. Gemäß Satz 3 ist zudem nicht erforderlich, dass die medizinische Versorgung im Zielstaat mit der Versorgung in Deutschland gleichwertig ist. Nach Satz 4 sind „inländische Gesundheitsalternativen" zu berücksichtigen, wobei davon auszugehen ist, dass eine ausreichende medizinische Versorgung auch dann bereits vorliegt, wenn sie nur in einem Teilgebiet des Zielstaats gewährleistet wird.

In § 60a AufenthG, in dem die Voraussetzungen für die Erteilung von Duldungen geregelt werden, wurde Abs. 2c eingefügt. Danach wird „vermutet", dass gesundheitliche Gründe einer Abschiebung nicht entgegenstehen. Medizinische Gründe, die eine Abschiebung „beeinträchtigen" können, müssen durch eine „qualifizierte ärztliche Bescheinigung" glaubhaft gemacht werden. Diese ärztliche Bescheinigung soll neben der Diagnose u. a. die Methode der Tatsachenerhebung, den Schweregrad der Erkrankung sowie die Folgen, die sich „aus der krankheitsbedingten Situation voraussichtlich ergeben", enthalten. Dabei wird nur eine Bescheinigung von approbierten Ärztinnen und Ärzten anerkannt. Stellungnahmen von Psychologinnen und Psychologen sind damit ausgeschlossen. Die ärztliche Bescheinigung muss der zuständigen Behörde gemäß § 60 Abs. 2d AufenthG „unverzüglich" (= „ohne schuldhaftes Zögern" – Definition gemäß § 121 BGB) vorgelegt werden.[30] Verhindert werden soll so, dass durch die Vorlage von Attesten über schon länger bestehende Krankheiten „in letzter Minute" Abschiebungen gestoppt werden[31].

Ausschluss vom Flüchtlingsstatus: Gemeinsam mit dem „Asylpaket II" trat das „Gesetz zur erleichterten Ausweisung von straffälligen Ausländern und zum erweiterten Ausschluss der Flüchtlingsanerkennung bei straffälligen Asylbewerbern" in Kraft. Für das Flüchtlingsrecht ist die Änderung des § 60 Abs. 8 AufenthG von besonderer Bedeutung. Sie regelt, unter welchen Umständen sich eine Person nicht auf den Schutz der GFK gemäß § 60 Abs. 1 AufenthG berufen kann. Wie bisher gilt nach Abs. 8 S. 1 der Vorschrift, dass Personen, die „wegen eines Verbrechens oder eines besonders schweren Vergehens zu einer Freiheitsstrafe von mindestens drei Jahren verurteilt" wurden, vom Flüchtlingsstatus auszunehmen sind. Ergänzt wurde Abs. 8 S. 3, demzufolge der Ausschluss vom Flüchtlingsstatus auch greifen „kann", wenn der/die Ausländer*in „eine Gefahr für die Allgemeinheit bedeutet". Definiert wird diese Gefahr für die Allgemeinheit mit den folgenden Kriterien:

- Rechtskräftige Verurteilung zu einer Freiheits- oder Jugendstrafe von mindestens einem Jahr.
- Die Verurteilung muss wegen einer oder mehrerer vorsätzlicher Straftaten erfolgt sein.
- Die Straftat muss sich gegen das Leben, gegen die körperliche Unversehrtheit, gegen die sexuelle Selbstbestimmung oder gegen das Eigentum gerichtet haben, oder es muss sich um Widerstand gegen Vollstreckungsbeamte gehandelt haben.
- Die Straftat muss mit Gewalt, unter Androhung einer Gefahr für Leib oder Leben oder mit List begangen worden sein.

Der neue Ausschlussgrund kann unabhängig davon zur Anwendung kommen, ob die Strafe zur Bewährung ausgesetzt wurde oder nicht. Die „Kann"-Formulierung bedeutet, dass kein automatischer Ausschluss erfolgt, sondern das BAMF nach Ermessen entscheidet.

Ergänzt wurden die Restriktionen durch das „Gesetz zur besseren Durchsetzung der Ausreisepflicht"[32]. Es beinhaltet u. a. für Asylsuchende die Verpflichtung zur *Aushändigung von „Datenträgern", inkl. Mobiltelefonen* (§ 15 Abs. 2 Nr. 6 und § 15a AsylG): Asylsuchende, die keine gültigen Pässe mit sich führen, werden verpflichtet, den Behörden „auf Verlangen alle Datenträger, die für die Feststellung ihrer Identität und Staatsangehörigkeit von Bedeutung sein können" auszuhändigen. Zum Beispiel dürfen die Daten der Mobiltelefone dann von den Behörden ausgewertet werden.

---

30 Die häufige praktische Schwierigkeit, rechtzeitig eine ärztliche Stellungnahme zu erhalten, spielt dabei keine Rolle.
31 Nicht ausgeschlossenen ist damit, bei akut auftretenden Krankheiten ein Attest vorzulegen, um eine Abschiebung zu verhindern.
32 Vom 29. Juli 2017 – der zeitlich jüngste Pflock restriktiver Gesetzgebung, das „Hau- ab- Gesetz" – so benannt von Pro Asyl.

Ferner wird eine *Verpflichtung des Jugendamtes zur Asylantragstellung für unbegleitete Minderjährige* (§ 42 Abs. 2 S. 5 SGB VIII) festgeschrieben: Jugendämter, die unbegleitete Minderjährige in Obhut nehmen, werden verpflichtet, für das Kind oder den/die Jugendliche*n unverzüglich Asyl zu beantragen, wenn „Tatsachen die Annahme rechtfertigen, dass das Kind oder der Jugendliche internationalen Schutz [...] benötigt". Das Kind oder der/die Jugendliche sind an der Entscheidung über die Asylantragstellung zu beteiligen. Die Fachkräfte der Kinder- und Jugendhilfe sind jedoch i. d. R. nicht im Asylrecht geschult. Bei der Entscheidung, ob Asyl beantragt werden soll, ist im Gesetz aber nicht vorgesehen, dass eine im Asylrecht fachkundige Person hinzugezogen wird. Es fehlt in diesem Bereich dadurch an einer „Waffengleichheit" zwischen BAMF und minderjährigem*r Antragsteller*in.

Abschiebungshaft gegen „Gefährder" (§ 2 Abs. 14 Nr. 5a und § 62 Abs. 3 Satz 4 AufenthG): § 2 Abs. 14 AufenthG enthält eine Liste von Personengruppen, für die „Fluchtgefahr" angenommen werden kann und bei denen daher durch ein Gericht Abschiebungshaft anzuordnen ist. Diese Liste wird durch Einfügung der neuen Nr. 5a um sogenannte „Gefährder" erweitert. Diese werden im Gesetz definiert als *„Ausländer, (von denen) eine erhebliche Gefahr für Leib und Leben Dritter oder bedeutende Rechtsgüter der inneren Sicherheit" ausgeht*. Ergänzend wird geregelt, dass „Gefährder" länger in Abschiebungshaft genommen werden können: Gegen sie kann auf Grundlage von § 58a AufenthG durch die oberste Landesbehörde (i. d. R. Landesinnenministerium) eine Abschiebungsanordnung erlassen werden, wenn „auf Grund einer durch Tatsachen gestützten Prognose" angenommen werden kann, dass von ihnen eine Gefahr für die Sicherheit der Bundesrepublik Deutschland oder eine terroristische Gefahr ausgeht. Ferner wird in § 62 Abs. 3 AufenthG ermöglicht, Abschiebungshaft gegen die von einer Abschiebungsanordnung nach § 58a AufenthG betroffenen Person um bis zu 12 Monate zu verlängern, wenn sich die Beschaffung notwendiger Papiere für die Abschiebung verzögert[33].

Mit § 56a AufenthG wurde die Möglichkeit zur *Aufenthaltsüberwachung mithilfe sogenannter „elektronischer Fußfesseln"* eingeführt, um „eine erhebliche Gefahr für die innere Sicherheit oder für Leib und Leben Dritter abzuwehren" (§ 56a Abs. 1 AufenthG). Die Maßnahme muss von einem Gericht angeordnet werden und ist auf Personen beschränkt, gegen die bereits aus Gründen der inneren Sicherheit eine „räumliche Beschränkung" („Residenzpflicht"), eine Wohnortauflage oder ein Kontaktverbot verhängt wurde (§ 56 Abs. 2-4 AufenthG). Sie wurde bisher noch nicht angewandt.

---

33 An diesen Neuregelungen wurden im Gesetzgebungsverfahren u.a. verschiedene vage Formulierungen kritisiert, die es den Sachverständigen zufolge für Haftrichter/in beinahe unmöglich machen, das Vorliegen von Haftgründen im Einzelfall anhand objektiver Kriterien rechtssicher zu überprüfen. Darüber hinaus bestehe die Gefahr, dass die Abschiebungshaft durch die Neuregelung den Charakter einer Ersatzfreiheitsstrafe oder einer Präventivhaft annehme, was den Vorgaben des Grundgesetzes widerspreche. Die Neuregelungen seien darüber hinaus europarechtswidrig (siehe zum Beispiel die Stellungnahmen des Jesuiten-Flüchtlingsdienstes und von Dr. Carsten Hörich vom 24. März 2017).

Nach § 47 Abs. 1b AsylG können die Bundesländer alle Asylsuchenden verpflichten, bis zu 24 Monate in der (Erst-)Aufnahmeeinrichtung des Landes zu bleiben. Dies gilt, solange das Verfahren beim BAMF noch läuft, sowie für den Fall der Ablehnung eines Asylantrags als „offensichtlich unbegründet" oder „unzulässig". Zwar sieht die Norm vor, dass die Betroffenen aus der Aufnahmeeinrichtung zu entlassen sind, wenn die Entscheidung über den Asylantrag nicht kurzfristig erfolgen kann. In der Praxis erfolgt aber auch bei langen Wartezeiten auf die Entscheidung des BAMF häufig keine Entlassung. Bayern hatte bereits im Vorfeld des neuen Gesetzes sogenannte „Transitzentren" eingerichtet, in denen Asylsuchende von der Antragstellung bis zur Ausreise oder Abschiebung untergebracht werden. Der verlängerte Aufenthalt in der Aufnahmeeinrichtung hat insbesondere Auswirkungen auf den Zugang zum Arbeitsmarkt: Dieser ist so lange ausgeschlossen, wie sich die Person in der Einrichtung befindet (§ 61 AsylG). Es ist fraglich, ob dies im Einklang mit europäischen Rechtsvorgaben steht, denen zufolge Asylsuchenden in der Regel nach neun Monaten der Zugang zum Arbeitsmarkt zu eröffnen ist (Art. 15 Aufnahmerichtlinie).

3.2.5 Ausgewählte Einzelaspekte mit Bezug zu Integration und Sozialer Arbeit
3.2.5.1 Gewährung von Sozialleistungen

Soziale Arbeit mit Migrantinnen und Migranten wird häufig geprägt von der Frage, welche sozialen Leistungen – in Abhängigkeit vom jeweiligen aufenthaltsrechtlichen Status – sie zur Existenzsicherung in Anspruch nehmen können. Diese Fragen werden im folgenden Abschnitt näher erörtert.

Die große Mehrheit der ausländischen Staatsangehörigen, insbesondere jene aus Unionsstaaten, kommen nach Deutschland, um zu arbeiten, zu studieren oder eine Ausbildung zu absolvieren. § 2 Abs. 2 FreizügG – EU macht für Unionsbürger*innen das Recht auf Freizügigkeit für Einreise und Aufenthalt in Deutschland ausdrücklich abhängig davon, dass die Einreise als Arbeitnehmer*in oder zur Berufsausbildung (Nr. 1) oder für eine selbstständige Berufstätigkeit (Nr. 3) erfolgt. Gemäß § 3 sind Familienangehörige, wenn sie den/die Unionsbürger*in begleiten oder ihm/ihr nachziehen, ebenfalls freizügigkeitsberechtigt. Gesetzlich vorausgesetzt wird damit, dass diese Personengruppen in der Lage sind, ohne Inanspruchnahme von Sozialleistungen ihren Lebensunterhalt zu sichern. Ist das nicht der Fall, gelten erhebliche Einschränkungen (s. u.). Arbeitsuchende z. B. dürfen sich i. d. R. nur für sechs Monate und solange sie während dieser Zeit tatsächlich eine Arbeit suchen, aufhalten (Nr. 1a).

Ausländische Staatsangehörige aus anderen als den Unionsstaaten sind ebenfalls verpflichtet, bereits vor ihrer Einreise bei der jeweiligen deutschen Auslandvertretung (Botschaft, Konsulat), wo sie ein Visum zur Einreise beantragen, nachzuweisen, dass ihr Lebensunterhalt einschließlich ausreichenden Krankenversicherungsschutzes während ihres Aufenthaltes in Deutschland gesichert ist (§ 5 Abs. 1 Nr. 1, § 2 Abs. 3 AufenthG). Kann dieser Nachweis nicht erbracht werden, wird i. d. R. keine Einreise- und Aufenthaltserlaubnis erteilt.

Erwerbstätige ausländische Staatsangehörige mit Aufenthalts- oder Niederlassungserlaubnis und ihre Familienangehörigen haben, wenn sie während des Aufenthaltes in Deutschland arbeitslos werden, dauerhaft erkranken oder erwerbsunfähig werden, grundsätzlich dieselben Ansprüche auf Arbeitslosengeld I (Leistungen der Arbeitsförderung – SGB III) oder Arbeitslosengeld II (§ 7 SGB II „Grundsicherung für Arbeitsuchende" – „Hartz IV") oder Sozialhilfe (§ 23 SGB XII) wie deutsche Staatsangehörige[34]. Dasselbe gilt für Leistungen der Kranken- (SGB V) und Rentenversicherung (SGB VI), Rehabilitationsleistungen (SGB IX) sowie der Kinder- und Jugendhilfe (§ 6 Abs. 2 SGB VIII). Befinden sie sich bereits im Rentenalter und beziehen von einem Rententräger in Deutschland Rente, gilt damit ihr Lebensunterhalt als gesichert.

Anders stellt sich die Situation für Geflüchtete dar. Gemäß § 61 AsylG gilt für sie zunächst für drei Monate ein Arbeitsverbot (§ 61 Abs. 1 S. 2 AsylG), danach bestehen diverse Einschränkungen für einen Zugang zum Arbeitsmarkt. Oft können sie auch wegen fehlender Deutschkenntnis, Schulbildung oder Berufsqualifikation keinen Zugang zum (legalen) Arbeitsmarkt finden, der ihnen ermöglicht, selbst ihren Lebensunterhalt zu sichern.

Für alle, die sich während ihres Asylverfahrens oder nach dessen für sie erfolglosem Abschluss nur noch geduldet in Deutschland aufhalten, gilt deswegen ein besonderes, mit erheblichen finanziellen Einschränkungen verbundenes Sozialleistungssystem: das *Asylbewerberleistungsgesetz* (AsylbLG). Es regelt für materiell hilfebedürftige Asylbewerber*innen, Geduldete, sowie Ausländer*innen, die vollziehbar zur Ausreise verpflichtet sind. Das AsylbLG ist nicht im formalen Sinne dem Sozialrecht zuzuordnen, weil es nicht in den Katalog des SGB I mit aufgenommen wurde. Seinem Leistungsinhalt nach gehört es aber zum materiellen Sozial(hilfe)recht. Ursachen für die Hilfebedürftigkeit können z. B. in fehlendem Erwerbseinkommen (auch bedingt durch eine fehlende Arbeitserlaubnis) oder für die Bedarfsdeckung nicht ausreichendem Einkommen und Vermögen liegen. In wenigen Ausnahmefällen sind auch Inhaber*innen einer befristeten Aufenthaltserlaubnis nur leistungsberechtigt nach dem AsylbLG (vgl. § 1 Abs. 1 Nr. 3 AsylbLG). Im folgenden Text wird dieses System wegen seiner besonderen Bedeutung für soziale Beratung und Integration genauer dargestellt.

Die leistungsberechtigten Personen erhalten während der ersten 18 Monate ihres Aufenthaltes *Grundleistungen* (§ 3 AsylbLG). Diese umfassen den *notwendigen Bedarf an Ernährung, Unterkunft, Heizung, Kleidung, Gesundheitspflege und Gebrauchs- und Verbrauchsgütern* (§ 3 Abs. 1 AsylbLG) sowie den *notwendigen persönlichen Bedarf zur Deckung von Bedürfnissen des täglichen Lebens* (§ 3 Abs. 2 und 3 AsylbLG). Die Leistungen sollen – so die Vorgabe des Gesetzes – vor allem als „*Sachleistungen*" oder in „*Wertgutscheinen*", also nicht in Geld gewährt werden. Wegen des damit verbundenen hohen Verwaltungsaufwandes wird das aber in der Praxis meistens nicht so gehandhabt und stattdessen doch Bargeld ausgezahlt.

---

[34] Anknüpfungspunkt ist dafür stets der Wohnsitz oder gewöhnliche Aufenthalt in Deutschland – § 30 SGB I.

Darüber hinaus werden *Leistungen bei Krankheit, Schwangerschaft und Geburt* (§ 4 AsylbLG) gewährt, da die Leistungsberechtigten i. d. R. zunächst von der gesetzlichen Krankenkasse ausgeschlossen sind. Hinzu kommen *sonstige Leistungen* (§ 6 AsylbLG), z. B. besondere Bedarfe für Schwangere, Menschen mit Behinderung, gravierend psychisch Erkrankte oder Pflegebedürftige.

Nach 18 Monaten werden gemäß § 2 Abs. 1 S. 1 AsylbLG die Leistungen wieder auf das allgemeine Niveau der Sozialhilfe angehoben (sog. „Analogleistungen" = analog zur allgemeinen Sozialhilfe). Diese gelten für jene Berechtigten, die sich seit 18 Monaten ohne wesentliche Unterbrechung im Bundesgebiet aufhalten und die Dauer ihres Aufenthaltes nicht rechtsmissbräuchlich selbst beeinflusst haben. Nach dem Ende der Verpflichtung, in einer Erstaufnahmeeinrichtung zu leben, sind i. d. R. Geldleistungen zu gewähren (§ 3 Abs. 3 Satz 1 AsylbLG).

Die Bedarfssätze der Grundleistungen für die unterschiedlichen Gruppen (Alleinstehende, Paare, Jugendliche, Kinder über oder unter sechs Jahren) werden in § 3a AsylbLG genannt. Sie orientieren sich am Regelbedarfs-Ermittlungsgesetz (RBEG – gilt auch für ALG II und Sozialhilfe gem. SGB XII). Sie liegen aber dennoch um ca. 40,00 € darunter, weil in den Bedarfssätzen der laufende Ergänzungsbedarf an Hausrat und Reinigungsmitteln nicht berücksichtigt wird (Kürzung um ca. 30 €) und nach Auffassung der Bundesregierung das Gesetz zu Einsparungen bei der medizinischen Versorgung führt, da keine Praxisgebühr und keine Zuzahlungen für Medikamente etc. zu leisten sind (Kürzung um ca. 10 €). Zu weiteren Kürzungen kommt es, da § 3 AsylbLG anders als das ALG II und die Sozialhilfe keine expliziten Regelungen zu Mehrbedarfszuschlägen für Warmwasserkosten, bei Schwangerschaft und für Alleinerziehende, zu Erstausstattungen bei Schwangerschaft und Geburt, zu Erstausstattungen für Kleidung oder bei Bezug einer Wohnung enthält. § 6 AsylbLG sieht nur einen „unabweisbaren" Bedarf vor.

Anspruchseinschränkungen: § 1a AsylbLG knüpft an den Vorwurf missbräuchlichen Aufenthalts oder missbräuchlicher Aufenthaltsverlängerung an. Leistungsberechtigte nach § 1 Absatz 1 Nummer 5, für die ein Ausreisetermin und eine Ausreisemöglichkeit feststehen, haben ab dem auf den Ausreisetermin folgenden Tag keinen Anspruch auf Leistungen nach den §§ 2, 3 und 6, es sei denn, die Ausreise konnte aus Gründen, die sie nicht zu vertreten haben, nicht durchgeführt werden. Ihnen werden bis zu ihrer Ausreise oder der Durchführung ihrer Abschiebung nur noch Leistungen zur Deckung ihres Bedarfs an Ernährung und Unterkunft einschließlich Heizung sowie Körper- und Gesundheitspflege gewährt. Nur soweit im Einzelfall besondere Umstände vorliegen, können ihnen auch andere Leistungen im Sinne von § 3 Abs. 1 S. 1 gewährt werden. Die Leistungen sollen als Sachleistungen erbracht werden (§ 1 a Abs. 1 AsylbLG). Leistungsberechtigte, die sich in den Geltungsbereich dieses Gesetzes begeben haben, um Leistungen nach diesem Gesetz zu erlangen, erhalten nur Leistungen entsprechend Abs. 1 (§ 1 a Abs. 2 AsylbLG). In der Praxis werden noch eingeschränkte Leistungen nach §§ 3, 4 und 6 AsylbLG gewährt, i. d. R. wird aber der Barbetrag für den persönlichen Bedarf („Bedarf zur sozialen Teilhabe") gekürzt oder gestrichen.

Als anspruchsmindernd kommen verschiedene Verhaltensweisen in Betracht[35]: Der Begriff *„Rechtsmissbräuchlichkeit"* wird im AsylbLG nicht definiert. Nach der Rechtsprechung des Bundessozialgerichts muss das Verhalten objektiv geeignet sein, die Aufenthaltsdauer beeinflussen zu können, und subjektiv vor allem unter Berücksichtigung des Verhältnismäßigkeitsgrundsatzes von solchem Gewicht sein, dass der Ausschluss privilegierter Leistungen gerechtfertigt ist („unentschuldbar"). Hierzu hat sich in der Rechtsprechung eine vielfältige Entscheidungspraxis entwickelt, die an dieser Stelle nicht vertiefend dargestellt werden kann[36]. Voraussetzungen für eine Leistungseinschränkung wurden z. B. angenommen bei Untertauchen zur Verhinderung einer Abschiebung, Täuschung über die Identität oder die Nationalität, Passvernichtung, Vorlage gefälschter Pässe oder die Nichtbeschaffung von Personaldokumenten des Heimatstaats, obwohl dies möglich ist. Verwaltung und Gerichte sind hier zu einer Einzelfallprüfung verpflichtet. Die Verfassungsmäßigkeit der Norm ist umstritten. Eine verfassungsgerichtliche Entscheidung dazu gibt es bislang nicht. Qualifizierte Sachverhaltsaufklärung findet (leider) häufig erst im Gerichtsverfahren statt. Sie kann im Einzelfall schwierig sein. Tatsächliche Unsicherheiten gehen zulasten der Behörde. Wird nachvollziehbar dargelegt, dass z. B. Schutz vor kriegerischen Auseinandersetzungen im Heimatland gesucht wird, spricht das gegen missbräuchliche Inanspruchnahme der Leistungen.

Leistungen zur medizinischen Versorgung werden nach § 4 AsylbLG nur bei akuter Krankheit bzw. akutem Behandlungsbedarf und bei schmerzhafter Krankheit erbracht. Leistungen für sonstige Behandlungen – insbesondere bei chronischen Erkrankungen und Behinderungen – „können" nach § 6 AsylbLG als Ermessensleistungen gewährt werden, soweit dies „zur Sicherung der Gesundheit unerlässlich" ist. Nach einer Wartefrist von 18 Monaten erhalten Leistungsberechtigte nach § 2 AsylbLG gemäß § 264 Abs. 2 SGB V eine vollwertige Gesundheitskarte, mit der sie die gleichen medizinischen Leistungen wie gesetzlich Krankenversicherte beanspruchen können.[37] Sie haben – mit Ausnahme der Pflegeversicherung – den gleichen Behandlungsanspruch wie gesetzlich Krankenversicherte. Leistungen bei Pflegebedürftigkeit sind erforderlichenfalls gemäß § 2 AsylbLG i. V. m. § 61ff. SGB XII zu erbringen.

Voraussetzung für Leistungen zur medizinischen Versorgung nach § 4 Abs. 1 AsylbLG ist im Regelfall das Vorliegen einer akuten oder „schmerzhaften" Erkrankung. Eine akute Erkrankung ist nach der Rechtsprechung ein unvermutet

---

35 Zu den Einzelheiten siehe Normtext des § 1a AsylG.
36 Besonders zuverlässige und aktuelle Übersichten dazu bietet die website des Berliner Flüchtlingsrates: www.berliner-fluechtlingsrat.de.
37 Die Einschränkungen des Behandlungsanspruches bei Krankheit durch §§ 4 und 6 AsylbLG gegenüber gesetzlich Krankenversicherten und ihre Folgen in der Praxis sind Gegenstand vielfacher Kritik, die Regelungen werden von vielen Sozialrechtlern als menschenrechtswidrig angesehen. Kritisiert wird insbesondere, dass die Regelung die Vorgaben der EU-Asylaufnahmerichtlinie vom 26. Juni 2013 nicht umsetzt, soweit es die medizinische und soziale Versorgung von Asylbewerbern mit besonderen Bedürfnissen (chronisch Kranken, Menschen mit Behinderung, Schwangeren, Minderjährigen, älteren Menschen usw.) betrifft. § 6 Abs. 2 AsylbLG gewährt insoweit bislang nur Leistungen für Ausländer mit Aufenthaltserlaubnis nach § 24 AufenthG (Aufenthaltserlaubnis zu vorübergehendem Schutz – bisher nie angewandt), Ansprüche während des Asylverfahrens sind dort nicht geregelt.

auftretender, schnell und heftig verlaufender regelwidriger Körper- oder Geisteszustand, der aus medizinischen Gründen ärztlicher oder zahnärztlicher Behandlung bedarf. Da es sich bei der Abgrenzung akuter von chronischen Erkrankungen um eine oft nicht eindeutig zu klärende medizinische Frage handelt und bei chronischen Erkrankungen nur „das Unabweisbare" geleistet werden soll, fordern Sozialbehörden zur Klärung der Voraussetzungen häufig die Stellungnahme eines Amtsarztes an. Das führt in der Praxis vielfach zu erheblichen Verzögerungen notwendiger stationärer Behandlungen, Facharztbehandlungen, Hilfen für Behinderte/Menschen mit Behinderung und Leistungen für chronisch Kranke.

Bei Schwangerschaft und Geburt sowie für Vorsorge und Impfungen sind notwendige Leistungen ohne Einschränkung zu erbringen, § 4 Abs. 2 und 3 AsylbLG. Insoweit entspricht der Leistungsanspruch dem der gesetzlichen Krankenkasse. In der Praxis fehlt auf Krankenscheinen jedoch oft ein Hinweis auf diese Leistungen, da meist nur die Bestimmungen des § 4 Abs. 1 und des § 6 Abs. 1 AsylbLG zitiert werden. Daher werden z. B. notwendige Impfungen oft unterlassen.

Die Öffnungsklausel des § 6 Abs. 1 AsylbLG ermöglicht, im Einzelfall eine über den Leistungsumfang nach § 4 Abs. 1 AsylbLG hinausgehende medizinische Versorgung zu gewähren, z. B. zur Behandlung chronischer oder psychischer Erkrankungen. Bei der Prüfung der Bewilligungsvoraussetzungen sowie bei der pflichtgemäßen Ausübung des Ermessens sind von der Leistungsbehörde die grundrechtlichen Belange der Leistungsberechtigten zu beachten – einschließlich des Grundrechts auf Leben und körperliche Unversehrtheit (Art. 2 Abs. 2 S. 1 GG).

Im Rahmen der AsylbLG-Novelle 2015 wurde mit § 6a AsylbLG geregelt, dass für die Notfallversorgung die Kostenersatzansprüche der Krankenhäuser gegen die Leistungsträger des AsylbLG entsprechend § 25 SGB XII sichergestellt werden. Der Anspruch auf Kostenersatz gilt entsprechend für Notfalleinsätze der Rettungsdienste (Krankenwagen, Rettungshubschrauber usw.).

3.2.5.2 Integrationskurse

Integration setzt, wenn sie gelingen soll, i. d. R. solide Deutschkenntnis voraus – möglichst mündlich und schriftlich. Die deutsche Gesetzgebung reagierte auf diese simple Erkenntnis, die spätestens seit der Anwerbung von „Gastarbeitern" zwischen 1955 und 1973 geläufig war, erst 2005 mit dem in §§ 43ff. AufenthG vorgesehenen *Angebot von Integrationskursen*. Diese werden vom BAMF teilfinanziert und organisiert in Zusammenarbeit mit Volkshochschulen, Weiterbildungszentren, Bildungswerken (kirchlichen oder frei-gemeinnützigen) oder privaten Sprachschulen etc., welche diese Kurse durchführen[38]. Soziale Arbeit bietet in diesem Bereich verweisende Beratung an (welche Institution wo wann welchen Kurs anbietet), informiert über die Kursinhalte, hilft bei der Beantragung von Berechtigungsscheinen und Kostenbefreiungen, motiviert und unterstützt die Teilnehmenden „durchzuhalten", d. h. sinnvoll und nachhaltig am Kurs teilzunehmen, und organisiert dafür soziale Begleitung (z. B. erforderlichenfalls Kinderbe-

---

[38] Zu Einzelheiten: www.bamf.de – Infothek – Trägerrundschreiben Integrationskurs.

treuung oder – insbesondere in ländlichen Gebieten – Fahrdienste zu den Kursterminen etc.).

Der *Integrationskurs* unterstützt *„die Eingliederungsbemühungen von Ausländern durch ein Grundangebot zur Integration mit dem Ziel, ihnen die Sprache, die Rechtsordnung, die Kultur und die Geschichte in Deutschland erfolgreich zu vermitteln"* (§ 43 Abs. 2 AufenthG). Ausländer*innen sollen dadurch mit den Lebensverhältnissen im Bundesgebiet so weit vertraut werden, dass sie ohne Hilfe oder Vermittlung Dritter im täglichen Leben selbstständig handeln können. Ein Integrationskurs besteht aus einem Sprach- und einem Orientierungskurs. Der Regel-Sprachkurs umfasst 600 Unterrichtsstunden. Deutsch wird an Hand von Alltagsthemen unterrichtet (z. B. Einkaufen, Wohnen, Kinder, Medien, Freizeit, Schule, Arbeit oder Arztbesuche). Der Orientierungskurs zu Lebensverhältnissen und demokratischem System in Deutschland umfasst 100 Unterrichtsstunden.

Der Unterricht findet i. d. R. ganztägig in Gruppen mit unterschiedlichen Muttersprachen statt. Zur Ermittlung des individuellen Bedarfs absolvieren die Teilnehmenden vor Beginn des Sprachkurses einen Test zur Einstufung ihres Sprachniveaus (*Einstufungstest*). Eine erfolgreiche Teilnahme am Integrationskurs wird mit dem „Zertifikat Integrationskurs" bescheinigt. *„Erfolgreiche Teilnahme"* bedeutet, regelmäßig am Kurs teilgenommen zu haben, Deutsch – Sprachkompetenz auf B1-Niveau in der Abschlussprüfung „Deutsch-Test für Zuwanderer" (DTZ) nachgewiesen und den Test zum Orientierungskurs bestanden zu haben. „Über *ausreichende Kenntnisse der deutschen Sprache* verfügt, wer sich im täglichen Leben in seiner Umgebung selbstständig sprachlich zurechtfinden und entsprechend seinem Alter und Bildungsstand ein Gespräch führen und sich schriftlich ausdrücken kann." (Niveau B1 des Gemeinsamen Europäischen Referenzrahmens für Sprachen)

Das BAMF beauftragte 2006 das Goethe-Institut mit der Entwicklung eines Rahmencurriculums. Seit 2007 ist dies Grundlage für Integrationskurse. Es definiert für Deutsch als Zweitsprache die Lernziele und -inhalte des Sprachkurses und stellt den Rahmen für die Konzeption verschiedener Kursmodelle und deren Ausgestaltung dar. Auch die Prüfungsziele orientieren sich daran. Wer nach vollständigem Besuch des Kurses den Sprachtest nicht bestanden hat, kann einmal zur Wiederholung von 300 Unterrichtsstunden vom BAMF zugelassen werden. Dies umfasst die einmalige kostenlose Wiederholung der Sprachprüfung.

Die Durchführung im Einzelnen bestimmt sich nach der Integrationskursverordnung (IntV)[39]. Seit 1. Oktober 2016 gilt gemäß § 3 Abs. 2 IntV: Der Sprachkurs umfasst i. d. R. 600 Unterrichtsstunden (Intensivkurs: nur 400 Unterrichtsstunden), die sich auf einen Basis- und einen Aufbausprachkurs verteilen. Ziel sind ausreichende Sprachkenntnisse, um die Integration von Migrant*innen im Sinne von gesellschaftlicher Teilhabe und Chancengleichheit zu gewährleisten. Bei Bedarf können besondere Kurse angeboten werden, die sich an unterschiedliche Ziel-

---

[39] Verordnung über die Durchführung von Integrationskursen für Ausländer und Spätaussiedler (IntV) – 13.12. 2004 (BGBl. 2004 I S. 3370) In Kraft seit 1. Januar 2005 – Letzte Änderung 19. Juni 2020 (BGBl. I S. 1328, 1348.).

gruppen richten. Bis zu 900 Unterrichtsstunden umfasst der Sprachkurs jeweils bei einem

- Integrationskurs für nicht mehr schulpflichtige junge Erwachsene unter 27 Jahren,
- Integrationskurs für Teilnahmeberechtigte, die aus familiären oder kulturellen Gründen keinen allgemeinen Integrationskurs besuchen können (Eltern- beziehungsweise Frauenintegrationskurs),
- Integrationskurs mit Alphabetisierung,
- Förderkurs bei besonderem sprachpädagogischem Förderbedarf.

Wer zu einem Integrationskurs zugelassen ist, muss grundsätzlich einen Kostenbeitrag von 1,95 € pro Unterrichtsstunde selbst bezahlen. Ein allgemeiner Integrationskurs mit 700 Unterrichtsstunden (600 Stunden Sprach- und 100 Orientierungskurs) kostet damit z. B. 1.365 Euro. Sozialamt oder Arbeitsagentur können aber Kostenzuschuss als Darlehen oder als Kostenübernahme gewähren. Das BAMF kann Berechtigungen zur Teilnahme am Integrationskurs ausstellen (z. B. nach Anerkennung als Flüchtling). Dann werden die Kosten zu 50 % vom BAMF getragen. Spätaussiedlerinnen und Spätaussiedler sowie deren Angehörige dürfen einmal kostenlos an einem Integrationskurs teilnehmen.

Das Gesetz unterscheidet zwischen *Teilnahmeberechtigung (§ 44 AufenthG) oder -verpflichtung (§ 44a AufenthG)*. Voraussetzung für die Teilnahme ist i. d. R. ein dauerhafter Aufenthalt in Deutschland und eine Aufenthaltserlaubnis. Seit 2016[40] dürfen Personen mit Aufenthaltsgestattung ebenfalls teilnehmen, um einen frühzeitigen Spracherwerb zu ermöglichen. Das gilt aber nur, wenn bei ihnen eine „*gute Bleibeperspektive*" besteht (galt im Juni 2021 nur für Staatsangehörige aus Eritrea, Syrien und Somalia), sowie „*Arbeitsmarktnähe*" und sie bereits vor dem 1.8.2019 eingereist waren. Ihre Anmeldung ist jedoch auf drei Monate nach Erhalt der Zulassung befristet und richtet sich nach der Kapazität freier Kursplätze. Von der Teilnahme ausgeschlossen sind Asylbewerber*innen, die aus einem „sicheren Herkunftsland" stammen (§ 29a Asylgesetz – alle Staaten des westlichen Balkans sowie Ghana und Senegal – § 44 Abs. 4 S. 3 AufenthG). Unionsbürger*innen haben keinen Teilnahmeanspruch, können aber zugelassen werden, wenn Plätze verfügbar sind (§ 44 Abs. 3 S. 1 AufenthG).

Teilnahmeverpflichtung: Die Ausländerbehörde kann teilnahmeberechtigte Personen zur Teilnahme verpflichten, wenn sie keine ausreichenden Deutschkenntnisse haben und Leistungen nach SGB II beziehen oder aus sonstigen Gründen besonders integrationsbedürftig erscheinen, z. B. weil sie personensorgeberechtigt für ein in Deutschland lebendes minderjähriges Kind sind (§ 44a Abs. 1 Nr. 1–4 AufenthG). Die ordnungsgemäße Teilnahme Verpflichteter wird durch den Kursträger besonders überprüft (§ 8 Abs. 3 IntV) und ist gegebenenfalls mit Mitteln des Verwaltungszwangs durchsetzbar (§ 44a Abs. 3 AufenthG).[41]

---

40 Art. 3 Nr. 6 des AsylverfahrensbeschleunigungsG vom 20. Oktober 2015 in § 44 Abs. 4 Satz 2 AufenthG n. F.
41 Dass eine solche Maßnahme, ggf. verbunden mit Rückzahlungsverpflichtung der Kursgebühren, nicht pädagogisch sinnvoll ist, liegt auf der Hand – ein typisches Beispiel für sinnfreie Verwaltungsbürokratie. Praktisch wird die Vorschrift zwar nicht angewandt, aber die Drohung bleibt.

Rechtsfolgen: Bei Nachweis der erfolgreichen Teilnahme am Integrationskurs wird die Mindestfrist für eine Einbürgerung von acht auf sieben Jahre verkürzt (§ 10 Abs. 3 StAG). Der erfolgreiche Abschluss dient außerdem zum Nachweis über ausreichende Kenntnisse der deutschen Sprache vor Erteilung einer Niederlassungserlaubnis (§ 9 Abs. 2 Satz 1 Nr. 7, Satz 2 AufenthG) oder einer Erlaubnis zum Daueraufenthalt-EU (§ 9a Abs. 2 Satz 1 Nr. 3, Satz 2 AufenthG) und wird bei Verlängerung einer Aufenthaltserlaubnis berücksichtigt (§ 8 Abs. 3 AufenthG). Sieht eine Eingliederungsvereinbarung nach SGB II die Teilnahme vor, kann ein Verstoß dagegen als Pflichtverletzung mit Leistungskürzung sanktioniert werden (§ 31 Abs. 1 Nr. 1 SGB II, sogenannte „Integrationsverweigerung"). Im Übrigen kann eine Verletzung der Teilnahmepflicht mit Bußgeld bis zu 1.000 € und bei Gewährung von Sozialleistungen in Form weiterer Kürzungen geahndet werden.

Zur Kritik an den Integrationskursen: Seit Jahren sind mangelhafte Arbeitsbedingungen der Lehrkräfte (äußerst geringe Bezahlung) und Kritik an der Qualität sowie den Lerninhalten der Kurse und das sehr häufige Scheitern bei den Abschlussprüfungen immer wieder Thema.[42] Ein hoher Prozentsatz der Teilnehmenden bricht den Kurs vorzeitig ab oder besteht die Sprachprüfung nicht. Eine Reform erscheint erforderlich, vom Bürokratieabbau bis zur unabhängigen Evaluation und Neuausrichtung des Kurssystems. Die Coronakrise bedeutet insofern einen schweren Rückschlag. Von März bis Juni 2020 waren die Kurse „praktisch vollkommen zum Erliegen gekommen" und seit Dezember 2020 „erneut stark eingeschränkt", räumt die Bundesregierung in einer Antwort auf eine Anfrage der Grünen-Bundestagsfraktion ein.[43] Die Angebote erreichen Geflüchtete und Migrant*innen seltener als vor der Pandemie. Nur 63 % der Berechtigten nahmen an Kursen teil. Vor „Corona" waren es 75 %. Besonders stark ist der Rückgang bei Angeboten zur Alphabetisierung und für Bezieher*innen von Arbeitslosengeld. Die Bundesregierung erkennt zumindest für die erste Corona-Phase an: „Den Teilnehmenden droht [...] durch die Unterbrechung ein Verlust des bereits erworbenen Sprachstandes." Bis Dezember 2020 hätten die Kurse in den meisten Bundesländern vor Ort stattgefunden. Das zuständige BAMF hat relativ zügig verschiedene Optionen bereitgestellt: Präsenzkurse in pandemiegerechten Räumen, komplett virtuellen Unterricht und verschiedene Hybrid-Modelle. Zudem wurden 1.500 Euro „Pandemiezulage" pro 100 Unterrichtseinheiten zur Verfügung gestellt. Damit können Kursträger z. B. WLAN-Zugänge und digitale Endgeräte für die Teilnehmenden anschaffen. Die Zulage soll auch ein finanzieller Ausgleich für die coronabedingt kleineren Lerngruppen sein. Die weitere Entwicklung „nach Corona" ist noch nicht abzusehen (Stand Juni 2021).

---

42 Ausführlich dazu: Zwischenbericht I (2019) zum Forschungsprojekt „Evaluation der Integrationskurse" https://www.ssoar.info/ssoar/handle/documentPDF.

43 BT – Drucksache 19/27757 vom 22. März 2021 – Antwort auf eine kleine Anfrage der Grünen-BT-Fraktion zur Situation der Sprach- und Integrationskurse während der Covid-19-Pandemie.

3.2.5.3 „Ausländerbeschäftigungsförderungsgesetz" und „Gesetz über Duldung bei Ausbildung und Beschäftigung"

Die nachfolgend angesprochenen Normen, zwischen August 2019 und Anfang 2020 in Kraft getreten, bezwecken, die *Integration ausländischer Staatsangehöriger in den Arbeitsmarkt* zu fördern. Verbesserungen bringen sie insbesondere für geduldete Personen, die zuvor nur sehr eingeschränkte Möglichkeiten hatten, eine sozialversicherungspflichtige Beschäftigung aufnehmen zu können.

Grundsätzlich können „Drittstaatler" unabhängig von Staatsangehörigkeit und Aufenthaltsstatus nun alle Leistungen der Bundesagentur für Arbeit (BA) erhalten, also insbesondere gemäß SGB II und III Arbeitslosengeld I oder II („Hartz IV"), wenn kein Arbeitsverbot besteht und das SGB III nicht bei der jeweiligen Leistung für einzelne Migrant*innengruppen weitere Voraussetzungen formuliert oder Ausschlüsse vorsieht.

„Ausländerbeschäftigungsförderungsgesetz"

Berufsbezogene Deutschförderung wurde grundsätzlich auch *für Asylantragsteller*innen und Geduldete geöffnet*. Bei „guter Bleibeperspektive"[44] erfolgt der Zugang ohne Wartefrist; ausgeschlossen bleibt, wer aus einem „sicheren Herkunftsstaat" stammt.[45] Für die anderen gilt: Erfolgte die Einreise bis 31.7.2019, haben sie Zugang ab dem vierten Monat Aufenthalt mit Aufenthaltsgestattung; geduldete Personen dürfen nicht aus anderen Gründen (insbes. wg. ungeklärter Identität oder Unterlassen „zumutbarer Handlungen"[46]) vom Zugang zum Arbeitsmarkt ausgeschlossen sein und müssen mindestens drei Monate ihre Duldung besitzen.

Zugang zum Sprachkurs: Voraussetzung ist „Arbeitsmarktnähe" und (d. h. wenn noch keine Beschäftigung ausgeübt wird) mindestens eine Meldung als arbeitssuchend bei der BA. Ausnahmen gelten auch hier für Antragsteller*innen mit „guter Bleibeperspektive" sowie für Eltern mit Kindern, deren Betreuung anderweitig nicht gesichert ist. Eine einmal erteilte Zulassung zum Sprachkurs erlischt nicht, wenn die Definition der „Bleibeperspektive" sich ändert oder z. B. statt der Aufenthaltsgestattung (nach erfolglosem Abschluss des Asylverfahrens) eine Duldung erteilt wird.

Geduldete werden sechs Monate nach der Meldung als arbeits- oder ausbildungssuchend bei der BA zur *berufsbezogenen Deutschförderung* zugelassen. Voraussetzung ist ein abstrakter Arbeitsmarktzugang (ausgeschlossen z. B. bei „Duldung mit ungeklärter Identität" – § 60b AufenthG – oder Herkunft aus „sicheren Herkunftsstaaten"). *Einschränkungen* bleiben für außerbetriebliche Ausbildung bestehen. Die Voraussetzungen sind ähnlich wie § 7 Abs. 1 Satz 2 SGB II. Dadurch erfolgt ein Ausschluss für bestimmte EU-Bürger*innen, Geduldete oder Gestattete. Berufsvorbereitende Bildungsmaßnamen sind zulässig bei Aufenthaltsgestattung

---

44 Galt im Mai 2021 nur für Staatsangehörige aus Eritrea, Syrien und Somalia.
45 Albanien, Bosnien-Herzegowina, Ghana, Kosovo, Nordmazedonien, Montenegro, Senegal, Serbien – siehe Anhang zu § 29a AsylG; Beschränkung für sie bleiben bestehen – § 39a SGB III.
46 § 60a Abs. 6 und § 60 b AufenthG.

mit Arbeitsmarktzugang ab dem 16. Monat, für Geduldete bereits ab dem 9. Monat.

Berufsausbildungsbeihilfe (BAB – § 56 SGB III) wird Asylbewerber*innen mit guter Bleibeperspektive gewährt ab 16. Monat Aufenthalt und für Geduldete ab 16. Monat Aufenthalt (§ 448 SGB III). *Ausbildungsbegleitende Hilfen (AbH – § 75 SGB III)* sind prinzipiell ohne Wartefrist zugänglich.

Assistierte Ausbildung (AsA § 130 SGB III) für Geduldete und „Gestattete" wird gewährt in der *ausbildungsvorbereitenden Phase* (§ 130 Abs. 2a SGB III) ab 4. oder 16. Monat des Aufenthaltes je nach Einreisedatum (für Asylantragsteller: nur bei „guter Bleibeperspektive" ab 4. Monat Aufenthalt). In der *ausbildungsbegleitenden Phase* (§ 130 SGB III) gilt dies ohne Wartefrist.

Sprachförderung (Integrationskurse und Berufssprachkurse): Während des Asylverfahrens wird sie nur gewährt bei guter Bleibeperspektive oder ab dem 4. Monat gestatteten Aufenthalts. Für *Geduldete* ist sie nur möglich mit einer Duldung gemäß § 60a Abs. 2 S. 3 AufenthG (dringende humanitäre oder persönliche Gründe oder erhebliche öffentliche Interessen).

Gesetz über Duldung bei Ausbildung und Beschäftigung[47]

- Die Ausbildungsduldung („3+2" – § 60 c AufenthG)

wurde 2019 in dieser Form neu in das AufenthG aufgenommen. Sie darf frühestens sieben Monate vor Ausbildungsbeginn beantragt und frühestens sechs Monate davor erteilt werden. Zwingende Voraussetzung ist die vorherige Klärung der Identität (§ 60c Abs. 2). Die Erteilung ist erst nach drei Monaten Besitz einer Duldung nach § 60a zulässig (§ 60c Abs. 2) und nur, wenn zuvor Aufenthaltsgestattung (§ 55 AsylG) oder Duldung nach § 60a vorlagen (§ 60c Abs. 1). Sie kann für Assistenz- und Helferausbildungen erteilt werden (§ 60c Abs. 1 Nr. 1b AufenthG – z. B. Altenpflegehelfer oder Sozialassistent), wenn eine qualifizierte Berufsausbildung in einem Ausbildungsberuf anschließt, für den die BA einen Engpass festgestellt hat, und eine Ausbildungsplatzzusage vorliegt. Bei Abbruch der Ausbildung ist die Ausbildungseinrichtung verpflichtet, innerhalb von zwei Wochen die Ausländerbehörde zu informieren (§ 60c Abs. 5). Nach vorzeitigem Ende oder Abbruch der Ausbildung ist es einmalig zulässig, eine sechsmonatige Duldung zur Ausbildungsplatzsuche zu erteilen (§ 60c Abs. 6).

- Beschäftigungsduldung (§ 60 d AufenthG):

Sie gilt für 30 Monate, erst danach ist die Erteilung einer Aufenthaltserlaubnis zulässig. Antragsberechtigt sind Personen mit Duldung (mit Lebenspartner*in und in Lebensgemeinschaft lebenden minderjährigen Kindern der Person), wenn sie

- bereits vor dem 1.8.2018 eingereist waren,
- eine Duldung gemäß § 60 a seit mindestens 12 Monaten besitzen,

---

[47] Gesetz über Duldung bei Ausbildung und Beschäftigung – In Kraft seit 1. Januar 2020.

- seit mindestens 18 Monaten sozialversicherungspflichtig beschäftigt waren und in den letzten 12 Monaten vor Antragstellung ihren Lebensunterhalt vollständig gesichert hatten (mindestens 35 Stunden/Woche; Alleinerziehende 20 Stunden/Woche),
- ausreichende mündliche Deutschsprachkenntnisse (A 2) vorhanden sind,
- keine Straftaten, keine Bezüge zu terroristischen Organisationen (auch für (Ehe-)Partner*in), schulpflichtige Kinder müssen die Schule besuchen,
- der Integrationskurs abgeschlossen wurde (falls verpflichtend, auch für Ehe-Partner*in),
- die Identität des/der Antragstellers*in und des/der Ehe-/Lebenspartners*in geklärt ist,
- Antragsteller*in darf keine Bezüge zu terroristischen oder extremistischen Organisationen haben.

Kritische Anmerkung: Aus diesen einschränkenden Voraussetzungen wird sehr deutlich, dass nur eine ganz geringe Zahl Geduldeter die Anforderungen erfüllen und so von dieser Möglichkeit Gebrauch machen kann. Diese Restriktion ist kein zufälliger Effekt, sondern politisch ebenso gewollt, wie dass dieser Gruppe nicht gleich eine Aufenthaltserlaubnis für 30 Monate ausgestellt wird, sondern nur eine Duldung. Die Regelung wurde befristet bis zum 31. Dezember 2023, um die Erfahrungen zu evaluieren.

3.2.6 Fazit

Der vorstehende Überblick – der keinen Anspruch auf Vollständigkeit erhebt – dürfte verdeutlicht haben, dass die Adressat*innen der verschiedenen Gesetze, die für ausländische Staatsangehörige in Deutschland gelten, in aller Regel nicht in der Lage sind, das hochkomplexe und ausdifferenzierte System zu verstehen, geschweige denn, darin mit Aussicht auf Erfolg alleine zu agieren. Es bedarf daher neben den rechtsberatenden Berufen vor allem der Beratung und Vermittlung, Unterstützung und Erläuterung durch kommunale Behörden (Ausländer- und Sozialämter, BA etc.), Beratungsstellen der Wohlfahrtsverbände und (lokal agierender) NGOs. Diese schwierige Arbeit fällt vor allem Sozialarbeiterinnen und Sozialarbeitern zu. Ihre Fachlichkeit und -kompetenz ist gefordert für eine Aufgabenstellung, die sich als sehr herausfordernd, nicht immer als erfolgreich, sehr oft aber als tief befriedigende Hilfe und Unterstützung „der Schwächsten" erweisen kann.

3.3 Förderliche Haltungen und Methoden der Sozialen Arbeit

Um eine migrationsbezogene Soziale Arbeit erfolgreich umzusetzen, sind bestimmte Kompetenzen, Haltungen und Methoden seitens der Sozialarbeiter*innen notwendig. Auf diese wird nachstehend ausführlich eingegangen, um daran anschließend einen integrationsreflexiven Ansatz für die Arbeit mit Geflüchteten darstellen zu können.

> **Diskussionsfragen**
>
> - Nennen Sie wesentliche rechtliche Rahmenbedingungen der Sozialen Arbeit im Kontext der Beratung und Unterstützung ausländischer Staatsangehöriger in Deutschland.
> - Was wissen Sie über das gemeinsame Europäische Asylsystem (GEAS), und warum ist dieses Wissen wichtig für die Praxis der Sozialen Arbeit?
> - Welche Zielsetzungen und rechtlichen Meilensteine prägen das deutsche Asylverfahren seit 2016?
> - Beschreiben Sie den zentralen Zusammenhang zwischen dem aufenthaltsrechtlichen Status von hilfesuchenden Menschen und deren Anspruch auf Sozialleistungen.

3.3.1 Interkulturelle und Diversitäts-Kompetenz

Für die Soziale Arbeit als Profession und Disziplin stellt sich immer wieder die Frage, wie Zugewanderten adäquat begegnet, interkulturelle Begegnungen gestaltet und mit Vielfalt erfolgreich agiert werden kann. Denn häufig sind interkulturelle Interaktionen durch Missverständnisse und Konflikte begleitet. Damit in diesen Situationen reflektiert gehandelt werden kann, wird häufig auf die Notwendigkeit und große Bedeutung der interkulturellen Kompetenz hingewiesen. Was genau unter dieser Schlüsselqualifikation verstanden wird, ist jedoch weder im deutschsprachigen noch angloamerikanischen Raum eindeutig festgelegt.

Kompetenz im Allgemeinen bedeutet die Fähigkeit, „kreativ und selbstorganisiert in entscheidungsoffenen, komplexen Situationen zu handeln und diese Anforderungen erfolgreich zu bewältigen und positiv zu gestalten. [...] Kompetenzen sind kontextspezifisch, das heißt, auf Situationen bezogen" (IQ Consult gGmbH/Facharbeitskreis Interkulturelle Öffnung 2010: 07). Ausgehend von diesem Grundgedanken und die einschlägige Fachliteratur zur interkulturellen Kompetenz berücksichtigend, lässt sich feststellen, dass die meisten Definitionsansätze in deskriptiver Weise über die Festlegung wesentlicher Merkmale erfolgen. Der Begriff umschreibt somit zunächst eine Kombination aus Wissen, Einstellungen, Haltungen sowie Fähigkeiten und Fertigkeiten, die den Verlauf interkultureller Begegnungssituationen angemessen und erfolgreich machen (vgl. Aschenbrenner-Wellmann 2012: 11).

Für Gaitanides (1998: 60, zitiert nach Aschenbrenner-Wellmann 2012: 30f.) umfasst interkulturelle Kompetenz in diesem Sinne eine kognitive und handlungszentrierte Dimension, wobei in letzterer auch affektive Aspekte eingeschlossen sind:

Tabelle 5: Interkulturelle Kompetenz nach Gaitanides (1998: 60, zit. nach Aschenbrenner-Wellmann 2012: 30f.)

Interkulturelle kognitive Kompetenz:	Interkulturelle Handlungskompetenz:
Kenntnisse über ...	Fähigkeit zur ...
<ul><li>Herkunftsgesellschaften und politische Strukturen der Herkunftsländer Zugewanderter</li><li>Herkunftssprachen</li><li>geschichtliche Prägungen, politische/sozioökonomische Strukturen, kulturelle Standards und spezifische kollektive Identitätsprobleme der Mehrheitsgesellschaft des Einwanderungslandes</li><li>Ursachen und Folgen von Migrationsprozessen</li><li>die Einwanderer*innen-Subkulturen</li><li>die Binnendifferenzierung der Einwanderer*innengruppen</li><li>den rechtlichen, politischen und sozialen Status der Zuwanderer*innen</li><li>Erscheinungsformen und Ursachen von Vorurteilsbereitschaft und Rassismus</li><li>theoretische Prämissen, Strategien und Methoden interkulturellen Lernens und antirassistischer Arbeit</li></ul>	<ul><li>Selbstwahrnehmung</li><li>Reflexion der eigenen individuellen wie kollektiven Identitätskonstruktionen und der eigenen kulturellen Befangenheiten</li><li>kritischen Reflexion stereotyper Fremdbilder, der unbewussten psychischen wie gesellschaftlich vermittelten interessengeleiteten Anteile</li><li>Perspektivenübernahme (Empathie, dezentrierte Wahrnehmungsfähigkeit, Relativierungsfähigkeit)</li><li>interkulturellen Konfliktfähigkeit (Ambiguitätstoleranz, Bereitschaft zur Überprüfung der Geltungsansprüche von Normen, Aushandlungsfähigkeit etc.)</li></ul>

Auch Hatzer und Layers (2005: 141, zitiert nach Pries/Pries/Wannöffel 2011: 26, 1.9.2020) stellen interkulturelle Kompetenz anhand von 16 Kernmerkmalen dar:

Kontaktfreudigkeit, Optimismus, Offenheit, Toleranz, Fähigkeit zur Perspektivenübernahme, Einfühlungsvermögen, Frustrationstoleranz, Ambiguitätstoleranz, Rollenflexibilität, Geduld, Bereitschaft, seine soziale Wahrnehmung zu hinterfragen, positives Selbstkonzept, soziale Problemlösungskompetenz, Zielorientierung, Veränderungsbereitschaft, Lernfähigkeit.

Eine differenzierte Auflistung von zentralen Basiskomponenten einer interkulturellen Kompetenz findet sich bei Leiprecht (2002: 89, zitiert nach Aschenbrenner-Wellmann 2012: 32):

Kapitel 3: Grundlagen der migrationsbezogenen Sozialen Arbeit

Tabelle 6: Interkulturelle Kompetenz nach Leiprecht (2002: 89, zit. nach Aschenbrenner-Wellmann 2012: 32)

Allgemeine soziale Komponente	Interkulturell ausgerichtete soziale Komponenten	Handlungsbezogene interkulturelle Komponenten	Wissensbezogene interkulturelle Komponenten	Wertbezogene interkulturelle Komponenten
Empathie	Empathie gegenüber erfahrener Diskriminierung und Ausgrenzung bei Angehörigen anderer kultureller Gruppen	Handlungsfähigkeit bei asymmetrischen Konstellationen in Bezug auf Wohlstand, Macht	Kenntnisse über die Heterogenität von kulturellen Gruppen	Achtung von Menschenrechten
Multiperspektivität	Multiperspektivität in Bezug auf verschiedene kulturelle Positionierungen	Handlungsfähigkeit in kulturellen Überschneidungssituationen	Wissen über die soziale Konstruiertheit von »Rassen«, Ethnien, Nationen	Achtung demokratischer Grundregeln
Selbstreflexivität	Selbstreflexivität in Bezug auf unhinterfragte und selbstverständlich erscheinenden Handlungs- und Deutungsmuster der eigenen kulturellen Gruppe	...	Wissen über die Entstehungsgeschichte solcher Konstruktionen und ihre Auswirkungen in Vergangenheit und Gegenwart	Schutz von Minderheitenrechten
Ambiguitätstoleranz				
Flexibilität	...	...	Kenntnisse über mögliche Kommunikationsprobleme für Sprecher*innen, die auf eine Zweitsprache/Fremdsprache angewiesen sind	Respekt für die fremde Kultur
Kommunikationsfähigkeit			Wissen über die möglichen Auswirkungen sprachlicher Hierarchien	...
Konfliktfähigkeit			Landeskundliches und kulturelles Wissen	...
open-mindedness			...	

Es könnten hier noch viele weitere Autor*innen angeführt werden, die Interkulturelle Kompetenz durch unterschiedliche Merkmale beschreiben. Im Wesentlichen geht es dabei darum, „ein Bewusstsein zu erlangen über Einstellungen, Verhaltensweisen und Werte durch die (selbst-)kritische Reflexion des Eigenen und Fremden, Wissen zu vermitteln über Ursache und Geschichte der Arbeitsmigration, über die Rolle und den Status von Minderheiten und die aktuelle Migrationspolitik sowie Handlungskompetenz zu erwerben durch geeignete Kommunikations- und Konfliktstrategien" (beispielhaft Handschuck/Klawe 2004, zitiert nach Schröer o. J.: 6, 19.12.2020). Für viele Autor*innen ist interkulturelle Kompetenz also dann vorhanden, wenn die aufgezeigten Fähigkeiten, das notwendige Wissen und die geeigneten Haltungen erlangt wurden.

Allerdings kommt diese Kompetenz immer situations- und personenspezifisch zur Anwendung und weist somit ganz unterschiedliche Ausprägungen auf. Durch Migrations-, Pluralisierungs- und Individualisierungsprozesse zeichnet sich die postmoderne Wirklichkeit durch große kulturelle Komplexität und Hybridität aus. Entsprechend ist Kultur heute als dynamisch und offen zu verstehen und interkulturelle Kompetenz in Form deskriptiver, allgemeingültig festgelegter Merkmalslisten nicht mehr zeitgemäß. Vielmehr muss auch sie als stetiger Lernprozess verstanden werden, der sich in vielfältigen Begegnungen ereignet. So führt Aschenbrenner-Wellmann (2003) an, dass interkulturelle Kompetenz als Veränderungskompetenz neu definiert werden muss:

„Interkulturelle Kompetenz ist die zunächst Kultur-, dann Personenbezogene Globalisierte Kompetenz, die zum Betrachtungszeitpunkt einer Begegnungssituation mit Menschen unterschiedlicher Kulturzugehörigkeit in Selbst- oder Fremdbeobachtung an einer Person als Veränderung von Fähigkeiten und Verhaltensweisen, die sich als Ergebnis eines Change-Prozesses von der Monokulturellen Kompetenz zur Globalen Kompetenz herausgebildet hat, wahrgenommen wird. Interkulturelle Kompetenz ist eine Veränderungskompetenz." (Aschenbrenner-Wellmann 2003: 161–162) Diese Veränderungskompetenz kann dann beobachtet werden, wenn Menschen unterschiedlicher Kulturzugehörigkeiten miteinander in Kontakt treten und hierbei den Versuch unternehmen, angemessen und erfolgreich miteinander zu interagieren (vgl. Aschenbrenner-Wellmann 2012: 35).

Ausgehend von diesem Verständnis entwickelte Aschenbrenner-Wellmann (2003: 152) folgenden Change-Prozess der interkulturellen Kompetenz:

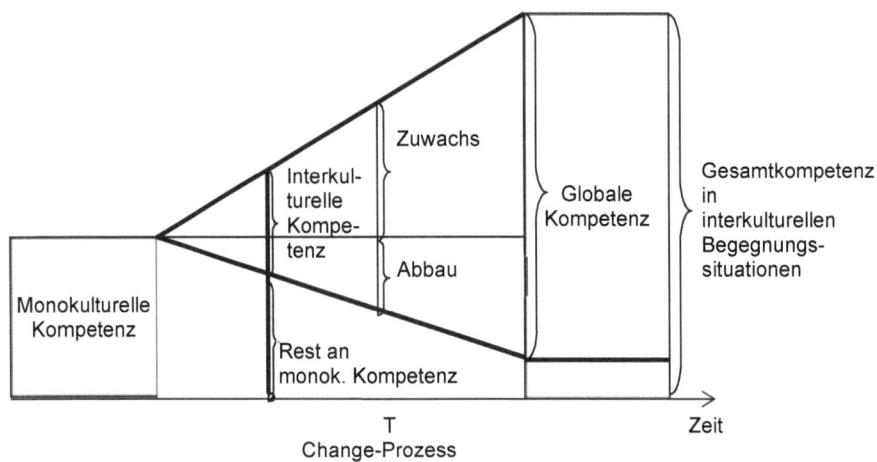

Abbildung 10: Interkulturelle Kompetenz im Change-Prozess (Quelle: Aschenbrenner-Wellmann 2003: 152)

Zu Beginn dieses Prozesses befinden sich alle Menschen in ihrer individuellen Monokultur: ihrem gewohnten Umfeld, der Familie, dem Heimatort, dem Freundeskreis. Sie bringen die notwendige Kompetenz für diesen Kontext mit, da sie sich in ihrer Herkunftskultur auskennen. Durch verschiedene Einflüsse wie Reisen, Studium, Umzüge oder interethnische Freundschaften haben Individuen die Möglichkeit, ihren Horizont zu erweitern. Sie begegnen anderen Menschen mit unterschiedlichen kulturellen Hintergründen und anderen Lebensweisen. Lassen sie sich darauf ein, und es erfolgt eine Veränderung ihrer Einstellungen und Haltungen, entsteht ein Zuwachs an interkultureller Kompetenz. Je häufiger dies geschieht, desto stärker tritt die monokulturelle Kompetenz in den Hintergrund und die globale Kompetenz der Beteiligten nimmt zu. Gleichzeitig bleibt ein Teil der monokulturellen Kompetenz erhalten, da diese ein Teil der personalen Identität darstellt und benötigt wird, sobald Menschen in ihr gewohntes Umfeld (Monokultur) zurückkehren. Je ausgeprägter die globale Kompetenz, desto eher kann das richtige Maß an monokultureller, interkultureller oder globaler Kompetenz in der jeweiligen Situation aktiviert werden (vgl. Aschenbrenner-Wellmann 2003).

Da jeder Mensch unterschiedliche Erfahrungen macht und in unterschiedlicher Weise bereit für Veränderungen ist, verläuft der Change-Prozess immer individuell. Gleichzeitig muss er als ein lebenslang ablaufender zirkulärer Prozess verstanden werden, der nicht irgendwann in einer „fertigen" globalen Kompetenz endet. Voraussetzung für diesen stetigen Wandel ist Offenheit und die Bereitschaft sich auf Neues einzulassen und sich in diesem Prozess selbst zu verändern. Sind Menschen bereit dazu, werden sie mit einer Vielzahl an neuen und teils widersprüchlichen Bedeutungsstrukturen und Handlungsanforderungen konfrontiert. Folgerichtig ist Ambiguitätstoleranz, die Fähigkeiten Vieldeutigkeit auszuhalten, eine wichtige Grundlage für den erfolgreichen Verlauf der Veränderung. Da der Prozess mit sehr viel Anstrengungen verbunden sein kann, weil Vertrautes hinterfragt wird und die eigene „Komfort-Zone" verlassen werden muss, sind viele Menschen nicht bereit dazu und verbleiben in ihrer traditionell bewährten Monokultur. Allerdings ist interkulturelle Kompetenz Voraussetzung für die professionelle Soziale Arbeit in einer durch Vielfalt geprägten Gesellschaft und für Veränderungsprozesse innerhalb der Gesellschaft. Damit liegt es auch an der Sozialen Arbeit, vielfältige Begegnungen zwischen Zugewanderten und der Mehrheitskultur zu ermöglichen, um die Entwicklung einer inter- bzw. transkulturellen Gesellschaft zu fördern.

Angesichts der gesellschaftlichen Veränderungen sind die Lebensweisen aller Adressat*innen der Sozialen Arbeit mittlerweile kulturell, sozial und persönlich heterogen. Insofern kann die interkulturelle Kompetenz mit ihrer Fokussierung auf Eigen- und Fremdkultur nur noch begrenzt Handlungsmöglichkeiten anbieten. Notwendig wird dadurch eine Weiterentwicklung in Richtung Diversitäts-Kompetenz. Diversität kann in diesem Zusammenhang als „Containerbegriff" beschrieben werden, der kulturelle, soziale und biologische Vielfalt, aber auch die Verschiedenheit der Talente, Charaktere, Lebensentwürfe und des Denkens und Handelns einschließt (vgl. Becker/Lambert 2003: 47, zitiert nach Becker 2016: 294). Die Listen möglicher Merkmale, auch Diversitäts-Dimensionen genannt, sind häufig sehr umfangreich, und sie werden je nach Autor*in unterschiedlich gefüllt. Die acht am häufigsten („Big 8") genannten Diversitätsdimensionen sind in Anlehnung an das Allgemeine Gleichbehandlungsgesetz (AGG) (Wulf 2007, zitiert nach Rahnfeld 2019: 19): „Alter, Geschlecht, Ethnie, physische und psychische Behinderung, sexuelle Identität, Nationalität, Religion und Status bzw. Funktion in einer Organisation/in einem Unternehmen."

Hiervon ausgehend ist Diversitäts-Kompetenz, im Vergleich zur interkulturellen Kompetenz, umfassender ausgerichtet, da sie neben kulturellen Spezifika weitere Dimensionen und deren Verwobenheit betrachtet. Folgerichtig kann Diversitäts-Kompetenz als eine konzeptionelle Erweiterung der interkulturellen Kompetenz verstanden werden.

Auch Diversitäts-Kompetenz lässt sich zunächst statisch in Form von „Wissen, Einstellungen, Motivation, Fähigkeiten und Fertigkeiten [darstellen], die, eingesetzt in durch Vielfalt gekennzeichneten Situationen, deren Verlauf angemessen und effizient gestaltbar machen" (Aschenbrenner-Wellmann 2009a: 70). Insofern kann sie bspw. in vier Ebenen unterteilt werden (vgl. Gender-Institut Sachsen-Anhalt, zitiert nach Höher/Höher o. J.: 31, 2.8.2021; Dreas/Rastetter 2016: 354):

- *Fachkompetenz:* Kognitive Fähigkeiten und Kenntnisse über Diskriminierung, Exklusion, Inklusion, Stereotypen, Vorurteile etc.
- *Methodenkompetenz:* Entwicklung von Erfahrungs- und Anwendungswissen, um Diversitäts-Aspekte identifizieren zu können und angemessen zu bearbeiten.
- *Sozialkompetenz:* Fähigkeit zum Perspektivenwechsel und zur Reflexion der eigenen Werthaltung und Einstellungen.

■ *Personale Kompetenz:* Ausbildung von Fähigkeiten zur Kooperation, konstruktiver Umgang mit Konflikten, Integrität, Anerkennung, Empathiefähigkeit, Ambiguitätstoleranz.

Diversitäts-Kompetenz setzt dadurch offensiver als der interkulturelle Ansatz auf der strukturellen Ebene an, indem Machthierarchien hinterfragt werden und verschiedene Diskriminierungsformen entgegengewirkt wird. Durch die Bezugnahme auf unterschiedliche Dimensionen wie Alter, Geschlecht, Migration nimmt Diversitäts-Kompetenz eine intersektionale Betrachtungsweise ein und ermöglicht so eine umfassende Analyse und Reflexion von Vielfaltsprozessen in der Gesellschaft.

Doch auch für den Bereich der Diversitäts-Kompetenz muss eine Betrachtungsweise allein durch Merkmalslisten als unzureichend bewertet werden; entsprechend soll diese ebenfalls um eine dynamische und prozessorientierte Sicht ergänzt werden. Diese Veränderungskompetenz beschreibt Aschenbrenner-Wellmann (2009a: 72) als einen Prozess, der von einer individuellen, sozialräumlichen oder organisationalen Ausgangs- zur reflexiven und partizipatorischen Diversitäts-Kompetenz verläuft. Mit dem Aufbau von Fertigkeiten und Wissenserwerb geht dabei idealerweise ein Abbau von Stereotypen und Vorurteilen einher. „Trotz der Zunahme an Diversity-Kompetenz verbleibt [...] ein Bestand an Homogenität, eine Tendenz zur Bewahrung von Vertrautem, um Identität in Zeiten des Wandels und der Globalisierung zu sichern" (ebd.). Zur Visualisierung dieses komplexen Change-Prozesses nutzt Aschenbrenner-Wellmann (2017: 235) folgendes Schaubild:

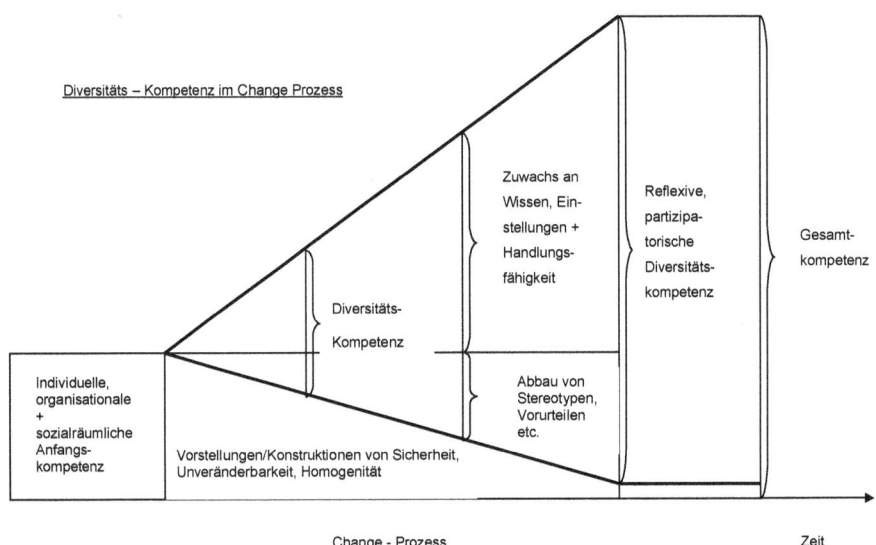

Abbildung 11: Diversitäts-Kompetenz im Change-Prozess (Quelle: Aschenbrenner-Wellmann 2017: 235)

Diversitäts-Kompetenz setzt sich somit aus Wissensbestandteilen, konkreten Fähigkeiten, entsprechenden Haltungen und individuellen Veränderungsschritten zusammen.

Um Interkulturelle bzw. Diversitäts-Kompetenz zu erlangen, ist interkulturelles bzw. diversitätsorientiertes Lernen erforderlich. Beide Formen müssen als dynamische Lernprozesse verstanden werden, die nie endgültig abgeschlossen sind. Gleichzeitig stehen beide Kompetenzen bzw. Lernformen nicht in Konkurrenz zueinander, sondern ergänzen sich gegenseitig.

Ziele des interkulturellen Lernens sind (vgl. Hohmann 1989: 16):

- Begegnungen mit anderen Kulturen,
- Beseitigung kontaktverhindernder Barrieren,
- Herbeiführung von interkulturellen Austauschsituationen,
- Erwerb interkultureller Kompetenz.

Ein einheitliches Konzept interkulturellen Lernens durch einen „Königsweg" gibt es nicht. Daher soll an dieser Stelle stellvertretend ein Modell nach Grosch und Leenen (2000: 40) dargestellt werden, welches eine Orientierung für den Lernprozess in Organisationen und bei Individuen sein kann. Hiernach verläuft interkulturelles Lernen in sieben Phasen:

Tabelle 7: Interkulturelles Lernen nach Grosch und Leenen (2000: 40)

1	Die generelle Kulturgebundenheit menschlichen Verhaltens erkennen und akzeptieren können.
2	Fremdkulturelle Muster als fremd wahrnehmen können, ohne sie bewerten zu müssen.
3	Eigene Kulturstandards identifizieren und ihre Wirkung in der Begegnung mit einer Fremdkultur abschätzen können.
4	Deutungswissen über bestimmte fremde Kulturen erweitern, relevante Kulturstandards identifizieren und dazu weitergehende Sinnzusammenhänge in der Fremdkultur herstellen können.
5	Verständnis und Respekt für fremdkulturelle Muster entwickeln können.
6	Erweiterung der eigenen kulturellen Optionen: - Mit kulturellen Regeln flexibel umgehen können. - Selektiv fremde Kulturstandards übernehmen können. - Zwischen kulturellen Optionen situationsadäquat und begründet wählen können.
7	Zu und mit Angehörigen einer fremden Kultur konstruktive und wechselseitig befriedigende Beziehungen aufbauen und mit interkulturellen Konflikten praktisch umgehen können.

Im Hinblick auf das zuvor beschriebene Verständnis der interkulturellen Kompetenz als Veränderungskompetenz scheint dieses Phasenmodell nicht ausreichend zu sein. Interkulturelles Lernen muss sich vielmehr aus zwei Kreisläufen zusammensetzen (vgl. Aschenbrenner-Wellmann/Geldner 2021: 125):

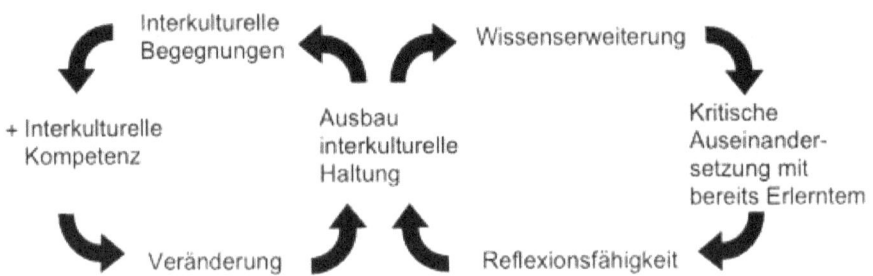

Abbildung 12: Kreislaufmodell „Interkulturelles Lernen" (Quelle: Aschenbrenner-Wellmann/Geldner 2021: 125)

Hiervon ausgehend ist einerseits die Wissenserweiterung (bspw. durch das Durchlaufen der Phasen nach Grosch/Leenen) bedeutsam, um eine kritische Auseinandersetzung mit dem bereits Erlernten zu ermöglichen und sich weitere interkulturelle Fähigkeiten und Fertigkeiten anzueignen. Andererseits sind interkulturelle Begegnungen zentral, um interkulturelle Kompetenz als Veränderungskompetenz entwickeln und umsetzen zu können. Das Ziel bzw. Ergebnis beider Kreisläufe ist eine interkulturelle Haltung, die als unabdingbare Schlüsselqualifikation für eine professionelle Soziale Arbeit in interkulturell geprägten Arbeitssituationen angesehen werden kann. Vorteil dieses Modells ist die Möglichkeit beide Kreisläufe, sowohl einzeln als auch simultan, anstoßen zu können. Denn nicht immer sind die notwendigen Rahmenbedingungen in Form kulturell heterogener Lerngruppen gegeben, sodass beide Kreisläufe parallel in Bewegung gesetzt werden können. Durch die Verbindung beider Kreisläufe kann die Selbstreflexion von Fachkräften ermöglicht und eine interkulturelle Haltung eingeübt werden. Dies ist bedeutsam, um eine professionelle und nachhaltige Soziale Arbeit in einer von Vielfalt geprägten Gesellschaft realisieren zu können. Darüber hinaus werden Fachkräfte hierdurch befähigt, Veränderungsprozesse auch innerhalb der Gesellschaft anzuregen, sodass eine offene und respektvolle Gesellschaft und ein sozialer Zusammenhalt gefördert werden (vgl. Aschenbrenner-Wellmann/Geldner 2021: 125).

Angesichts der Pluralisierung der Gesellschaft und konzeptioneller Neuausrichtungen hat sich interkulturelles Lernen in den letzten Jahren in Richtung Diversitäts-Lernen weiterentwickelt. Die Vorteile diversitätsorientierten Lernens liegen neben der Etablierung von Konzepten zur Bewältigung von vielfältigen und komplexen Situationen vor allem auch auf einer Fokussierung der strukturellen Ebene und im Bereich der Analyse von Zuschreibungen und Machtverhältnissen:

- Vorschnelle Kategorienbildung, pauschalierende Negativbewertungen, Ausgrenzung und Diskriminierung abbauen.
- Verschiedene Dimensionen von Vielfalt als Ressource zugänglich und gestaltbar machen.
- Machtverhältnisse und Strukturen innerhalb der Gesellschaft aufdecken und zur Diskussion bringen.
- Intersektionalität: Individuen werden nicht auf einzelne Unterschiedlichkeiten beschränkt, sondern unterschiedliche Differenzlinien (z. B. Herkunft, Alter, Geschlecht) herangezogen und reflektiert (vgl. Leiprecht 2008: 108, 21.6.2021; Aschenbrenner-Wellmann 2009a: 73ff.).

Es geht zusammenfassend darum, die eigenen Wirklichkeitsvorstellungen und -konstruktionen durch die Begegnung und Auseinandersetzung mit anderen zu reflektieren. Als Voraussetzung hierfür gilt die Bereitschaft, bereits Erlerntes zu ändern oder zu erweitern. Diese ist allerdings bei jedem*jeder Lerner*in in unterschiedlichem Maße vorhanden. Das Aushalten von Verunsicherungen oder Vorläufigkeiten ist damit eine grundlegende Fähigkeit für ein erfolgreiches Diversitäts-Lernen (vgl. Koall/Bruchhagen 2005; Aschenbrenner-Wellmann 2009a: 73).

Um diese komplexen Lernprozesse begleiten und steuern zu können, wird auch hier ein Modell, bestehend aus zwei Kreisläufen, benötigt (in Anlehnung an Aschenbrenner-Wellmann/Geldner 2021: 127):

Diversitätsorientiertes Lernen

Abbildung 13: Kreislaufmodell „Diversitätsorientiertes Lernen" in Anlehnung an Aschenbrenner-Wellmann/Geldner 2021: 127 (Quelle: Eigene Darstellung)

Durch den Ausbau Interkultureller- und Diversitäts-Kompetenz auf Seiten der Fachkräfte können diese durch Vielfalt geprägte Arbeitssituationen adäquat und erfolgreich gestalten. Gleichzeitig ist es möglich, durch die systematische Förderung beider Lernmodelle in der Gesellschaft Stereotypen abzubauen und Diskriminierungen entgegenzuwirken. Somit tragen interkulturelles und diversitätsorientiertes Lernen zu einer transkulturellen Gesellschaft bei und müssen entsprechend in die Angebote Sozialer Arbeit einbezogen werden. Denn Adressat*innen der Lernprozesse sind nicht nur Fachkräfte und Migrant*innen, sondern alle in der Gesellschaft zusammenlebenden Menschen.

3.3.2 Interkulturelle und diversitätsorientierte Haltung

Neben Wissen und Fähigkeiten gilt die Haltung als dritte Dimension des Kompetenzspektrums Sozialer Arbeit (vgl. Löcherbach/Puhl 2016: 152). Die eigene fachliche Haltung beruht generell „auf den persönlichen Überzeugungen, theoretischem Wissen sowie der praktischen Erfahrung. Sie macht einen wichtigen Teil der Professionalität in sozialen Berufen aus. Das theoretische Fundament ist nötig, um das eigene Handeln begründen und hinterfragen zu können. […] Die fachliche Haltung […] dient als innerer Kompass, der im Arbeitsalltag die nötige Orientierung gibt, um Entscheidungen zu treffen. Sie ist aber nicht statisch, sondern entwickelt sich mit den Anforderungen der Praxis weiter" (Hochuli-Freund/Stotz 2011: 123f., zitiert nach Rieger 2014: 57). Folglich fördern theoriebasiertes Wissen, Kompetenzerweiterung allgemein und vielfältige Begegnungen die eigene Haltung, wie es in den Lernmodellen zuvor dargestellt wurde. Da interkulturelles Lernen als ein Bereich des diversitätsorientierten Lernens angesehen werden kann, muss hier keine grundlegende Unterschiedlichkeit zwischen den spezifischen Haltungen herausgearbeitet werden, und die nachstehenden Überlegungen gelten für den gesamten Vielfaltskontext.

Eine diversitätsorientierte Haltung kann zunächst mit der „bewussten Wertschätzung aller unterschiedlichen Attribute von Menschen und deren Einfluss auf die zwischenmenschlichen Beziehungen" (Aschenbrenner-Wellmann 2009b: 213) beschrieben werden. Geeignete Schlagwörter für diese Haltung sind daher:

- *Respekt:* „Respekt ist eine Haltung, die jedem Menschen gebührt, unabhängig davon, was er denkt, tut und fühlt. Respekt ist der Ausdruck der Würde, die jedem Menschen zukommt. […] Menschen gebührt diese unbedingte Achtung und Würde, weil sie die Fähigkeit haben, zu jeder Zeit ihrem Leben eine neue Deutung zu geben." (Freise o. J., 3.9.2020)
- *Empathie:* „Empathie bezeichnet die Fähigkeit, seine eigenen Gedanken, Gefühle und Bedürfnisse eine Zeit lang zurückzustellen und in dieser Zeit beim Anderen zu sein und dessen Gedanken, Gefühle und Bedürfnisse wahrzunehmen. […] Es ist der Versuch, in der Lebenswelt des Anderen heimisch zu werden" (Emme 1996: 144 zit. nach Freise o. J., 3.9.2020), ohne die eigenen Wertvorstellungen aufzugeben.
- *Wertschätzung:* steht in enger Verbindung zu Respekt und drückt sich in Interesse, Aufmerksamkeit und Anerkennung gegenüber anderen Menschen und deren Lebensweisen aus.
- *Akzeptanz:* die Bereitschaft bzw. bewusste Entscheidung, einen Menschen und seine Wertvorstellungen anzunehmen, auch wenn diese nicht den eigenen entsprechen.
- *Einbeziehung:* hierunter kann eine partizipative Grundhaltung verstanden werden, die aus Flexibilität, Risikobereitschaft, Geduld, Interesse, Kooperation und Begegnung auf Augenhöhe besteht (vgl. Rieger 2014: 60f.).
- *Ambiguitätstoleranz:* die Fähigkeit, Mehrdeutigkeiten auszuhalten und verschiedene Lebensstile und Wertvorstellungen anzuerkennen.

- *Konfliktfähigkeit:* „bezeichnet die Bereitschaft, mit dem Gegenüber in eine ehrliche Auseinandersetzung zu treten, unangenehme Dinge zu sagen und für die eigene Position einzustehen. Dies soll im Respekt und mit Empathie der anderen Person gegenüber geschehen." (Freise o. J.: 3, 3.9.2020)
- *Ressourcenorientierung:* Fachkräfte gehen davon aus, dass bei allen Adressat*innen und in deren Umfeld Ressourcen vorhanden sind, welche als Kapital angesehen und entsprechend in den Hilfeprozess einbezogen werden.
- *Rassismuskritische Haltung:* Hierunter ist eine Haltung zu verstehen, „die sensibel ist für gruppenbezogene Zuschreibungen und Diskriminierungen, mit denen bestimmte Menschen(gruppen) konfrontiert sind, ohne sie aber essentialisierend auf eine Differenzlinie festzulegen und nur als vermeintliche ‚Migrant_innen' und ‚Opfer von Rassismus' zu sehen" (Müller 2014, zitiert nach Schramkowski/Ihring 2018: 287). Es geht also darum, Machtverhältnisse und ihre Auswirkungen auf strukturelle Teilhabechancen zu reflektieren. Grundlage dieser Haltung ist das Erkennen der eigenen Eingebundenheit in rassistische Normalitätsvorstellungen (vgl. Leiprecht 2011, zitiert nach Schramkowski/Ihring 2018: 287).

Abschließend kann festgehalten werden, dass die Entwicklung einer interkulturellen bzw. diversitätsorientierten Haltung in einem ständigen Wandlungsprozess erfolgt. Durch die Erweiterung von Fähigkeiten und vielfältige Begegnungen verändert sich die Haltung fortlaufend, weshalb Selbstreflexion sowie die in Kapitel 3.3.1 dargestellten Lernprozesse für die Entstehung einer fundierten Professionalität von Sozialarbeiter*innen grundlegend sind.

3.3.3 Teilhabe und Partizipation

Partizipation stellt eine wichtige Basis dar, um Teilhabe, gerade für Menschen in prekären Lebenssituationen, zu verwirklichen. Speziell für Menschen mit Migrationshintergrund ist dieser Zusammenhang zentral, denn „wirklich integriert sind nur diejenigen, die die Chancen und Möglichkeiten haben und nutzen, sich in die Gesellschaft einzubringen, am gesellschaftlichen Leben teilzunehmen und an Entscheidungen teilzuhaben" (Freise 2017: 62).

Häufig wird der Begriff *Teilhabe* nur im Zusammenhang mit der UN-Behindertenrechtskonvention verwendet. Jedoch ist Teilhabe grundsätzlich auf Menschen im Allgemeinen gerichtet (vgl. Söhn/Marquardsen 2017: 7, 12.6.2020). So kann sich eine gleichberechtigte Teilhabe auf das „Recht aller Menschen, unabhängig von ihren Fähigkeiten, Merkmalen oder der Herkunft in der Gemeinschaft gleichberechtigt mit anderen zu leben und in der Gesellschaft mitzubestimmen" (Aktionsbündnis Teilhabeforschung 2015, 14.6.2021), stützen. „Der Grundgedanke der Teilhabe bezieht sich auf die Aufgaben des Sozialstaats: Soziale Rechte und soziale Leistungen sollen die Ansprüche der Sozialgesetzgebung auf Teilhabe am Leben der Gesellschaft [...] sichern." (Beck/Nieß/Silter 2018: 18) Im Kern geht es demnach um die Regulierung von Konflikten im Hinblick auf den sozial ungleichen Zugang zu Gütern und Ressourcen, um ein selbstständiges und selbstbestimmtes Leben führen zu können (vgl. ebd.). Entsprechend zielt Teilhabe auf Zugänge zu gesellschaftlichen Handlungsfeldern wie Soziales, Arbeit, Gesundheit, Politik, Bildung oder Kultur. Gerade Soziale Arbeit muss sich für eine Teilhabe von Immigrant*innen einsetzen, da ihr professionelles Handeln auf eine „Erhöhung von Handlungsoptionen, Chancenvervielfältigung und Steigerung von Partizipations- und Zugangsmöglichkeiten auf Seiten der Klienten" (Dewe/Otto 2001: 6, zitiert nach Filsinger 2017: 7) zielt.

Um den Begriff aus sozialarbeiterischer Sicht näher zu betrachten, soll nachstehend auf eine Differenzierung nach Waldschmidt (2015: 684) eingegangen werden. Dieser folgend kann Teilhabe in drei Bedeutungsvarianten differenziert werden:

1) „To have part of something" ➔ TEILHABE (an etwas)

Hierunter zählen in erster Linie die Vergabe von Rechten und die Gewährung von Leistungen oder speziellen Angeboten. So wird Teilhabe durch rechtliche Rahmenbedingungen definiert, die Teilhabechancen sowohl fördern als auch einschränken können (vgl. Aktionsbündnis Teilhaberforschung 2015: 1, 9.7.2020). Hierzu gehören beispielsweise Zugänge zum Spracherwerb, zu Sozialleistungen oder der Arbeitswelt. Diese müssen für alle offenstehen damit Teilnahme realisiert werden kann.

2) „To take part in something" ➔ TEILNAHME (an etwas)

Unter Teilnahme wird die Nutzung der Angebote der Teilhabe verstanden. Somit ist Teilnahme etwas Aktives und betont die Subjektseite, also das Handeln Einzelner. Damit liegt es an den Adressat*innen der Leistungen, ob sie teilnehmen können und wollen. Für eine Teilnahme braucht es zugängliche Kontexte und strukturell verankerte Möglichkeiten seitens der Adressat*innen. Ein rechtlicher Anspruch allein reicht nicht aus. Die Differenzierung in Teilhabe und Teilnahme ist notwendig, damit Teilhabe nicht in Teilnahme umdefiniert und aus dem Teilnahmerecht eine Teilhabepflicht wird (vgl. Schäper 2010: 93, zitiert nach Beck/Nieß/Silter 2018: 19).

3) „To be part of something" ➔ TEIL SEIN (von etwas)

Der Bereich Teil-sein kann hingegen nicht rechtlich eingefordert werden, da er auf zwischenmenschlicher und emotionaler Basis beruht (vgl. Waldschmidt 2015). Wer Teilnahme ermöglicht bekommt und Teilhabe erreicht, muss noch nicht Teil sein von etwas. Hierfür wird ein Gegenüber, ein wechselseitiger Prozess benötigt. Teil-sein wird allerdings durch Teilhabe unterstützt oder eingeschränkt.

Zusammengefasst stehen damit Teilhabe, Teilnahme und Teil-sein in einem interdependenten Zusammenhang und müssen gemeinsam betrachtet werden. Soziale Arbeit agiert in der Praxis vorrangig im Bereich der Teilhabe, indem sie versucht, diese zu verwirklichen und damit ein Teil-sein zu unterstützen. Mit Blick auf ihr politisches Mandat ist aber auch ein Handeln auf der Teilhabe-Ebene nötig, um strukturelle Rahmenbedingungen kritisch zu hinterfragen und, wo nötig, für eine Veränderung im Sinne der Adressat*innen einzustehen.

Abgesehen vom eben dargelegten Verständnis, kann Teilhabe aber auch als Bewertungsmaßstab für eine erfolgreiche Integration verstanden werden. Söhn und

Marquardsen (2017: 7) erläutern im Forschungsbericht „Erfolgsfaktoren für die Integration für Flüchtlinge" im Auftrag des Bundesministeriums für Arbeit und Soziales hierzu: „Der Maßstab, an dem sich der Erfolg der Integration zu messen hat, zielt auf individuelle Teilhabe- und Verwirklichungschancen ab". Diese Teilhabechancen sind in Anknüpfung an Sen definiert als „Möglichkeiten oder umfassende Fähigkeiten von Menschen, ein Leben führen zu können, für das sie sich mit guten Gründen entscheiden konnten und das die Grundlagen der Selbstachtung nicht in Frage stellt" (Bundesregierung 2005: 9, zitiert nach Söhn/ Marquardsen 2017: 7). Es geht innerhalb dieses Verständnisses von Teilhabe also darum, „dass Flüchtlinge unterschiedliche persönliche Potenziale ‚mitbringen' und in Deutschland auf bestimmte gesellschaftliche und institutionelle Bedingungen treffen, welche ihre Handlungsoptionen und die dann realisierte Teilhabe prägen" (Söhn/Marquardsen 2017: 7).

Unter *Partizipation* hingegen wird ein Struktur- und Handlungsprinzip verstanden, welches die Grundlage darstellt, um Teilhabe zu verwirklichen, da Menschen hierdurch befähigt werden, „aktiv an sozialen, gesellschaftlichen und politischen Prozessen teilzunehmen" (Straßburger/Rieger 2014a: 231). Partizipation kann somit bestimmt werden „als die Teilnahme an und Einflussnahme auf Entscheidungen und Entwicklungen, die das eigene Leben betreffen, sowie die Teilhabe an den Ergebnissen dieser Entscheidungen – also an den Handlungsfeldern und Gütern der Gesellschaft, die für die Lebensführung wichtig sind" (Burdewick 2012, zitiert nach Beck/Nieß/Silter 2018: 21). Folglich bedeutet Partizipation, „an Entscheidungen mitzuwirken und damit Einfluss auf das Ergebnis nehmen zu können" (Straßburger/Rieger 2014a: 230). Hierbei müssen die Adressat*innen stets als Expert*innen ihrer Anliegen angesehen werden (vgl. Straßburger/Rieger 2014b: 43). Dies ist gerade für die Soziale Arbeit zentral, denn „die Qualität einer sozialen Dienstleistung erwächst nicht daraus, dass eine Fachkraft in bester Absicht ein in ihren Augen hilfreiches Angebot entwickelt, sondern indem sie herausfindet, was Menschen erreichen wollen und wie sie sie dabei unterstützen kann" (Straßburger/Rieger 2014b: 42).

Partizipation in der migrationsbezogenen Sozialen Arbeit verspricht viele Vorteile: Angebote können besser an die Interessen und Bedürfnisse der Adressat*innen angeglichen werden; Ressourcen können gebündelt werden; Menschen werden zu mehr Selbstbeteiligung und Selbstständigkeit ermächtigt; Integration kann besser gelingen, da die Angebote an den Adressat*innen ausgerichtet werden und sie die Unterstützung bekommen, die sie wirklich brauchen. Doch Partizipation ist nicht so einfach realisierbar. Sie stellt einen langen Lern- und Entwicklungsprozess dar, zu dem meist nicht alle Beteiligten bereit sind. Denn Machtträger*innen müssen ihre Macht teilen und alle anderen ebenfalls ihre Aufgaben innerhalb der Partizipation wahrnehmen. So kostet es oft viel Energie und Überzeugungskraft, bis alle zum Mitmachen gewonnen sind. Partizipation erfordert also viel Zeit und Mut auf allen Seiten.

Aus diesem Grund werden klare Vereinbarungen benötigt, die regeln, wie weit das Recht auf Mitbestimmung jeweils geht. Straßburger entwickelte hierfür ein Stufenmodell, das zwei Perspektiven umfasst: die professionelle-institutionelle und die bürgerschaftliche Perspektive. Innerhalb dieses Modells muss eine höhere Stufe der Partizipation nicht immer die bessere sein. Es ist zwar erstrebenswert, so viel Partizipation wie möglich zu realisieren, jedoch hängt es immer von den konkreten Gegebenheiten ab, welche Stufe sich für die Beteiligten als Geeignetste erweist (vgl. Straßburger/Rieger 2014a: 231ff.):

Tabelle 8: Partizipationsstufen nach Straßburger und Rieger 2014a: 232f. (Quelle der Darstellung: Aschenbrenner-Wellmann/Geldner 2021: 133)

Stufe	Institutionell-professionelle Perspektive	Bürger*innen/Adressat*innen Perspektive
1	Informieren	Sich informieren
2	Meinung erfragen	Im Vorfeld von Entscheidungen Stellung nehmen
3	Lebensweltexpertise einholen	Verfahrenstechnisch vorgesehene Beiträge einbringen
4	Mitbestimmung zulassen	An Entscheidungen mitwirken
5	Entscheidungskompetenz teilweise abgeben	Freiräume der Selbstverantwortung nutzen
6	Entscheidungsmacht übertragen	Bürgerschaftliche Entscheidungsfreiheit ausüben
7		Zivilgesellschaftliche Eigenaktivität

Um dieses Modell in die Praxis zu übersetzen, wird nachstehend die Adressat*innen-Perspektive aus Sicht von Familie Alschami bezüglich ihrer Sozialintegration dargestellt:

1. *Sich informieren:* Die Familie Alschami informiert sich über Deutschkurse, Integrations- und Vereinsangebote vor Ort, um ihren Integrationsprozess zu gestalten.
2. *Stellung nehmen:* Frau Alschami möchte einen Deutschkurs im Nachbarort besuchen, bekommt hierfür jedoch keine Busfahrkarte bezahlt. Sie geht auf das Jobcenter zu, um für Unterstützung zu bitten. Ob die Fahrkarte bezahlt wird, liegt allerdings nicht in ihrer Hand.
3. *Beiträge einbringen:* Das Ehepaar Alschami besucht eine Bürgerfragestunde zu den Flüchtlingsunterkünften, um ihre Ideen und Meinungen einzubringen. Ob diese Beachtung finden, entscheiden jedoch nicht sie.
4. *Mitwirkung:* Die Familie Alschami wirkt an Entscheidungen bezüglich ihres Integrationsprozesses mit. Dies erfolgt bspw., indem Sozialarbeiter*innen oder das Jobcenter mit ihr zusammen über mögliche Integrations- oder Jobangebote entscheidet.

5. *Selbstverantwortung nutzen:* Da Herr Alschami die nötigen Erfahrungen und Kompetenzen mitbringt, werden ihm bestimmte Aufgaben zugetraut. Seit Kurzem ist er in der Gemeinschaftsunterkunft als Streitschlichter tätig.
6. *Entscheidungsfreiheit ausüben:* Die Familie Alschami möchte die gesellschaftliche Integration vor Ort fördern. Sie wendet sich an den Freundeskreis Asyl und die Integrationsmanagerin, um einen Begegnungsnachmittag für Einheimische und Zuwander*innen zu organisieren.
7. *Eigenaktivität:* Die Familie Alschami lebt inzwischen in einer eigenen Wohnung. Herr Alschami arbeitet bei einer Firma im Nachbarort, und Frau Alschami kümmert sich seit Ende ihres Integrationskurses zu Hause um ihre Kinder. Sie brauchen keinerlei Unterstützung mehr seitens des Jobcenters oder Sozialamtes.

Ausgehend von diesem Beispiel, kann im Kontext der Sozialen Arbeit davon ausgegangen werden, dass die vierte Stufe als wesentliche Grundlage für Partizipation angesehen werden muss, da die ersten drei Stufen lediglich Vorstufen der Beteiligung darstellen. Zudem verläuft der Partizipationsprozess nicht immer geradlinig, sondern kann durch zirkuläre Verläufe und Stillstände in verschiedenen Bereichen gekennzeichnet sein. Gerade deshalb stellt er ein langfristiges Unterfangen dar, das viel Zeit und Engagement von allen Beteiligten benötigt.

Um Partizipation umsetzen zu können, werden folgende Kompetenzen von Seiten der Fachkräfte benötigt (in Anlehnung an Straßburger/Rieger 2014a: 235):

- *Zutrauen:* Alle Menschen besitzen viel Potenzial. Sozialarbeiter*innen müssen ihre Adressat*innen dabei unterstützen, dieses zu entfalten.
- *Interesse:* Sozialarbeiter*innen nehmen eine Haltung der Neugier ein. Sie wollen ihr Gegenüber kennenlernen und sind gespannt, welche Ressourcen sie bei ihm/ihr entdecken.
- *Offenheit:* Fachkräfte wollen fremde Sicht- und Verhaltensweisen kennenlernen und verstehen.
- *Risikobereitschaft:* Weder Verlauf noch Inhalt und Zusammenarbeit im Partizipationsprozess können die Fachkräfte vorgeben. Deshalb müssen sie sich immer wieder neu auf das einlassen, was gerade situationsspezifisch erforderlich ist.
- *Weitsicht:* Partizipation braucht viel Zeit. Daher müssen sich Sozialarbeiter*innen immer wieder dafür einsetzen, die Rahmenbedingungen ihrer Arbeit zu optimieren.

Zusammengefasst bedeutet Partizipation, sich mit allen Beteiligten gemeinsam in dialogischer Haltung auf den Weg zu machen und allen die Möglichkeit zu eröffnen, in vorher festgelegtem Maße an Entscheidungen, die sie betreffen, mitzuwirken. Durch Partizipation soll die Teilhabe bzw. Teilnahme in allen gesellschaftlichen Bereichen realisiert und hierdurch ein Teil-sein unterstützt werden.

Während gesellschaftliche Bereiche wie Arbeit, Sprache oder Bildung bereits vielseitig im Teilhabekontext diskutiert werden, gerät die politische Teilhabe meist aus dem Blick. Entsprechend soll sich der hier anschließende Exkurs mit Chancen und Grenzen politischer Teilhabe und politischer Bildung im Kontext von Migration und Flucht auseinandersetzen.

> **Exkurs: Politische Partizipation mit Geflüchteten**
>
> Politische Prozesse mitzubestimmen und daran teilzuhaben, erzeugt das Gefühl, ein aktiver Teil der Gesellschaft zu sein und sich als zugehörig zu definieren. Daher müsste politische Teilhabe gerade im Bereich der Sozialintegration von Geflüchteten thematisiert und offensiv angegangen werden. Doch politische Teilhabe nimmt in öffentlichen Debatten oft einen nachrangigen Status ein, auch wenn ihre Förderung ein erklärtes integrationspolitisches Ziel darstellt (vgl. Cyrus/Vogel 2007, zitiert nach Cyrus o. J., 9.7.2020). Grundsätzlich kann politische Teilhabe wie folgt differenziert werden:
>
> - Informelle politische Teilhabe: umfasst z. B. Proteste, Demonstrationen, Bürgerinitiativen oder ehrenamtliche Tätigkeiten. Diese Teilhabe steht allen Bürger*innen, ungeachtet ihrer Staatsangehörigkeit, offen.
> - Formale politische Teilhabe: ist stärker gesetzlich reglementiert. Ihre wichtigsten Formen sind das aktive und passive Wahlrecht. Dieses ist wiederum an die deutsche Staatsangehörigkeit gebunden (vgl. Wilmes 2018, 10.7.2020).
>
> Damit ist politische Teilhabe nicht nur erforderlich für eine demokratische Entscheidungsfindung, „sondern bietet dem Bürger auch Entwicklungs- und Selbstverwirklichungsmöglichkeiten. Ohne politische Partizipation wäre eine Demokratie unvorstellbar, da sich Demokratie auf das *Regieren durch die Bürger* bezieht" (Van Deth 2009: 141). Jedoch bleibt Geflüchteten eine formale politische Teilhabe rechtlich verwehrt, da sie keine deutsche Staatsbürgerschaft besitzen. Eine vollständige Partizipation kann allerdings nur durch eine gleichberechtigte Teilnahme an Wahlen erreicht werden. Folgerichtig muss der Ausschluss von Geflüchteten ohne deutsche Staatsbürgerschaft aus dem politischen System Deutschlands unserer Meinung nach als Demokratiedefizit gewertet werden. Somit stehen Zuwander*innen aktuell lediglich informelle Wege zur politischen Beteiligung offen. Doch auch diese sind meist begrenzt: Sprachbarrieren, mangelnde Kenntnisse über das politische System des Aufnahmelandes und seine Teilhabemöglichkeiten sowie kaum Selbstwirksamkeitserfahrungen und Kompetenzen in diesem Bereich (vgl. Hunger/Cadan 2009, 10.7.2020; Wilmes 2018, 10.7.2020).
>
> Folglich rückt politische Bildung in den Mittelpunkt der Handlungsoptionen, wenn es um die Verwirklichung politischer Teilhabechancen geht. Politische Bildung initiiert politische Bildungsprozesse, in denen es darum geht, das Verhältnis der Einzelnen zur Gestaltung des Politischen zu bestimmen. Diesen Prozessen liegt die Annahme zugrunde, dass Demokrat*innen nicht schon als solche geboren werden, sondern Demokratie in jeder Generation neu erlernt werden muss. So formen Parteien, Medien und das soziale Umfeld politische Einstellungen und Entscheidungen Einzelner (vgl. Bundeszentrale für politische Bildung o. J.[b], 8.7.2020). In diesem Bereich verfolgt politische Bildung zwei Ziele (vgl. Bundesministerium des Innern, für Bau und Heimat o. J.[c]):
>
> - Sie soll Bürger*innen Wissen und Kompetenzen vermitteln, „mit denen sie sich ein eigenes Urteil bilden und selbstbestimmt Entscheidungen fällen können" (ebd.).

- Sie soll Bürger*innen befähigen, eigene Situationen reflektieren zu können, Selbstverantwortung und Verantwortlichkeit für die Gesellschaft zu erkennen und gestaltend auf Prozesse einzuwirken (vgl. ebd.).

Damit unterstützt politische Bildung die eigenständige Auseinandersetzung mit dem Wirklichkeitsbereich Politik, ohne die Ergebnisse, Meinungen, Urteile oder Überzeugungen der Lernenden vorwegnehmen zu wollen. Folgerichtig kann nur das Prinzip der ‚Mündigkeit' als Grundmuster für eine demokratische politische Bildung angesehen werden, innerhalb der Lernende auch zu anderen Einschätzungen und Ergebnissen als die Lehrenden kommen können (vgl. Sander 2005: 17). Politische Bildung muss generell zwar unparteiisch ausgerichtet, aber nicht wertfrei sein. Als ihre Grundlage ist stets das Werte- und Demokratieverständnis anzusehen. Entsprechend soll politische Bildung dort ansetzen, wo der Zusammenhalt der Gesellschaft in einer freiheitlichen Demokratie gefährdet scheint. Hierbei muss sie die Toleranz-, Kritik- und Konfliktfähigkeit von Menschen sowie die Pluralität der Gesellschaft fördern (vgl. Bundesministerium des Innern, für Bau und Heimat o. J.c).

Durch vermehrte Einwanderung von Menschen aus anderen politischen Verhältnissen wachsen die Aufgaben der politische Bildungsarbeit. So ist sie heute verpflichtet, einen Beitrag für die politische Integration und für religiöse und politische Toleranz bei gleichzeitig verbindlichen demokratischen Grundwerten zu leisten (vgl. Politische Stiftungen Deutschland 2011: 5, 8.7.2020). Durch politische Bildungsprozesse soll Geflüchteten Wissen und Kompetenzen vermittelt werden, um ihnen eine eigenständige Urteilsbildung zu ermöglich, damit sie sich aktiv in das Gemeinwesen einbringen können. Da Geflüchtete meist über Grundkenntnisse zur Demokratie als Staatsform verfügen, jedoch keine konkreten Handlungserfahrungen mitbringen, gilt es vor allem demokratische Handlungsoptionen auszubilden (vgl. Waldmann 2019: 12, 10.7.2020). Insofern kann generell die Vermittlung von Demokratiekompetenz als wichtig erachtet werden. Diese kann nach Himmelmann (2005: 18f., 21.6.2021) folgendermaßen unterteilt werden:

Kognitive Fähigkeiten	Praktisch-instrumentelle Fähigkeiten
■ Sachkenntnis ■ Unterscheidungsvermögen ■ Aussagen im Gesamtkontext erörtern und weiterführende Fragestellungen erarbeiten können ■ Ursprünge, Hintergründe und Geschichte untersuchen und erklären können ■ Folgen-, Zukunfts- und Problemlösungsfähigkeit ■ Argumentationsfähigkeit für oder gegen eine Position ■ Begründungs- und Handlungsfähigkeit ■ Reflexionsfähigkeit	■ Argumentations- und Dialogfähigkeit, Empathie ■ Interessenvertretung und Selbstwirksamkeit ■ Zivilität ■ Sensibilität und Solidarität ■ Interaktions-, Organisations- und Kooperationsfähigkeit ■ Konfliktfähigkeit ■ Kompromiss- und Konsensfähigkeit, Zivilcourage ■ Verantwortungsbereitschaft, Gemeinschaftssinn
(vgl. auch den Katalog bei Audigier 2002: 22; CCE 2003: 5, zit. nach Himmelmann 2005: 18f.)	(vgl. auch den Katalog bei Duerr, Spajic-Vrkas & Martins 2000: 67, zit. nach Himmelmann 2005: 19)

Neben einer politischen Bildung, die ausgerichtet ist auf Mündigkeit und der Befähigung zu politischer Teilhabe, wird diese auch immer häufiger in der Auseinandersetzung mit Extremismus-Prävention zu einer zentralen Handlungsstrategie. Begründet werden kann dies mit der Tatsache, dass Geflüchtete mit anderspolitischen Hintergründen in Deutschland leben und deshalb erst zur Demokratie „erzogen werden müssen". Somit berufen sich Vertreter*innen dieser Sichtweise nicht auf das Ziel der Mündigkeit und Teilhabe von Geflüchteten, sondern vielmehr auf die Demokratie, weil es diese „zu schützen" gilt. Durch politische Bildung soll also Demokratieerziehung erfolgen, um präventiv gegen antidemokratische und religiös motivierte Radikalisierungstendenzen eintreten zu können (vgl. Bundesministerium für Familie, Senioren, Frauen und Jugend/Bundesministerium des Innern 2016: 11, 7.7.2020). Oberstes Ziel ist hierbei Menschen zu befähigen, sich in modernen Gesellschaften zu orientieren und politische und gesellschaftliche Fragen und Probleme zu beurteilen. Gleichzeitig sollen sie ermuntert werden, für Freiheit, Demokratie, Menschenrechte und Frieden einzustehen (vgl. Kultusministerkonferenz o. J. 13.7.2020).

Diese Ziele mögen positiv und auf Teilhabe ausgelegt wirken. Jedoch wird Geflüchteten durch die Zuschreibung eines generellen Bedarfs an Demokratieerziehung schnell Demokratiefeindlichkeit und eine diesbezügliche Hilfebedürftigkeit unterstellt, eine Argumentationskette, die in dieser Eindeutigkeit nicht zutreffend ist. Denn auch wenn Geflüchtete meist aus Ländern mit einer anderen Staatsform als der Demokratie einreisen, ist nicht automatisch davon auszugehen, dass auch sie demokratiefern oder gar -feindlich sind. Durch eine generell präventiv formulierte Zielsetzung werden Geflüchtete jedoch per se als „normabweichend" dargestellt. Eine Kategorisierung, die nicht zu politischer Teilhabe, sondern zu Exklusion und Diskriminierungen führen kann. Gleichzeitig wird eine Bringschuld der Geflüchteten bezüglich ihrer politischen Teilhabe eingefordert, auf welche sie nicht selbstbestimmt Einfluss nehmen können. Darüber hinaus kann politische Bildung in diesem Zusammenhang als Präventionsmaßnahme instrumentalisiert werden. Doch „politische Bildung ist als eigenständiges Bildungs- und Erfahrungsfeld mit ihrem aufklärend-kritischen Kernauftrag und ihren Prinzipien mehr als Prävention, hat aber zugleich präventive Effekte und Wirkungen" (Hafeneger 2019: 22). Oft werden Präventionsbedarfe festgelegt und mit dem Versprechen verbunden, durch politische Bildung drohende Entwicklungen in den Griff zu bekommen. Folglich steht politische Bildung im Bereich von Extremismusprävention unter enormem Druck (vgl. ebd.: 22f.). Politische Bildung ist aber keine gesellschaftspolitische Feuerwehr mit Sofortgarantie. Politische Bildung setzt vielmehr auf mittel- und langfristige Lern- und Veränderungsprozesse (vgl. Ahlheim 2005: 381). Entsprechend muss politische Bildung im Kernbestand als Ermöglichung zur Mündigkeit und Teilhabe aller in der Gesellschaft lebenden Menschen verstanden werden. Eine Eingrenzung auf den Präventionsgedanken stellt eine Verkürzung und Funktionalisierung der Ausübung demokratischer Rechte dar (vgl. Hafeneger/Sturzenhecker/Wohnig 2019: 13f.).

Dennoch gibt es in Deutschland fundamentalistische islamistische Ideologien wie den Salafismus, die nicht unterschätzt werden sollten. Ziel dieser Ideologien ist es, einen „Gottesstaat" nach ihrer spezifischen Auslegung der Scharia zu errichten, in der die freiheitliche demokratische Grundordnung keine Geltung mehr haben darf. Neben offensiver Missionierungsabsicht greifen sie teilweise auch zu Gewalt, um ihre Ziele durchzusetzen (vgl. Bundesamt für Verfassungsschutz o. J., 10.7.2020). Hinzu kommt eine bei islamisch geprägtem Fundamentalismus beobachtbare „Westphobie", in der alle Schuld an den Missständen dieser Welt dem Westen zugeschrieben wird (vgl. Khorchide 2015, zitiert nach Freise 2017: 143). Zur salafistischen Szene gehören in Deutschland vor allem junge Muslim*innen. Islamismus ist aber kein reines Migrationsthema, da auch junge deutsche Menschen vereinzelt zu fundamentalistischen Strömungen des Islams konvertieren (vgl. Freise 2017: 143).

Angesichts dieser aktuellen gesellschaftspolitischen Herausforderungen scheint es wenig sinnvoll, politische Bildung, Teilhabe und Prävention zu trennen, da sie keine entgegengesetzten Begriffe sind, sondern unterschiedliche Aufgaben und Sichtweisen desselben Themas akzentuieren. Zudem schließen alle Aspekte eine demokratische Orientierung, Hilfsangebote und Möglichkeiten der Kooperation ein. Entsprechend muss sich politische Bildungsarbeit mit dem entstehenden Spannungsfeld zwischen Teilhabeermöglichung und Prävention auseinandersetzen. Die Frage ist daher vielmehr: Welches Ziel soll vorrangig in politischen Bildungsprozessen verfolgt werden?

Aus Sicht der Sozialen Arbeit und in Anbetracht der dargestellten Zielsetzung politischer Bildung müssen in erster Linie Mündigkeit und Teilhabe erreicht werden. Nur so kann politische Partizipation eine erfolgreiche Sozialintegration und ein Transformieren zu einem Gemeinsamen unterstützen und einer generellen Defizitzuschreibung aller Geflüchteten im politischen Sektor vorgebeugt werden. Zudem wirken Teilhabemöglichkeiten präventiv, wohingegen Präventionsmaßnahmen allein kaum Teilhabechancen verwirklichen können. Folgerichtig muss politische Bildung stets „positiv auf die Realisierung der Rechte der Mitentscheidung und nicht negativ auf die Vorbeugung von Demokratiefeindlichkeit" (Hafeneger/Sturzenhecker/Wohnig 2019: 14) ausgerichtet sein. Sozialarbeiter*innen soll dabei bewusst sein, dass sie innerhalb dieses Arbeitsfeldes in einem Spannungsverhältnis zwischen Etikettierung und Diskriminierungssensibilität stehen und dieses Konfliktfeld reflektiert werden muss, um eine klient*innenzentrierte, lebensweltorientierte und integrationssensible Soziale Arbeit mit dem Ziel politischer Teilhabe verwirklichen zu können.

3.3.4 Empowerment

Der Terminus *Empowerment* ist inzwischen ein fester Bestandteil in Fachdiskursen innerhalb der Sozialen Arbeit geworden. Meist wird er auch als *Schlüsselperspektive* für gelingende Professionalität bezeichnet. Jedoch wird der Begriff sehr verschieden angewendet und auch in seiner Relevanz kontrovers diskutiert.

Wörtlich übersetzt bedeutet Empowerment „Selbstbefähigung", „Selbstermächtigung" oder „Stärkung von Eigenmacht und Autonomie" (vgl. Herriger 2014: 13). Empowerment, verstanden als „Entwicklungsprozesse in der Dimension Zeit, in deren Verlauf Menschen die Kraft gewinnen, derer sie bedürfen, um ein nach eigenen Maßstäben buchstabiertes ‚besseres Leben' zu leben" (ebd.), ist wohl der kleinste gemeinsame Nenner aller Definitionen dieses Konzepts (vgl. ebd.). Denn das, was das „Mehr am Lebenswert" ausmacht, öffnet Raum für diverse Interpretationen und Ideologien. Es geht also darum, innerhalb eines Prozesses Menschen zu ermutigen, ihre eigenen Kräfte und Kompetenzen wahrzunehmen und selbst über ihr eigenes Leben zu bestimmen (vgl. ebd.; Rosenstreich 2018: 7). In Deutschland wurde der Begriff vor allem von Selbsthilfeinitiativen im Kontext emanzipatorischer Bewegungen, insbesondere der Frauenbewegung und von Migrant*innen-Selbstorganisationen, genutzt (vgl. Rosenstreich 2018: 7).

Um die Lesarten des Begriffs nachvollziehbar zu machen, wird hier auf eine Annäherung nach Herriger (2014: 14ff.), bestehend aus vier Zugängen, zurückgegriffen:

1. **Politische Verstehensweise:**

Den Kern des Begriffes Empowerment bildet das Wort „power", das mit „politischer Macht" übersetzt werden kann. Damit wird die strukturelle Ungleichverteilung von politischer Macht und Einflussnahme thematisiert (vgl. Herriger 2014: 14). Diesem Verständnis folgend umfasst Empowerment einen konflikthaften Prozess der Umverteilung der politischen Macht sowie ein Mehr an demokratischen Partizipationsmöglichkeiten (vgl. Berger/Neuhaus 1996: 164, zitiert nach Herriger 2014: 14). Dem folgend kann an dieser Stelle eine Definition von Empowerment nach Rosenstreich (2018: 7) eingebunden werden. Für sie geht es bei Empowerment um die „Ausweitung von Machtzugang und damit von Handlungsspielräumen minorisierter Gruppen auf der Grundlage von Selbstdefinition und Selbstbestimmung" (Rosenstreich 2018: 7).

2. **Lebensweltliche Verstehensweise:**

Unter „power" kann aber auch Stärke, Kompetenz, Durchsetzungskraft oder Alltagsvermögen verstanden werden (vgl. Herriger 2014: 15). Insofern beschreibt Empowerment „das Vermögen von Menschen, die Unüberschaubarkeiten, Komplikationen und Belastungen ihres Alltags in eigener Kraft zu bewältigen, eine eigenbestimmte Lebensregie zu führen und ein nach eigenen Maßstäben gelingendes Lebensmanagement zu realisieren" (Herriger 1991; 1995; Keupp 1997, zitiert nach Herriger 2014: 15). Nach diesem Verständnis werden Ressourcen der Individuen im Hinblick auf ihre Möglichkeiten, ein autonomes Leben zu führen, thematisiert (vgl. ebd.).

3. **Reflexive Verstehensweise:**

Im reflexiven Sinn meint Empowerment „die aktive Aneignung von Macht, Kraft und Gestaltungsvermögen durch die von Machtlosigkeit und Ohnmacht Betroffenen selbst" (Herriger 2014: 16). Darunter ist ein Prozess der Selbstbemächtigung und Selbstaneignung von Lebenskräften zu verstehen: Menschen befreien sich aus ihrer Abhängigkeit und werden selbst zu aktiven Akteur*innen. Somit wird der Aspekt der Selbsthilfe und Selbstorganisation der Betroffenen in den Mittelpunkt gerückt (vgl. z. B. Stark 1993: 41, zitiert nach ebd.).

4. **Transitive Verstehensweise:**

Diese Herangehensweise betont schließlich den Aspekt des Ermöglichens, der Unterstützung von Selbstbestimmung durch andere. Hierzu zählen beispielsweise Aktivitäten der Sozialen Arbeit, die ihre Adressat*innen ermutigen und stärken soll, ihre Selbstgestaltungskräfte zu erproben und zu nutzen. Handlungsziel ist es, Individuen vielfältige Ressourcen für ein gelingendes Lebensmanagement zur Verfügung zu stellen (vgl. z. B. Stark 1993: 41, zitiert nach Herriger 2014: 17).

Zusammengefasst bedeutet Empowerment demnach Selbstermächtigung, Stärkung der Eigenmacht und Autonomie. Es beschreibt mutmachende Prozesse, in denen Menschen ihre Angelegenheiten selbst in die Hand nehmen und sich ihrer Fähigkeiten bewusst werden (vgl. Herriger 2014: 20). Gerade für die migrationsbezogene Soziale Arbeit ist diese Methode grundlegend, da durch diese Sichtweise die häufig verbreitete Defizitzuschreibung einer Ressourcenorientierung weicht. Damit wird der Blick auf die Stärken und Kompetenzen der Adressat*innen gelenkt. Begleitet werden muss diese Perspektive durch eine entsprechende Haltung der Fachkräfte, die die Förderung Einzelner und Gruppen in politischen Zusammenhängen fokussiert und Selbstorganisationen sowie gemeinschaftliches Handeln fördert (vgl. Wendt 2017: 40). Diese Haltung ist insbesondere für die migrationsbezogene Soziale Arbeit bedeutsam, um Zuwander*innen zu einem selbstbestimmten und anerkennungsfähigen Leben zu verhelfen.

Rosenstreich (2018: 8f.) gibt jedoch zu bedenken, dass Empowerment in erster Linie nicht Individuen, sondern Gruppen betrifft, da sich dieses Konzept auf die Änderung von gesellschaftlichen Unterdrückungsverhältnissen bezieht, und dass es häufig die systematische Einschränkung der Entfaltungsmöglichkeiten von Gruppen betrifft. Da diese Begrenzungen aber individuell erlebt werden, ist eine individuumsbezogene Auslegung des Empowermentansatzes inzwischen weit verbreitet (vgl. ebd.). Es besteht jedoch die Gefahr, dass zwar Individuen z. B. durch Bildung „empowered" werden, diese aber an strukturellen Rahmenbedingungen scheitern, wodurch die erlangten Kompetenzen nur bedingt Auswirkungen zeigen (vgl. Gutiérrez Rodríguez 1999, zitiert nach Rosenstreich 2018: 8). Durch diesen Mechanismus können gesellschaftliche Machtverhältnisse verschleiert oder gar verstärkt werden (vgl. Rosenstreich 2018: 8). Zudem bewertet Rosenstreich (2018: 8f.) die oben beschriebene transitive Verstehensweise kritisch. Hierdurch werde minorisierten Menschen aus einer Machtposition heraus etwas „angetan". So schildern Sozialarbeiter*innen bspw. ihr Vorgehen folgendermaßen: „Ich empowere meine Klient*innen." Ein Agieren in diesem Sinne stellt jedoch kein Empowerment dar, da die Aspekte der Selbstbestimmung und Selbstbefreiung vollkommen verloren gehen.

Gerade deshalb muss Empowerment als Prozess verstanden werden, der, um wirksam werden zu können, weder klare Grenzen, konkrete Ziele oder vorgegebene Abläufe erfordert. Vielmehr definieren minorisierte Gruppen selbst ihr Identitätsverständnis, ihre Erfahrungen, Interessen, Bedürfnisse, Visionen, Forderungen und Strategien und die entsprechenden Entscheidungsprozesse. Denn mit der Stärke und Macht einer Gruppe ändert sich auch ihr Selbstverständnis und ihre Bedürfnisse fortlaufend (vgl. Rosenstreich 2018: 8). Daher gibt es auch für Sozialarbeiter*innen keine konkreten Handlungsansätze, wie genau Ressourcen ausgebaut und angeeignet werden können. „Oft geht es darum, sich mit der eigenen Verinnerlichung von und Erfahrung mit Unterdrückungsverhältnissen auseinanderzusetzen, sich die Definitionsmacht über die eigene Lebensrealität und die eigenen Bedürfnisse anzueignen, neue Formen der Kommunikation, Partizipation und Selbstorganisation auszubauen und in Kontakt mit der eigenen Kraft zu kommen, sie zu fördern und im Sinne der Emanzipation und der Änderung gesellschaftlicher Strukturen einzusetzen." (Rosenstreich 2018: 8)

An dieser Stelle ist festzuhalten, dass Empowerment als Haltung für die migrationsbezogene Soziale Arbeit bedeutsam ist, um Selbstorganisationen zu fördern und Menschen darin zu unterstützen, ihre eigenen Ressourcen wahrnehmen und nutzen zu können. In welchem Schritt diese Haltung umgesetzt wird, muss jedoch stets prozesshaft, partizipativ und situationsbedingt mit den Adressat*innen gemeinsam erarbeitet werden, sodass deren Bedürfnisse im Mittelpunkt stehen. Folglich müssen Sozialarbeiter*innen ihre eigene Machtposition kritisch hinterfragen und einen direkten solidarischen Beitrag zum Empowerment beitragen, indem sie ihre Macht mit minorisierten Gruppen teilen (vgl. Rosenstreich 2018: 9). Wendt (2017: 40) erläutert in diesem Zusammenhang, dass das Grundproblem des Empowerment-Konzeptes gerade in der Selbstbefähigung durch Außenstehende wie Sozialarbeiter*innen liege, da hierdurch Selbsthilfe durch Fremdhilfe gefördert werden soll (vgl. Röh 2006: 362, zitiert nach ebd.). Hier stellt sich die berechtigte Frage, wie sich Menschen dazu befähigen lassen, sich selbst zu befähigen.

Eine mögliche Antwort kann im Modell des *Powersharings* gefunden werden. Dieser Begriff wurde innerhalb Deutschlands von Rosenstreich (2018) eingeführt und gilt als Appell, die eigene Macht anzuerkennen und zu teilen, sodass sich Menschen mit bislang weniger Macht auf Grundlage ihrer Selbstdefinition und Bedürfnisse selbst empowern können. „Powersharing bezeichnet das Zurverfügungstellen von Ressourcen für das Empowerment von minorisierten Gruppen, ohne über deren Verwendung zu bestimmen. Solche Ressourcen können Zeit, Raum, Geld, materielle Ressourcen oder auch immaterielle Ressourcen wie Öffentlichkeit, Status oder Kompetenzen sein." (Rosenstreich 2018: 9) Auch für das Powersharing gibt es keine allgemeingültigen „Rezepte" und Anleitungen. Voraussetzungen sind aktives Zuhören, um die Interessen der Gruppen zu erkennen und die Bewusstmachung der eigenen Privilegien und Ressourcen. Eine Herausforderung besteht somit darin, als Sozialarbeiter*in auszuhalten, wenn Adressat*innen andere Interessen haben oder andere Entscheidungen treffen als das, was die Professionellen selbst für richtig halten, und dennoch die Unterstützung nicht hiervon abhängig zu machen (vgl. ebd.).

Zusammengefasst kann festgehalten werden, dass sich Empowerment und Powersharing ergänzen und daher zusammen in Anwendung gebracht werden müssen: Empowerment aus der Position einer relativen Machtlosigkeit und Powersharing aus der privilegierten Position heraus (vgl. Rosenstreich 2018: 9). Nur in Verbindung beider Konzepte kann ein Selbstempowerment erreicht werden das tatsächlich Handlungsspielräume für Adressat*innen eröffnet und gleichzeitig gesellschaftliche Machthierarchien kritisch in den Blick nimmt.

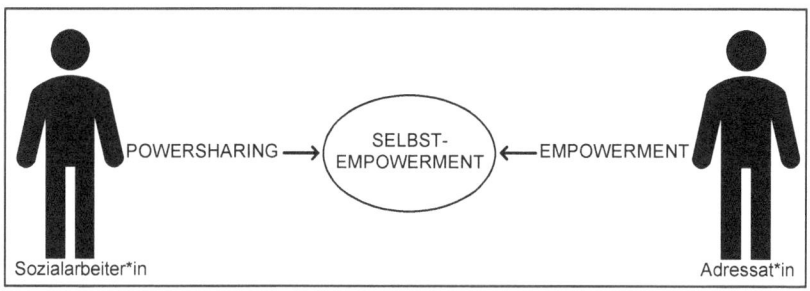

Abbildung 14: Selbstempowerment (Quelle: Eigene Darstellung)

3.3.5 Antirassismusarbeit

Antirassismusarbeit kann als konsequente Weiterführung der interkulturellen und diversitätsorientierten Haltung in der gegenwärtigen gesellschaftlichen Gemengelange betrachtet werden. Denn bereits seit den großen Migrationsbewegungen von 2015 breitet sich Rechtspopulismus, Rassismus und Neonationalismus schnell in unserer Gesellschaft aus. Während der Corona-Pandemie im Sommer 2020 erlebte Deutschland einen erneuten Aufschwung rechter Bewegungen. So zeichnete sich am 29. August in Berlin bei einer Corona-Demonstration ein erschreckendes Bild ab: Corona-Leugner*innen, Impfgegner*innen und Querdenker*innen demonstrierten Seite an Seite mit Verschwörungstheoretiker*innen, Rechtsradikalen und Reichsbürger*innen. Viele Bürger*innen störten sich nicht einmal an den Rechtsextremen in ihren Reihen, die mit Reichsfahnen vor dem Reichstag ihre Ideologie zur Schau stellten.

Doch was vereint all diese scheinbar unterschiedlichen Gruppen? Es ist ein gemeinsames Feindbild: ihre Erklärung dafür, warum die Welt so schlecht ist. Ihr Feind, das sind stets die Fremden – Juden, Migrant*innen, Muslime. „Es [die Demonstranten] sind Antisemiten. Es sind Rassisten. In ihrer Verschwörungserzählung verbindet sich die Verachtung von Muslimen und die Verteufelung von Juden, und wer sich nicht erinnern mag, wohin das führt, der blicke nach Halle oder Hanau." (Steinke 2020, 7.9.2020) Rassismus und Diskriminierungen werden damit immer weiter salonfähig, und die Rechten erhalten eine Bühne für ihre menschenunwürdige Ideologie. Dies ist weder für eine plurale Gesellschaft noch eine professionell agierende Soziale Arbeit hinnehmbar. Denn der Schutz vor Diskriminierung und Rassismus stellt ein wesentliches Prinzip der Menschenrechte dar. Somit ist es Aufgabe der Sozialen Arbeit, gegen Diskriminierung und Rassismus einzutreten, um für die Würde aller Menschen einzustehen und Menschenrechte zu sichern. Folgerichtig muss Antidiskriminierungs- und Antirassismusarbeit gerade in der Praxis Sozialer Arbeit eine zentrale Rolle einnehmen.

Obwohl beide Modelle eng miteinander verbunden sind, wird an dieser Stelle zunächst eine kurze Differenzierung der Begriffe „Diskriminierung" und „Rassismus" vorgenommen, ehe vertiefend auf das Konzept der Antirassismusarbeit eingegangen wird.

Mit dem Begriff *Diskriminierung* ist „eine besondere Art der Differenzierung gemeint, nämlich eine Ungleichbehandlung, die sachlich nicht begründet ist sowie Gleichheits- und Gleichbehandlungsgrundsätzen widerspricht und eine Benachteiligung zum Ziel oder zur Folge hat" (Rittstieg/Rowe 1992: 60ff., zitiert nach Schulte/Treichler 2010: 114). Bei der Entstehung von Diskriminierung werden diese Differenzierungen bzw. Unterschiede zwischen den Menschen bewertet und in eine Rangordnung gebracht. „Diese Bewertung geschieht in einem Prozess der sozialen Konstruktion, indem z. B. zunächst Hautfarbe als Differenzmerkmal etabliert wird und dann die ‚weiße' als höherwertig eingeschätzt wird als die ‚schwarze' Hautfarbe" (Fleischer 2016: 07–4, 6.9.2020). Kommt zu diesem Prozess eine entsprechende Machtverteilung hinzu, kann dies Diskriminierungen zur Folge haben (vgl. Schmidt 2009: 82, 21.12.2020):

1. Differenzierung
(Vorurteile, Stereotypen, Werte, Normen...)

+

2. Macht
(Privilegien, Fähigkeiten, Ressourcen)
Situative Macht und gesellschaftliche Position

↓

3. Diskriminierung
(interaktionelle, institutionelle, strukturelle, ideologische Ebene)

Abbildung 15: Zum Zusammenhang zwischen Vorurteilen und Diskriminierung. In Anlehnung an Schmidt 2009: 82, 21.12.2020. (Quelle: Aschenbrenner-Wellmann/Geldner 2021: 83)

Diskriminierung ist damit nicht nur eine Folge von benachteiligendem Handeln, sondern „ein komplexes soziales Phänomen, das auch auf historisch gewordene soziale Verhältnisse, auf institutionell verfestigte Erwartungen und Routinen, organisatorische Strukturen und Praktiken sowie auf Diskurse und Ideologien verweist" (Scherr/El-Mafaalani/Yüksel 2017: vi).

Rassismus hingegen wird als eine Ideologie der Ungleichheit verstanden, die sich aus spezifischen Vorurteilen und Klischees speist. Der Terminus steht allgemein für die Auffassung, dass es nicht oder kaum veränderbare „Rassen" gebe, aus denen sich Besonderheiten und Verhaltensweisen von Menschen ableiten lassen und mit der gleichzeitig eine Einschätzung in „höherwertig" oder „minderwertig" einhergeht. Diese menschenfeindliche Ideologie artikuliert sich bspw. durch die Betonung von unbegründeten Exklusivitätsrechten für die eigene ethnische Gruppe und einer dadurch bedingten Diskriminierung der anderen Gruppe. Diese Einstellung ist ein ideologischer Bestandteil des Rechtsextremismus, findet sich jedoch in allen Teilen der Gesellschaft wieder. Rassismus stellt eine Bedrohung für die freie Entfaltung von Minoritäten dar, weshalb es einer kontinuierlichen Aufklärung über die davon ausgehenden Gefahren bedarf (vgl. Bundesministerium des Innern, für Bau und Heimat o. J.[d]).

Kennzeichnend für Rassismus sind nach A. Memmi vier Merkmale:

- „die nachdrückliche Betonung von tatsächlichen oder fiktiven Unterschieden zwischen dem Rassisten und seinem Opfer,
- die Wertung dieser Unterschiede zum Nutzen des Rassisten und zum Schaden seines Opfers,
- die Verabsolutierung dieser Unterschiede, indem diese verallgemeinert und für endgültig erklärt werden sowie
- die Legitimierung einer – tatsächlichen oder möglichen – Aggression oder eines – tatsächlich oder möglichen – Privilegs" (Memmi 1987: 164 f., zitiert nach Schulte/Treichler 2010: 121).

Ferner kann Rassismus nach Sutter (1997/2006, 6.9.2020) folgendermaßen differenziert werden:

Tabelle 9: Rassismusdefinition nach Sutter (1997/2006, 6.9.2020)

Definition	Anmerkung
■ Rassismus: Rassistisch ist jede Person, die Menschen diskriminiert, beleidigt, bedroht, verleumdet oder an Leib und Leben gefährdet aufgrund – körperlicher Merkmale (z. B. Hautfarbe), – ethnischer bzw. nationaler Herkunft, – kultureller Merkmale (z. B. Sprache oder Religion).	Diese rassistische Praxis kann von spontanen oder politisch geschürten Gefühlen der Ablehnung der „Andersartigkeit", von strukturellem Rassismus und/oder rassistischer Ideologien hervorgerufen werden.
■ Kulturrassismus: Kulturrassistisch ist jede Ideologie, die die folgenden drei Ideen miteinander verbindet: 1. Konstruktion einer Gruppenidentität, d. h. Menschen werden aufgrund bestimmter Merkmale in Abstammungsgruppen eingeteilt. 2. Behauptung einer kulturellen Wesensart, d. h. den Mitgliedern dieser imaginären Gruppe wird eine gemeinsame Kultur zugeschrieben. 3. Bewertung der Unterschiede zwischen den Gruppen, d. h. es wird behauptet,	Rassistische Ideologien dienen dazu, rassistische Praktiken und Privilegien zu rechtfertigen. Bsp.: zu 1: „Das Schweizer Volk ist eine geschichtlich gewachsene

Definition	Anmerkung
	Gemeinschaft mit eigenem Kulturerbe."
dass es aufgrund der Zuschreibungen eine Rangfolge von Höher- und Minderwertigkeit gibt.	zu 2: „Der Leistungswille ist eine typische Eigenschaft der Schweizer*innen."
	zu 3: „Die Schweizer*innen sind nun mal fleißiger als die Italiener*innen."

Rassismus ist zudem eine zentrale Dimension des Konzeptes der Gruppenbezogenen Menschenfeindlichkeit (GMF). Menschenfeindlichkeit kann sich gegen Gruppen und/oder ihre Mitglieder richten, wenn diese als störend wahrgenommen werden oder nicht der vermeintlichen „Norm" entsprechen (vgl. Zick 2006: 6, 6.9.2020). GMF ist durch vier Merkmale gekennzeichnet:

- Die Menschenfeindlichkeit bezieht sich auf das Feindschaftsverhältnis zu spezifischen Gruppen und nicht zu Individuen.
- Abwertungen basieren auf Gruppenzugehörigkeiten und nicht allein auf individuellen Persönlichkeitsmerkmalen oder strukturellen Begebenheiten.
- GMF ist durch die Wechselwirkung individueller, gruppenbezogener und umweltlicher Faktoren zu erklären.
- Ein besonderes Kennzeichen ist die Spannbreite der Gruppen, die den Feindseligkeiten ausgesetzt sind (vgl. ebd.).

Im Kern dieses Konzeptes geht es um die Vorstellung, dass „die Vorurteile gegenüber unterschiedlichen Gruppen so eng miteinander verbunden sind, dass sie ein Syndrom bilden. Dies entspricht der empirischen Realität. In vielen Studien zeigt sich, dass die Neigung, Vorurteile gegenüber einer Gruppe zu haben, mit einer hohen Wahrscheinlichkeit mit der Neigung korrespondiert, auch Vorurteile gegenüber einer oder mehrerer anderer Gruppen zu haben. [...] Die entscheidende Frage ist: Was verbindet die unterschiedlichen Abwertungen [...]? Es wird angenommen, dass die Elemente der GMF auf einer generellen Ideologie der Ungleichwertigkeit basieren. Die wesentliche Funktion von Vorurteilen ist es, Menschen als ungleich zu bewerten und diese Ungleichwertigkeit durch das Vorurteil zu legitimieren" (Zick 2006: 6, 6.9.2020). Folglich ist davon auszugehen, dass bei rassistisch handelnden Menschen weitere Feindlichkeitsideologien wie Homophobie, Antisemitismus oder Islamophobie vorhanden sind. Ein Kreislauf, der schnell zu einer Auffassung führen kann, die jede Vielfalt in der Gesellschaft exkludieren möchte. Im weitesten Sinn werden menschenfeindliche Handlungsweisen als Ausdruck einer Suche nach Anerkennung verstanden. Wo also Anerkennung fehlt, liegt der Versuch nahe, eigene Anerkennung durch die Abwertung anderer Menschen zu erhalten. Zusammengefasst geht es bei der GMF um die Ablehnung der Gleichwertigkeit aller Menschen (vgl. Zick 2006: 7f., 6.9.2020).

Um gegen Rassismus und GMF vorzugehen, gibt es verschiedene Handlungsmöglichkeiten:

- *Rassismuskritische Haltung:* Aufgrund der aktuellen gesellschaftlichen Veränderungen kommt der Haltung der Fachkräfte eine besondere Bedeutung zu. In ihrem Mittelpunkt steht: Herrschaftskritik, Reflexionsbereitschaft, Veränderungsbereitschaft, Ambiguitätstoleranz, Empowerment und Partizipation.
- *Partizipation:* Ein Lösungsansatz liegt in der Partizipation, denn die Entwicklung von Teilhabe und Mitbestimmung unter Anerkennung der Gleichwertigkeit aller Menschen verweist auf die Chance, in kleineren und größeren Gruppen, Institutionen oder Stadtteilen demokratische Werte wie Respekt, Anerkennung des Anderen und Gewaltverzicht erfahrbar werden zu lassen (vgl. Kaske 2006: 17, 6.9.2020).
- *Empowerment:* Um Selbstorganisationen Betroffener zu unterstützen und minorisierte Gruppen zu stärken und zu befähigen, ihre Macht zurückzuholen, ist neben Empowerment auch Powersharing zentral, um Machthierarchien reflektieren und Privilegien teilen zu können (s. Kapitel 3.3.4).
- *Interkulturelle und diversitätsorientierte Lernmodelle* sind bedeutsam, um die eigenen Stereotypen und Vorurteile zu reflektieren, Machthierarchien und Privilegien aufzudecken und Handlungsmöglichkeiten einzuüben, um gegen Diskriminierung und Rassismus eintreten zu können (s. Kapitel 3.3.1).
- *Rassismuskritische Bildungsarbeit:* Materialien in Kindergarten, Schule oder Jugendarbeit bleiben meist in der „weißen Norm" verhaftet. Damit die Gesellschaft Vielfalt als Selbstverständlichkeit anerkennt und gegen Rassismus eingetreten werden kann, muss bereits früh in allen sozialen Einrichtungen eine vorurteils- und diversitätsbewusste Pädagogik eingesetzt werden – ob Sprache, Bilderbücher, Lernmaterialien oder Methoden. Spiele wie „Wer hat Angst vorm schwarzen Mann" sind eindeutig als Alltagsrassismus fördernd einzustufen.
- *Strukturelle Ebene:* Auch auf dieser Ebene gibt es großen Handlungsbedarf, da hier Machthierarchien bestehen, die der „gesellschaftlichen Norm" entsprechen und dadurch ständig weiter reproduziert werden. Denn schließlich profitieren diejenigen, die bereits Macht und Privilegien innehaben, von diskriminierenden und rassistischen Strukturen und nehmen diese daher oft nicht einmal wahr. Mit diesem Dilemma beschäftigt sich bspw. der „Critical-Whiteness-Ansatz", der betont, dass Rassismus immer an die Existenz „schwarzer Menschen" gebunden ist. Hierdurch wird oft übersehen, dass Rassismus seinen Ursprung in der gesellschaftlichen Norm des Weißseins hat. Von daher rückt der Critical-Whiteness-Ansatz das Weißsein in den Mittelpunkt und spricht über die Profiteur*innen von Rassismus, um Strukturen und Mechanismen aufzudecken, die diese Ideologie weiter unterstützen (vgl. Dugalski/Lara/Hamsa 2013: 9f, 6.9.2020). Denn „Praktiken von Diskriminierung und Ausbeutung […] sind gleichzeitig auch Ursache für eine historisch gewachsene Privilegierung weißer Menschen" (ebd.). Damit wird deutlich, dass struktureller Rassismus auch in Deutschland vorzufinden ist. Dies macht eine fortlaufende Selbstreflexion und das Hinterfragen von Machthierarchien notwendig. Um den Reflexionsprozess

umzusetzen ist eine diversitätsorientierte Organisationsentwicklung von besonderer Bedeutung.

Abschließend kann festgehalten werden, dass auch in Deutschland auf allen Ebenen der Gesellschaft und in vielen Teilbereichen des sozialen Lebens Rassismus vorzufinden ist. Daher muss sich Soziale Arbeit weiter für eine vielfaltsfördernde und rassismuskritische Arbeit einsetzen, um minorisierte Gruppen zu stärken und ihnen zu ermöglichen, ihre Rechte einzufordern.

3.3.6 Anleitung zu einem integrationsreflexiven Ansatz als Praxisperspektive für die Soziale Arbeit mit Geflüchteten

In diesem Kapitel sollen abschließend die bisher dargestellten Haltungen und Methoden aufgegriffen und zu einem Handlungsansatz als Zukunftsperspektive für die Arbeit mit Geflüchteten weiterentwickelt werden. Im Sinne einer Theorie-Praxis-Integration werden jeweils Übungen zur konkreten Umsetzung ergänzt.

Der integrationsreflexive Ansatz verfolgt folgende Ziele:

- Die Integration der Geflüchteten im Sinne einer Transkultur unterstützen.
- Teilhabe der Geflüchteten in relevanten gesellschaftlichen Bereichen realisieren.
- Partizipations- und Zugangsmöglichkeiten für Geflüchtete schaffen.
- Ressourcen der Geflüchteten erkennen, einbinden und aktivieren.
- Chancen auf Integration, Akzeptanz und ein selbstbestimmtes Leben steigern.
- Entwicklung von interkultureller und diversitätsorientierter Kompetenzen bei Fachkräften und Geflüchteten.
- Umsetzung der Menschenrechte und aktives Vorgehen gegen Diskriminierungen und Rassismus.

Um diese komplexe Zielsetzung zu erreichen, werden neben ethischen Leitlinien verschiedene Methoden, eine entsprechende Haltung und Handlungsmöglichkeiten für die Praxis benötigt. Diese Aspekte werden im Folgenden systematisch dargestellt.

- Ethische Leitlinien

„Soziale Arbeit basiert auf der Achtung vor dem besonderen Wert und der Würde aller Menschen, und aus den Rechten, die sich daraus ergeben." (DBSH 2009: 8, 6.9.2020) Hieraus lassen sich sieben Leitlinien formulieren, die in Anlehnung an die Prinzipien des DBSH (vgl. ebd.) entstanden sind:

1. Recht auf Selbstbestimmung:

Das Recht der Menschen, eigene Entscheidungen zu treffen, soll unabhängig von ihren Werten und Lebensentscheidungen geachtet und gefördert werden – vorausgesetzt, es werden hierdurch keine Rechte oder legitime Interessen anderer gefährdet.

2. Recht auf Beteiligung fördern:

Die volle Einbeziehung und Teilnahme der Menschen an den Angeboten der Sozialen Arbeit soll gefördert werden, sodass sie bei Entscheidungen und Handlungen, die ihr Leben betreffen, mitwirken können.

3. Jede Person ganzheitlich behandeln:

Sozialarbeiter*innen sollen sich mit den Individuen als Ganzes beschäftigen und darauf bedacht sein, alle Aspekte des Lebens von Betroffenen wahrzunehmen.

4. Stärken und Ressourcen erkennen und entwickeln:

Der Schwerpunkt des Ansatzes liegt auf der Beachtung der Stärken und Ressourcen der Einzelnen, Gruppen und der Gemeinschaft, um darauf aufbauend Mitwirkung stärken zu können.

5. Diskriminierungen entgegentreten und Menschenrechte (ein-)fordern:

Sozialarbeiter*innen stehen in der Pflicht, negativen Diskriminierungen und Rassismus jeglicher Art entgegenzutreten und für die Einhaltung der Menschenrechte einzustehen.

6. Verschiedenheit anerkennen:

Die ethnische und kulturelle Verschiedenheit der Gesellschaft muss anerkannt und respektiert sowie Unterschiede beachtet werden.

7. Respektvolle Begegnung:

Sozialarbeiter*innen sollen Menschen jeglicher Herkunft mit Würde, Respekt, Einfühlungsvermögen und Achtsamkeit begegnen.

- Antidiskriminierungs- und Antirassismusarbeit – konkret

Ob Schule, Arbeit oder Alltag: Immer häufiger erleben Zuwander*innen diskriminierendes und rassistisches Verhalten. Dieses muss als „ungerechtfertigte Ungleichbehandlung [...] von Großgruppen oder Einzelpersonen (als Angehörige dieser Gruppen) entlang der Bewertung konstruierter Merkmale durch dominante Gruppen oder Einzelne" (Trisch 2013: 11, zitiert nach Fleischer 2016: 07–4, 4.12.2020) verstanden werden. Folgerichtig müssen Sozialarbeiter*innen deutlich gegen Diskriminierung und Rassismus eintreten. Wichtig hierfür sind eine rassismuskritische Haltung sowie Handlungsmöglichkeiten, um beide Phänomene aufdecken und dagegen vorgehen zu können. Gleichzeitig ist es unabdingbar, auf eine diskriminierungs- und rassismusfreie Gesellschaft hinzuwirken.

Um dies verwirklichen zu können, sind Antidiskriminierungs- und Antirassismustrainings unerlässlich, damit eigene Erfahrungen reflektiert, Überzeugungen hinterfragt und neue Verhaltensweisen eingeübt werden können. Im Anschluss daran sollen Sozialarbeiter*innen diese Methoden als Multiplikator*innen anwenden, um in verschiedenen Settings eine antidiskriminierende und antirassistische Gesellschaft zu fördern. Zudem sollte eine rassismuskritische Bildungsarbeit umgesetzt werden, damit Kinder und Jugendliche bereits früh Handlungsmöglichkeiten erlernen und Vielfalt als Selbstverständlichkeit anerkennen.

Parallel dazu sind Begegnungen zwischen Zuwander*innen und Einheimischen bedeutsam, damit Pluralität in der Gesellschaft als gewinnbringend angesehen wird. Daher kann ein interreligiöser und weltanschaulicher Dialog als Teil der Antidiskriminierungsarbeit betrachtet werden. Dieser Dialog „zielt auf das Verstehen weltanschaulicher und religiöser Unterschiede und auf die Suche nach dem Gemeinsamen in den Unterschieden. Dabei geht es auch um die Abwehr und Aufarbeitung von Stereotypenbildung und Vorurteilen durch präventive und aufarbeitende Antidiskriminierungsarbeit" (Freise 2017: 180f.). Für die Umsetzung sind bspw. Diskussionsforen zu kontroversen Themen förderlich, aber auch Methoden aus Antidiskriminierungstrainings können zielführend sein.

Hieraus ergeben sich drei große Handlungsbereiche der Antidiskriminierungs- und Antirassismusarbeit:

- Antidiskriminierungs- und Antirassismustrainings für Fachkräfte und für die Gesellschaft,
- rassismuskritische Bildungsarbeit,
- interreligiöser und weltanschaulicher Dialog, um Begegnungsmöglichkeiten zu schaffen und die Pluralität in der Gesellschaft als gewinnbringend ansehen zu lernen.

Als konkrete Umsetzungsmöglichkeit für die Praxis soll hier eine Gruppenübung dargestellt werden, durch die Weiße Privilegien reflektiert werden können:

Tabelle 10: Übung: Weiße Privilegien nach Thrien

Weiße Privilegien (vgl. Thrien 2015: 116, 6.9.2020):
Ziele:
Die eigene Verortung auf der Differenzlinie Weiß/Schwarz erleben.
Erkennen, dass die Alltagserfahrungen von Schwarzen Menschen in Deutschland anders sind als die von Weißen Menschen.
Zeit: ca. 20 Min. *Material:* Seil *Zielgruppe:* Überwiegend Weiße Gruppen
Anleitung:
Die*der Trainer*in liest Aussagen vor. Die Teilnehmer*innen haben die Aufgabe, sich zu dieser Aussage am Seil zu positionieren (z. B. rechtes Ende = ja, linkes Ende = nein). Je nach Gruppengröße werden unterschiedlich viele ausgewählte Teilnehmer*innen nach dem Hintergrund ihrer Positionierung befragt.
Beispielaussagen zur Positionierung:
■ Meine Hautfarbe spielt im Alltag häufige eine Rolle. ■ Ich habe mich in Deutschland schon einmal wegen meiner Hautfarbe unbehaglich gefühlt. ■ Ich bin schon öfter auf mein Weißsein angesprochen worden. ■ Im Straßenbild begegnen mir häufig Menschen mit der gleichen Hautfarbe.

- Ich falle in vielen Bereichen des öffentlichen Lebens wegen meiner Hautfarbe auf.
- Die wichtigsten politischen Vertreter*innen haben die gleiche Hautfarbe wie ich.
- Meine Kompetenzen werden unabhängig meiner Hautfarbe eingeschätzt.

<u>Auswertung:</u> Die Teilnehmer*innen werden befragt, ob sie einen Zusammenhang zwischen der Beantwortung der Fragen und ihrer Position als Weiße*r sehen. Gemeinsam wird überlegt, welche Fragen mit „ja" und „nein" beantwortet wurden. Anschließend kann vertiefend auf das Thema „Weiße Privilegien" eingegangen werden.

- Haltung

„Für die Soziale Arbeit gilt, dass Fachkräfte bestimmte Grundhaltungen wie die der Empathie und der Konfliktfähigkeit von vornherein mitbringen müssen, aber diese Fähigkeiten hat man nicht ein für alle Mal; es ist wichtig, sie zu pflegen, zu vertiefen und zu erweitern." (Freise o. J.: 4, 3.9.2020) Für die Begegnungen mit unterschiedlichen Menschen und deren Lebensweisen sowie dem Umgang mit komplexen Situationen ist die Haltung der Sozialarbeiter*innen von besonders großer Bedeutung. Zur Beschreibung einer angemessenen Haltung für eine integrationsreflexive Arbeit sind folgende Schlagwörter geeignet: Respekt, Empathie, Wertschätzung, Akzeptanz, Einbeziehung/Partizipation, Ambiguitätstoleranz, Konfliktfähigkeit, Ressourcenorientierung und rassismuskritische Haltung (Vertiefung s. Kapitel 3.3.2).

Um diese Merkmale zu fördern, sind Kommunikations-, Reflexions- und Wahrnehmungsübungen hilfreich. Als Beispiel für diese Vorgehensweise dient die nachfolgende Reflexionsaufgabe:

Tabelle 11: Übung zur Reflexion der Haltung nach Freise

Übung zur Reflexion der Haltung (vgl. Freise 2017: 213ff.):
<u>Aufgabenstellung:</u>
Bitte erläutern Sie in Kleingruppen, welche Erfahrungen Sie in Bezug auf die Grundhaltung *Respekt, Empathie, Authentizität und Ambiguitätstoleranz* in Situationen gemacht haben, die von kultureller Vielfalt geprägt waren.
Wie schätzen Sie sich selbst ein?
Was waren Ihre Stärken, und wo sehen Sie ihre Grenzen?
Berichten Sie darüber fünf Minuten in der Gruppe.
Nach Ihrem Vortrag können Ihnen die anderen Gruppenmitglieder Feedback geben.
Anschließend kommt eine nächste Person an die Reihe usw.

Aspekte zur Reflexion der Grundhaltung (für die Gruppe):

- Respekt: Blickkontakt, Namensnennung, Grußrituale, Höflichkeitsformen, nicht diskriminierende Sprache
- Empathie: Gestik, Mimik, Nachfragetechnik, beim Gegenüber bleiben, nicht vergleichen, Sensibilität für kulturelle Verhaltensweisen
- Authentizität: Nicht verletzende Klarheit in der Sprache, Offenheit, Bereitschaft Kulturunterschiede anzusprechen und einen Konflikt zu riskieren
- Ambiguitätstoleranz: Umgang mit der Unterschiedlichkeit, die Gesprächspartner*innen nicht richtig einschätzen zu können; bei Unklarheiten in Kontakt mit den Gesprächspartner*innen bleiben, ohne nachforschend zu fragen; Umgang mit Risiken.

Hinweise zur Planung und Durchführung:

- Fünf bis sechs Personen sollen zu einer Gesprächsgruppe eingeteilt werden.
- Wenn Einzelne Vorbehalte gegenüber andere haben, sollten die Gruppen selbst gewählt werden. Falls nicht, können die Gruppen auch von den Teamleiter*innen eingeteilt werden.
- Wenn Teamleiter*innen eine Autoritätsfunktion innehaben, sollten sie nicht an den Gruppengesprächen teilhaben. Ist dies nicht der Fall, kann ein Eingreifen von Seiten der Teamleiter*innen hilfreich sein, bspw. um auf die Einhaltung der „Spielregeln" aufmerksam zu machen.

- Schlüsselkompetenzen

Neben der zuvor beschriebenen Haltung muss interkulturelle bzw. diversitätsorientierte Kompetenz als Schlüsselkompetenz für eine integrationsreflexive Soziale Arbeit betrachtet werden. Diese wird in entsprechenden Lernsettings und durch Alltagsinteraktionen gefördert (Vertiefung s. Kapitel 3.3.1). Im Zentrum dieser Lernformate steht die Auseinandersetzung mit der eigenen Kultur und Biographie, Wissensvermittlung und der Aufbau erfolgreicher Handlungsmöglichkeiten.

Tabelle 12: Übung zur interkulturellen Kompetenz nach Draheim

Übung zur interkulturellen Kompetenz: Das ist mir lieb und teuer
1. Einzelarbeit: Notieren Sie für sich zwei Ihnen wichtige Sprichwörter in Ihrer Muttersprache.
2. Gruppenarbeit: Stellen Sie sich Ihre Sprichwörter gegenseitig vor und erläutern Sie, wann Sie diese verwenden und was sie Ihnen bedeuten.
3. Überlegen Sie in der Gruppe, welche Werte hierdurch vermittelt werden und wie sie zu diesen stehen (vgl. Draheim 2010: 217ff.).

Neben dem Ausbau dieser Schlüsselkompetenzen auf Seiten der Fachkräfte muss interkulturelle und diversitätsorientierte Öffnung auch innerhalb der Gesellschaft angestrebt werden, damit Stereotype und eigene Lebensweisen reflektiert, Diskriminierung und Rassismus abgebaut und eine transkulturelle Gesellschaft gefördert werden kann (vgl. Aschenbrenner-Wellmann/Geldner 2021: 156).[48]

- Erstkontakt: Aufsuchende Sozialarbeit

Um den Erstkontakt mit Geflüchteten gewinnbringend gestalten zu können, sollte auf das Modell der aufsuchenden Arbeit zurückgegriffen werden. Hierfür müssen für jedes Setting zwei Fragen beantwortet werden (vgl. Straßburger/Bestmann/Häseler 2013: 31):

1. Wo hält sich die Zielgruppe eigentlich auf?
2. Wo kann die Zielgruppe am besten persönlich angesprochen werden?

Ein aktives Zugehen in der aufsuchenden Arbeit umfasst drei Aspekte (vgl. ebd.: 32):

1. **Räumliches Aufsuchen und persönliche Kontaktaufnahme:**

Orte der direkten Ansprache können Spielplätze, der Kindergarten, Straßenfeste oder der Wochenmarkt sein. Um mit Migrant*innenfamilien in Kontakt zu kommen sind „Kiez-Expert*innen" hilfreich. Hierzu zählen sozialarbeiterische Fachkräfte im Migrationsfachdienst, bei Bildungsträgern oder in Sozialämtern. Aber auch Personen, die nicht in diesem Kontext tätig sind wie Lehrer*innen, Sprachkursanbieter oder Ehrenamtliche können beim Kontaktaufbau behilflich sein (vgl. ebd.: 33).

2. **Atmosphärisch vermittelte Offenheit und ein flexibles Setting:**

Atmosphärische Offenheit bedeutet an dieser Stelle das deutliche Signalisieren „interkultureller Sensibilität und Offenheit, also das Schaffen einer Atmosphäre des Willkommenseins" (ebd.: 37).

3. **Eine gemeinsame Sprache finden:**

Um eine gemeinsame Sprache mit Migrant*innen zu finden, sind interkulturelle Kommunikationskompetenzen und die Berücksichtigung der Diskrepanz zwischen Fachsprache und Alltagssprache wichtig. Positive Auswirkungen hat es zudem, wenn Fachkräfte mit deutschem Hintergrund bereit sind, einige wichtige Begriffe aus anderen Sprachen zu erlernen (vgl. ebd.: 41).

- Fallarbeit

Zur professionellen Bearbeitung eines Praxisfalls soll hier eine Vorgehensweise dargestellt werden, anhand derer partizipativ Handlungsoptionen auf Grundlage vorhandener Ressourcen erarbeitet werden können. Da es innerhalb der Fallarbeit zu einer Retraumatisierung von Seiten der Geflüchteten kommen kann, müssen Fachkräfte besonders aufmerksam sein und, wenn nötig, eine Weitervermittlung an Traumapädagog*innen oder -psycholog*innen anbahnen. Die konkrete Fallarbeit innerhalb des Praxisansatzes besteht aus vier Punkten:

---

48 Näheres zur gesellschaftlichen Ebene, s. auch Kapitel 4.4.

A. Fallanalyse:

Zu Beginn werden Fragen zur Person und zum sozialen Umfeld geklärt. Hilfreich hierfür ist bspw. die Erstellung eines Genogramms, das auch im weiteren Verlauf, z. B. für die Situationsbeschreibung, herangezogen werden kann. Daran anschließend muss die konkrete Situation der Adressat*innen geklärt werden, um gemeinsam Handlungsoptionen zu erarbeiten. Am Ende der Fallanalyse steht die Zielvereinbarung, die ein systematisches Vorgehen und die Reflexion am Ende des Hilfeprozesses sichert. Damit die Ziele motivieren und handlungswirksam formuliert sind, kann das SMART-Modell genutzt werden (vgl. Hölzle 2007: 200ff., zitiert nach Hölzle 2009a: 45ff.):

Spezifisch:	Ziele müssen klar beschreiben, welches Ergebnis angestrebt und was erreicht werden soll.
Messbar:	Es müssen Kriterien oder Indikatoren gefunden werden, die eine Beurteilung der Fortschritte und/oder Zielvereinbarungen ermöglichen.
Anspruchsvoll:	Ziele sollen anspruchsvoll, jedoch nicht zu herausfordernd gestaltet werden. Es braucht die richtige Balance zwischen Anforderungen der Aufgabe und Fähigkeiten der Person.
Realisierbar:	Die Zielerreichung muss im geplanten Zeitraum realisierbar sein.
Terminierbar:	Der Zeitraum zur Realisierung der Ziele muss überschaubar und begrenzt sein. Bei langfristigen Zielen kann es durchaus sinnvoll sein, diese in Teilziele aufzuspalten (vgl. ebd.).

B. Ressourcenanalyse:

Im zweiten Schritt gilt es, die Ressourcen der Geflüchteten zu analysieren, um daran anschließend vorhandene erkennen und ruhende aktivieren zu können. Hierfür kann auf Methoden der Netzwerkarbeit zurückgegriffen werden. Dabei werden Kenntnisse über die bereits vorhandenen Netzwerke gewonnen, um eine Erhaltung, Erweiterung, qualitative Veränderung, Neugestaltung oder Stärkung des Netzwerkes zu ermöglichen (vgl. Wendt 2017: 159). Da Geflüchtete meist über zu wenig Deutschkenntnisse verfügen, um komplexe Fragen zu beantworten, sind kreative Methoden förderlich. Als Beispiel soll hier das *Netzwerkbrett* vorgestellt werden:

Tabelle 13: Methode zur Ressourcenanalyse: Netzwerkbrett nach Wendt

Beispielmethode „Netzwerkbrett" (vgl. Wendt 2017: 166)
Diese Methode dient dazu, die sozialen Netzwerke mit Hilfe von Spielfiguren zu veranschaulichen. Zu Beginn werden die grundlegenden Gestaltungsmöglichkeiten kurz erläutert, wie z. B.: ▪ die Nutzung unterschiedlich großer Figuren, zum Ausdruck der Wichtigkeit dieser, ▪ der Abstand zwischen den Figuren zum Ausdruck von Nähe und Distanz, ▪ Positionierungen außerhalb des Bretts als Ausschluss der Gruppe.

Die Einladung, die Figuren der „Wirklichkeit" entsprechend aufzustellen, ist mit der Bitte verbunden, diese zu erläutern. Im Anschluss können mögliche Wunschvorstellungen gegenübergestellt und besprochen werden.

C. Ressourcenaktivierung bzw. -schaffung:

Nachdem die Analyse der Ressourcen abgeschlossen ist, folgt eine Ressourcenaktivierung oder -schaffung. Geflüchtete bringen bereits viele Ressourcen mit, können jedoch aufgrund ihrer Lebenssituation nicht auf alle zugreifen. Mit Hilfe unterschiedlicher Methoden gilt es, diese erneut nutzbar zu machen, um gemeinsam Handlungsoptionen entwickeln zu können und ein selbstbestimmtes Leben zu ermöglichen. Konkrete Herangehensweisen hierfür sind z. B.:

Tabelle 14: Methode zur Ressourcenaktivierung: Regieführer*in des eigenen Lebens nach Hölzle

Regieführer*in des eigenen Lebens (vgl. Hölzle 2009b: 78):
Mit Hilfe diese Methode sollen Adressat*innen Situationen fokussieren, gestalten oder erinnern, „in denen sie sich als aktiv und steuernd empfinden können. […] Die Erfahrung aktiver Gestaltung bietet einen Kontrapunkt zur Erfahrung von Ohnmacht und Hilflosigkeit" (Hölzle 2009b: 78).
Umgesetzt werden kann dies bspw. in symbolischer Form als Autor*innen oder Held*innen ihrer eigenen Lebensgeschichte. Das Gefühl, mit eigenen Ressourcen Schwierigkeiten gemeistert zu haben, stärkt das Gefühl der Handhabbarkeit und kann Ressourcen aktivieren (vgl. ebd.).

Tabelle 15: Methode zur Ressourcenaktivierung: Lebensbuch nach Eylarduswerk

Lebensbuch (vgl. Eylarduswerk 2019: 4, 6.9.2020).
Die Gestaltung eines Lebensbuches ist eine gute Möglichkeit, den eigenen Lebensweg besser verstehen und akzeptieren zu lernen. Bisher Ungeklärtes lässt sich eher nachvollziehen. Auf dieser Basis können sich neue Perspektiven für die Zukunft auftun und der Fokus auf die positiven Lebensbereiche gelenkt werden.

Mögliche Seiten für ein Lebensbuch mit Kindern oder Jugendlichen sind:

Kapitel 3: Grundlagen der migrationsbezogenen Sozialen Arbeit

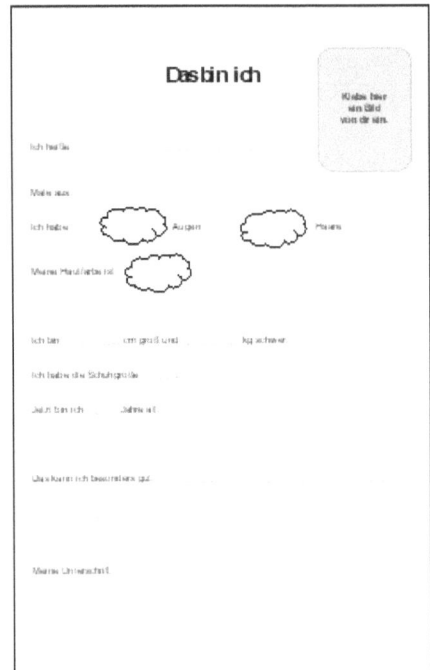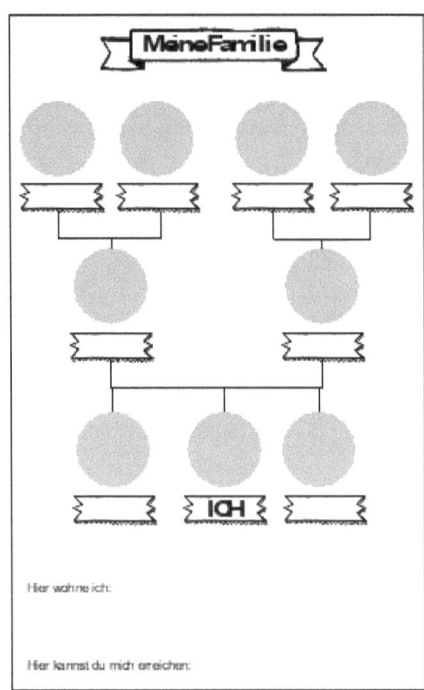

Abbildung 16: Beispiel für Lebensbuchseiten (Quelle: Eigene Darstellung)

D. Reflexion:

Am Ende des Praxisfalls folgt eine Reflexion, um feststellen zu können, ob die Ziele erreicht und die Situation im Sinne der Klient*innen verändert werden konnte. Diese kann mit Hilfe der zuvor festgelegten SMART-Ziele erfolgen. Sind alle Ziele zufriedenstellend erreicht, ist der „Fall" erfolgreich abgeschlossen. War dies nicht möglich, muss erneut in die Fallanalyse zurückgekehrt werden, um die aktuelle Ausgangssituation festzustellen und davon ausgehend, neue Handlungsziele zu formulieren. Somit ergibt sich folgender Kreislauf für die Fallarbeit:

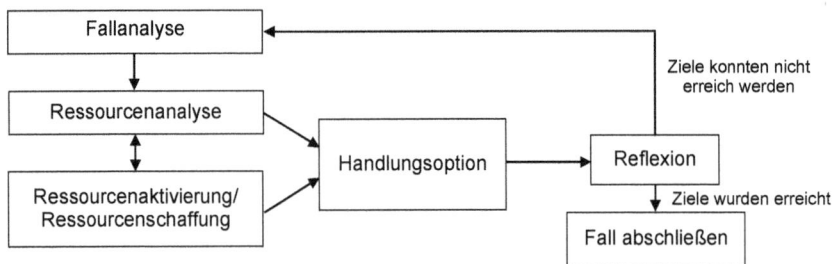

Abbildung 17: Kreislauf für die Fallarbeit im integrationsreflexiven Ansatz (Quelle: Eigene Darstellung)

Zusammenfassend bleibt festzuhalten, dass die hier angeführte Anleitung zu einem integrationsreflexiven Ansatz Handlungsoptionen für eine professionelle Soziale Arbeit mit Geflüchteten anbietet, um ein selbstbestimmtes Leben der Adressat*innen und eine erfolgreiche Integration im Sinne der Entstehung einer Transkultur zu ermöglichen. Dennoch gilt es stets, individuell auf die Adressat*innen einzugehen, um eine lebensweltorientierte und adressat*innenorientierte Arbeit zu gewährleisten und der Vielfalt in unserer Gesellschaft gerecht werden zu können.

Diskussionsfragen

- Was verstehen Sie unter Interkultureller Kompetenz?
- Welche Haltungen müssen professionelle Sozialarbeiter*innen in einer pluralen Gesellschaft einnehmen?
- Was trägt zur Entwicklung einer transkulturellen Gesellschaft bei?
- Wie kann Soziale Arbeit gegen Rassismus eintreten?

Literatur zur Einführung

Amadeu Antonio Stiftung (2006): Reflektieren. Erkennen. Verändern. Was tun gegen Gruppenbezogene Menschenfeindlichkeit? www.amadeu-antonio-stiftung.de/w/files/pdfs/broschuere_gmf_2.pdf, 24.6.2021.

Ogette, Tupoka (2020): exit RACICM. Rassismuskritisch denken lernen. 9. Aufl., Münster: Unrast.

Erll, Astrid/Gymnich, Marion (2015): Interkulturelle Kompetenz. Erfolgreich kommunizieren zwischen den Kulturen. 3. Aufl., Stuttgart: Klett Lerntraining GmbH.

Filsinger, Dieter (2017): Soziale Arbeit mit Flüchtlingen. Strukturen, Konzepte und Perspektiven. In: WISO Diskurs. Bonn: Friedrich-Ebert-Stiftung 2017, H. 14. www.library.fes.de/pdf-files/wiso/13765.pdf, 20.12.2020.

Freise, Josef (2017): Kulturelle und religiöse Vielfalt nach Zuwanderung. Theoretische Grundlagen – Handlungsansätze – Übungen zur Kultur- und Religionssensibilität. Schwalbach/Ts.: Wochenschau Verlag Wissenschaft.

Weiterführende Literatur

Aschenbrenner-Wellmann, Beate (2003): Interkulturelle Kompetenz in Verwaltung und Wirtschaft. Theorie und Praxis eines Change-Prozesses von der Monokulturellen zur Globalen Kompetenz. Berlin: Logos.

Bielefeldt, Heiner (2007): Menschenrechte in der Einwanderungsgesellschaft. Plädoyer für einen aufgeklärten Multikulturalismus. Bielefeld: Transcript.

Herriger, Norbert (2014): Empowerment in der Sozialen Arbeit. Eine Einführung. 5., erw. und aktual. Aufl., Stuttgart: Kohlhammer.

Scherr, Albert/El-Mafaalani, Aladin/Yüksel, Gökçen (2017): Handbuch Diskriminierung. Wiesbaden: Springer VS. DOI: 10.1007/978-3-658-10976-9.

Kapitel 4: Soziale Arbeit als Menschenrechtsprofession

> **Zusammenfassung**
>
> „Die Seele von Europa ist Humanität", so Angela Merkel 2015 bei einem Besuch des ungarischen Ministerpräsidenten Orbán (vgl. Kraske 2018, 8.10.2020). Seitdem sind sechs Jahre vergangen, und von der Hoffnung „Wir schaffen das" scheint nicht mehr viel übrig zu sein: Täglich sterben Menschen an den Außengrenzen und im Inneren Europas; Menschenrechtsverletzungen werden hingenommen; die Solidarität der Europäer*innen sinkt. Diese Ereignisse geschehen, obwohl die Europäische Union „einer Politik der Unterstützung von Demokratie und Menschenrechten verpflichtet [ist]" (Lerch 2021: 1, 20.7.2021). Gerade deshalb ist eine Auseinandersetzung mit der Bedeutung der Menschenrechte in der gegenwärtigen Sozialen Arbeit erforderlich, denn auch sie muss aufgrund des aus der Profession abgeleiteten Menschenrechtsmandates für die Einhaltung der Menschenrechte eintreten und ihre praktische Arbeit daran ausrichten.
>
> Dieses Kapitel diskutiert daher zunächst den rechtlichen und philosophischen Zugang zu den Menschenrechten, um daran anschließend Soziale Arbeit als Menschenrechtsprofession darzustellen und Handlungsmöglichkeiten für die Realisierung dieser Zielsetzung aufzeigen zu können.

4.1 Rechtliche Rahmenbedingungen

„Als Menschenrechte lassen sich ganz allgemein jene Rechte definieren, die unserer Natur eigen sind und ohne die wir als menschliche Wesen nicht existieren können. Die Menschenrechte und die grundlegenden Freiheiten erlauben uns, unsere menschlichen Eigenschaften, unsere Intelligenz, unsere Begabungen und unser moralisches Bewusstsein voll zu entwickeln und zu gebrauchen und unsere geistigen und sonstigen Bedürfnisse zu befriedigen. Sie gründen im zunehmenden Verlangen der Menschheit nach einem Leben, in dem die unveräußerliche Würde und der Wert jedes einzelnen Menschen Anerkennung und Schutz findet" (Vereinte Nationen 1987, zitiert nach VN/IFSW/IASSW 2002: 5).

Im Dezember 1948 verabschiedete die UN-Vollversammlung die Allgemeine Erklärung der Menschenrechte (AEMR), wodurch der Weg für die Verankerung von wirtschaftlichen, sozialen und kulturellen Menschenrechten im Völkerrecht bereitet wurde (vgl. Krennerich 2013: 24). „Die AEMR ist der wichtigste Referenzpunkt für Menschenrechtsbewegungen weltweit und bildet die Grundlage für viele Menschenrechtsabkommen, die in ihrem Geiste erarbeitet wurden." (Landeszentrale für politische Bildung Baden-Württemberg o. J., 21.12.2020) Die AEMR „statuiert bürgerliche, politische und soziale Rechte, die den Menschen um ihrer Würde willen zukommen sollen. In dreißig Artikeln werden Garantien zum Schutz der menschlichen Person [...], Verfahrensrechte [...], klassische Freiheitsrechte [...] garantiert" (humanrights.ch o. J.[a], 21.2.2020).

Menschenrechte sind ein Produkt der Geschichte, die erkämpft und erstritten wurden und daher als eine Art zeitlos gültiger Katalog gesehen werden müssen (vgl. Krennerich 2013: 19). Sie gewannen ihre konkrete Gestalt als politisch-rechtliche Antwort auf öffentlich artikulierte Erfahrungen strukturellen Unrechts angesichts der Gräueltaten des Nationalsozialismus (vgl. Bielefeldt 2011: 106, zitiert nach ebd.). Die Entwicklung der Menschenrechte kann anhand eines 3-Stufenmodells dargestellt werden (vgl. VN/IFSW/IASSW 2002: 5f.):

1. *Negative Rechte*: Diese bestehen aus den bürgerlichen und politischen Rechten (Artikel 2 bis 21 der AEMR) und sollen einzelne Menschen vor jeder Beeinträchtigung ihrer individuellen Freiheit schützen. Hierzu zählen bspw. das Verbot der Diskriminierung und das Asylrecht.
2. *Positive Rechte*: Diese umfassen die ökonomischen, sozialen und kulturellen Rechte (Artikel 22 bis 27 der AEMR) und zielen auf soziale Gerechtigkeit, Freiheit von Armut und die Teilhabe am sozialen, ökonomischen und kulturellen Leben. Hierzu gehört bspw. das Recht auf Bildung und das Recht auf soziale Sicherheit.
3. *Kollektive Rechte*: Hierbei steht der Anspruch auf eine gesellschaftliche und internationale Ordnung, die eine Verwirklichung der in der Menschenrechtserklärung verkündeten Rechte und Freiheiten erlaubt, im Mittelpunkt (nach Artikel 28). Es geht vor allem um die Fortentwicklung der „Abwehrhaltung" gegenüber Unterdrückungsformen hin zu einer positiven Bekräftigung des Rechts auf die Befriedigung bestimmter Bedürfnisse und einer gerechten Teilhabe aller Menschen (vgl. ebd.: 5f.).

Menschenrechte gelten als universell, das bedeutet,

- jede*r kann sich auf dieselben Menschenrechte berufen, muss diese aber auch anerkennen (vgl. humanrights.ch 2018, 8.10.2020),
- sie sind unveräußerlich, also nicht auf andere Personen übertragbar,
- sie sind unteilbar und bedingen sich gegenseitig, das heißt alle Menschenrechte bilden miteinander einen Sinnzusammenhang (vgl. Zentrum polis 2018: 3, 8.10.2020).

> **Merke!**
>
> „*Menschenrechte* sind fundamentale und von Natur aus – weil angeboren, unveräußerlich und unantastbar – zustehende Rechte und Ansprüche, durch die der Mensch zum politischen Subjekt wird und die ihm unabhängig von einer Staatsangehörigkeit eigen sind. Das kann am ehesten dadurch eingelöst werden, dass die Menschenrechte eine moralische Verpflichtung, ja Handlungsanleitung sind, die jedermann zu jeder Zeit einlösen und gewähren muss." (Schwarz 2017b: 125)

Wichtige Funktionen der Menschenrechte sind daher

- Schutz gegen Diskriminierung und Rassismus und Entwicklung einer Antidiskriminierungskultur,
- Unsichtbares sichtbar machen; Marginalisierte ins Zentrum rücken,
- Einsatz für eine inklusive Gesellschaft,
- systematische Verankerung der Menschenrechtsbildung,
- internationale Entwicklungsaufgaben aufgreifen.

Bis heute ist die Allgemeine Erklärung der Menschenrechte kein juristisch verbindliches Dokument; sie hat jedoch politisch und moralisch sehr großes Gewicht und ihren Garantien kommt heute gewohnheitsrechtlicher Charakter zu (vgl. humanrights.ch o. J.[a], 21.2.2020). So folgert Bielefeldt (2006: 85), dass Menschenrechte Rechtsansprüche formulieren, die über eigens dafür zuständige Institutionen, z. B. den Europäischen Menschenrechtsgerichtshof, wirksam durchgesetzt werden sollen.

Da es auf allen Ebenen zu Verletzungen der Menschenrechte kommt, ist der Bedarf groß, sich mit Versäumnissen und Bedingungen des Menschenrechtsschutzes auseinanderzusetzen.

Faktencheck: Menschenrechtsverletzungen im Jahr 2020 (100 % = 149 Länder)

- 28 % der Länder führten Abschiebungen von Geflüchteten oder Migrant*innen in unsichere Dritt- oder Herkunftsstaaten durch.
- In 58 % der erfassten Länder wurden Folter und Misshandlungen in Haftanstalten dokumentiert.
- Festnahmen wegen sexueller Orientierung oder Geschlechtsidentität fanden in 16 % der Länder statt.
- In 36 % der Länder wurden gewaltlose politische Gefangene verzeichnet.
- In mindestens 46 der 149 Länder wurden außergerichtliche Hinrichtungen dokumentiert.
- In 42 Ländern gab es Berichte über staatliche Repressionen gegen medizinisches Personal bei Corona-Maßnahmen.
- In mindestens 42 Ländern wurden rechtswidrige Zwangsräumungen dokumentiert (vgl. Amnesty International Deutschland e.V. 2021a, 8.7.2021).

Um die juristischen Möglichkeiten zur Umsetzung der Menschenrechte darlegen zu können, soll nachfolgend exemplarisch auf ausgewählte Instrumente auf globaler, europäischer und deutscher Ebene eingegangen werden.

→ Globale Ebene

Zur Konkretisierung der AEMR wurde diese auf globaler Ebene in zwei völkerrechtlich verbindliche Verträge übertragen, welche nachstehend in Kurzform dargestellt werden (vgl. Krennerich 2013: 41):

Tabelle 16: UN-Zivilpakt und UN-Sozialpakt im Überblick (vgl. Krennerich 2013: 41)

UN-Zivilpakt:	UN-Sozialpakt:
bürgerliche und politische Rechte	Wirtschaftliche, soziale und kulturelle Rechte
■ Diskriminierungsverbot ■ Recht auf Leben ■ Verbot der Folter	■ Diskriminierungsverbot ■ Recht auf Arbeit ■ Recht auf gerechte und günstige Arbeitsbedingungen

UN-Zivilpakt: bürgerliche und politische Rechte	UN-Sozialpakt: Wirtschaftliche, soziale und kulturelle Rechte
■ Verbot der Sklaverei ■ Recht auf persönliche Freiheit ■ Recht auf Freizügigkeit ■ Gleichheit vor dem Gesetz ■ Rückwirkungsverbot von Strafrechtsnormen (Gesetzesnormen sind immer in die Zukunft gerichtet. Das heißt, Straftaten können nicht rückwirkend sanktioniert werden, wenn sie zum Zeitpunkt des Begehens noch nicht unter Strafe standen.) ■ Anerkennung als Rechtsperson (damit ist jeder Mensch Träger*in von Rechten und Rechtsansprüchen) ■ Schutz vor Eingriffen in Privatsphäre ■ Religionsfreiheit ■ Recht auf Meinungsfreiheit ■ Recht auf Versammlungsfreiheit ■ Recht auf Vereinigungsfreiheit ■ Schutz der Familie ■ Rechte von Kindern auf Schutz ■ Recht (von Staatsbürger*innen) auf Mitwirkung an der Gestaltung öffentlicher Angelegenheiten	■ Recht auf Bildung ■ Recht auf soziale Sicherheit ■ Schutz von Familien ■ Recht auf angemessenen Lebensstandard ■ Recht auf Gesundheit ■ Recht auf Teilhabe

Beide Verträge stellen zusammen mit der AEMR die internationale Menschenrechtscharta dar. Die Vertragsstaaten sind verpflichtet, unter Ausschöpfung all ihrer Möglichkeiten, alle die im Pakt aufgeführten Menschenrechte umzusetzen (vgl. Krennrich 2013: 42).

Auf globaler Ebene gibt es verschiedene Instrumente zur Einhaltung der Menschenrechte. Auf die zentralen wird nachstehend eingegangen:

■ Generalversammlung der Vereinten Nationen (UN GA):

Die UN GA „beschäftigt sich mit allen weltpolitischen Fragestellungen, die unter die UN-Charta fallen – sofern diese nicht bereits im Sicherheitsrat behandelt werden" (Bundeszentrale für politische Bildung 2011a, 8.7.2021). Laut Artikel 9 Abs. 1 der Charta der Vereinten Nationen besteht die UN GA aus allen Mitgliedern der Vereinten Nationen (vgl. UNRIC o. J., 13.7.2021). Ihre Aufgabe besteht nach Artikel 13 Abs. 1 der UN-Charta darin, Untersuchungen zu veranlassen sowie Empfehlungen abzugeben,

„a) um die internationale Zusammenarbeit auf politischem Gebiet zu fördern und die fortschreitende Entwicklung des Völkerrechts sowie seine Kodifizierung zu begünstigen;

b) um die internationale Zusammenarbeit auf den Gebieten der Wirtschaft, des Sozialwesens, der Kultur, der Erziehung und der Gesundheit zu fördern und zur Verwirklichung der Menschenrechte und Grundfreiheiten für alle ohne Unterschied der Rasse, des Geschlechts, der Sprache oder der Religion beizutragen" (UNRIC o. J., 13.7.2021).

Innerhalb der UN GA hat jeder Mitgliedstaat, unabhängig seiner Einwohner*innenzahl, seiner wirtschaftlichen oder militärischen Macht, eine Stimme. Für die Entscheidungen wird je nach Tragweite eine einfache oder eine Zwei-Drittel-Mehrheit benötigt. Die Beschlüsse der UN GA sind für die UN-Mitgliedstaaten zwar nicht bindend; dennoch hat es politisches Gewicht, wenn die Mehrheit der Staaten hinter einer Entscheidung steht (vgl. Bundeszentrale für politische Bildung 2011a, 8.7.2021).

- Amt des Hohen Kommissars für Menschenrechte:

Das Hochkommissariat für Menschenrechte wurde 1993 von der UN GA eingesetzt und fungiert seither als wichtigste Schaltstelle für den Menschenrechtsschutz innerhalb der Vereinten Nationen. Es koordiniert die menschenrechtlich relevanten Aufgaben der verschiedenen Menschenrechtsorgane der UNO (vgl. humanrights.ch 2020, 13.7.2021) und kann zudem selbst tätig werden, „um Hindernisse für die Verwirklichung der Menschenrechte zu beseitigen" (ebd.). Seit 2018 hat Michelle Bachelet aus Chile das Amt des Hohen Kommissars für Menschenrechte inne (vgl. ebd.).

- UN-Menschenrechtsrat (MRR):

Im Jahr 2006 löste der MRR die Menschenrechtskommission ab. Der UN-Menschenrechtsrat setzt sich aus 47 Mitgliedern zusammen (vgl. Eberlei et al. 2018: 169). Seine Aufgaben sind es unter anderem, „sich insbesondere mit groben und systematischen Verletzungen von Menschenrechten zu befassen und Empfehlungen abzugeben, Staaten durch Menschenrechtsbildung zu unterstützen, Empfehlungen an die UN GA zur völkerrechtlichen Weiterentwicklung der Menschenrechte zu richten oder konkrete Maßnahmen zur Verhütung von Menschenrechtsverletzungen vorzuschlagen" (ebd.). Mit Hilfe eines sogenannten *Allgemeinen Periodischen Überprüfungsverfahrens* „begutachtet der Menschenrechtsrat seit 2007 regelmäßig die Menschenrechtssituation in allen 193 Mitgliedstaaten der Vereinten Nationen. Er setzt auch Sonderberichterstatterinnen und Sonderberichterstatter zu Menschenrechtsthemen oder zu einzelnen Ländern ein" (BMZ o. J., 13.7.2021).

- UN-Sicherheitsrat:

Aufgabe des UN-Sicherheitsrates ist es, nach Artikel 24 der UN-Charta den Weltfrieden und die internationale Sicherheit zu wahren. Hierfür stehen ihm verschiedene Möglichkeiten zur Verfügung (vgl. Bundeszentrale für politische Bildung

2011b, 13.7.2021). „In der Regel fordert er die Konfliktparteien zunächst auf, sich friedlich zu einigen. Der Sicherheitsrat kann jedoch auch eigene Untersuchungen anstellen, vermitteln oder Bedingungen für eine Beilegung von Konflikten aufstellen" (ebd.). Des Weiteren ist er mit Sanktionsmöglichkeiten ausgestattet, die es ihm erlauben, in die Souveränität von Staaten einzugreifen. Hierzu zählen bspw. nicht-militärische Sanktionen wie die Unterbrechung von Handelswegen, aber auch militärische Maßnahmen wie Seeblockaden. Die Beschlüsse des UN-Sicherheitsrates sind für alle UN-Mitgliedstaaten bindend. Der Sicherheitsrat besteht aus fünf ständigen (Großbritannien, Russland, China, Frankreich, USA) und zehn nicht ständigen Mitgliedern. Die Zusammensetzung des Sicherheitsrates wird bis heute stark kritisiert. So merkt die Bundesregierung bspw. an, dass die ständigen Mitglieder noch immer das Machtverhältnis des Zweiten Weltkrieges widerspiegeln, was für die heutige Zeit nicht mehr repräsentativ sei (vgl. ebd.).

- Internationaler Strafgerichtshof (IStGH):

Der Internationale Strafgerichtshof mit Sitz in Den Haag nahm im Jahr 2002 seine Arbeit auf. Er ist unabhängig und stellt somit kein UN-Organ dar (vgl. Eberlei et al. 2018: 174). Seine Zuständigkeiten sind „schwerste Menschenrechtsverletzungen wie Völkermord, Verbrechen gegen die Menschlichkeit, Kriegsverbrechen und die Führung eines Angriffskrieges" (ebd.). Ein Verfahren kann durch alle Vertragsstaaten, den UN-Sicherheitsrat oder die Anklagebehörde eingeleitet werden. Er wird jedoch erst dann tätig, wenn der eigentlich zuständige Nationalstaat das Strafverfahren nicht durchführen will oder kann (vgl. ebd.).

Beispiele: Menschenrechtserfolge auf internationaler Ebene

- Im Mai 2021 konnten mindestens 41 Arbeitsmigrantinnen nach Sri Lanka zurückkehren, welche zum Teil seit 18 Monaten in Abschiebehaft festgehalten wurden. Die Frauen waren als Hausangestellte nach Sri Lanka gekommen und wurden in Riad in Abschiebehaft gehalten. Alles deutete darauf hin, dass sich viele von ihnen aufgrund ihres Migrationsstatus in Haft befanden. Amnesty International veröffentlichte eine Pressemitteilung und startete eine Urgent Action, wodurch der Fall in den Medien in Sri Lanka Aufmerksamkeit erhielt. Vermutlich führte dies zur Zurückführung der Arbeitsmigrantinnen (vgl. Amnesty International Deutschland e. V. 2021b).
- „Seit dem 1. Mai [2021] galten in Venezuela neue Verordnungen, die darauf abzielen, zivilgesellschaftliches Engagement in Venezuela zu kontrollieren und einzuschränken. Nach massivem Druck durch die venezolanische und internationale Zivilgesellschaft sowie internationale Organisationen erließ die Regierung am 3. Mai eine neue Verwaltungsverordnung, mit der willkürliche Bestimmungen zur Kriminalisierung und Diskriminierung von Nichtregierungsorganisationen und der Menschen, für die sie sich einsetzen, wieder aufgehoben wurden." (Amnesty International Deutschland e. V. 2021c)

→ Europäische Ebene

Auf europäischer Ebene steht der Menschenrechtsschutz auf unterschiedlichen Pfeilern:

- Europarat:

„Gegründet wurde der Europarat 1949 mit dem Ziel, in enger Verbindung der Mitgliedstaaten die gemeinsamen Ideale zu schützen und ihren wirtschaftlichen und sozialen Fortschritt zu fördern" (Art. 1 Europaratssatzung, zitiert nach Eberlei et al. 2018: 174). Damit hat sich der Europarat, welcher inzwischen 47 Mitgliedstaaten umfasst, dem Schutz der Menschenrechte verpflichtet und eine Reihe von rechtsverbindlichen Abkommen hervorgebracht (vgl. Krennerich 2013: 52f.). Besonders hervorgehoben werden soll an dieser Stelle die *Europäische Menschenrechtskonvention* (EMRK) sowie die *Europäische Sozialcharta* (ESC), die für alle europäischen Staaten außer Weißrussland Geltung besitzen (vgl. Eberlei et al. 2018: 175).

- Europäische Menschenrechtskonvention und Europäische Sozialcharta

Beide werden nachstehend zunächst in ihren Kernelementen skizziert (vgl. Eberlei et al. 2018: 175):

Tabelle 17: EMRK und ESC im Überblick (vgl. Eberlei et al. 2018: 175)

Europäische Menschenrechtskonvention (EMRK)	*Europäische Sozialcharta (ESC)*
- Recht auf Leben - Verbot der Folter - Verbot der Sklaverei - Recht auf Freiheit und Sicherheit - Verfahrensgarantien (hierzu zählt z. B. das Recht auf ein faires Rechtsverfahren und rechtliches Gehör) - Verbot rückwirkender Strafgesetze (Straftaten können nicht rückwirkend sanktioniert werden, wenn sie zum Zeitpunkt des Begehens noch nicht unter Strafe standen) - Anspruch auf Achtung des Privat- und Familienlebens - Gewissens- und Religionsfreiheit - Meinungsfreiheit - Versammlungs- und Vereinigungsfreiheit - Ehefreiheit - Diskriminierungsverbot	- Garantie auf Arbeit - Koalitionsfreiheit (z. B. Recht auf die Bildung von Gewerkschaften) - Recht auf Streik - Schutz von Jugendlichen im Arbeitsleben - Recht auf soziale Sicherheit - Recht auf soziale und medizinische Unterstützung - Recht auf Schutz von Familie - Recht auf Chancengleichheit und Gleichbehandlung im Bereich der Arbeit ohne Diskriminierung wegen des Geschlechts

Die Europäische Menschenrechtskonvention stellt unter Bezugnahme auf die AEMR und den UN-Zivilpakt vor allem einen Vertrag zum Schutz der bürgerlichen und politischen Menschenrechte dar. Die Europäische Sozialcharta wurde analog zu den wirtschaftlichen, sozialen und kulturellen Rechten entwickelt. Die Vertragsstaaten müssen jedoch lediglich jeweils sechs der genannten Rechte der ESC anerkennen. Weitere Ansprüche können freiwillig übernommen werden (vgl. Eberlei et al. 2018: 175).

- EU-Grundrechtecharta

Zudem greift auf europäischer Ebene die EU-Grundrechtecharta für die Europäische Union, welche die allgemeinen Menschen- und Bürgerrechte und auch die wirtschaftlichen und sozialen Grundrechte zusammenfasst und Bestandteil des verbindlichen EU-Rechtes darstellt (vgl. Fremuth 2015: 186, zitiert nach Eberlei et al. 2018: 177). Diese ist in 6 Kapitel unterteilt, welche nachstehend in Kürze dargestellt werden:

Tabelle 18: EU-Grundrechtecharta (vgl. Amtsblatt der Europäischen Union 2010, 8.7.2021) (Quelle: Eigene Darstellung)

EU-Grundrechtecharta (GRCh)	
(vgl. Amtsblatt der Europäischen Union 2010, 8.7.2021)	
Kapitel	Beispiele
Kapitel I: Würde des Menschen	■ Recht auf Leben (Art. 2) ■ Recht auf Unversehrtheit (Art. 3) ■ Verbot der Sklaverei und der Zwangsarbeit (Art. 5)
Kapitel II: Freiheit	■ Gedanken-, Gewissens- und Religionsfreiheit (Art. 10) ■ Asylrecht (Art. 18) ■ Schutz bei Abschiebung, Ausweisung und Auslieferung (Art. 19)
Kapitel III: Gleichheit	■ Nichtdiskriminierung (Art. 21) ■ Vielfalt der Kulturen, Religionen und Sprachen (Art. 22) ■ Integration von Menschen mit Behinderung (Art. 26)
Kapitel IV: Solidarität	■ Gerechte und angemessene Arbeitsbedingungen (Art. 31) ■ Gesundheitsschutz (Art. 35) ■ Umweltschutz (Art. 37)

Kapitel V: Bürgerrechte	■ Aktives und passives Wahlrecht bei den Kommunalwahlen (Art. 40) ■ Freizügigkeit und Aufenthaltsfreiheit (Art. 45)
Kapitel VI: Justizielle Rechte	■ Recht auf einen wirksamen Rechtsbefehl und ein unparteiisches Gericht (Art. 47) ■ Unschuldsvermutung und Verteidigungsrechte (Art. 48)

■ Europäischer Gerichtshof für Menschenrechte (EGMR):

Auf europäischer Ebene stellt der Europäische Gerichtshof für Menschenrechte (EGMR) die bedeutendste Instanz zur Durchsetzung der Menschenrechte dar (vgl. Grabenwarter/Pabel 2016: 48, zitiert nach Eberlei et al. 2018: 176). „Etwaige Verletzungen der in der EMRK garantierten Rechte werden vom *Europäischen Gerichtshof für Menschenrechte* (EGMR) geprüft, sofern Vertragsstaaten sogenannte Staatenbeschwerden vorbringen oder Einzelpersonen oder Personengruppen entsprechende Individualbeschwerden einreichen. Die Urteile des EGMR sind bindend und haben in den Vertragsstaaten bereits zu erheblichen Änderungen von Gesetzen und Vorschriften geführt" (Krennerich 2013: 53).

Beispiele zu Klagen vor dem EGMR	
Klage gegen Griechenland	Am 24.9.2020 wies der EGMR unter der sogenannten „Rule 39"[49] die griechische Regierung an, zwei vulnerable Asylsuchende aus Moria 2.0 zu befreien. Vertreten wurde der Fall durch zwei Anwält*innen von PRO ASYL/RSA (vgl. Pro Asyl 2020, 8.7.2021).
Klimaklage von Kindern	Sechs Kinder und Jugendliche aus Portugal haben eine Klimaklage gegen Deutschland und 32 weitere Staaten beim EGMR eingereicht. Die Richter in Straßburg entschieden mit der im September 2020 eingereichten Klage fortzufahren und diesem Sachverhalt eine erhöhte Dringlichkeit einzuräumen. Das Ziel der Kläger*innen ist es, dass der EGMR die Klimasünder dazu anhält, ihre nationalen Ziele höher zu setzen und ihre Emissionen zu reduzieren. Die Klage zielt auf Artikel 2 und 8 der EMRK: Das Recht auf Leben und das Recht auf Achtung des Privat- und Familienlebens. Aktuell haben die Staaten bis 27.5.2021 Zeit Stellung zu beziehen (vgl. tagesschau.de 2020, 8.7.2021; Hummel 2021, 8.7.2021).

---

[49] „Rule 39": Art. 39 der Verfahrensordnung erlaubt es, vom EGMR „vorläufige Maßnahmen zu verlangen, wenn ein nichtwiedergutzumachender Schaden droht" (Pro Asyl 2020, 8.7.2021).

- Europäischer Gerichtshof (EuGH):

Abschließend ist an dieser Stelle noch auf den Europäischen Gerichtshof (EuGH) als Rechtssprechungsorgan hinzuweisen, der jedoch ausschließlich für Rechtsstreitigkeiten innerhalb der EU zuständig ist und daher keine Individualbeschwerdemöglichkeiten vorsieht. Fühlen sich EU-Bürger*innen in ihren Charta-Grundrechten verletzt, können sie lediglich nationale Gerichte anrufen (vgl. Eberlei et al.: 178).

> **Beispiele: Menschenrechtserfolge auf europäischer Ebene**
>
> - Polen: Drei Menschenrechtsverteidigerinnen wurden aufgrund der „Verletzung religiöser Gefühle" angeklagt. Bei ihnen wurden Poster gefunden, auf denen die Jungfrau Maria mit regenbogenfarbenem Heiligenschein zu sehen war. Ihnen drohten bis zu zwei Jahre Haft (vgl. Amnesty International Deutschland e.V. 2021d). „Bis heute haben sich 160.000 Menschen der Kampagne von Amnesty International angeschlossen, die den polnischen Generalstaatsanwalt auffordert, die unbegründete Anklage gegen die drei Menschenrechtsaktivistinnen fallen zu lassen" (ebd.). Im März 2021 wurden die Aktivistinnen unverhofft freigesprochen (vgl. ebd.).
> - Frankreich: Wegen einer *Teilnahme an einer Versammlung, die geeignet ist, die öffentliche Ordnung zu stören*, stand ein Mann in Frankreich vor Gericht. Für seine friedliche Teilnahme an Protesten drohte ihm eine Geld- sowie eine Haftstrafe von bis zu einem Jahr (vgl. Amnesty International Deutschland e.V. 2021e, 13.7.2021). Dieser Fall „steht beispielhaft für die Schikanen, denen Tausende friedlicher Demonstrant*innen in Frankreich aufgrund von fragwürdigen gesetzlichen Bestimmungen ausgesetzt sind" (ebd.). Bei seinem Prozess wurde er von lokalen Aktivist*innen und Amnesty Frankreich unterstützt. Am 20. Mai 2021 wurde er freigesprochen (vgl. ebd.).

→ **Nationale Ebene: Deutschland**

„Für die weltweite rechtliche Geltung der Menschenrechte ist die Frage hoch bedeutsam, inwieweit die Menschenrechte in den jeweiligen nationalen Rechtsordnungen verankert sind und ihre Umsetzung innerhalb der Staaten institutionell abgesichert ist." (Krennerich 2013: 73) Nach Bielefeldt (2006: 85) kommt den Staaten damit eine dreifache Aufgabe zu: Menschenrechte zu achten, sie zu schützen und zu gewähren.

- Grundgesetz und Grundrechte:

In Deutschland gilt das Grundgesetz, in dessen Anfangspassagen die Grundrechte aufgeführt werden. Eingeleitet werden diese mit Art. 1 Abs. 1, nach dem die Würde des Menschen unantastbar ist. In Abs. 2 bekennt sich Deutschland zu den unveräußerlichen Menschenrechten als Grundlage jeder Gemeinschaft, zu Frieden und Gerechtigkeit in der Welt (vgl. Eberlei et al. 2008: 178). Die Grundrechte werden in Menschenrechte und Bürgerrechte unterschieden. Nach einer Rechtsprechung des Bundesverfassungsgerichts spielt diese Unterscheidung in Bürger- und Menschenrechte jedoch keine wesentliche Rolle, wodurch auch Menschen ohne deutsche Staatsbürgerschaft die gleichen Freiheitsrechte wie Staatsbürger*innen zustehen (vgl. Michael/Morlok 2014, zitiert nach Eberlei et al. 2018: 178f.).

- Bundesverfassungsgericht (BVerfG):

Die originäre Aufgabe des BVerfG mit Sitz in Karlsruhe ist die Durchsetzung und der Schutz der Grundrechte. Es besteht aus zwei Senaten mit jeweils acht Richter*innen, die vom Bundesrat und Bundestag gewählt werden. Die Besonderheit dieser Institution liegt in seiner Möglichkeit, ein vom Bundestag erlassenes Gesetz wegen seiner Verfassungswidrigkeit für nichtig zu erklären (vgl. Eberlei et al. 2008: 179).

Institutionen wie das Deutsche Institut für Menschenrechte Berlin (DIMR) oder der Bundestagsausschuss für Menschenrechte sollen dafür sorgen, dass Deutschland seine Übereinkommen auf europäischer und globaler Ebene einhält (vgl. Landeszentrale für politische Bildung Baden-Württemberg 2019, 8.10.2020). Letztendlich obliegt es aber den jeweiligen Staaten, die Verwirklichung der Menschenrechte durchzusetzen. Damit wird die Rechtsbeziehung auf das Verhältnis von Staat und Bürger*innen fokussiert (vgl. Schneider 2011: 20), wodurch vor allem Staatenlose bzw. irreguläre Migrant*innen Grenzen der Durchsetzung von Menschenrechten ausgeliefert sind (s. Kapitel 2.2.1). Denn um die Umsetzungschancen von Menschenrechten realistisch analysieren zu können, müssen diese immer im Zusammenhang mit der gesellschaftlichen Wirklichkeit und den dabei entstehenden Konfliktlinien betrachtet werden (vgl. Präambel des UN-Zivilpakts und UN-Sozialpakts, zitiert nach Schulte/Treichler 2010: 90). Nur hierdurch können sowohl die erreichten Fortschritte als auch die bestehenden Differenzen zwischen den Versprechungen der Menschenrechte und der praktischen Anwendung aufgezeigt und reflektiert werden (vgl. Bobbio 1998: 55ff., zitiert nach Schulte/Treichler 2010: 90).

> **Beispiel: Menschenrechtserfolg auf nationaler Ebene – Deutschland**
>
> - 24-Stunden-Pflege: Möchten ältere Menschen in Deutschland zu Hause gepflegt werden, kann dies meist nur durch Hilfskräfte aus Osteuropa realisiert werden. Häufig arbeiten diese jedoch unter fragwürdigen Bedingungen. Das DIMR bilanzierte im Jahr 2020, dass viele der Hilfskräfte von schwerster Arbeitsausbeutung betroffen seien und meist in sozialer Isolation lebten. Das Bundesarbeitsgericht hat diesem Vorgehen durch ein Grundsatzurteil nun Grenzen gesetzt. So entschied das Gericht, dass einer Bulgarin, die nach eigenen Angaben eine Seniorin rund um die Uhr versorgte, der deutsche Mindestlohn zusteht, und das auch für die Bereitschaftszeiten. Der Bundesverband der Betreuungsdienste erklärte hierzu, dass eine 24-Stunden-Betreuung nach nationalen Maßstäben ca. 9.100 € pro Monat kosten würde, was sich niemand leisten könne. Die Verbraucherzentrale machte zudem deutlich, dass eine 24-Stunden-Betreuung durch eine Person damit legal nicht möglich sei. Welche weiteren Folgen dieses Urteil hat, ist noch kaum abzusehen (vgl. tagesschau.de 2021, 13.7.2021).

4.2 Philosophische Verankerung

Neben einer juristischen Annäherung an das Konzept der Menschenrechte ist die philosophische Betrachtungsweise elementar, denn dass Menschenrechte universell gültig, unteilbar und gleichwertige Rechte aller Menschen sind, ist bis in die Gegenwart nicht unumstritten. Zudem kann die Umsetzung der Menschenrechte „weit über die Gesetzgebung hinausgehen, und eine Theorie der Menschenrechte lässt sich vernünftigerweise nicht auf das juristische Modell beschränken, in das es häufig gepresst wird. So können beispielsweise öffentliche Anerkennung und öffentliches Engagement (einschließlich des Monitorings, d. h. der Überwachung und Beobachtung von Verstößen) Teil der – häufig unvollkommenen – Pflichten sein, die sich aus der Anerkennung der Menschenrechte ergeben" (Sen 2004/2020: 15). Ethisch und philosophisch begründete Haltungen spielen gerade für Sozialarbeiter*innen eine zentrale Rolle, da viele der Herausforderungen, denen die Fachkräfte begegnen, mit einer grundlegenden Krise des Wertebewusstseins und mit den Fragen von Solidarität und Gerechtigkeit zu tun haben (vgl. Vereinte Nationen 1987, zitiert nach VN/IFSW/IASSW 2002: 12). Entsprechend sollten die Menschenrechte als moralische Basis für die Theorie und Praxis Sozialer Arbeit angesehen werden. Denn aus „Menschenrechten ergeben sich Gründe zum Handeln für Akteure, die in der Lage sind, bei der Förderung oder dem Schutz der zugrunde liegenden Freiheiten Hilfe zu leisten. Die resultierenden Pflichten umfassen in erster Linie die Pflicht, angemessen über die Gründe zum Handeln und deren praktischen Auswirkungen nachzudenken und dabei die relevanten Parameter des Einzelfalls zu berücksichtigen" (Sen 2004/2020: 14).

> Im Sinne des Leitgedankens der AEMR, dass alle Menschen gleich an Würde und Rechten geboren wurden, kommt den Werten *Freiheit* und *Gleichheit* eine besondere Bedeutung zu – und dies in einem doppelten Sinne: Menschen haben demnach „ein gleiches Recht auf Freiheit und ein Recht auf gleiche Freiheit" (Bobbio 1998: 67, zitiert nach Schulte/Treichler 2010: 89). Insofern wird die einzelne Person in den Mittelpunkt gestellt, so „dass der einzelne Mensch Vorrang hat vor allen gesellschaftlichen Gruppierungen, denen die Menschen durch natürliche oder geschichtliche Umstände angehören; auf der Überzeugung, dass das Individuum einen Eigenwert besitzt und dass der Staat für das Individuum gemacht ist und nicht das Individuum für den Staat" (Bobbio 1997: 104, zitiert nach Schulte/Treichler 2010: 89).

Darüber hinaus verweisen alle Menschenrechte auf die Menschenwürde, aus welcher sie unmittelbar abgeleitet werden. Unter Würde ist aber nicht der *Wert* des Menschen für die Gesellschaft, bspw. durch eine erreichte gesellschaftliche Position, gemeint. Vielmehr geht es um eine nicht zu verrechnende Würde als *innerer Wert* des Menschen, der in keiner Bedingung zu seinem äußeren Wert für die Gesellschaft steht (vgl. Mührel/Röh 2013: 94). Die Erkenntnis dieses Menschenbildes, das von einem selbstständig denkenden, vernunftbegabten und aufklärungsfähigen Menschen ausgeht, dem hierdurch natürliche Rechte zustehen, ist auf die Epoche der *Aufklärung* im 17. und 18. Jahrhundert zurückzuführen (vgl. Brechtken 2020: 21f.). Kant umreißt dieses Menschenbild folgendermaßen: „Aufklärung ist der Ausgang des Menschen aus seiner selbstverschuldeten Unmündigkeit. Unmündigkeit ist das Unvermögen, sich seines Verstandes ohne Leitung eines anderen zu bedienen. Selbstverschuldet ist diese Unmündigkeit, wenn die Ursache derselben nicht am Mangel des Verstandes, sondern der Entschließung und des Mutes liegt, sich seiner ohne Leitung eines anderen zu bedienen. Sapere aude! Habe Mut dich deines eigenen Verstandes zu bedienen! ist also der Wahlspruch der Aufklärung." (Kant 1784/1968, zitiert nach Brechtken 2020: 22) Demnach ist die „unverrechenbare Würde des Menschen darin begründet, dass dieser fähig ist, sich moralische Zwecke zu setzen und nach diesen zu handeln" (Kant 1978, zitiert nach Eberlei et al. 2018: 161). Dies drückt Kant in seiner Theorie des kategorischen Imperativs aus: „Handle stets so, dass die Maxime deines Willens jederzeit zur allgemeinen Gesetzgebung reiche!" (Kant 1999, zitiert nach Mührel/Röh 2013: 98) „Dieser Grundsatz ist die ebenso einfache wie logische Folge aus einem Menschenbild, das die Freiheit des Einzelnen und zugleich den Menschen als Gemeinschaftswesen anerkennt. Es bietet eine Anleitung für jeden Menschen, sich so zu verhalten, dass er oder sie dabei stets die Grundprinzipien des vernünftigen Zusammenlebens mitdenkt" (Brechtken 2020: 23).

Insofern ist der Mensch ein „Zweck an sich", wodurch er immer einen Wert besitzt und grundsätzlich einer Vergleichbarkeit enthoben ist. Entsprechend darf der Mensch nie als Mittel gebraucht werden (vgl. Eberlei et al. 2018: 161). Die Würde des Menschen ist damit stets unabhängig von seinen Leistungen, Verdiensten oder anderen Voraussetzungen. Folglich kann einer Person nicht ihre Würde genommen oder diese verletzt werden. Verletzt werden können hingegen die aus der Würde abgeleiteten Rechte und Ansprüche, die nur deshalb festgestellt werden können, da der in der Würde begründete Anspruch unverändert besteht (vgl. Schneider 2011: 23f.).

„Wirkungsmächtig wurden die zentralen Erkenntnisse der Aufklärung in den Formulierungen der amerikanischen Unabhängigkeitserklärung vom 4. Juli 1776 und in der *Erklärung der Menschen- und Bürgerrechte* von 1789 in Frankreich" (Brechtken 2020: 23). Hierin wurde deutlich, dass „die Prinzipien des Naturrechts sich stets in konkreten Lebenswelten Geltung verschaffen, auf den jeweiligen Reflexionshorizont der Zeit bezogen sind und historisch eingeordnet werden müssen" (ebd.: 24). Insofern war das Menschenbild dieser Zeit dadurch geprägt, dass jede*r dazu aufgerufen war, sich und das eigene Handeln zu reflektieren und über seine*ihre Vernunft, Verantwortung und grundsätzliche Vorstellungen individueller Freiheit und dem Recht auf Selbstbestimmung nachzudenken. Hierdurch entstand die politische Herausforderung, wie Macht legitimiert und eine politische Ordnung begründet werden solle. Antworten hierauf sollten vor allem politische Ideologien bieten, die unterschiedlichste Ordnungssysteme entwarfen. Konservatismus, Liberalismus, Sozialismus und Kommunismus sind die wohl bekanntesten dieser Ideologien (vgl. Brechtken 2020: 24f.), welche nachstehend kurz dargestellt werden (vgl. ebd.: 25f.):

Tabelle 19: Politische Ordnungssysteme im Überblick (vgl. Brechtken 2020: 25f.)

Konservatismus	Zielt „auf einen starken, ordnenden, sichernden Staat, der gesellschaftliche Freiheit limitieren müsse, da ein Zuviel in Anarchie und gegenseitiger Gewalt münden könne" (Brechtken 2020: 25).
Liberalismus	Betont die individuelle Freiheit, die mehr wiegt als die Furcht vor den Unberechenbarkeiten des Menschen (vgl. ebd.).
Sozialdemokratie (seit den 1860er Jahren)	Ist eine Bewegung zur Förderung sozialer Emanzipation und politischer Teilhabe. Das Menschenbild geht von der grundsätzlichen Fähigkeit des Menschen zur Selbstbestimmung aus (vgl. ebd.).
Kommunismus (seit Mitte des 19. Jh.)	Verfolgt ein strikt in sich geschlossenes Weltbild, in dem „der Mensch das Produkt eines fest und vorhersehbar verlaufenden historischen Prozesses [ist]. Das Individuum hat keine Wahl, vielmehr bestimmen anonyme Kräfte und Strukturen sein Denken und seine Zukunft. Es kann die Geschichte nicht aufhalten, sondern ihre Gesetze nur „erkennen" und sich entsprechend verhalten, indem es den vorgegebenen Weg seines Lebens und seiner Gesellschaft hin zum Kommunismus selbst mit vorantreibt" (Brechtken 2020: 26).

In den 1850er Jahren verbreitete sich gleichzeitig die Ideologie der sogenannten „Rassenlehre". „Die Formel der Radikalisierung lautet: Von der Verschiedenartigkeit von Menschen zur Verschiedenwertigkeit, von der Verschiedenwertigkeit zum Wettbewerb, vom Wettbewerb zum Überlebenskampf – und damit zum Ringen auf Leben und Tod." (Brechtken 2020: 26f.) Durch diese Einteilung blieb nicht mehr viel übrig von einer Menschwürde oder natürlichen Rechten, die für alle gleichermaßen gelten. Ganz im Gegenteil: Diese Lehre mündete in den Nationalsozialismus und dem Zweiten Weltkrieg und stellte den Versuch dar, diese „Rassen-Ideologie" weltweit durchzusetzen. Das Menschenbild wandelte sich zunehmend zu einem Verständnis von einem unfreien, gefangenen Menschen, der sich entweder „seiner Rasse" annimmt, oder sich im dauernden Kampf gegenüber anderen „Rassen" behaupten muss (vgl. ebd.).

„Nicht zuletzt aus der erbitterten globalen Konfrontation zwischen dem Menschenbild der Aufklärung und dem des nationalsozialistischen Rassismus speiste sich nach dem Zweiten Weltkrieg der Drang, die Prinzipien, die diesen Kampf von Seiten der demokratischen Staaten bestimmt hatten, als Lehre und Orientierung festzuhalten" (ebd.: 27). Folglich beschloss die Generalversammlung der Vereinten Nationen 1948 die Allgemeine Erklärung der Menschenrechte, die die unveräußerliche, universale Würde jedes Einzelnen anerkennt und die hieraus entstehenden Rechte schützen soll. Doch bis heute ist, wie im vorangegangenen Kapitel beschrieben, die vollumfängliche Durchsetzung der Menschenrechte nicht gewährleistet – vor allem für Menschen auf der Flucht, Staatenlose und Marginalisierte.

Entsprechend stellen Menschenrechte bis heute keinen Ist-Zustand, sondern ein zu erreichendes gemeinsames Ideal dar, das einer stetigen Reflexion bedarf (vgl. Vereinte Nationen 1948, 24.10.2020; Brechtken 2020: 28f.).

Nach dem Verständnis der deutschen Philosophin Hannah Arendt (1906–1975) sollten Menschenrechte jedoch gerade dann Erleichterung verschaffen, wenn der Mensch allein auf sein Menschsein reduziert wird, wie bspw. im Fall von Staatenlosigkeit. Aufgrund ihrer eigenen Erfahrungen als Jüdin während des Zweiten Weltkrieges ging sie der Überlegung nach, inwieweit Menschenrechte unabhängig von bzw. ohne Staatsbürgerschaft gelten können (vgl. DeGooyer et al. 2018: 13). Eine Frage, die bis heute nicht an Aktualität verloren hat. Schließlich können Rechte erst in einem rechtlichen, also staatlichen Zustand realisiert werden. Immer dann und dort, wo sich Individuen zu bestimmten Zwecken vertraglich zusammenschließen entsteht ein Staat und mit ihm das Recht. Daher müssen der Staat und das Recht mitgliedschaftlich gedacht werden (vgl. Schneider 2011: 20f.). Arendt wusste „aus eigener Erfahrung, dass Menschen mehr sein müssen als einfach nur Menschen, um Rechte zu haben. Sie müssen Mitglied eines politischen Gemeinwesens sein. Nur als Bürger*innen eines Nationalstaates haben Menschen gesetzlich geschützte Rechte wie das Wahlrecht, das Recht auf Bildung und Arbeit, auf Gesundheitsversorgung, auf Teilhabe am kulturellen Leben" (DeGooyer et al. 2018: 8). Daher kam Arendt zu dem Schluss, dass die Staatsbürgerschaft das Recht darstellt, welches die Wahrnehmung der Menschenrechte erst ermöglicht, da Rechte nur einfordern kann, wer eine Staatsbürgerschaft besitzt. Demzufolge forderte sie ein Recht auf Staatsangehörigkeit, oder zumindest das Recht auf ein organisiertes politisches Gemeinwesen, das sie mit dem populären Satz „Recht, Rechte zu haben" charakterisierte. Hierdurch sollte die Wahrnehmung aller bürgerlichen, politischen und sozialen Rechte ermöglicht werden (vgl. Arendt 1986: 456, zitiert nach DeGooyer et al. 2018: 15ff.).

Arendt beschreibt mit ihrer Forderung aber auch einen Widerspruch, denn „wie kann jemand, der keinem Gemeinwesen angehört, ein Recht auf Zugehörigkeit zu einer solchen Gemeinschaft geltend machen, wenn eben diese Zugehörigkeit Voraussetzung dafür ist, dass man überhaupt Rechte geltend machen kann?" (DeGooyer et al. 2018: 22). Für Benhabib bedeutet der Satz „Recht, Rechte zu haben" im normativen Sinne heute, dass „der universelle Status jedes Menschen unabhängig von seiner Staatsangehörigkeit anerkannt wird" (Benhabib 2008: 73, zitiert nach DeGooyer et al. 2018: 25) und damit der Mensch als Rechtsperson betrachtet werden muss, der einen Anspruch auf elementare Menschenrechte besitzt (vgl. Benhabib 2014/2015: 89, zitiert nach DeGooyer 2018: 34f.). Damit kann Benhabib als Optimistin bezeichnet werden, die das „Recht, Recht zu haben" als gegeben ansieht, welches lediglich noch in einen rechtlichen Rahmen eingebettet werden muss (vgl. DeGooyer 2018: 36f.). Im Gegensatz dazu sieht Balibar (2014, zitiert nach DeGooyer 2018: 38f.) in Arendts Forderung ein performatives Recht, das durch die Macht der Sprache allein dadurch entsteht, dass es geäußert wird. Die Ausübung des Rechts benötigt hingegen ein Publikum, ein existierendes Gemeinwesen, das diesen Anspruch auch anerkennt und bestätigt. So erläutert auch Butler (2016: 68, zitiert nach DeGooyer 2018: 39), Arendt mache „nur durch ihre Behauptung das Recht geltend, Rechte zu haben, und es gibt keinerlei Grundlagen für diese Behauptung außerhalb ihrer selbst".

Das größte Problem dieser Lesarten besteht in der Unsicherheit darüber, wie Rechtlose grundsätzlich einen Anspruch auf Zugehörigkeit geltend machen können (vgl. DeGooyer 2018: 41). Für Arendt (1986: 454, zitiert nach DeGooyer 2018: 49, 52) sollten Menschenrechte eine Art zusätzliche Ausnahmerechte für Unterdrückte darstellen, die für diejenigen gelten, die bürgerliche und soziale Rechte verloren haben und damit auf das völlige „Naturmenschsein" reduziert wurden. Jedoch ist das Fehlen dieses Schutzes bis heute gängig und auch historisch belegt, weshalb Arendt durch ihre Forderung auf Staatszugehörigkeit oder einem Recht, das nicht auf staatlichen Gesetzen gründet, nach einer Möglichkeit für Rechtlose gesucht hat. Gleichzeitig richtet sie durch ihre Theorie aber auch die Aufmerksamkeit auf diejenigen, die den Verlust der Menschenrechte und der Zugehörigkeit verursacht haben.

Hierdurch wird eine Reflexion der Chancen und Grenzen von (eigentlich) universell geltenden Menschenrechten möglich.

Durch den bisherigen Diskurs werden einerseits die Notwendigkeit der Menschenrechte, andererseits aber auch Konfliktlinien und fehlende Umsetzungsmöglichkeiten innerhalb dieses Themenfeldes deutlich.

Diese Tatsache sollte jedoch nicht dazu führen, die Umsetzung der Menschenrechtsidee als unmöglich zu deklarieren, sondern vielmehr dazu einladen den Widersprüchen und Herausforderungen Raum zu geben, um einen Diskurs über die Umsetzungsoptionen der Menschenrechte zu eröffnen (vgl. Wildfang 2010: 22). Beispielhaft soll anschließend auf zwei wesentliche Kritikpunkte an den Menschenrechten eingegangen werden:

- Universalismus gegen Kulturrelativismus
- Westliche Dominanz in der Menschenrechtsdiskussion (vgl. Ife 2007: 76ff.; Ife 2001: 58ff., zitiert nach Wildfang 2010: 22).

Universalismus gegen Kulturrelativismus:

Unter Universalismus ist ein Denkansatz zu verstehen, der das Allgemeine, das Ganze, die Gesamtheit im Vergleich zum Besonderen, Speziellen und Einzelnen betont. Folglich gelten bestimmte Normen und Regeln der Menschenrechte für alle gleichermaßen. Universalismus ist vor allem in individualistischen Gesellschaften vorzufinden. Kritiker*innen des Universalismus unterstellen diesen Gesellschaften jedoch häufig, dass sie Unterschiede ausblenden, was wiederum zu einer ethnozentrischen Haltung führe (vgl. IKUD o. J.ᵈ, 20.7.2021). Die universalistische Herangehensweise an die Menschenrechte verneint demnach kulturelle Unterschiede, wodurch eine westlich ausgerichtete Formulierung der Menschenrechte als selbstverständlich betrachtet wird (vgl. Ife 2007: 76f., zitiert nach Wildfang 2010: 22). Aus Sicht einer universellen Gültigkeit würden Menschenrechte zudem unabhängig von jeder Kultur oder jeglichem Kontext existieren (vgl. Ife 2007: 84, zitiert nach Wildfang 2010: 22). Die Realität zeigt jedoch anderes. Wenn bspw. ein amerikanischer Präsident „sich zur Verteidigung von Freiheit und Gerechtigkeit bekennt, dann hat dies zumeist Folgen in der Welt, die als Nebenprodukte für viele Menschen Zerstörung und Tod bedeuten können" (Schissler 2005: 26, 20.7.2021). Auch innerhalb der philosophischen Annäherung wurde deutlich, dass Menschenrechte nur mit Hilfe einer Staatsbürgerschaft eingeklagt werden können, wodurch der Kontext in Form der Beziehung zwischen Bürger*in und Staat unabdingbar für die Realisierung der Menschenrechte scheint. Insofern kann diese „juristische Sichtweise der Menschenrechte [...] als entmächtigend angesehen werden, da sie die Menschenrechte von den Menschen löst" (Ife 2007: 84, zitiert nach Wildfang 2010: 22).

Dass Menschenrechte bis heute keine Selbstverständlichkeit und stets in einen Kontext eingebettet sind, wurde im vorherigen Kapitel mit Blick auf die dargestellten Menschenrechtsverletzungen, aber auch innerhalb des Diskurses zur philosophischen Annäherung deutlich. Insofern muss eine einfache universalistische Herangehensweise an Menschenrechte als verkürzt beurteilt werden.

Als Gegenkonzept zum Universalismus steht der Kulturrelativismus, der angelegt ist, unterschiedliche Kulturen als gleichwertig anzusehen. Folglich sollen Kulturen nicht miteinander verglichen oder gar bewertet, sondern der jeweilige Kontext betrachtet und reflektiert werden. Kritiker*innen merken jedoch an, dass der Kulturrelativismus kein universelles Wertesystem anerkenne, sodass einzelne Standpunkte oder eine kulturtypische Auslegung der Menschenrechte in den Vordergrund treten. So können kulturrelativistische Argumente als „Entschuldigung" angeführt werden, wenn Mitglieder einer Kultur beispielsweise im Gegensatz zu den allgemein anerkannten Menschenrechten handeln. Hierbei werden die Handlungen als Teil der kulturellen Prägung definiert, wodurch diese legitimiert und „verziehen" werden können (vgl. IKUD o. J.e, 20.7.2021). Auch Booth (1999: 36f., zitiert nach Wildfang 2010: 23) führt an, dass Kulturrelativismus dazu führe, alles, was Kultur ist, frei von jeglicher Kritik zu betrachten. So wird innerhalb des Kulturalismus davon ausgegangen, dass jede Kultur ihre eigene Vernunft, ihren eigenen Zusammenhalt und ihr eigenes Wertesystem besitzt und damit die einzige Kultur darstellt, die ihr Leben organisieren und interpretieren kann – Menschenrechte eingeschlossen (vgl. ebd.).

An dieser Stelle ist festzuhalten, dass Menschenrechte universell Geltung besitzen, die Universalität aufgrund kultureller und politischer Unterschiede in der Praxis jedoch nicht real existiert. Gleichzeitig gilt es, die kulturellen Unterschiede zu betrachten, um die Entstehung der Menschenrechte sowie den jeweiligen Kontext reflektieren und hierauf reagieren zu können. Eine Art Rechtfertigungspolitik mit Hilfe kultureller Unterschiede ist jedoch fatal, da hiermit menschenrechtswidrige Handlungen legitimiert werden können. Damit befinden sich Menschenrechte in einem stetigen Spannungsverhältnis zwischen Universalismus und Kulturrelativismus.

Ife (2007: 76ff., zitiert nach Wildfang 2010: 23) stellt diesbezüglich fest, dass die Antwort auf diese Kontroverse nicht einheitlich von einer Seite aus gefunden werden kann. Lösungen müssen vielmehr in einem Kontinuum zwischen beiden Polen angesiedelt sein.

Insofern müssen sich auch Sozialarbeiter*innen mit dieser Ambivalenz auseinandersetzen, um gleichzeitig für die Universalität der Menschenrechte einzustehen, ohne jedoch den kulturellen Kontext auszuklammern. Hierbei stellt sich die Frage, inwieweit Kultur eine Handlung legitimieren darf und ab welchem Zeitpunkt die Universalität der Menschenrechte strikt eingefordert werden muss. Diese lässt sich letztlich nur im jeweiligen Kontext und in spezifischen Situationen klären. Dies gilt z. B. für Fragen der Frauenemanzipation, Bekleidungsvorschriften (Kopftuch-„Debatte") oder Kinderrechte.

Westliche Dominanz innerhalb des Menschenrechtsdiskurses:

Der Diskurs über Menschenrechte wird bis heute vornehmlich innerhalb des Westens geführt, wodurch dieser durch eine westliche Blickrichtung geprägt ist. Entsprechend nennen manche Kritiker*innen Menschenrechte die *Zivilreligion der Moderne*. Infolgedessen drohen die Menschenrechte zu einem „Exportartikel westlicher Kultur" herabzusinken (vgl. Höffe 2009, 20.7.2021). Daher ist eine Auseinandersetzung über die Herkunft und die westliche Dominanz der Menschenrechte bedeutsam für den Kontext der Sozialen Arbeit.

Der Soziologe Hans Joas unterscheidet Menschenrechte hierfür zunächst auf drei Ebenen: (1) als ein philosophisches/religiöses Ethos, (2) als rechtlich kodifiziert auf dem Territorium einzelner Staaten und (3) als festgelegt in transnationalen Vereinbarungen. Hierzu merkt er an, dass die Frage, ob Menschenrechte westlich seien, je nach Ebene unterschiedlich beantwortet werden müsse. Für ihn wird diese hier zweimal mit „Nein" und einmal mit „Ja" beantwortet: Ein Ethos findet sich in vielen Kulturen, die Rechtsgarantie nur in einzelnen westlichen Ländern und der vereinbarte transnationale Maßstab, an dem auch der sogenannte *Westen* gemessen wird, global. Insofern hat der *Westen* die Menschenrechte nicht entwickelt, wenn auch erstmals kodifiziert (vgl. Reichert 2016, 20.7.2021).

Joas warnt den *Westen* daher vor zu viel Überheblichkeit. Seiner These folgend entstanden Menschenrechte weder allein aus dem Christentum noch allein aus der Aufklärung, auch wenn das der *Westen* gerne suggeriere. Vielmehr seien sie das Ergebnis einer Wertschätzung des Individuums (vgl. Rohde 2015, 20.7.2021). Die Problematik dessen zeigt sich für Joas vor allem in der Auseinandersetzung mit nicht-westlichen Ländern: „Diesen werden vom Westen nicht nur Verstöße gegen die Menschenrechte oder deren mangelnde Verankerung im jeweiligen nationalen Rechtssystem vorgeworfen, sondern ihnen wird oft und rasch eine prinzipielle, kulturell bedingte Verständnislosigkeit gegenüber dem, was „wir" (im Westen) mit den Menschenrechten meinen, attestiert." (Joas 2019: 14)

Dabei ist auch die Geschichte des Westens nicht nur positiv verlaufen, wurde in den europäischen Kolonien die Folter bspw. nie abgeschafft (vgl. Rohde 2015, 20.7.2021). Für Joas gehört zu einem realistischen Bild der Menschenrechte daher „immer in Habachtstellung zu gehen, wenn sich jemand vollmundig auf sie beruft. Das ergibt oft ein ziemlich ernüchterndes Ergebnis. Es geht mir gerade nicht darum, den Geist der Menschenrechte zu relativieren, sondern das Selbstbewusstsein des Westens beständig in Frage zu stellen, kulturell in dieser Hinsicht und in irreversibler Weise viel weiter zu sein als der Rest der Welt" (Reichert 2016, 20.7.2021).

Zusammengefasst ist zu konstatieren, dass sich der Westen und damit auch Deutschland nicht auf der Vorstellung ausruhen kann, die Menschenrechte konzipiert zu haben und diese damit bereits umzusetzen. Dass auch Deutschland und Europa täglich zu Menschenrechtsverletzungen beitragen wird vor allem an den europäischen Außengrenzen sichtbar. Gerade aufgrund der vorherrschenden Privilegien der westlichen Länder liegt es an ihnen, sich ständig bezüglich der Einhaltung der Menschenrechte zu hinterfragen und neue Formen für die Umsetzung zu schaffen, um auf nationaler, europäischer und internationaler Ebene Menschenrechtsverletzungen wirksam entgegentreten zu können.

> Abschließend kann zur philosophischen Annäherung an die Menschenrechte festgehalten werden, dass jedem Individuum aufgrund seines Menschseins und seiner Würde alle Menschenrechte zustehen. Ihre juristische Durchsetzung ist insbesondere für Staatenlose und Marginalisierte bis heute erschwert. Aber genau deshalb braucht es Menschenrechte. So erklärt Martinsen (2019: 162), gerade die weltweit zunehmende Anerkennung von Menschenrechten bewirke eine Abschwächung der bislang vorherrschenden begrifflichen Dichotomie zwischen Inländer*innen und ‚Fremden'. Zudem sind die Menschenrechte ein Instrument, um politisch und zivilgesellschaftlich aufzuzeigen, wo Menschenrechte nicht eingehalten oder nicht eingeklagt werden können. „In solchen Situationen wollen Menschenrechtsaktivist*innen mit dem Verweis darauf, dass es sich um ein Menschenrecht handelt, bekräftigen, dass es sich um einen zentralen, unabweisbaren Anspruch handelt, den Menschen genau aus diesem Grund wirksam einfordern können sollten." (Eberlei et al. 2018: 165)

Damit kommt den Menschenrechten eine zentrale symbolische und philosophische Wirkungsmacht zu, die auch für die Soziale Arbeit und ihr Menschenrechtsmandat bedeutsam ist. Zugleich sind Menschenrechte „ein Appell an das Selbstverständnis, ja den Lebens-Egoismus aller Menschen. Denn wer sich als Mensch versteht und seiner selbst bewusst ist, muss ein genuines Interesse daran haben, nicht zum Objekt anderer Menschen, das heißt zum Gegenstand oder Objekt von nicht legitimer Herrschaft zu werden" (Brechtken 2020: 29). Insofern ist eine zivilgesellschaftliche Menschenrechtsorientierung bedeutsam, wonach nicht nur der Staat, sondern jede*r einzelne aufgerufen ist, die Menschenrechte aller anderen zu achten (vgl. Fritzsche 2005: 86). Der Maßstab, sich stetig an den Menschenrechten zu orientieren und die Gesellschaft an ihr auszurichten, ist damit bis heute die andauernde Herausforderung einer offenen Gesellschaft – egal wie anstrengend dieser Weg auch sein mag (vgl. Brechtken 2020: 29).

> „Entscheidend bleibt, daß diese Rechte und die mit ihnen verbundene Menschenwürde auch dann gültig und real bleiben müßten, wenn es nur einen einzigen Menschen auf der Welt gäbe; sie sind unabhängig von der menschlichen Pluralität und müßten auch dann gültig bleiben, wenn ein Mensch aus der menschlichen Gesellschaft ausgestoßen ist." (Arendt 1986: 464, zitiert nach DeGooyer et al. 2018: 14)

4.3 Soziale Arbeit als Menschenrechtsprofession – Eine kritische Diskussion

„Soziale Arbeit fördert als praxisorientierte Profession und wissenschaftliche Disziplin gesellschaftliche Veränderungen, soziale Entwicklungen und den sozialen Zusammenhalt sowie die Stärkung der Autonomie und Selbstbestimmung von Menschen. Die Prinzipien sozialer Gerechtigkeit, die Menschenrechte, die gemeinsame Verantwortung und die Achtung der Vielfalt bilden die Grundlage der Sozialen Arbeit." (Fachbereichstag Soziale Arbeit/DBSH 2016, 4.11.2020) Durch diese Definition Sozialer Arbeit werden die Prinzipien Menschenrechte und Menschenwürde ins Zentrum sozialarbeiterischen Handelns gerückt. Zusätzlich soll Soziale Arbeit Menschen dazu befähigen, ihr gesamtes Potenzial zu entfalten. Hierbei kommt der Sozialen Arbeit die Rolle der *Anwältin* zu, die es Menschen ermöglichen soll, ein selbstbestimmtes und erfülltes Leben zu führen. Menschenrechte und Soziale Gerechtigkeit stellen demnach eine Hauptmotivation für das Handeln professioneller Sozialarbeiter*innen dar (vgl. AvenirSocial/IFSW o. J., 4.11.2020; IFSW 2005, zitiert nach Wildfang 2010: 25). Dieser Argumentation folgend, müssen Fachkräfte der Sozialen Arbeit ein Menschenbild vertreten, dass im Sinne der Aufklärung von einem selbstständig denkenden, vernunftbegabten und argumentierenden Menschen ausgeht, dem allein aufgrund seines Menschseins dieselben Rechte zustehen wie jedem anderen Menschen auch.

Bereits im Jahr 1994 publizierten die International Federation of Social Workers (IFSW) und die International Association of Schools of Social Work (IASSW) gemeinsam mit der UNO das Grundsatzdokument „Human Rights and Social Work", in dem festgehalten ist, dass die Menschenrechte untrennbarer Bestandteil der Theorie, Wert- und Moralvorstellung sowie der Praxis der Sozialen Arbeit sind. Zudem müssen Rechtsansprüche, die mit menschlichen Grundbedürfnissen korrespondieren, geltend gemacht und gestärkt werden – selbst dann, wenn dieses Engagement auf Seiten der Fachkräfte zu ernsten Konsequenzen wie beispielsweise Konflikte mit dem Anstellungsträger führen kann (vgl. Staub-Bernasconi 2007: 26). „Führende Vertreter der Wissenschaft der Sozialen Arbeit definieren Gegenstand und Funktion Sozialer Arbeit ebenfalls als an den Menschenrechten orientiert und beschreiben diese als *eine Menschenrechtsprofession.*" (u.a. Staub-Bernasconi 2003; 2008, zitiert nach Mührel/Röh 2013: 89) Diese Zuordnung hat ihren Ursprung in der Fachkontroverse, dass Soziale Arbeit potenziell Zeugin von Menschenrechtsverletzungen ist, gleichzeitig aber auch selbst Gefahr läuft, Menschenrechte beispielsweise durch Nichthandeln zu verletzen (vgl. Müller-Hermann/Becker-Lenz 2013: 132).

Die Betrachtungsweise Sozialer Arbeit als Menschenrechtsprofession ist dennoch bis heute nicht unumstritten. Denn der Ansatz, Soziale Arbeit als Doppelmandat zwischen Hilfe und Kontrolle zu betrachten, ist immer noch präsent.

Der Begriff *Mandat* stammt aus dem lateinischen *mandare* und meint so viel wie „aus der Hand geben". Demzufolge ist ein Mandat ein Auftrag oder eine Ermächtigung ohne spezifische Handlungsanweisungen (vgl. Staub-Bernasconi 2018: 376). Das Doppelmandat kann nach Böhnisch und Lösch (1973: 27f.) als zentrales Strukturmerkmal der Dienstleistungsfunktion von Sozialarbeiter*innen angesehen werden. Demnach sind diese angehalten, „ein stets gefährdetes Gleichgewicht zwischen den Rechtsansprüchen, Bedürfnissen und Interessen des Klienten einerseits und den jeweils verfolgten sozialen Kontrollinteressen seitens öffentlicher Steuerungsagenturen andererseits aufrechtzuerhalten" (ebd.). Damit wird Soziale Arbeit als weisungsgebundener Beruf charakterisiert, der im Auftrag der Gesetzgebung eines Rechtsstaates Unterstützung und Kontrolle gleichermaßen ausübt. Unter Kontrolle ist einer kritischen Lesart folgend Herrschaft und Repression gemeint. Insofern wird Soziale Arbeit als Beruf mit kleinem Handlungsspielraum, großer Verantwortung, aber wenig Entscheidungsbefugnis definiert (vgl. Staub-Bernasconi 2008: 9, 21.7.2021). Im besten Fall stellt Soziale Arbeit eine Vermittlungstätigkeit zwischen dem staatlichen Auftrag und den Ansprüchen der Adressat*innen dar, welche jedoch stets durch ein Machtgefälle gekennzeichnet ist. Die Adressat*innen sind diesem Verständnis nach allerdings keine Auftraggeber*innen mit bestimmten Rechten, sodass von einem Monomandat des Staates gesprochen werden kann (vgl. Böhnisch/Lösch 1973, zitiert nach Staub-Bernasconi 2018: 377f.). Aufgabe der Fachkräfte ist es demnach, „individuelle Lebensbedürfnisse und Interessen ihrer Adressat*innen mit den geltenden gesellschaftlichen Normalitätsstandards abzugleichen und auf Formen der Lebensführung hinzuwirken, in denen sich beides möglichst umfassend verbindet bzw. möglichst wenig gegenseitig ausschließt" (Suter 2003; Rohner 2015, zitiert nach Fehmel 2019: 205). Dies ist jedoch mit großen Herausforderungen verbunden, da die Normalitätsvorstellungen in einer offenen und vielfältigen Gesellschaft selbst multiplen Wandlungsprozessen unterliegen. Damit verändern sich auch die Referenzfolien Sozialer Arbeit und müssen durch die Fachkräfte fortlaufend subjektiv und aktiv gedeutet werden (vgl. ebd.).

An dieser Stelle wird eine Ambivalenz sichtbar, die in der Folge von Agenda 2010, Sozialstaatdebatten etc. immer häufiger in der Sozialen Arbeit vorliegt: Die Vorstellungen des Staates als Leistungsträger und die Bedürfnisse der Adressat*innen liegen weit auseinander. Hinzu tritt die Soziale Arbeit in Form des Leistungserbringers, die diese Ungleichheiten auszuloten versucht. Das hierbei entstehende Spannungsfeld zwischen Hilfe und Kontrolle kann ein Problem für Sozialarbeiter*innen darstellen, wenn diese bspw. aufgrund von Sparmaßnahmen oder politischem Willen Problemlagen der Adressat*innen nicht ausreichend berücksichtigen können (vgl. Wildfang 2010: 26). Dies kann zum Beispiel bei rechtlich begrenzten Unterstützungsmöglichkeiten seitens der Fachkräfte oder drohender Abschiebung von Geflüchteten der Fall sein. Folgerichtig reicht das Doppelmandat für die Gestaltung einer professionellen Sozialen Arbeit nicht aus. Da ein Mandat nicht zwangsläufig durch einen Staat erteilt werden muss, erweiterte Staub-Bernasconi das beschriebene Doppelmandat in einer systemtheoretischen Begründung Sozialer Arbeit um ein erteiltes Mandat durch die Profession selbst hin zu einem Tripelmandat:

> „Soziale Arbeit ist einem dreifachen Mandat verpflichtet: (1) dem Doppelmandat von Hilfe und Kontrolle seitens der Gesellschaft und der Anstellungsträger, (2) dem impliziten oder offen ausgesprochenen Begehren seitens der Menschen, die Soziale Arbeit nutzen und (3) seitens der Sozialen Arbeit dem eigenen Professionswissen, der Berufsethik und den Prinzipien der Menschenrechte und der sozialen Gerechtigkeit. Dieses dritte Mandat steuert Professionelle der Sozialen Arbeit durch mögliche Konflikte zwischen dem ersten und dem zweiten Mandat." (avenirsocial, zitiert nach Müller-Hermann/Becker-Lenz 2013: 135)

Die Begründung des dritten Mandates erfolgt im Rahmen einer *systemischen Ethik*, welche auf der realwissenschaftlich überprüfbaren Annahme basiert, „dass alle Menschen aus dem Hintergrund ihrer bio-psycho-sozialen Verfasstheit objektiv vorliegende Bedürfnisse haben" (Obrecht 1998, zitiert nach Spatscheck 2008: 6). Nach diesem Verständnis werden Werte auf der Grundlage menschlicher Bedürfnisse definiert als „jene Eigenschaften, die Menschen befähigen, ihren Lebenszyklus fortzusetzen, ihren Alltag zu gestalten, ihr Selbst- und Gesellschaftsbild zu entwickeln und je nach Diskrepanz zwischen soziokulturellem Ist- und Sollzustand ihr gesellschaftliches Umfeld zu verändern" (Staub-Bernasconi 2006: 281, zitiert nach Spatscheck 2008: 6). Dieses bedürfnisorientierte Konzept der Züricher Schule steht jenseits der bisherigen, meist religiös-naturrechtlichen Begründungen der Menschenwürde und schließt damit eher am vorher genannten Verständnis der Aufklärung an.

Durch das selbsternannte Mandat seitens der Profession soll Sozialarbeiter*innen ermöglicht werden, innerhalb des Spannungsfeldes zwischen Hilfe und Kontrolle handlungsfähig zu bleiben und sich für die Belange ihrer Adressat*innen und deren Menschenrechte einsetzen zu können. Während das Doppelmandat ein generelles Kennzeichen eines sozialen Berufes bleibt, verweist das Tripelmandat auf Soziale Arbeit als Profession, die sich auf wissenschaftlich fundierte Methoden stützt und sich einem selbstgegebenen und damit unabhängigen Ethikkodex verschreibt, zu welchem zentral auch die Menschenrechte zählen (vgl. Staub-Bernasconi 2007: 36; 2008: 9, 21.7.2021; 2010b: 15, 26.7.2021; 2018: 379ff.). Beides (Wissenschaft und ethische Basis) legitimiert Formen der Selbstmandatierung und die reflektierte Annahme oder gar Verweigerung von Aufträgen seitens der Träger oder Adressat*innen (vgl. Staub-Bernasconi 2008: 9, 21.7.2021). Demnach können und müssen Sozialarbeiter*innen auch dann aktiv werden, wenn ihnen kein Mandat von Trägern, Adressat*innen oder der Gesellschaft übertragen wird.

Staub-Bernasconi stellt dabei folgende Anforderungen an die Profession Sozialer Arbeit:

- Wichtig ist die internationale Dimension Sozialer Arbeit mit einem weltweiten Engagement und Problembewusstsein.
- Radikale Orientierung an den Grundbedürfnissen der Menschen mit Priorität auf sozialen und kulturellen Menschenrechten.
- Soziale Arbeit kann selbstbestimmt Aufträge definieren und ausführen (wichtig für Professionsdiskurs).

- Öffnung für interkulturellen und interdisziplinären Diskurs.
- Zentrale Stellung der Menschenrechte in der Ausbildung der Sozialarbeiter*innen.

Erst auf Grundlage dieses dritten Mandates kann Soziale Arbeit als Menschenrechtsprofession verstanden werden, wodurch die Einhaltung und Durchsetzung von Menschenrechten Auftrag der Sozialen Arbeit werden und damit die ethische wie rechtliche Grundlage für professionelles Handeln darstellen. Weiterhin ist es Fachkräften hierdurch möglich, sich im Zweifelsfall, unter Berufung auf die Menschenrechte, auf die Seite der Klient*innen und gegen Organisationen sowie staatliche und politische Entscheidungsträger zu stellen (vgl. Staub-Bernasconi 2007: 36f.).

Zusammengefasst besteht Soziale Arbeit als Profession und Disziplin nach Staub-Bernasconi (2018: 378) damit aus drei Mandaten:

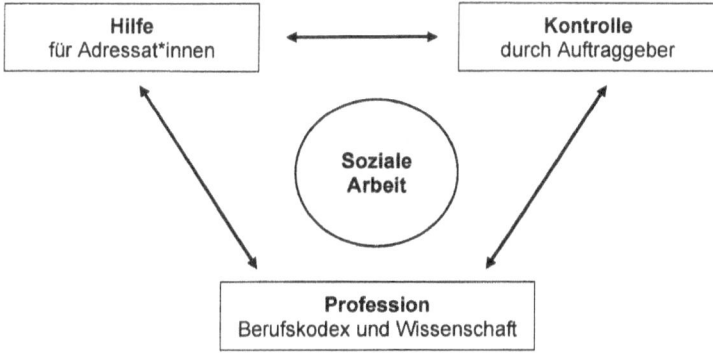

Abbildung 18: Tripelmandat nach Staub-Bernasconi 2018: 378 (Quelle: Eigene Darstellung)

> „Einem von drei Akteuren beanspruchten Teilmandat mit höchst unterschiedlichen Machtpositionen, Interessen und Forderungen verpflichtet zu sein, die sich überdies – wie die Geschichte zeigt – bis zur klaren Unvereinbarkeit widersprechen können, ist gewiss nicht einfach. Loyalitäts-, Rollen-, Handlungs- und Identitätskonflikte sind hier vorprogrammiert. Der Umgang mit dieser sozialen Konstellation gehört aber unabweisbar zu den Merkmalen der Disziplin und Profession Sozialer Arbeit" (Staub-Bernasconi 2018: 378f.).

Bielefeldt (1998; Akkaya/Bielefeldt 2010: 22f., 27.7.2021) merkt jedoch zur Betrachtung der Sozialen Arbeit als Menschenrechtsprofession kritisch an, dass eine bedürfnisorientierte Begründung der Menschenrechte problematisch sei, da nicht jedes Bedürfnis einem Rechtsanspruch entspricht. Daher sieht er die Begründung für Menschenrechte vielmehr im Prinzip der Gerechtigkeit. Für ihn stellen Menschenrechte die politisch-rechtlichen Standards menschenwürdigen Lebens und keine Philosophie oder Religion dar, aus der allgemein verbindliche Werte abgeleitet werden können. Die Würde des Menschen sieht er als einen weltweit anerkannten zentralen Wert an. Menschenrechte hingegen haben stets eine kulturkritische Komponente, da sie auf Pluralisierungserfahrungen moderner Gesellschaften beruhen. Zudem liegt ihr Ursprung in der westlichen Welt, weshalb sie sehr individualistisch ausgerichtet sind (vgl. Eide 2000, zitiert nach Vahsen/Mane 2010). Auch Müller-Hermann und Becker-Lenz (2013: 129) sehen keine Notwendigkeit für ein Tripel-Mandat für die Soziale Arbeit. Sie plädieren für nur ein Mandat, da Problemlagen der Klient*innen zugleich individuell als auch gesellschaftlich anerkannt sein müssen, und fordern eine Wiederherstellung von Autonomie und Integrität als Kern der beruflichen Aufgaben der Sozialen Arbeit.

Diese Kritikpunkte müssen von der Profession und den Fachkräften reflektiert werden, um nicht der Illusion einer widerspruchsfreien Sozialen Arbeit „aufzusitzen". Allerdings könnte Soziale Arbeit ohne das dritte Mandat nicht als Profession definiert werden. Diese Zuschreibung ist jedoch für das Außenbild in Richtung Professionalität und das Selbstverständnis der Sozialen Arbeit zentral. Gleichzeitig können nur durch eine Menschenrechtsprofession Menschenrechte als Bezugsrahmen und Instrument genutzt werden, um Gerechtigkeit einzufordern und „in größter Radikalität vom Menschen, seinen Bedürfnissen und Nöten [...] her zu denken" (Staub-Bernasconi 2003: 25, zitiert nach Eberlei et al. 2018: 14). Denn erst die Menschenrechtsprofession und das hierin begründete politische Mandat fordert, ermöglicht und legitimiert ein Handeln bei Menschenrechtsverletzungen oder politischen Fehlentscheidungen. Diese Handlungsmöglichkeit ist besonders für die Soziale Arbeit bedeutsam, da sich diese vorwiegend mit Menschen befasst, die als *vulnerable* bezeichnen werden können. Ihre Verletzbarkeit ist darauf zurückzuführen, dass alle Menschen direkt oder indirekt auf andere Menschen als Mitglieder sozialer Systeme angewiesen sind. Sei es in der Familie, der Peergroup, der Schule oder in Organisationen (vgl. Staub-Bernasconi 2008: 3, 21.7.2021). „*Vulnerable groups* zeichnen sich dadurch aus, dass sie sich besonders gut als Sündenbock für erfahrene oder befürchtete strukturelle Bedrohung (z. B. durch Erwerbslosigkeit), sozialen Abstieg und Diskriminierung und mithin für eine symbolische Machtpolitik der eigenen Überlegenheit bzw. Entwertung anderer eignen. Sie müssen zudem als so machtlos oder schwach betrachtet werden, dass man nicht befürchten muss, dass sie sich im Fall eines Angriffs, einer Ungerechtigkeit, einer Menschenrechtsverletzung wehren, protestieren oder gar zurückschlagen" (ebd.).

Insofern muss eine zeitgemäße Soziale Arbeit unserer Meinung nach im Sinne eines Tripelmandates verstanden werden und im Sinne einer Menschenrechtsprofession handeln, wodurch sie zur Fürsprecherin für all diejenigen wird, die ihre Menschenrechte nicht selbst erstreiten können. Nach Prasad (2018: 1, 10.10.2020) weist die Menschenrechtsprofession der Sozialen Arbeit drei Schwerpunkte auf:

- Menschenrechte als Bezugsrahmen: (a) auf der Ebene der Profession und (b) auf der Ebene der Definition von Kernwerten der Profession. Darüber hinaus müssen Menschenrechte als Rahmen für die Theoriebildung, Praxis und Forschung angesehen werden.

- Menschenrechte als Analyse- und Argumentationsinstrument: (a) zur Evaluierung von Lebensrealitäten, (b) als Orientierung in Mandatskonflikten, (c) um Menschenrechtsverletzungen auch in der Profession sichtbar zu machen und (d) um Entscheidungen zwischen Legalität und Legitimität treffen zu können.
- Zur Nutzung des UN-Menschenrechtsschutzsystems für und mit den Adressat*innen (vgl. ebd.).

Diese Auflistung unterstreicht die Wichtigkeit einer rechtlichen, symbolischen und philosophischen Betrachtungsweise der Menschenrechte für die Realisierung einer professionellen Sozialen Arbeit.

Auch für Gore (1969: 67f., zitiert nach Staub-Bernasconi 2007: 27f.) sind Menschenrechte ein notwendiger Maßstab und Orientierung für konstruktive Aktionen. Sie geben der Profession die Möglichkeit zu klären, was langfristige Ziele sind und fordern sie heraus, zu sozialen Fragen klar Stellung zu beziehen. Somit muss Soziale Arbeit heutzutage ihre Aufgabe auch unter transnationalen menschenrechtlichen Rahmenbedingungen erfüllen. Demnach steht auch das politische Mandat der Sozialen Arbeit nicht mehr zur Debatte, da durch den Bezug zu Menschenrechten die Möglichkeit besteht, theoretische und ethische Gesellschafts- und Trägerkritik zu üben (vgl. Staub-Bernasconi 2008: 9, 21.7.2021).

Das Zentrum für Menschenrechte der Vereinten Nationen stellte gemeinsam mit dem Internationalen Verband der Sozialarbeiter*innen acht Wertvorstellungen zusammen, die eine zentrale Rolle für die Umsetzung der Menschenrechtsprofession und dem Wertebewusstsein der Fachkräfte spielen. Aus diesen werden nachstehend zentrale Aspekte dargestellt (vgl. VN/IFSW/IASSW 2002: 13ff.):

1. Leben:

„Die Wertschätzung des Lebens ist unabdingbare Voraussetzung aller Arbeit im Bereich der Menschenrechte. [...] Das bedeutet nicht nur Widerstand gegen die Verneinung des Lebens, sondern es schließt auch bejahende, konstruktive Aspekte ein. Wo immer ihr das möglich ist, darf sich die Profession nicht darauf beschränken, den Verletzungen von Menschenrechten entgegenzutreten, sondern sie muß alle lebensfördernden und dem Leben zuträglichen Aktivitäten tatkräftig unterstützen." (ebd.: 13)

2. Unabhängigkeit und Freiheit:

Frei geboren zu sein bedeutet auch, dass jedes Individuum autonom entscheiden können muss, wie es sein Leben gestalten möchte. Die Umsetzung dieses Ziels ist häufig durch materielle oder andere Zwänge beschränkt. Allerdings darf die eigene Freiheit nicht die Freiheit anderer Personen einschränken. Sozialarbeiter*innen müssen diese Freiheit als kostbaren Wert anerkennen (vgl. ebd.).

3. Gleichheit und Gleichbehandlung:

Für die professionelle Einstellung von Fachkräften ist die Gleichheitsvorstellung zentral. „Sie bildet zugleich den Eckstein für das äußerst wichtige Prinzip der Gerechtigkeit und fordert ernsthaftes Nachdenken darüber, was im Blick auf biologische Faktoren, auf psychische, soziale, kulturelle und spirituelle Bedürfnisse sowie auf Leistungen des einzelnen im Dienste seiner Mitmenschen als gerechtfertigte oder ungerechtfertigte Gleichheit oder Ungleichheit gelten kann." (ebd.: 14) Erst wenn dieses Prinzip in der Gesellschaft realisiert wird, kann es keine Diskriminierungen mehr geben (vgl. ebd.).

4. Gerechtigkeit:

Bei der Gerechtigkeit gilt es, verschiedene Dimensionen zu berücksichtigen: Gesetzliche, soziale und ökonomische Aspekte müssen in der Gesellschaft so ausgerichtet sein, dass die Würde des Menschen gewahrt bleibt. Sozialarbeiter*innen sollten sich bewusst sein, dass der beste Schutz für Menschenrechte ein Staatswesen darstellt, das die Gesetze einhält und ein unparteiisches Rechtswesen das wichtigste Mittel ist, um die Rechte von Minderheiten zu schützen (vgl. ebd.: 14f.).

5. Solidarität:

Solidarität erfordert Verständnis und Mitgefühl der Menschen sowie das Identifizieren mit den Leidenden und ihren Anliegen. „Von SozialarbeiterInnen ist zu erwarten, daß sie sich nicht nur für Menschen, die in Not sind, engagieren, sondern daß sie auch in Wort und Tat ihre Solidarität beweisen, wenn in irgendeiner Form den Menschen politische, bürgerliche, soziale, ökonomische, kulturelle oder spirituelle Rechte vorenthalten werden." (ebd.: 15)

6. Soziales Verantwortungsbewusstsein:

Verantwortungsbewusstsein kann als praktische Konsequenz der Solidarität bezeichnet werden. Hierbei geht es darum, Solidarität in Handlungen Ausdruck zu verleihen, indem man sich für die Leidenden engagiert, sich für ihre Sache stark macht und ihnen Beistand leistet (vgl. ebd.: 15).

7. Friede und Gewaltlosigkeit:

Friede stellt einen wesentlichen Wert der Sozialen Arbeit dar. Dieser muss erkämpft werden, damit er sich in den Beziehungen zu anderen und zur Umwelt herstellen kann. Konflikte sind hierbei unvermeidlich. Deshalb sollen Methoden genutzt werden, um diese friedlich und konstruktiv zu lösen. Hierbei müssen Konfrontation und Widerstand im Streben nach Rechtmäßigkeit, Freiheit und sozialer Gerechtigkeit nicht gescheut werden. Gewalt ist jedoch strikt abzulehnen (vgl. ebd.: 16).

8. Beziehung zwischen Menschheit und Natur:

Der Klimawandel und die Umweltzerstörung können nicht mehr geleugnet werden. Als Ursachen hierfür gelten auch die ungleiche Ressourcenverteilung, Konsumverhalten, Umweltverschmutzung und unzugängliche Entwicklungsmodelle. Extreme Armut bedroht die Natur und wehrlose menschliche Gruppen (vgl. VN/IFSW/IASSW 2002: 17). „Umfassende politische Verfahren des Sozialen mit dem Ziel, die Schädigung der Umwelt zu unterbinden und, soweit möglich, wiedergutzumachen, bedürfen der Ergänzung durch umfassende offizielle und inoffizielle Bildungsprogramme zum Thema Umwelt […]. In diesem Prozeß fällt den SozialarbeiterInnen die bedeutsame Rolle zu, Verbindungen mit anderen Gruppen herzustellen." (ebd.)

Abschließend kann festgehalten werden, dass Staub-Bernasconi durch ihr Plädoyer für eine Soziale Arbeit als Menschenrechtsprofession eine Debatte auslöste, die noch lange anhalten wird – und auch muss, da nur hierdurch reflektiert werden kann, inwieweit Menschenrechte tatsächlich für alle zugänglich sind und Soziale Arbeit als Menschenrechtsprofession ihre Verantwortung in den Blick nimmt.

4.4 Handlungsmöglichkeiten durch die Berücksichtigung der Menschenrechtsperspektive

> **Übung zum Einstieg (vgl. Gabriel-Schärer 2010: 5, 28.7.2021):**
> Machen Sie sich Gedanken zu folgenden Fragen:
> - Was empfehlen Sie einer Lehrerin, die die Angst einer Schülerin vor weiblicher Genitalverstümmelung thematisiert?
> - Wie agieren Sie, wenn Sie als Mitarbeiter*in einer Familienberatungsstelle den Konflikt zwischen gesetzlichen und religiösen Normen bei der Frage nach einer möglichen Abtreibung erleben?
> - Welche Position nehmen Sie gegenüber einem Jugendlichen ein, der wegen seines ausländisch klingenden Namens keinen Termin für ein Bewerbungsgespräch erhält?
> - Wie unterstützen Sie einen älteren Menschen, der sich aufgrund seines Lebensalters vom Arbeitsmarkt und von gesellschaftlichen Teilhabeprozessen ausgeschlossen fühlt?

Immer wieder stehen Sozialarbeiter*innen in ihrem beruflichen Alltag aufgrund ihrer verschiedenen Mandate, ihrer eigenen Biographie und den Lebensumständen ihrer Adressat*innen vor ethischen Dilemmata. Mit diesen ethischen Fragestellungen professionell umzugehen, heißt:

- die Ausgangslage identifizieren und analysieren (Ursachen und Lösungspotenzial),
- unterschiedliche Standpunkte einnehmen,
- Argumente abwägen,
- die eigene Haltung zu handlungsleitenden Werten reflektieren,
- sozialarbeiterische Interventionen (auf Mikro-, Meso- und Makroebene) veranlassen (vgl. Gabriel-Schärer 2010: 5, 28.7.2021).

Doch welche menschenrechtlichen Grundlagen und Instrumente können hierzu beitragen? Nach Spatscheck (2008) können drei spezifische Zugänge Sozialer Arbeit als Menschenrechtsprofession aufgezeigt werden:

- *Menschenrechtsbildung:* In diesem Sinne sollte die Menschenrechtsprofession möglichst viele Individuen über die Existenz und den Anspruch der Menschenrechte informieren. Hierfür werden Formen benötigt, die an der Lebenswelt der Adressat*innen anknüpfen und erst hierdurch ihre Wirkung auch im gesellschaftlichen Umfeld entfalten können (vgl. ebd.: 8).

- **Konkrete Umsetzung:** Die Arbeit mit den Adressat*innen stellt das ideale Übungsfeld für die Umsetzung der Menschenrechte dar. Anhand konkreter Erfahrungen können Menschen erleben, dass es sich lohnt in einer Gesellschaft, die Menschenrechte verteidigt und umsetzt, zu leben und sich hierfür einzusetzen. Hiermit geht auch das Hinweisen auf schädigendes Verhalten und dessen Folgen anderen gegenüber einher (vgl. ebd.).
- **Gesellschaftliche Ebene:** Durch ihre Einflüsse können Sozialarbeiter*innen auf gesellschaftlicher Ebene zu Akteur*innen der Menschenrechtsarbeit werden. Sie können Diskurse anstoßen, die Menschenrechte fördern und verbreiten und dafür sorgen, dass möglichst viele Personen hieran beteiligt sind (vgl. ebd.: 9).

Darüber hinaus werden nachstehend vier Handlungsmöglichkeiten dargestellt und erläutert, die eine Ausrichtung der Sozialen Arbeit als Menschenrechtsprofession unterstützen. Diese müssen als interdependent miteinander verwoben verstanden werden.

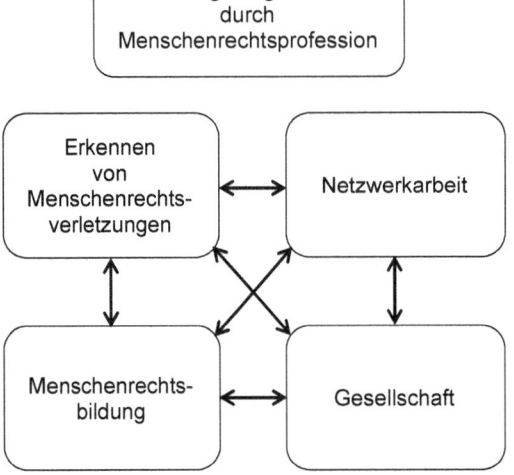

Abbildung 19: Handlungsmöglichkeiten durch die Menschenrechtsprofession (Quelle: Eigene Darstellung)

A. Erkennen von Menschenrechtsverletzungen

Wie in Kapitel 4.1 dargestellt, finden Menschenrechtsverletzungen auf globaler, europäischer und nationaler Ebene statt. Menschenrechtsverletzungen können allgemein in drei Ebenen unterteilt werden (vgl. Gugel/Jäger 1996: 4, zitiert nach Wildfang 2010: 39):

4.4 Handlungsmöglichkeiten durch die Berücksichtigung der Menschenrechtsperspektive

Tabelle 20: Dimensionen der Menschenrechtsverletzungen nach Gugel/Jäger (1996: 4, zitiert nach Wildfang 2010: 39) (Quelle: Eigene Darstellung)

Strukturelle Dimension	Personale Dimension	Kulturelle Dimension
Verankert in Produktions- und Handelsstrukturen u. ä. Beispiel: ■ Ungleicher Handel ■ Vorenthalten von Lebensgrundlagen ■ Kinderarbeit ■ Schlechte Arbeitsplatzbedingungen	Im Alltag und in Ausnahmesituationen Beispiel: ■ Tätliche Angriffe ■ Diskriminierungen ■ Vertreibung ■ Folter	Verankert in Gesetzen, Verordnungen, Überlieferungen u. ä. Beispiel: ■ Eingeschränkte Frauenrechte ■ Diskriminierung von Minderheiten ■ Keine freien Wahlen ■ Diskriminierende Gesetze

Um für Menschenrechte einzustehen und gegen Menschenrechtsverletzungen vorgehen zu können, müssen Sozialarbeiter*innen Menschenrechtsverletzungen zunächst erkennen können. „Erkennen" bedeutet in diesem Zusammenhang ein Wahrnehmen oder eine Einsicht in einen Tatbestand (vgl. Wildfang 2010: 35; Engelke 2004: 148, zitiert nach Wildfang 2010: 35). Benötigt wird also ein Wissen über Menschenrechte und über mögliche Formen ihrer Verletzungen. Folglich müssen sich Sozialarbeiter*innen mit dem Inhalt verschiedener Menschenrechtsdokumente vertraut machen. Welche Dokumente essenziell sind, hängt vom jeweiligen Tätigkeitsfeld ab. Da Soziale Arbeit vorwiegend mit Individuen und Gruppen arbeitet, muss genau an dieser Stelle mit dem Erkennen von Menschenrechtsverletzungen angefangen werden (vgl. Wildfang 2010: 36). Um Verletzungen der Menschenrechte erkennen, erklären, bewerten oder sanktionieren zu können, müssen im Wahrnehmungs- und Analyseprozess alle Ebenen des Lebens einbezogen werden (vgl. Staub-Bernasconi 2008: 5, 21.7.2021). Auf der Mikroebene ist dies bspw. der Lebensbereich Familie, auf der Mesoebene die Schule oder Nachbarschaft und auf Makroebene Politik oder gesellschaftliche Systeme (vgl. Bronfenbrenner 1981: 38ff., zitiert nach Wildfang 2010: 37). Um Probleme bezüglich des Menschenrechtsschutzes bzw. konkrete Menschenrechtsverletzungen identifizieren zu können, sind folgende Fragestellungen hilfreich:

■ Was sind die Umstände der Menschenrechtsverletzung und welche Angaben gibt es dazu?
■ Welche Faktoren und Teile der Bevölkerung sind davon betroffen?
■ Wie manifestiert sich die Menschenrechtsverletzung auf den verschiedenen Analyseebenen?
■ Welche (internationalen) Instrumente gibt es, um Menschenrechte hinsichtlich dieses Problems zu sichern?
■ Welche staatlichen und nicht staatlichen Programme existieren, die auf eine Lösung dieses Problems zielen? (vgl. VN/IFSW/IASSW 2002: 44).

Für die Analyse konkreter Themenfelder und den hieraus resultierenden Menschenrechtsverletzungen ist ein schrittweises Vorgehen bestehend aus Ursachenanalyse, Symptomklärung, Defizitbeschreibung und Lösungspotenzial (vgl. ebd.) hilfreich. Dieses Reflexionsmodell wird nachfolgend am Beispiel *Flucht* skizziert:

1. Ursachenanalyse:
   z. B. Ungleichheit bei der Ressourcenverteilung, Krieg, Terror, Klimawandel.
2. Symptomklärung:
   z. B. Menschen auf der Flucht, (irreguläre) Migration, Machtlosigkeit, traumatisierte Menschen, Obdachlosigkeit, Armut.
3. Defizitbeschreibung:
   z. B. Bereitstellung von Hilfen, zu lange Asylverfahren, kaum Traumapädagog*innen und Psycholog*innen, überfüllte Aufnahmelager, unwürdige Unterbringung.
4. Lösungspotenzial:
   z. B. politische Mobilisierung, Vernetzung mit Organisationen, Bereitstellung von Materialien, Empowerment und Powersharing.

B. Menschenrechtsbildung

Für die Auseinandersetzung mit und das Eintreten für Menschenrechte ist die Menschenrechtsbildung zielführend, deren Anliegen es ist, die Achtung vor Menschenrechten und Grundfreiheiten zu fördern (vgl. DIMR et al. 2020: 17, 28.7.2021).

„Menschenrechtsbildung und -ausbildung umfasst alle Bildungs-, Ausbildungs-, Informations-, Sensibilisierungs- und Lernaktivitäten, deren Ziel es ist, die allgemeine Achtung und Einhaltung aller Menschenrechte und Grundfreiheiten zu fördern und so unter anderem zur Verhütung von Menschenrechtsverletzungen und -verstößen beizutragen, indem die Menschen durch die Vermittlung von Wissen, Kompetenzen und Verständnis und die Entwicklung ihrer Einstellungen und Verhaltensweisen dazu befähigt werden, zum Aufbau und zur Förderung einer universalen Kultur der Menschenrechte beizutragen." (Vereinte Nationen 2011: Art. 2 Nr. 1, 28.7.2021) Amnesty International (2013: 12, 28.7.2021) definiert Menschrechtsbildung darüber hinaus als „planvolles, partizipatives Training mit dem Ziel, dass Einzelne, Gruppen und Gemeinschaften die Fähigkeit entwickeln, ihre eigenen Rechte wahrzunehmen (Empowerment), indem ihnen Kenntnisse, Fähigkeiten, Einstellungen und Verhaltensweisen in Übereinstimmung mit den international anerkannten Menschenrechtsprinzipien vermittelt werden".

Menschenrechtsbildung kann in drei Elemente unterteilt werden:

1. Bildung *über* Menschenrechte: umfasst Wissen über Normen, Prinzipien, Werte und Instrumente zum Schutz der Menschenrechte.
2. Bildung *durch* Menschenrechte: spricht Einstellung und Haltung an. Sie umfasst Formen des Lernens und Unterrichtens die inklusiv und partizipativ angelegt sind.

3. Bildung *für* Menschenrechte: ist eng mit Empowerment verbunden. Sie soll Menschen stärken, ihre Rechte zu erkennen und auszuüben und die Rechte anderer zu schützen (vgl. UN, zitiert nach Eberlei et al. 2018: 197).

Im Rahmen der Menschenrechtsbildung steht die Förderung der Einhaltung von Menschenrechten und die Vorbeugung von Menschenrechtsverletzungen im Mittelpunkt. Folgerichtig muss Menschenrechtsbildung bereits in Kindertagesstätten durchgeführt werden, um die Gesellschaft früh zu sensibilisieren und Handlungsmöglichkeiten aufzuzeigen (vgl. ebd.: 197f.).

Menschenrechtsbildung kann je nach Methodik und Didaktik in unterschiedlichen Lernumgebungen und mit unterschiedlichen Altersgruppen durchgeführt werden. Auf struktureller Ebene wird allgemein zwischen folgenden Bildungssektoren unterschieden (vgl. DIMR et al. 2020: 25f., 28.7.2021):

1. Informelle Bildung:

„Informelle Bildung bezieht sich auf lebenslange Lernprozesse, in denen Menschen Einstellungen, Werte, Fähigkeiten und Wissen durch Einflüsse und aus Quellen der eigenen Umgebung erwerben und aus der täglichen Erfahrung übernehmen." (DIMR et al. 2020: 26, 28.7.2021) Hierzu zählen bspw. Familie, Freunde, Nachbar*innen oder Institutionen. Aber auch Medien wie Musik, Filme oder Literatur sind wichtige Facetten informeller Bildung (vgl. ebd.).

2. Formale Bildung:

Dieser Bildungsbereich bezieht sich auf das strukturierte Bildungssystem. Es reicht in Deutschland vom Kindergarten bis zur Universität. In diesem Umfeld findet meist die Bewertung des bereits vorhandenen Wissens der Lernenden statt. Diese Bildung soll häufig zur Anerkennung von Qualifikationen führen (vgl. ebd.: 27).

Im Studium der Sozialen Arbeit steht hierbei meist die Reflexion der eigenen Haltung und der eigenen handlungsleitenden Werte sowie die Ermächtigung zur Begründung professionellen Handelns im Mittelpunkt. Die Entwicklung dieser Kompetenzen muss als lebenslanges Lernen verstanden werden, weshalb sich das Thema Menschenrechte in verschiedenen Kontexten über das ganze Studium erstrecken sollte. Zudem sind wiederholende Übungsprozesse notwendig, um diese Kompetenzen auszubilden und Handlungsmöglichkeiten einzuüben (vgl. Gabriel-Schärer 2010: 5, 28.7.2021).

3. Non-formale Bildung

Im non-formalen Bildungsbereich werden außerschulische und geplante Programme zur persönlichen und sozialen Bildung und Kompetenzerweiterung durchgeführt. Gerade die Praxis Sozialer Arbeit bedient sich dieser Dimension. Ob Theaterprogramme, Gemeindegruppen oder im Jugendhaus, die Angebote sind vielfältig. Jedoch sind die Lernerfolge nur schwer zu zertifizieren, da sie meist auf Einstellungen und Fähigkeiten beruhen (vgl. DIMR et al. 2020: 27, 28.7.2021). Non-formale Bildung muss folgende Aspekte enthalten:

- Freiwilligkeit,
- Zugänglichkeit für jeden Menschen,

- organisierte Prozesse mit Bildungszielen,
- Partizipation,
- Lernende stehen im Mittelpunkt,
- Lebenskompetenzen werden vermittelt und die Lernenden auf ihre Rolle als aktive Bürger*innen vorbereitet,
- individuelles lernen und lernen in der Gruppe wird ermöglicht,
- Ganzheitlichkeit und Prozessorientierung,
- erfahrungs- und handlungsbasiert,
- bedürfnisorientiert (vgl. ebd.).

Alle drei Dimensionen ergänzen und verstärken den lebenslangen Lernprozess. Darüber hinaus ist Menschenrechtsbildung als ganzheitliches Lernen mit Körper, Geist und Seele zu verstehen und immer ergebnisoffen, weshalb mehrfache und komplexe Antworten erwünscht sind und die Lernenden nicht zu einer „richtigen" Antwort im Sinne eines Patentrezeptes geleitet werden sollen (vgl. DIMR et al. 2020: 27f., 28.7.2021).

Folgerichtig kann Menschenrechtsbildung nicht abstrakt und distanziert gelehrt, sondern nur durch Erfahrungen verinnerlicht werden. Daher muss sie als praktische Auseinandersetzung mit den Menschenrechten verstanden werden (vgl. ebd.: 20). Um entsprechende Erfahrungen für möglichst alle Lernenden während der Bildungsprozesse zu ermöglichen, können verschiedene Übungen wie Rollenspiele oder Fallstudien hilfreich sein. Das Deutsche Institut für Menschenrechte (ebd.: 30) stellt den Zyklus des Erfahrungslernens innerhalb dieser Lernsettings in Anlehnung an David Kolb folgendermaßen dar:

4.4 Handlungsmöglichkeiten durch die Berücksichtigung der Menschenrechtsperspektive

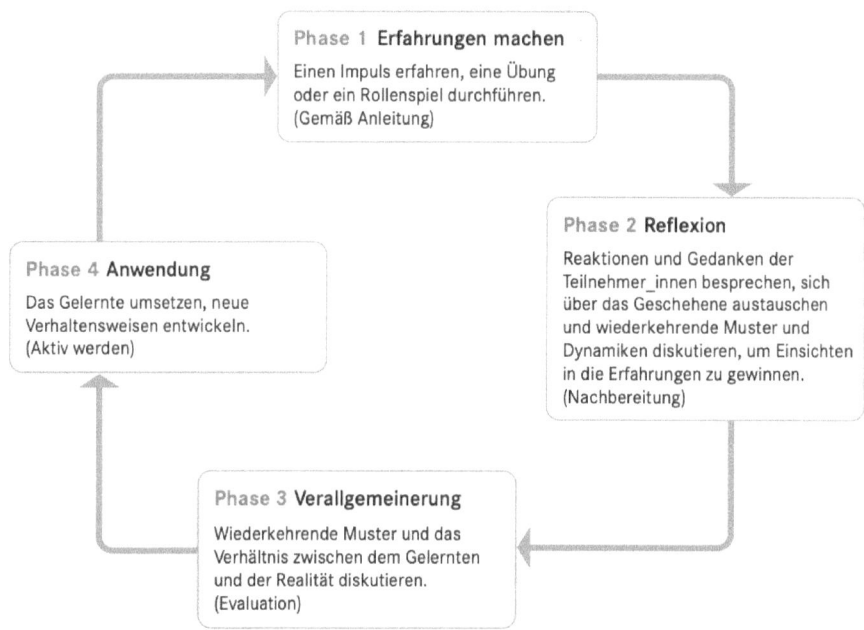

Abbildung 20: Zyklus Erfahrungslernen i. A. a. Kolb (1984) (Quelle: DIMR et al. 2020: 30, 28.7.2021)

Innerhalb angeleiteter, non-formaler Bildungsprozesse ist eine gute Vor- und Nachbereitung seitens der Fachkräfte bedeutsam. Neben konkreten Zielen müssen die Materialien sorgfältig ausgewählt und die Übungen professionell angeleitet werden. Ein wichtiges Ziel der Menschenrechtsbildung ist das Aneignen von Handlungsmöglichkeiten. Entsprechend sollen die Teilnehmenden durch die Prozesse befähigt werden, gegenüber bestimmter Problemlagen aktiv zu werden. Für die konkrete Umsetzung müssen Fachkräfte einen Raum schaffen, in dem sich die Menschen frei fühlen, um lernen, entdecken, kommunizieren und interagieren zu können. Auch die Nachbereitung und Auswertung durch die Lernenden ist ein wichtiger Schritt, um Lernprozesse reflektieren und Fortschritte analysieren zu können. Erst hierdurch wird es den Teilnehmenden möglich, ihre Lernerfahrungen in einen größeren Kontext einbetten und den Transfer auf die eigene Lebenssituation herstellen zu können (vgl. DIMR et al. 2020: 40ff., 28.7.2021).

Um die spezifische Art und geeignete Vorgehensweise für Menschenrechtsbildung nachvollziehbar zu machen, werden nachstehend ausgewählte Übungen aus dem Bereich Migration, Diskriminierung und Rassismus dargestellt.

Tabelle 21: Übung: Privilegientest

Ein Schritt nach vorn / Privilegientest
(vgl. Freise 2017: 207ff.; DIMR et al. 2020: 158ff., 28.7.2021)
Themen: ■ Diskriminierung und Intoleranz   ■ Menschenrechte allgemein   Gruppengröße: 10–30 Personen   Zielgruppe: Jugendliche und Erwachsene   Ziele: Die Teilnehmenden   ■ versetzen sich in Menschen unterschiedlicher Herkunft und Prägung,   ■ erleben, wie ungleich persönlicher Reichtum und Zugang zu Bildung und gesellschaftlicher Partizipation verteilt sind,   ■ können spüren, wie gesellschaftliche Exklusion wirkt,   ■ diskutieren Herausforderungen, die sich durch Diskriminierung ergeben.
Material: Rollenkarten   Offener Platz

Aufgabe:
 ■ Jede Person zieht eine Rollenkarte und liest diese durch. Anschließend bekommt jede*r etwas Zeit, um sich in die Rolle hineinversetzen zu können. Hilfreiche Fragen hierfür sind:
  – Wie war Ihre Kindheit?
  – Wie sehen Ihr Alltag und Ihr Lebensstil heute aus?
  – Wovor haben Sie Angst, was freut Sie?
 ■ Alle Teilnehmer*innen stellen sich an einer Startlinie auf. Danach werden von der Leitung geschlossene Fragen vorgelesen. Wer die Frage aufgrund seiner Rolle mit „ja" beantworten kann, darf einen Schritt nach vorne gehen.
 ■ Am Ende der Fragen zeigt sich, wer privilegiert ist und wer die gesellschaftlichen „Verlierer" sind. Die Teilnehmenden sollen sich ihre Schlussposition vergegenwärtigen. Geben Sie ihnen anschließend etwas Zeit, um aus der Rolle herauszutreten.
 	
 Mögliche Fragen für ein Reflexionsgespräch sind:
 ■ Wie ist es Ihnen in der Rolle ergangen? Was war es für ein Gefühl, einen Schritt nach vorne zu dürfen bzw. zurückzubleiben?
 ■ Was haben Sie während der Übung gefühlt?
 ■ War etwas neu für Sie?
 ■ Welche Zusammenhänge haben Sie nicht erwartet?
 ■ Inwiefern spiegelt diese Übung unsere Gesellschaft wider?

- Welche Menschenrechte werden in den einzelnen Rollen verletzt?
- Welche Schritte müssen unternommen werden, um gegen diese Ungleichheit vorgehen zu können?

Mögliche Rollenkarten:

- Alleinerziehende Mutter
- Sie sind Soldatin bei der Bundeswehr
- Sie waren Arbeiter einer Schuhfabrik und sind nun Rentner
- 16-jähriger homosexueller Sohn einer Bauernfamilie, Realschüler
- 27-jähriger „illegaler" Einwanderer aus Ruanda
- 25-jährige Tochter eines Bankdirektors, studiert Wirtschaftswissenschaften
- 32-jähriger Leistungssportler aus München
- 72-jährige Rentnerin, früher Hausfrau und Mutter dreier Kinder
- 48-jährige Professorin an einer Hochschule für angewandte Wissenschaft
- 34-jähriger Flüchtling aus Afghanistan, wohnhaft in Flüchtlingsunterkunft

Mögliche Fragen zum Test:

Können Sie …

- ein Bankdarlehen bekommen?
- fünf Jahre im Voraus planen?
- offen Ihre Religion ausüben?
- an einer Hochschule studieren?
- ohne Probleme in jede Diskothek kommen?
- relativ problemlos eine Wohnung finden?
- bei der nächsten Kommunalwahl wählen gehen?
- …

Tabelle 22: Übung: Alltag in einer Aufnahmeeinrichtung

Alltag in einer Aufnahmeeinrichtung
(vgl. DIMR et al. 2020: 76ff., 28.7.2021)
Themen: ■ Migration
Gruppengröße: Beliebig
Zielgruppe: Jugendliche und Erwachsene
Ziele: Die Teilnehmenden   ■ setzen sich mit Hilfe eines autobiografischen Textes mit dem Alltag von Geflüchteten auseinander,   ■ lernen etwas über Schutz vor Diskriminierung,   ■ erfahren etwas über das Recht, in anderen Ländern Asyl zu suchen und zu bekommen.

Material:

Arbeitsblatt mit dem Auszug aus einem Roman von Ahmad Milad Karimi

Aufgabe:

- Jede Person erhält ein Arbeitsblatt mit dem Text.
- Erläutern Sie, dass es sich hierbei um einen autobiografischen Text von einem Autor, der selbst in den 1990er Jahren als Kind mit seiner Familie aus Afghanistan über Russland nach Deutschland geflohen ist.
- Jede*r soll den Text für sich in Ruhe durchlesen.
- Besprechen Sie mit der Lerngruppe den Text. Folgende Fragen sind hierfür hilfreich:
  - Was ist den Teilnehmer*innen aufgefallen? Was hat sie überrascht?
  - Wie schildert der Autor den Alltag in einer Erstaufnahmeeinrichtung?
  - Was ist positiv, was negativ?
  - Was haben sich Herr Karimi und seine Familie vermutlich von einem Leben in Deutschland erhofft?
  - Wie geht die Familie mit der beschriebenen Realität um?
- Diskutieren Sie mit der Gruppe, wie die Situation in Erstunterkünften verbessert werden könnte. Folgende Fragen sind hierfür hilfreich:
  - Sollte es das Recht geben, dass Länder Geflüchtete zurückweisen können? Wenn ja, wann und aus welchen Gründen?
  - Mit welchen Problemen und Herausforderungen werden Geflüchtete in Deutschland konfrontiert? Welche Menschenrechte werden verletzt?
  - Was kann jede*r von uns tun, damit Geflüchtete besser akzeptiert werden?
  - Was müsste man tun, damit Menschen nicht fliehen müssen?

Text:

Alltag in einer Aufnahmeeinrichtung

„Mit meinen Vorstellungen von Deutschland aus den Erzählungen von meinem Vater hatte das Lager nichts zu tun. Es sah für mich nicht „deutsch" aus. Diese heruntergekommene Enklave, umzäunt und bewacht, hätte genauso in Moskau sein können. Der Himmel war verdunkelt. Es regnete. Die Menschen im Lager, die uns ziemlich ähnlich sahen, wirkten keineswegs glücklich. Aber wir hatten das erhebende Gefühl, endlich offiziell in Deutschland zu sein [...]. Ein streng blickender Mitarbeiter des Lagers brachte uns in unser Zimmer; der Raum mit einer kleinen Waschkabine war kühl und nicht sonderlich sauber. Wir trösteten uns damit, dass der Aufenthalt dort nur für kurze Zeit sei. Meine Eltern mussten zu getrennten Interview-Terminen. Um Ungereimtheiten beim Interview zu vermeiden, stimmten sie unsere Fluchtgeschichte detailliert ab. Sie zitterten so, als müssten sie bei Don Corleone[1] vorsprechen. Nach allem, was passiert war, wollten sie nichts falsch machen. Am nächsten Tag war es so weit. Die Interviews verliefen ohne große Probleme. Doch das Asylverfahren nahm viel Zeit in Anspruch.
Die meisten Flüchtlinge wurden abgelehnt. Aber auch die Ablehnung dauerte Monate. Zunächst wurden die Flüchtlinge in ein Übergangslager gebracht. Ob sie abgeschoben, geduldet oder anerkannt würden, bestimmte die weitere Reise. Wir mussten wie alle anderen warten, bis wir der Transferliste, die jeden Mor-

gen im Aufenthaltsraum aktualisiert aufgehängt wurde, entnehmen konnten, wohin wir gebracht wurden [...]. Wir blieben fünf Tage. Es war uns nicht erlaubt, das Lager zu verlassen. Dann ging es nach Darmstadt, wie wir es gewünscht hatten. Dort studierte mein Onkel. Ich konnte es kaum erwarten, endlich das richtige Deutschland zu sehen. Unser Bus, der noch zwanzig weitere Passagiere beförderte, fuhr uns in eine verlassene Gegend. Ich sah wieder eine Pforte, eine Enklave, eingezäunt und bewacht, und ein Containerlager. Wir zeigten unsere Papiere und versammelten uns im Essraum. Jede Familie bekam einen Schlüssel mit einer Nummer sowie Coupons fürs Essen.

Unser neues Zuhause war ein vierzehn Quadratmeter großer Container. In der Siedlung am Kavalleriesand waren dreihundert Bewohner aus zwanzig Nationen untergebracht. Wir Flüchtlinge fühlten uns als Helden. Wir hatten es geschafft. Um miteinander zu sprechen, benötigten wir keine gemeinsame Sprache. Schließlich verband uns, unabhängig davon, woher wir kamen, ein gemeinsames Schicksal. Die Fenster standen offen, aus jedem Fenster klang eine andere Musik über den Hof; Klagelieder aus jeder Kultur. Die einen zeigten ihre Narben, die anderen Fotografien ihrer Familie, ihrer Häuser, ihrer Heimat. Wir alle vermissten etwas und waren zugleich froh darüber, unsere Welt verlassen zu haben. Die Verständigung brauchte nur einige deutsche Wörter: „Viele, viele Schmerz!" War verständlicher als ein perfekt formulierter Satz.

Allmählich ließ das Hochgefühl nach. Wohin hatten wir es denn gebracht? Wir waren Teil einer Gruppe schlecht uniformierter, namenloser Menschen, ohne Identität, ohne irgendeine gesellschaftliche Stellung, ohne Arbeit, zum Nichtstun verdammt, eingekerkert in einem Ghetto. [...]

Unsere vielköpfige Familie saß also fest auf vierzehn Quadratmetern, hier saßen, aßen und schliefen wir viele Monate. Um duschen zu können, musste man Schlange stehen. [...]

Essen erhielten wir dreimal am Tag gegen Coupons. In den ersten Tagen versuchten wir, uns daran zu gewöhnen. „In Europa isst man so", sagten meine Eltern, aber es war einfach zu fad. Meine Mutter entdeckte schnell die Etagenküche, wo sie das Fertigessen würzte und etwas Geschmack hinzuzauberte. Für unseren Lebensunterhalt erhielten wir 81 DM im Monat. Das Lager durften wir nur mit Erlaubnis verlassen, und ab 20 Uhr bestand Ausgehverbot. Wir gewöhnten uns ans Lagerleben. [...]".

(Ahmad Milad Karimi 2013, zitiert nach DIMR et al. 2020: 78, 28.7.2021).

Tabelle 23: Übung: Ein Minarett in unserer Gemeinde

Ein Minarett in unserer Gemeinde (vgl. Benedek 2017: 459ff., 28.7.2021)
Themen: ■ Demokratie   ■ Integration   ■ Religionsfreiheit   Gruppengröße: 15–30

Zielgruppe: Jugendliche und Erwachsene

Ziele: Die Teilnehmenden

- erfassen politische Zusammenhänge und können Mechanismen identifizieren und verstehen,
- können unterschiedliche Ansichten ausarbeiten und zur Sprache bringen,
- lernen, die Grenzen demokratischen und respektvollen Verhaltens zu identifizieren.

Material:

- Flipchart für die verschiedenen Rollen der Teilnehmenden
- Namensschilder der verschiedenen Gruppierungen

Aufgabe:

Erklären Sie den Teilnehmer*innen ihre fiktive Situation:

- Der Wunsch einer türkischen Gemeinde, ein Minarett in ihrem Heimatort zu errichten, sorgt für großes Aufsehen. Daher wurde kurzfristig eine Gemeinderatssitzung einberufen, um über die Absicht der islamischen Gemeinschaft, ein Minarett, das höher ist als der Kirchturm, zu entscheiden.
- Listen Sie auf einem Flipchart verschiedene Rollen für die Teilnehmenden auf:
  - Bürgermeister*in
  - Mitglieder des Stadtrates (ca. 3–5 P.) aus verschiedenen Parteien
  - Mitglieder der Arbeitsgruppe „Für eine Welt – Gegen Fremdenfeindlichkeit" (ca. 3–5 P.)
  - Mitglieder der Bürger*innenbewegung „Willkommen in unserer reizenden Gemeinde" (ca. 3–5 P.)
  - Mitglieder der islamischen Gemeinde (ca. 3–5 P.)
  - Falls genug Teilnehmer*innen: Bürger*innen, die an der Versammlung teilnehmen

Achten Sie darauf, dass das Rollenspiel umso besser funktioniert, je deutlicher die Rollen beschrieben sind!

Phase 1: Vorbereitung – 20 Min.

Die Teilnehmer*innen sollen sich in ihren Gruppen zusammenfinden und ihre Position und Strategie für die Diskussion besprechen.

Währenddessen bereitet die Fachkraft den Raum vor. Die Gruppen sollten an vier Tischen sitzen, wenn möglich mit Namensschildern. Der*die Bürgermeister*in bekommt einen besonderen Platz, eine Uhr und eine Glocke.

- Phase 2: Öffentliche Sitzung – ca. 40 Min.

Der*die Bürgermeister*in hat den Vorsitz und eröffnet die Sitzung mit einer kleinen Rede zur Darstellung des Themas. Seine/ihre Aufgabe ist die Moderation. Die Gruppen werden nacheinander gebeten, ihre Position vorzustellen. Anschließend erfolgt die Abstimmung, ob der Bau genehmigt wird.

- Phase 3: Feedback – ca. 30 Min.

4.4 Handlungsmöglichkeiten durch die Berücksichtigung der Menschenrechtsperspektive

> Treffen Sie sich mit den Teilnehmenden in einem Stuhlkreis. Fragen Sie, wie die Teilnehmenden ihre Rolle empfunden haben und ob das Resultat die Zielsetzung der Rolle widerspiegelt und wie viel Einfluss die Rolle auf das Resultat hatte. Weitere Fragen können sein: War es einfach oder schwer, sich in die Rolle hineinzuversetzen? Wie nah kam die Simulation einer realen Versammlung?

Neben der Menschenrechtsbildung im non-formalen Lernsetting ist die Auseinandersetzung mit Menschenrechten, Menschenrechtsprofession und Menschenrechtsbildung bereits im grundständigen Studium der Sozialen Arbeit bedeutsam, „da die Trias aus Ausbildung – Praxis – Wissenschaft ein sich selber entwickelndes System darstellt. Wird die Menschenrechtsbildung im Studium ausgespart, hat das Auswirkungen auf die Praxis und Forschung" (Ife 1007: 91, zitiert nach Wildfang 2010: 66).

An der Evangelischen Hochschule Ludwigsburg wird diese Thematik in verschiedenen Modulen aufgegriffen. Für einen kurzen Einblick sollen hier ausgewählte Module in Kürze beispielhaft dargestellt werden:

- *Ethische und theologische Perspektiven*: z. B. Grundlagen einer Ethik Sozialer Arbeit; ethische Urteilsbildung; Werte und Normen sozialen Handelns.
- *Einführung in Soziale Arbeit als Profession und Disziplin*: z. B. Geschichte der Sozialen Arbeit; gesellschaftliche, politische, rechtliche Bedingungen Sozialer Arbeit; Spannungsfelder der Sozialen Arbeit; Soziale Arbeit als Menschenrechtsprofession.
- *Internationale, interkulturelle und interreligiöse/ökumenische Perspektiven*: z. B. Auseinandersetzung mit der eigenen Biografie; aktuelle soziale Herausforderungen; Methoden interkulturellen und diversitätsbezogenen Lernens und Handelns.
- *Gemeinwesen und Sozialraum in interkulturellen Handlungsfeldern*: z. B. Empowerment als Grundhaltung; Theorie- und Praxisansätze zur Verhinderung von Exklusion und Diskriminierung.
- *Sozialstaat und Sozialpolitik*: z. B. Institutionelle und gesellschaftliche Rahmenbedingungen Sozialer Arbeit; Möglichkeiten und Grenzen staatlicher Interventionen; Transnationale Sozialpolitik (vgl. Evangelische Hochschule Ludwigsburg 2017, 28.7.2021).

Neben der Wissensvermittlung in Vorlesungen und einer kritischen, vertiefenden Auseinandersetzung mit der Thematik in Seminaren wird das Angebot an der Hochschule durch Workshops, in denen die praktische Komponente aufgegriffen und eine professionelle Haltung eingeübt werden soll, abgerundet. So stehen z. B. in interkulturellen und diversitätsorientierten Workshops die Reflexion der eigenen Werte und Haltung (bspw. mit Hilfe der zuvor dargestellten Übungen) und die Einübung von neuen Handlungsweisen im Mittelpunkt.

C. Gesellschaft

Soziale Arbeit muss die Gesellschaft insgesamt dazu ermutigen, für Menschenrechte und eine Akzeptanz der Betroffenen einzustehen, denn „zivilgesellschaftliche Bewegungen waren immer schon ein Weg, um Veränderungen anzustoßen. Je größer eine solche Bewegung ist, umso erfolgreicher" (Rackete 2019: 149). Um schnelles Handeln zu erreichen, können Demonstrationen z. B. anlässlich bevorstehender Abschiebungen von Geflüchteten hilfreich sein, damit öffentliche Diskussionen und Entscheidungen angeregt werden. Für erfolgreiche Veränderungen braucht es jedoch nachhaltige Methoden der Aktivierung des Gemeinwesens (vgl. ebd.: 154ff.).

Jedoch spiegelt die Realität meist ein anderes Bild wider: Armut, soziale Ausgrenzung, kaum Partizipations- und Teilhabemöglichkeiten führen zu politischer Exklusion. Menschen in prekären Lebenslagen sind meist mit ihren eigenen Herausforderungen beschäftigt, sodass ihnen kaum die Zeit oder der Wille bleibt, sich gemeinsam mit anderen für Veränderungen in ihrem Lebensumfeld oder darüber hinaus einzusetzen. Damit bleiben Menschen in einer Frustration, aus ihrer Lebenssituation und dem Gefühl aufgrund negativer Erfahrungen sowieso nichts ändern zu können, zurück. Die Folge ist eine minimale Partizipation, sodass die Meisten sogar auf ihr Wahlrecht verzichten. Insofern verwundert es nicht, dass diese Menschen auch in Bürgerinitiativen oder anderen Formen politischer Beteiligung deutlich unterrepräsentiert sind (vgl. Eberlei et al. 2018: 76).

Um Mitglieder der Gesellschaft zum Handeln zu motivieren, sind deshalb neben Methoden der Menschenrechtsbildung und politischen Bildung auch Diversitäts-Trainings oder Methoden der Gemeinwesenarbeit bedeutsam. „Gemeinwesen-, struktur- und sozialraumbezogene Konzepte arbeiten nach den Prinzipien des Engagierens und Einbeziehens von Einzelnen, Gruppen, Organisationen sowie Institutionen und machen sich menschliche Beziehungen zunutze, um Veränderungen für die soziale Praxis zu erreichen" (Braches-Chyrek 2019: 79). Ziel ist es, eine Verbesserung der Lebenslagen in dem Gemeinwesen zu erreichen (vgl. ebd.: 81). Darüber hinaus macht Gemeinwesenarbeit „Menschenrechte, Demokratie und Teilhabe vor Ort im Alltag erfahrbar, [und] unterstützt damit die lebendige Entwicklung des Gemeinwesens im Sinne einer nachhaltigen Zukunftsentwicklung" (Stiftung Mitarbeit o. J., 29.7.2021).

Maria Lüttringhaus (2014: 279f., zitiert nach Baum 2018: 180f.) fasst die Leitstandards der GWA folgendermaßen zusammen:

- Zielgruppenübergreifendes Handeln
- Orientierung an den Bedürfnissen und Themen der Menschen
- Förderung der Selbstorganisation und der Selbsthilfekräfte
- Nutzung der vorhandenen Ressourcen
- Ressortübergreifendes Handeln
- Vernetzung und Kooperation

Für die Umsetzung der GWA und sozialraumorientierter Konzepte sind neben Partizipation Empowerment und Powersharing bedeutsam. Hierdurch sollen „Prozesse der Selbstermächtigung, der Selbstbefähigung und der Stärkung der

4.4 Handlungsmöglichkeiten durch die Berücksichtigung der Menschenrechtsperspektive

Eigenmacht in Gruppen oder Gemeinschaften angeregt werden" (Braches-Chyrek 2019: 90).[50]

Mit Hilfe dieser Ansätze und Methoden können Menschen Selbstwirksamkeit erleben, lernen, Machthierarchien zu reflektieren, Diskriminierung, Rassismus und Menschenrechtsverletzungen auf verschiedenen Ebenen aufzudecken und Handlungsweisen für das Eintreten bei Menschenrechtsverletzungen einzuüben. Gemeinwesenarbeit (GWA) ist insofern ein unabdingbares Konzept, um Chancengleichheit und Teilhabemöglichkeiten (wieder) herzustellen und Menschen zu befähigen gemeinsam für ihre Rechte einzustehen. An dieser Stelle soll in Kürze beispielhaft auf Diversitätslernen[51] im Gemeinwesen eingegangen werden.

Diversitätsorientiertes Lernen ist zunächst auf der Ebene der Fachkräfte bedeutsam, um eine entsprechende Haltung einzuüben und die eigene Diversitätskompetenz zu fördern. Dies ist Voraussetzung, um als Sozialarbeiter*in jene Lernprozesse auch innerhalb des Gemeinwesens anstoßen zu können. Auf der institutionellen Ebene ist zunächst eine Ist-Analyse notwendig, um die vorhandenen Akteur*innen (z. B. Schulen oder Arbeitgeber*innen) des Gemeinwesens darstellen und einbinden zu können. Folglich ist ein formelles Netzwerk in der GWA bedeutsam. Auf der Mesoebene liegt der Fokus hingegen auf den Individuen und ihrem Sozialraum vor Ort. Hier finden sich zentrale Ressourcen, die es zu nutzen gilt. Gleichzeitig ist darin aber auch ein großes Konfliktpotenzial vorzufinden, da verschiedene Lebensentwürfe koexistieren, wodurch Herausforderungen und Probleme quasi vorprogrammiert sind. Daher gilt es, mit Hilfe von diversitätsorientiertem Lernen Begegnungen zwischen den verschiedenen Akteur*innen zu schaffen, um Barrieren abzubauen und Konflikte demokratisch und partizipativ zu lösen, um nachhaltig verbesserte Lebensbedingungen zu schaffen (vgl. Aschenbrenner-Wellmann/Geldner 2021: 152ff.). Hieraus ergibt sich folgendes Modell für Diversitätslernen im Gemeinwesen (vgl. ebd.: 156):

---

50 Mehr zu Partizipation, Empowerment und Powersharing s. Kapitel 3.3.3. und 3.3.4.
51 Unter Diversitätslernen wird im Kern die Reflexion der eigenen Wirklichkeitsvorstellungen durch die Begegnung mit anderen verstanden (vgl. Koall/Bruchhagen 2005; Aschenbrenner-Wellmann 2009a: 73). Ausführlicher s. Kapitel 3.3.1.

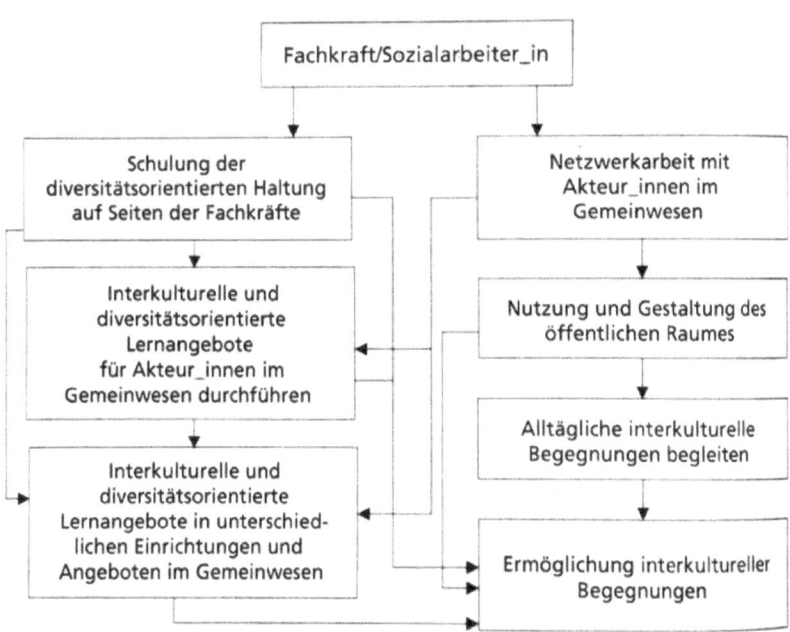

Abbildung 21: Interkulturelles und diversitätsorientiertes Lernen in der GWA (Quelle: Aschenbrenner-Wellmann/Geldner 2021: 156)

GWA hat außerdem eine wesentliche sozialpolitische Rolle, indem sie sich in sozial- und stadtpolitische Prozesse einmischt, um auf politischer Ebene Ziele durchzusetzen. Ein Ansatz hierfür ist der aus Amerika stammende politische Strang *des Community Organizing*, welcher als Weiterentwicklung der GWA verstanden werden kann (vgl. Baum 2018: 182). Dieser ist „von sozialpolitischen Zielen der Verbesserung der Lebensumstände und der sozialpolitischen Integration in die Gesellschaft getragen und wurde von dem Bürgerrechtler Saul David Alinsky entwickelt" (ebd.). Die Grundphilosophie dieses Ansatzes stammt vorwiegend aus der Bürgerrechtsbewegung, welche die Realisierung von demokratischen Strukturen zum Ziel hatte, sodass jede*r Bewohner*in an politischen Entscheidungen, die das Quartier betreffen, teilhaben und Einfluss nehmen kann (vgl. ebd.). Diese Strukturen „basieren auf dem Subsidiaritätsprinzip: das jeweils kleinere System muss in die Lage versetzt werden, sich selbst zu helfen, und das jeweils größere System unterstützt dies und hilft notfalls auch" (ebd.: 182f.). Community Organizing kann somit auch als Form politischer Bildung betrachtet werden, da Bürger*innen durch diese Prozesse aktiviert werden, für sich selbst einzustehen. Zudem erfahren sie, wie politische Entscheidungsprozesse ablaufen und welche Formen es von Interessen und Macht gibt (vgl. Bundeszentrale für politische Bildung 2016, 29.7.2021). Folglich spielen auch hier Empowerment und Powersharing eine entscheidende Rolle.

Community Organizing besteht in der Praxis meist aus vier Phasen (vgl. Bundeszentrale für politische Bildung 2016, 29.7.2021):

1. **Zuhören und Auswerten:**

- Einzelgespräche mit den Betroffenen und Schlüsselpersonen im Stadtteil führen, um die Interessen, Herausforderungen und Wünsche kennenzulernen.
- Gemeinsame Versammlungen mit Vertreter*innen verschiedener Gruppen (z. B. Vereine, Kirchen, Schulen) organisieren, um ein Vertrauen aufzubauen und die Ergebnisse der Einzelgespräche vorzustellen.

2. **Themen definieren und nachforschen:**

- Herausforderungen/Missstände identifizieren und definieren.
- Nachforschungen und Analysen folgen.
- Realistische Lösungswege erarbeiten.

3. **Aktionen und Problemlösungen:**

- Aktionen planen und durchführen.
- Entscheidungsträger und die Öffentlichkeit bei der Umsetzung einbeziehen.
- Mögliche Widerstände demokratisch bearbeiten.

4. **Auswertung/Aufbau von Organisationsstrukturen:**

- Prozesse reflektieren.
- Entscheiden, ob, woran und wie weitergearbeitet werden soll (vgl. ebd.).

> **Praxisbeispiel zu Community Organizing: Engagierte Stadt Bautzen**
>
> Das Forum Community Organizing (FOCO) aus Saarbrücken unterstützt und begleitet Menschen und Organisationen, die Bürgerorganisationen aufbauen möchten mit Hilfe von Methoden aus dem Community Organizing (vgl. FOCO e. V., o. J.[a], 29.7.2021). So auch bei dem Projekt „Engagierte Stadt Bautzen". Schwerpunkte des Programms waren (1) die aktive Beteiligung von Bürger*innen an Entscheidungsprozessen, (2) eine von allen Beteiligten ausgehandelte lokale Engagementstrategie und (3) das Agieren von Unternehmen als Partner und Förderer von Engagement. Hierfür wurde zunächst die Jugendideenkonferenz (JIK) ins Leben gerufen, um eine Jugendbeteiligung zu organisieren. Diese Gruppe ist auf ca. 25 Jugendliche angewachsen, die an den wöchentlichen Treffen teilnehmen. Durch selbstorganisierte Konferenzen haben die Jugendlichen zudem vier brisante Themen eruiert: Jugendclub, für den die JIK-Gruppe nun ein Konzept erstellt, Picknick auf Porsches Wiesen, Schule/Unterricht und Toleranz/Radikalisierung. Parallel dazu wurde eine Lösungswerkstatt durchgeführt, bei der sich Arbeitsgruppen herausgebildet haben, die sich regelmäßig treffen, um gemeinsam zu analysieren, welche Herausforderungen in Bautzen vorliegen und wie hierauf reagiert werden kann (vgl. FOCO e.V. o. J.[b], 29.7.2021).

Neben gezieltem, professionellem Vorgehen sind auch zivilgesellschaftliche Organisationen von großer Bedeutung. Diese helfen, die Stimme der wirtschaftlich und politisch Machtlosen zu verstärken. Durch themenspezifische Kampagnen,

z. B. bezüglich fairen Handels, Gewalt gegen Frauen, Menschenrechte und Umweltsünden, hat die internationale Zivilgesellschaft die Welt auf Bedrohungen der menschlichen Sicherheit aufmerksam gemacht. „NGOs können eine Reihe von Organisationen der Zivilgesellschaft in ihren Ländern befähigen und mobilisieren, durch eine auf Rechte bezogene Bildung die Beteiligung der BürgerInnen an den wirtschaftlichen und politischen Prozessen zu stärken und dafür zu sorgen, dass die institutionellen Abmachungen den Bedürfnissen der Menschen entsprechen." (Commission on Human Security 2003, zitiert nach Benedek 2017: 54, 28.7.2021)

Daher liegt es an der Sozialen Arbeit, mit diesen Organisationen zusammenarbeiten, um wirksam für Menschenrechte einstehen und positive Veränderungen anbahnen zu können.

> **Beispiel zu zivilgesellschaftlichen Organisationen: Sichere Häfen**
>
> Unter der Kampagne *Sichere Häfen* der Bewegung *Seebrücke* soll eine Gegenstimme zur europäischen Abschottungspolitik gebildet werden. Mit Druck auf der Straße werden Städte und Kommunen dazu aufgefordert, sich zum Sicheren Hafen zu erklären und für eine menschliche Migrationspolitik zu streiten (vgl. Seebrücke o. J., 13.7.2012). „Sichere Häfen sollen sich für neue und stärkere Programme zur legalen Aufnahme geflüchteter Menschen stark machen – und selbst mehr Kompetenzen fordern, um auch eigenständig Menschen helfen zu können. Sie sollen deutlich signalisieren, dass sie bereit sind, mehr Menschen als bisher aufzunehmen. Sie sollen alle nötigen Ressourcen für die menschliche Versorgung und die gesellschaftliche Teilhabe der Ankommenden bereitstellen" (ebd.). Es sind bereits über 250 Kommunen und Städte zu Sicheren Häfen geworden (vgl. ebd.).
> Hierdurch treten die Bewegung und die Sicheren Häfen für Menschenrechte, insbesondere das Recht auf Leben und Freiheit (Art. 3 AEMR) und das Recht auf Asyl (Art. 14 AEMR) deutschlandweit ein.

D. Netzwerkarbeit

Menschenrechtsverletzungen finden nicht nur auf individueller, sondern auch auf struktureller Ebene statt. Daher ist Netzwerkarbeit elementar, um Menschenrechtsverletzungen öffentlich machen und wirksam dagegen eintreten zu können. Denn eine Person allein kann in struktureller Hinsicht nicht viel verändern.

Netzwerke können zunächst in informelle (natürliche) und formelle (künstliche) Netzwerke unterschieden werden. Kennzeichnend für informelle Netzwerke ist die natürliche Zuordnung oder die frei gewählte Bekanntschafts- oder Freundschaftsbeziehung. Damit umfassen diese Netzwerke bspw. Familienmitglieder, Freund*innen oder Nachbar*innen. Formelle Netzwerke hingegen sind durch vertragliche Grundlagen bzw. verbindliche Regeln gekennzeichnet (vgl. Löcherbach/Puhl 2016: 136f.).

Für die Netzwerkarbeit innerhalb der Menschenrechtsbildung sind beide Netzwerktypen bedeutsam. So können informelle Netzwerke auf informeller Bildungsebene zum Beispiel für die Aktivierung und Gewinnung von Mitgliedern von zivilgesellschaftlichen Bewegungen relevant sein. Formelle Netzwerke hingegen sind für professionelle Akteur*innen wie die Soziale Arbeit oder deren Institutionen bedeutsam, um im Zusammenschluss mit anderen Akteur*innen wirksamer für gemeinsame Ziele eintreten zu können.

> **Merke!**
>
> „Netzwerke sind **Zusammenschlüsse verschiedener Akteurinnen und Akteure** aus unterschiedlichen Institutionen, Einrichtungen und Projekten, die ebenfalls **gemeinsame Ziele** verfolgen. Im Gegensatz zu einem Projekt besteht ein Netzwerk allerdings **langfristig**" (Bertelsmann Stiftung 2008, zitiert nach Bertelsmann Stiftung o. J.: 114, 28.7.2021, Herv. i. Orig.).

Ein Netzwerk hat viele Vorteile. Neben der Öffentlichkeitswirksamkeit bietet es eine Plattform, auf der sich die Beteiligten über Ideen, Fortschritte oder Herausforderungen austauschen können. Gleichzeitig ist es hierdurch möglich, füreinander zu werben (vgl. Bertelsmann Stiftung 2008, zitiert nach Bertelsmann Stiftung o. J.: 114, 28.7.2021).

Um ein Netzwerk professionell aufzubauen und zu pflegen, sind folgende Aspekte zentral:

- Ziele formulieren, die mit dem Netzwerk verfolgt werden sollen.
- Qualifizierte Partner*innen (Personen, Institutionen oder Organisationen) für das Netzwerk gewinnen. Hierbei ist die Überlegung zentral, welche Partner*innen ähnliche Ziele verfolgen und/oder für das Netzwerk wichtig sein können. Dies können z. B. Vertreter*innen aus Politik, Verwaltung, Wirtschaft oder dem Dienstleistungssektor sein.
- Geeignete Kommunikationsformen für das Netzwerk finden und nutzen.
- Zuständigkeiten für die verschiedenen Bereiche festlegen.
- Öffentlichkeitsarbeit betreiben (z. B. mittels Homepage, Mailverteiler oder soziale Medien).
- Ein intensiver Austausch ist für ein Netzwerk unabdingbar. Hierbei helfen die sozialen Medien, Telefonate und regelmäßige Treffen.
- Ein Netzwerk braucht viel Organisation. Folglich ist eine regelmäßige Evaluation bedeutungsvoll, um das Netzwerk und dessen Bereiche stetig zu verbessern.
- Die zuvor formulierten Ziele gilt es im Verlauf zu reflektieren, zu erweitern und anzupassen (vgl. ebd.: 115).

Sowohl auf Bundes-, EU- und globaler Ebene gibt es bereits Organisationen, die sich den Themen Menschenrechte, Flucht und Migration widmen und auf politischer Ebene wirksam sind. Hierzu zählen bspw. der UNHCR, die UNO-Flüchtlingshilfe oder Amnesty International. Mit diesen Organisationen gilt es zu kooperieren, um Druck auf lokale, regionale oder nationale Politik und ihre Entscheidungen ausüben zu können, um menschenrechtsverletzende Strukturen nachhaltig zu verändern. Erst durch Netzwerke wird eine umfassendere Lobbyarbeit möglich, durch die auf politischer Ebene Forderungen, z. B. für weitere Beratungsstellen oder eine legale Seenotrettung, konstruktiv eingebracht werden können. Gleichzeitig haben Organisationen die Möglichkeit bei Menschenrechtsverletzungen den EGMR anzurufen und Zugang zu Rechtswegen für Betroffene zu schaffen.

> **Beispiele für Netzwerkarbeit**
>
> ■ Positionspapiere:
>
> Die *Initiative Hochschullehrender zu Sozialer Arbeit in Gemeinschaftsunterkünften* (2016, 29.7.2021) legte ein Positionspapier zum Thema „Soziale Arbeit mit Geflüchteten in Gemeinschaftsunterkünften – Professionelle Standards und sozialpolitische Basis" vor. Neben zahlreichen Professor*innen haben auch Organisationen wie die Deutsche Gesellschaft für Soziale Arbeit, der Bayrische Flüchtlingsrat oder die Amadeu Antonio Stiftung Berlin unterzeichnet (vgl. ebd.).
>
> ■ Bündnisse:
>
> Noch immer sterben Menschen auf der Flucht im Mittelmeer, da eine staatliche Seenotrettung fehlt und Fluchtursachen nicht wirksam bekämpft werden. Deshalb hat sich das Bündnis United4Rescue – Gemeinsam Retten e.V. gegründet und tritt gemeinsam für vier Forderungen ein: Pflicht zur Seenotrettung, keine Kriminalisierung, faire Asylverfahren und „Sichere Häfen" ermöglichen (vgl. United4Rescue – Gemeinsam Retten e.V. o. J.[a], 29.7.2021). Seit 2020 ist die Sea-Watch 4 als erstes Bündnisschiff von United4Rescue im Einsatz. Das Schiff gehört der Seenotrettungsaktion Sea-Watch e. V., welche das Schiff auch betreibt. Das Bündnis hat jedoch maßgeblich den Kauf sowie den Umbau des Schiffes ermöglicht. Das Geld für den Kauf des Schiffes war durch zahlreiche Spenden der Aktion #WirSchickenEinSchiff innerhalb weniger Wochen zusammengekommen. Zudem steht das Bündnis mit allen Unterstützer*innen hinter der Sea-Watch 4, sollte diese bspw. festgesetzt werden. Im Sommer 2020 rettete das Schiff in seiner ersten Mission 354 Menschenleben (vgl. United4Rescue – Gemeinsam Retten e. V. o. J.[b], 29.7.2021). Das Bündnis besteht aus insgesamt 786 Organisationen aus den unterschiedlichsten Bereichen. Darunter zählen z. B. verschiedene Amnesty-International-Ortsgruppen, die Arbeitsgemeinschaft der Evangelischen Jugend in Deutschland, der Bayrischer Jugendring, der CVJM Deutschland, der DBSH Landesverband Berlin oder auch das IDA (vgl. United4Rescue – Gemeinsam Retten e. V. o. J.[c], 29.7.2021).

Zusammengefasst bleibt festzuhalten, dass Soziale Arbeit im Sinne des Menschenrechtsmandates aktiv werden und menschenrechtsbildende Maßnahmen durchführen muss. Damit kann auf gesellschaftlicher Ebene eine förderliche Haltung für Menschenrechte eingefordert und Diskriminierung und Rassismus auf allen Ebenen nachhaltig abgebaut werden. Gleichzeitig ist die Vernetzung mit zivilgesellschaftlichen Akteur*innen bedeutsam, um auch auf politischer und struktureller Ebene Veränderungen bewirken zu können. Denn Menschenrechtsverletzungen finden noch immer täglich in allen Ländern in unterschiedlichstem Ausmaß statt. Somit liegt es an jeder*jedem einzelnen Sozialarbeiter*in, in seinem*ihrem Tätigkeitsfeld im Sinne des Menschenrechtsmandates zu agieren, um für all jene einzutreten, die nicht im Stande sind, dies für sich selbst zu tun.

„Wo beginnen Menschenrechte? In kleinen Orten, ganz in der Nähe – so nah und so klein, dass die Orte auf keiner Landkarte der Welt gesehen werden können. Dennoch bedeuten sie die Welt für jede einzelne Person: die Nachbarschaft, in der wir leben; die Schule oder Hochschule, die wir besuchen; die Fabrik, der Bauernhof oder das Büro, wo wir arbeiten." (Eleanor Roosevelt, zitiert nach DIMR o. J., 28.7.2021)

Diskussionsfragen

- Welche Instrumente kennen Sie, um wirksam auf unterschiedlicher Ebene für Menschenrechte einzutreten?
- Wie lassen sich Menschenrechte und ihre Wichtigkeit historisch und aktuell begründen?
- Was verstehen Sie unter dem Stichwort Soziale Arbeit als Menschenrechtsprofession?
- Welche konkreten Handlungsstrategien der Sozialen Arbeit können für die Etablierung des Menschenrechtsmandates genutzt werden?

Literatur zur Einführung

VN/IFSW/IASSW [Vereinte Nationen – Zentrum der Menschenrechte/Internationaler Verband der SozialarbeiterInnen/Internationale Vereinigung der Ausbildungsstätten für Soziale Arbeit] (2002): Menschenrechte und Soziale Arbeit. Ein Handbuch für Ausbildungsstätten der Sozialen Arbeit und für den Sozialberuf. In: Soziale Arbeit – Arbeitsmaterialien, H. 1/1997, 5. Aufl., 2002. Ravensburg-Weingarten: Hochschule für Technik und Sozialwesen.

Eberlei, Walter/Neuhoff, Katja/Riekenbrauk, Klaus (2018): Menschenrechte – Kompass für die Soziale Arbeit. 1. Aufl., Stuttgart: Kohlammer.

Wildfang, Hinrich (2010): Soziale Arbeit – eine Menschenrechtsprofession. Ein Leitfaden für die sozialarbeiterische Praxis in Deutschland. Saarbrücken: VDM.

Weiterführende Literatur

DeGooyer, Stephanie/Hunt, Alastair/Maxwell, Lida/Myon, Samuel (2018): Vom Recht, Rechte zu haben. Hamburg: Hamburger Edition/HIS.

Landeszentrale für politische Bildung Baden-Württemberg (Hrsg.) (2005): Menschenrechte. In: Der Bürger im Staat 55. H 1/2. www.buergerundstaat.de/1_2_05/Menschenrechte.pdf – page=28, 20.7.2021.

DIMR [Deutsches Institut für Menschenrechte]/Bundeszentrale für politische Bildung/Europarat/Zentrum für Menschenrechtsbildung der pädagogischen Hochschule Luzern (2020) (Hrsg.): Kompass. Handbuch zur Menschenrechtsbildung für die schulische und außerschulische Bildungsarbeit. www.institut-fuer-menschenrechte.de/fileadmin/Redaktion/Publikationen/Kompass_Handbuch_zur_Menschenrechtsbildung.pdf, 28.7.2021.

Sen, Amartya (2004/2020): Elemente einer Theorie der Menschenrechte. Ditzingen: Reclam.

Ausblick

Die gewaltsame Machtübernahme Afghanistans durch die Taliban hat ab August 2021 das Themenfeld Migration und Flucht wieder in die Schlagzeilen der Medien und in den Fokus politischer und gesellschaftlicher Diskurse gebracht. Angesichts des dramatischen Versagens der westlichen Verbündeten, der Folgen für im Land verbliebene Ortskräfte, kritische Journalist*innen, Menschenrechtler*innen und weitere vulnerable Gruppen und der Reaktionen der hiesigen Politiker*innen mit Warnungen vor „unkontrollierter illegaler Migration", Plädoyers gegen feste Aufnahmequoten für Geflüchtete und geäußerte Ängste aufgrund von Sicherheitsrisiken ist damit zu rechnen, dass die Folgen westlicher Fehleinschätzung und massive Menschenrechtsverletzungen vor Ort auch die Fachkräfte der Sozialen Arbeit in Deutschland noch über Jahre hinaus beschäftigen werden. Insofern bleibt zu hoffen, dass die Inhalte dieses einführenden Lehrwerks nicht in Vergessenheit geraten, sondern dass angesichts der Tagesaktualität des Themas ein regelmäßiger Diskurs und eine Weiterentwicklung der aufgegriffenen Thesen und Fragestellungen erfolgen wird.

Die vorgenommene Schwerpunktsetzung des Buches auf Definitionen, Theorien und Handlungskonzepten mit ausgewählter Fokussierung auf erforderliche interkulturelle und diversityorientierte Kompetenzen und die Etablierung der Sozialen Arbeit als Menschenrechtsprofession hat gleichzeitig andere Diskurslinien in den Hintergrund treten lassen. Einige hiervon sollen in den nachfolgenden Seiten des Ausblicks – thesenartig und im Sinne von Randglossen zu den formulierten Hauptkapiteln – aufgegriffen werden.

A. Die Notwendigkeit von interdisziplinärer Zusammenarbeit zwischen Sozialer Arbeit und Ethnologie zur Förderung des Verständnisses für ein gutes Zusammenleben in einer transkulturellen Gesellschaft.
B. Die Bedeutung von Konflikten für die Soziale Arbeit im Kontext von Migration und Flucht.
C. Chancen und Grenzen des Umgangs mit kultureller Diversität – von der Einbahnstraße zu zirkulären Suchbewegungen.
D. Die Konstruktionsmechanismen von Fremdheit und die Angst vor den Anderen in einen postmigrantischen Diskurs integrieren.
E. Vorhandene Ambivalenzen bezüglich vorhandener gesellschaftlicher Diversität und weltweiten Migrationsbewegungen akzeptieren und damit zur Entdramatisierung politischer und gesellschaftlicher Diskurse beitragen.

Zu A:

Ethnologie kann gleichermaßen als Wissenschaft vom sogenannten Fremden und von den Ethnien, d. h. von Gruppen von Menschen mit gemeinsamer Überlieferung, geteiltem Wir-Bewusstsein bzw. von Kulturen bezeichnet werden. Ethnologie beginnt dabei immer dann, wenn Unterschiede in der Lebensweise von Menschengruppen wahrgenommen werden. Verantwortungsvoll ausgefüllt kann sie eine Wissenschaft von der akzeptierten Verschiedenheit des Anderen/der Anderen werden. Auf ihrer Suche nach anderen Lebenswelten, Religionen und Ethiken nähern sich Ethnolog*innen gesamtgesellschaftlich relevanten Themen, wie z. B. Migration, Integration oder kultureller Identität, und beleuchten die Strukturen des kulturellen Erinnerns und Funktionierens in einer Gesellschaft. Durch die Methode der Teilnehmenden Beobachtung hören sie zu, nehmen wahr und versuchen dadurch die Sinnsysteme fremden Denkens und Handelns zu verstehen. Dabei ist ständige kulturelle Übersetzungsarbeit notwendig, damit sich gegenseitige Verständigung und kulturelles Verständnis entwickeln kann (vgl. Aschenbrenner-Wellmann, B. 2007, S. 223ff; Guzy, L. 2003).

Soziale Arbeit „kümmert" sich seit Beginn ihrer Professionalisierung um die Beseitigung sozialer Ungleichheit und Benachteiligung und um die Herstellung von Gerechtigkeit. Ihr Gegenstand ist immer auch der Umgang mit Differenzen im Sinne von Verschiedenheit und Ungleichheit. Sowohl Ethnologie als auch Soziale Arbeit stellen den jeweiligen Menschen in den Mittelpunkt. Während die Ethnologie versucht, Methoden und Techniken für eine möglichst umfassende Beschreibung, Analyse und Deutung des Handelns von Angehörigen außereuropäischer Kulturen zu entwickeln, beschäftigt sich die Soziale Arbeit mit den an der Kultur und Gesellschaft Leidenden und stellt damit eine gebündelte, tätige und reflexive Antwort auf als schwierig bewertete soziale und kulturelle Realitäten dar (vgl. Staub-Bernasconi, S. 1991). Trotz unterschiedlicher Schwerpunktsetzungen besteht unseres Erachtens eine zentrale Gemeinsamkeit zwischen beiden Disziplinen: Ethnolog*innen und Sozialarbeiter*innen werden als Dolmetscher*innen tätig. Zum einen zwischen den Mitgliedern außereuropäischer Kulturen und den Angehörigen der Mehrheitsgesellschaft in Deutschland, zum anderen zwischen den etablierten Angehörigen der „Normalgesellschaft" und ihren Außenseiter*innen und besonders vulnerablen Gruppen. Insofern könnten sich beide Professionen zukünftig durch wechselseitige Lern- und Austauschprozesse inspirieren und somit zu elaborierten fachlichen und interdisziplinären Diskursen beitragen, die essenzielle Zukunftsfragestellungen bezüglich des guten und friedlichen Zusammenlebens in unserer Gesellschaft beantworten helfen.

Zu B.:
„Konflikte sind zumeist Ausdruck gegensätzlicher Interessen, Bedürfnisse, unterschiedlicher Werte, Ziele, Bedeutungen und Deutungen. Gleichwohl bilden sie ein konstitutives Element individueller und gesellschaftlicher Entwicklung. Sie können sowohl als Antriebskraft menschlicher Existenz und Anlass für Veränderungen als auch als ein Störfaktor für ein gutes Zusammenleben und soziales und individuelles Wachstum betrachtet werden." (Stövesand, Sabine/Röh, Dieter 2015, 10) Konflikte in der Sozialen Arbeit haben oft mit Machtungleichgewichten, ungleichen Zugängen zum gesellschaftlichen Leben und Reichtum, mit asymmetrischen Beziehungen und damit unmittelbar mit der Entstehung und Lösung sozialer Probleme zu tun (vgl. ebd.).

Passend zu diesem Konfliktverständnis lässt sich die Streitschrift von Max Czollek „Desintegriert Euch" (2018) anführen. Der Autor verweist hierbei argumentativ darauf, dass durch die Wahl des zentralen Begriffs „Desintegration" eine längst notwendige Erwiderung auf die ständig vorgetragene politische und gesellschaftliche Forderung nach Integration formuliert und damit zur Dekonstruktion der

Phantasievorstellungen von kultureller Homogenität und Leitkultur beigetragen werden kann. Durch die konflikthafte Zuspitzung und eine bewusste Gegenüberstellung zur Mainstreamargumentation erwartet sich der Autor Impulse für innovative gesellschaftliche Diskurse und die Entstehung neuer „migrantischer", „jüdischer", „queerer" oder „feministischer" Kunst (ebd. 18).

Ute Straub (2015, 58ff) beschreibt Machtungleichgewichte als wesentliche Konflikte einer Internationalen Sozialen Arbeit und spricht sich für eine neue globale Definition Sozialer Arbeit aus, die Aspekte der indigenen Sozialarbeit einbezieht. „In der alten Version steht Soziale Arbeit ausschließlich auf dem Fundament der Menschenrechte und der sozialen Gerechtigkeit, Werte, mit denen wir uns im Globalen Norden identifizieren und die als Grundlage einer zivilen Gesellschaft angesehen werden. Dies wird von den Kritiker*innen aus dem Süden als zu legalistisch angesehen und als zu einseitig in der europäischen und anglo-amerikanischen Tradition verankert. So ist es ihnen ein Anliegen, die Menschenrechtskonzepte in stärker inkludierenden und transkulturellen Konzepten zu rekonstruieren." (ebd. 60) Aus dieser Konfliktsituation ergibt sich die Chance zur Entstehung von neuen Konzepten Sozialer Arbeit, die bewusst indigene Wissenssysteme, beispielsweise bezüglich Umwelt, Spiritualität und Heilung, miteinbezieht und noch besser in den Mittelpunkt stellt. Herkömmliche Ansätze können dadurch in ihrer Wirksamkeit überprüft und gerade im Hinblick auf die Zukunftsfragen unserer einen Welt neu justiert werden. Hier heißt es allerdings dann auch, den eigenen Hegemonialanspruch kritisch zu überprüfen, die Komfortzone zu verlassen und zu einer tatsächlichen Wertschätzung und Akzeptanz von Diversität der Weltsichten zu gelangen.

Zu C.:

Indem Menschen etikettiert werden und im Kollektiv als „anders" oder „fremd" wahrgenommen werden, entstehen Hierarchien und Machtverhältnisse, die zu Unterordnung, Entwertung, Ausbeutung und Gewalt führen können. Diese Kategorienbildung verschenkt das Potenzial der Vielfalt von Individuen und Gemeinschaften und begrenzt die Strukturen für förderliche Partizipation und Entwicklung. Genau hier setzt das Diversitätskonzept an, das Vielfältigkeit als Grundlage pädagogischen Handelns akzeptiert, Fremdheit als „Normalität" begreift und somit einen konsequenten Blickwechsel von der Defizitzuschreibung hin zur Ressourcenorientierung vollzieht. Vielfalt wird dabei als multidimensional wahrgenommen und die Verwobenheit der unterschiedlichen Dimensionen wie Alter, Geschlecht oder Ethnizität im Sinne des intersektionalen Ansatzes betont.

Trotz der vielen Chancen für den Umgang mit Vielfalt, die sich aus dem Diversitätskonzept ableiten lassen, bleiben auch kritische Punkte zu benennen. Es stellt sich die grundsätzliche Frage, ob es sinnvoll ist, die Andersartigkeit von Individuen und die Differenzen zwischen ihnen zu betonen oder ob nicht doch eher auch auf die bestehenden Gemeinsamkeiten zwischen den Menschen eingegangen werden soll. So können Unterschiede ständig neu erfunden, bestätigt und fixiert werden. „Es darf weder um das Festschreiben von Differenzen, noch um die Aufhebung von Differenz gehen, sondern um einen respektvollen Umgang mit Verschiedenheit." (Aschenbrenner-Wellmann 2014, 7) Mit Diversitätskonzepten und ihrer Fokussierung auf ausgewählte Vielfaltsdimensionen geht häufig eine Reduzierung vorhandener Komplexität einher, da die Aufmerksamkeit auf bestimmte Faktoren wie z. B. dem sogenannten Migrationshintergrund gelegt wird. Dabei werden die vorhandene strukturelle Ungleichheit, bestehende Machtstrukturen und Asymmetrien häufig in der konkreten Sozialen Arbeit ausgeblendet.

Die Weiterentwicklung des interkulturellen Paradigmas hin zum Diversitätsansatz darf also keineswegs als unumkehrbare Entwicklungslinie und als ausschließlich zu beschreitender „Königsweg" beschritten werden, sondern muss immer wieder in Fachdebatten und gesellschaftlichen Diskursen kritisch hinterfragt und eher im Sinne einer zirkulären Suchbewegung nach Erkenntnissen und fundierter Theorie-Praxis-Integration geführt werden.

Zu D.

Die aktuellen gesellschaftlichen Ereignisse zeigen, dass Zuwanderung und kulturelle Vielfalt in Deutschland vermehrt als Herausforderung, Störung oder gar Bedrohung der sogenannten Nationalen Identität wahrgenommen werden. Folglich nehmen bereits bestehende Ausgrenzungsmechanismen in unserer Gesellschaft wie Fremdenfeindlichkeit, Rassismus und Rechtsextremismus immer größere Ausmaße an. Der Sozialen Arbeit kommt in diesem Prozess eine bedeutende Vermittlungs- und Verständigungsaufgabe zu, für die die Fachkräfte umfassend aus- und fortgebildet werden müssen. Denn nach Jahren scheinbarer Stabilität stolpern Europa und die Welt in der letzten Zeit von Krise zu Krise. Die Konstruktionsprozesse von Fremdheit und Andersheit müssen in diesen Zeiten kritisch hinterfragt werden, wie Fatima El-Tayeb (2016) dies in ihrer Studie mit dem Titel „Undeutsch" tut. Systematisch wird dabei aufgezeigt, welche Auswirkungen die Produktion von Gruppen wie „Schwarze", „Roma" oder „Muslim" hat, die als nicht zur nationalen Gemeinschaft zugehörig betrachtet werden, sondern diese durch ihre bloße Anwesenheit gefährden. Durch diese Konstruktionsprozesse werden eigene Vorrechte der Mehrheitsbevölkerung legitimiert und Ausgrenzungsmechanismen und die eigene Überlegenheit systematisch erhalten und ausgebaut.

Die Koppelung der Identitätsfrage an die Anzahl der zugewanderten Menschen und die Angst vor Fremdheit und Unkalkulierbarkeit der Zukunft angesichts der zunehmenden Heterogenität der Gesellschaft erweisen sich als argumentativer Trugschluss: „Es geht in Wahrheit also gar nicht primär um Migration – die große Gereiztheit liegt vielmehr daran, am eigenen Anspruch einer weltoffenen, aufgeklärten Demokratie zu scheitern. Die Migration ist dabei der Spiegel, in dem wir diese Gewissheit erkennen: Wir sind hässlich geworden, und wir schieben diese Wut auf den Boten, der uns das übermittelt ... Der Kernkonflikt in der postmigrantischen Gesellschaft dreht sich nur an der Oberfläche um Migration – tatsächlich ist der Konflikt jedoch angetrieben von der Aushandlung und Anerkennung von Gleichheit als zentralem Versprechen der modernen Demokratien, die sich auf Pluralität und Parität als Grundsatz berufen." (Foroutan, N. 2019,14) Um also die Probleme zu erkennen, die unsere Gesellschaft derzeit polarisieren, müssen wir perspektivisch zunehmend postmigrantisch argumentieren und das Augenmerk auf unsere gesellschaftlichen Kernkonflikte um Chancengerechtigkeit, Anerkennung und Teilhabe richten und diese zentralen Aushandlungsbedarfe systematisch angehen und aus Sicht der Sozialen Arbeit bewusst und professionell gestalten.

Zu E.

Ambivalenz wird zur Alltagserfahrung der Menschen in der Postmoderne, da sich in unseren Lebenssituationen häufig gleichzeitig vertraute und bekannte Phänomene und Prozesse mit neuen und unbekannten Entwicklungen überschneiden. Ambivalenz wird von Z. Bauman (2005) als Möglichkeit definiert, einem Gegenstand oder Ereignis mehr als eine Kategorie zuordnen zu können. Jede Auseinandersetzung mit aktuellen gesellschaftlichen Phänomenen ist demnach eine Beschäftigung mit den ihr innewohnenden Ambivalenzen und dient der Herstellung eines Gleichgewichts zwischen Ordnung und Chaos. Der Übergang von der Moderne zur Postmoderne ist daher immanent mit einem Verlust an kultureller Deutungsmacht, mit einem Pluralismus der Kulturen und mit kultureller Diversität verbunden. In der Praxis der Sozialen Arbeit bedeutet ein reflexiver Umgang mit dem Ambivalenzbegriff die Einnahme einer Perspektive experimenteller Multiperspektivität, in der beispielsweise bisherige Ansprüche auf eine eindeutige Bewertung von Ereignissen nur noch als mögliche Interpretationsangebote wahrgenommen werden. Dabei wird bewusst auf eine vollständige, analytische Durchdringung von Sachverhalten verzichtet, da Mehrdeutigkeiten auch durch intensive Diskussionen oder vermehrtes Wissen nicht in Eindeutigkeit verwandelt werden können (Junge 2000).

Die zunehmende Pluralität und Undurchschaubarkeit der Welt führen dabei zu einer Verunsicherung von Einzelnen, die Unterschiede zwischen sich und den „Fremden" erkennen und aushalten müssen. Somit entwickeln sich häufig Tendenzen, diese Unsicherheit in scheinbare Gewissheit umwandeln zu wollen und mit Mechanismen der Aneignung, Reduktion oder Verdrängung beherrschbar zu machen. In Anlehnung an die Formulierungen von U. Beck (1986) zur „Reflexiven Moderne" kommt aber gerade der Begegnung mit Anderen eine besondere Bedeutung zu. In der Auseinandersetzung mit dem Fremden soll in der eigenen Person die Fähigkeit entwickelt werden sich vom Anderen her wahrzunehmen und zu denken, denn durch diesen Perspektivenwechsel kann eine Reduktion des Fremden auf das Eigene zunehmend vermieden werden. Dieser Lernprozess wird durch Begegnungen und Austausch zwischen Zuwanderer*innen und Einheimischen in Gang gesetzt und kann bei erfolgreichem Verlauf zur Entdramatisierung gesellschaftlicher Diskurse um Migration und Flucht führen und einen Beitrag zu einem Gemeinwesen leisten, das Vielfalt, Verschiedenheit und Unterschiedlichkeit tatsächlich wertschätzt und respektiert.

Denn: „Wir leben in einer pluralisierten Gesellschaft. Das ist nicht nur ein relativ neues Faktum. Das ist auch unhintergehbares Faktum: Es gibt keinen Weg zurück in eine nicht-pluralisierte, in eine homogene Gesellschaft ... Welche Auswirkungen hat das für jeden von uns? Was heißt es eigentlich, in einer solchen Gesellschaft zu leben?" (Charim, Isolde, 2019, 11) Die Antworten auf diese Fragestellungen müssen täglich, haltungs- und wissensbasiert gefunden und in einem ständigen Reflexionsprozess aufgegriffen werden. Die Verfasserinnen dieses Einführungswerks in das Themenfeld „Migration und Integration" stellen mit den vorliegenden Kapiteln, Schwerpunktsetzungen und Fragestellungen eine fundierte Wissensgrundlage her und verknüpfen dabei systematisch Theoriediskurse mit Empfehlungen zum Handeln, denn Soziale Arbeit versteht sich von jeher als eine Handlungswissenschaft, die täglich Antworten auf Fragen nach einem kompetenten Agieren in komplexen Berufssituationen geben muss.

Literaturverzeichnis

AfD [Alternative für Deutschland] (o. J.a): Programm für Deutschland. Kurzfassung des Wahlprogramms der Alternativen für Deutschland für die Wahl zum Deutschen Bundestag am 24.9.2017, Berlin www.afd.de/wp-content/uploads/sites/111/2017/06/2017-06-0 1_AfD-Bundestagswahlprogramm_Onlinefassung.pdf, 26.5.2020.

AfD [Alternative für Deutschland] (o. J.b): Europawahlprogramm- Programm der Alternativen für Deutschland für die Wahl zum 9. Europäischen Parlament 2019, Berlin. www.afd.de/wp-content/uploads/sites/111/2019/03/AfD_Europawahlprogramm_A5-hoc h_web_150319.pdf, 26.5.2020.

Afentakis, Anja/Maier, Tobias (2014): Können Pflegekräfte aus dem Ausland den wachsenden Pflegebedarf decken? Analysen zur Arbeitsmigration in Pflegeberufen im Jahr 2010. In: Statistisches Bundesamt, Wiesbaden (Hrsg.). www.destatis.de/DE/Methoden/WISTA -Wirtschaft-und-Statistik/2014/03/pflegekraefte-ausland-032014.pdf?__blob=publicatio nFile, 7.5.2020.

Ahlheim, Klaus (2005): Prävention von Rechtsextremismus, Fremdenfeindlichkeit und Antisemitismus. In: Sander, Wolfgang (Hrsg.): Handbuch politische Bildung. 3., völlig überarb. Aufl., Schwalbach/Ts.: Wochenschau Verlag, S. 379–391.

Aisslinger, Moritz/Fuchs, Christian/Geisler, Astrid/Henk, Malte/Middelhoff, Paul/Müller, Daniel/Musharbash, Yassin/Polke-Majewski, Kartem/Stark, Holger/Stelzer, Tanja/Uchatius, Wolfgang (2020): Dossier. Die lange Blutspur des rechten Terrors. In: Die Zeit, H. 10, S. 15–17.

Akkaya, Gülcan/Bielefeldt, Heiner (2010): Menschenrechtsbildung – ein aktuelles Aufgabenfeld der Sozialen Arbeit. In: Akkaya, Gülcan/Haack, Lucas (Hochschule Luzern) (Hrsg.): Werkstattheft Menschenrechte, Luzern, S. 21–24. www.ams-forschungsnetzwer k.at/downloadpub/luzern_werkstattheft_menschenrechte.pdf, 27.7.2021.

Aktionsbündnis Teilhabeforschung (2015): Aktionsbündnis Teilhaberforschung – für ein neues Forschungsprogramm zu Lebenslagen und Partizipation von Menschen mit Behinderungen. Kurzfassung der Gründungserklärung (Stand 4. Februar 2015), Berlin. www.teilhabeforschung.org/ueber-uns/gruendungserklaerung, 14.6.2021.

Amnesty International (2013): Materialien zur Menschenrechtsbildung. Moderationshandbuch. Leitfaden für die Verwendung partizipativer Methoden, Berlin. www.amnesty.org/ download/Documents/24000/act350202011de.pdf, 28.7.2021.

Amnesty International Deutschland e.V. (2021a): Amnesty Report 2020: Weltweite Menschenrechtslage hat sich in Corona-Krise massiv verschlechtert. Grafiken mit Zahlen und Fakten zum Amnesty International Report 2020/21, Berlin. www.amnesty.de/allgemein/ pressemitteilung/amnesty-report-2020-menschenrechtslage-weltweit, 8.7.2021.

Amnesty International Deutschland e.V. (2021b): Sri Lanka: Arbeitsmigrantinnen heimgekehrt, Berlin. www.amnesty.de/mitmachen/erfolg/sri-lanka-arbeitsmigrantinnen-heimgek ehrt-Saudi-Arabien-2021-05-28, 18.7.2021.

Amnesty International Deutschland e.V. (2021c): Venezuela: NGOs vorerst nicht mehr in Gefahr, Berlin. www.amnesty.de/mitmachen/erfolg/venezuela-venezuela-ngos-vorerst-nic ht-mehr-gefahr-2021-05-07, 18.7.2021.

Amnesty International Deutschland e.V. (2021d): Polen: Triumph für LGBTI-Aktivistinnen, Berlin. www.amnesty.de/allgemein/pressemitteilung/polen-lgbti-aktivistinnen-freispruch, 18.7.2021.

Amnesty International Deutschland e.V. (2021e): Frankreich: Gewerkschafter freigesprochen, Berlin. www.amnesty.de/mitmachen/erfolg/frankreich-gewerkschafter-frederic-vuill aume-freigesprochen-2021-05-25, 13.7.2021.

Amtsblatt der Europäischen Union (2010): Charta der Grundrechte der Europäischen Union (2010/C 83/02). www.europarl.europa.eu/germany/resource/static/files/europa_grund rechtecharta/_30.3.2010.pdf, 8.7.2021.

Literaturverzeichnis

Amtsblatt der Europäischen Union (2005): RAT. Haager Programm zur Stärkung von Freiheit, Sicherheit und Recht in der Europäischen Union (2005/C 53/01). www.easo.europa.eu/sites/default/files/public/Haager-Programm.pdf, 19.7.2021.

Antidiskriminierungsstelle des Bundes (2015): Begriff „Rasse" durch „rassistisch" ersetzen – Antidiskriminierungsstelle für Änderung von Verfassungstexten, Berlin. www.antidiskriminierungsstelle.de/SharedDocs/Aktuelles/DE/_Archiv/2015/verfassung-grundgesetz-20150309.html, 1.8.2020.

Antidiskriminierungsstelle des Bundes (Hrsg.) (2017): Diskriminierung in Deutschland. Dritter gemeinsamer Bericht der Antidiskriminierungsstelle des Bundes und der in ihrem Zuständigkeitsbereich betroffenen Beauftragten der Bundesregierung und des Deutschen Bundestages, Berlin. www.antidiskriminierungsstelle.de/SharedDocs/Downloads/DE/publikationen/BT_Bericht/gemeinsamer_bericht_dritter_2017.pdf?__blob=publicationFile&v=16, 11.10.2020.

Arendt, Hannah (2018): Wir Flüchtlinge. Mit einem Essay von Thomas Mayer. 8. Aufl., Ditzingen: Reclams Universal-Bibliothek Nr. 19398, S. 7–36.

Aschenbrenner-Wellmann, Beate (2003): Interkulturelle Kompetenz in Verwaltung und Wirtschaft. Theorie und Praxis eines Change-Prozesses von der Monokulturellen zur Globalen Kompetenz, Berlin: Logos.

Aschenbrenner-Wellmann, Beate (2007): Ethnosozialarbeit, Interkulturelles Lernen und Diversity-Management als Bausteine für globale Verständigungsarbeit und Gewaltprävention. In: Collmar, Norbert/ Noller, Annette (Hrsg.): Menschenwürde und Gewalt. Stuttgart: Verlag der Evangelischen Gesellschaft, S. 222-237.

Aschenbrenner-Wellmann, Beate (2009a): Diversity-Kompetenz – Überlegungen zu einer Schlüsselqualifikation für Theorie und Praxis der Sozialen Arbeit. In: Dies. (Hrsg.): Mit der Vielfalt leben. Verantwortung und Respekt in der Diversity- und Antidiskriminierungsarbeit mit Personen, Organisationen und Sozialräumen. Eine Schriftenreihe des Instituts für Antidiskriminierungs- und Diversityfragen, Bd. 1, 1. Aufl., Stuttgart: Verlag der Evangelischen Gesellschaft, S. 61–85.

Aschenbrenner-Wellmann, Beate (2009b): Diversity-Kompetenz. Überlegungen zu einer Schlüsselqualifikation für Theorie und Praxis der Sozialen Arbeit. In: Migration und Soziale Arbeit 31, H. 3/4 2009, S. 212–221.

Aschenbrenner-Wellmann, Beate (2012): Interkulturelle Kompetenz im Theorie-Diskurs – Von den „klassischen" Merkmalslisten zum prozessanalytischen Kompetenzmodell. In: Aschenbrenner-Wellmann, Beate/Groner, Birgit (Hrsg.): Kulturelle MittlerInnen in der Migrationsgesellschaft. Theoretische Grundlagen, konzeptionelle Überlegungen, Evaluationsergebnisse und Praxisbeispiele. Eine Schriftenreihe des Instituts für Antidiskriminierungs- und Diversityfragen (IAD), Band 2, 1. Aufl., Stuttgart: Verlag der Evangelischen Gesellschaft, S. 11–40.

Aschenbrenner-Wellmann, Beate (2014): Diversity als Gestaltungsaufgabe für Non-Profit-Organisationen. Beitrag für den Jahresbericht 2012/13 der Evangelischen Hochschule Ludwigsburg. In: Aschenbrenner-Wellmann, Beate/ Fliege, Thomas (Hrsg): Von der Interkulturellen Öffnung zum Diversity Mainstreaming: Rahmenbedingungen, Forschungsprojekte, Praxisbeispiele. Berlin: Logos Verlag, S. 7-14.

Aschenbrenner-Wellmann, Beate (2017): Diversity-Lernen – eine Selbstverständlichkeit für Kindertageseinrichtungen?! Chancen, Anforderungen und Widersprüche für Bildungsprozesse in der Migrationsgesellschaft. In: Wustmann, Cornelia/Kägi, Sylvia/Müller, Jens (Hrsg.): Diversity im Feld der Pädagogik der Kindheit, Weinheim und Basel: Beltz Juventa, S. 222–247.

Aschenbrenner-Wellmann, Beate/Geldner, Lea (2021): Diversität in der Sozialen Arbeit. Theorien, Konzepte, Praxismodelle. 1. Aufl., Stuttgart: Kohlhammer.

Aumüller, Jutta (2009): Assimilation. Kontroversen um ein migrationspolitisches Konzept, Bielefeld: Transcript.

AvenirSocial/IFSW [Internationaler Verband der SozialarbeiterInnen] (o. J.): IFSW-Definition der Sozialen Arbeit von 2014 mit Kommentar. www.cdn.ifsw.org/assets/ifsw_10025 3-6.pdf, 4.11.2020.
Bade, Klaus J. (2017): Einwanderung, Kultur und Willkommenskultur. Festvortrag zum 50jährigen Jubiläum der Otto Benecke Stiftung e.V. In: Matter, Max (Hrsg.): Auf dem Weg zur Teilhabegesellschaft. Neue Konzepte der Integrationsarbeit. In: Beiträge der Akademie für Migration und Integration, Heft 16, Göttingen: V&R unipress, S. 23–39.
Bade, Klaus J./Oltmer, Jochen (2004): Normalfall Migration, Bonn: Bundeszentrale für Politische Bildung.
Barmeyer, Christoph (2012): Taschenlexikon Interkulturalität, Göttingen: Vandenhoeck & Rupprecht GmbH/UTB (Band-Nr. 3739).
Baum, Detlef (2018): Lehrbuch Stadt und Soziale Arbeit. Stadtsoziologische Grundlagen Sozialer Arbeit. 1. Aufl., Weinheim und Basel: Beltz Juventa. [E-Book]. www.elk-wue-han.hh-netman.de/han/content-select-eb/www.content-select.com/index.php?id=bib_view&ean=9783779948322, 29.7.2021.
Bauman, Zygmunt (2005): Moderne und Ambivalenz. Verlag Hamburger Editon.
Beck, Iris/Nieß, Meike/Silter Katharina (2018): Partizipation als Bedingung von Lebenschancen. In: Dobslaw, Gudrun (Hrsg.): Partizipation – Teilhabe – Mitgestaltung: Interdisziplinäre Zugänge, Opladen, Berlin & Toronto: Barbara Budrich UniPress, S. 17–41.
Beck, Ulrich (1986): Risikogesellschaft. Auf dem Weg in eine andere Moderne. Frankfurt a. M. Suhrkamp.
Becker, Manfred (2016): Was ist Diversity Management? In: Fereidooni, Karim/Zeoli, Antonietta P. (Hrsg.): Managing Diversity. Die diversitätsbewusste Ausrichtung des Bildungs- und Kulturwesens, der Wirtschaft und Verwaltung, Wiesbaden: Springer VS, S. 291–317, DOI: 10.1007/978-3-658-14047-2.
Benedek, Wolfgang (Hrsg.) (2017): Menschenrechte Verstehen. Handbuch zur Menschenrechtsbildung, Graz: Europäisches Trainings- und Forschungszentrum für Menschenrechte und Demokratie (ETC). www.baobab.at/images/doku/BIB_M1_ETC_Menschenrechte-verstehen.pdf, 28.7.2021.
Benz, Benjamin/Rieger, Günter (2015): Politikwissenschaft für die Soziale Arbeit. Eine Einführung, Wiesbaden: Springer VS. DOI: 10.1007/978-3-531-93379-5.
Beirat Integration/Die Beauftragte der Bundesregierung für Migration, Flüchtlinge und Integration (2013): „Soziale Teilhabe". Handlungsempfehlungen des Beirats der Integrationsbeauftragten. www.archiv.bundesregierung.de/resource/blob/973812/438582/0a7f93 9929af3af52dd40cd29aef5524/2013-03-08-soziale-teilhabe-empfehlungen-beirat-data.pdf, 8.6.2020.
Bertelsmann Stiftung (o. J.): Netzwerkarbeit. Gemeinsam noch stärker! In: Arbeitshilfe 9. Mitmachheft Sek. 2. Zivilgesellschaft gestalten! www.bertelsmann-stiftung.de/fileadmin/files/Projekte/Jungbewegt/Mitmachhefte/Netzwerkarbeit.pdf, 28.7.2021.
Bhabha, Jacqueline (2019): Migration als Krise? Wie ein Umdenken möglich ist. Aus dem Englischen von Ursel Schäfer, Hamburg: Hamburger Edition HIS Verlag.
Bibliographisches Institut GmbH – Dudenverlag (o. J.): Integration, Berlin. www.duden.de/rechtschreibung/Integration, 28.7.2020.
Bielefeldt, Heiner (1998): Ein von allen Völkern und Nationen zu erreichendes gemeinsames Ideal. Der Streit um die Universalität der Menschenrechte. In: Amnesty International (Hrsg.): Menschenrechte im Umbruch. 50 Jahre Allgemeine Erklärung der Menschenrechte, Darmstadt.
Bielefeldt, Heiner (2006): Menschenrechte 'irregulärer' Migrantinnen und Migranten. In: Alt, Jörg/Bommes, Michael (Hrsg.): Illegalität. Grenzen und Möglichkeiten der Migrationspolitik, Wiesbaden: VS, S. 81–93.
Bielefeldt, Heiner (2007): Menschenrechte in der Einwanderungsgesellschaft. Plädoyer für einen aufgeklärten Multikulturalismus, Bielefeld: Transcript.

Literaturverzeichnis

BMZ [Bundesministerium für wirtschaftliche Zusammenarbeit und Entwicklung] (o. J.): UN-Menschenrechtsrat, Berlin. www.bmz.de/de/service/lexikon/un-menschenrechtsrat-6 0654, 13.7.2021.

Bommes, Michael (1999): Migration und nationaler Wohlfahrtsstaat. Ein differenzierungstheoretischer Entwurf, Opladen/Wiesbaden: Westdeutscher Verlag.

Bommes, Michael/Halfmann, Jost (1997): Migration, Wohlfahrtssysteme und Nationalstaatlichkeit in Deutschland. In: Spektrum der Wissenschaft 1997, H. 8, 61. www.spektrum.de/magazin/migration-wohlfahrtssysteme-und-nationalstaatlichkeit-in-deutschland/8 24037, 3.6.2020.

Böhnisch, Lothar/Lösch, Hans (1973): Das Handlungsverständnis des Sozialarbeiters und seine institutionelle Determination. In: Otto, Hans-Uwe/Schneiders, S. (Hrsg.): Gesellschaftliche Perspektiven der Sozialarbeit. 2. Bd., Berlin: Luchterhand.

Braches-Chyrek, Rita (2019): Soziale Arbeit – die Methoden und Konzepte. In: Kessel, Fabian/Kruse, Elke/Stövesand, Sabine/Thole, Werner (Hrsg.): Soziale Arbeit – Grundlagen. Band 2, Opladen & Toronto: Barbara Budrich/UTB: 4772. [E-Book] www.elk-wue-han.hh-netman.de/han/utb-elibrary/elibrary.utb.de/doi/book/10.36198/9783838547725, 29.7.2021.

Brechtken, Magnus (2020): Der Wert der Geschichte. Zehn Lektionen für die Gegenwart. 1. Aufl., München: Siedler Verlag.

Broder, Henryk M. (2017): Sozialstaat und Einwanderung, Berlin. www.welt.de/print/die_welt/debatte/article165675355/Sozialstaat-oder-Einwanderung.html, 4.6.2020.

Bundesamt für Migration und Flüchtlinge (o. J.): Glossar. Integration, Nürnberg. www.bamf.de/DE/Service/ServiceCenter/Glossar/_functions/glossar.html?nn=282918&cms_lv2=28 2958, 6.6.2020.

Bundesamt für Migration und Flüchtlinge (Hrsg.) (2015): Nachweis einfacher Deutschkenntnisse beim Nachzug von Ehegatten aus dem Ausland, Nürnberg. www.bamf.de/SharedDocs/Anlagen/DE/MigrationAufenthalt/Ehegattennachzug/ehegattennachzug.pdf?__blob=publicationFile&v=10, 20.7.2020.

Bundesamt für Migration und Flüchtlinge (Hrsg.) (2016): Ablauf des deutschen Asylverfahrens. Ein Überblick über die einzelnen Verfahrensschritte und rechtlichen Grundlagen, Nürnberg: Bundesamt für Migration und Flüchtlinge.

Bundesamt für Migration und Flüchtlinge (2019): Freiwillige Rückkehr, Nürnberg. www.bamf.de/DE/Themen/Statistik/FreiwilligeRueckkehr/freiwilligerueckkehr-node.html, 30.5.2020.

Bundesamt für Migration und Flüchtlinge (2019b): Familienasyl und Familiennachzug, Nürnberg. www.bamf.de/DE/Themen/AsylFluechtlingsschutz/FamilienasylFamiliennachzug/familienasylfamiliennachzug-node.html, 30.5.2020.

Bundesamt für Verfassungsschutz (o. J.): Salafismus in Deutschland, Köln/Berlin. www.verfassungsschutz.de/af-islamismus-und-islamistischer-terrorismus/was-ist-islamismus/salafismus-in-deutschland, 10.7.2020.

Bundesministerium des Innern, für Bau und Heimat (o. J.[a]): Bundesministerium des Innern, für Bau und Heimat. Lexikon, Berlin. www.bmi.bund.de/DE/service/lexikon/functions/bmi-lexikon.html?cms_lv3=9397780&cms_lv2=9391092, 7.5.2020.

Bundesministerium des Innern, für Bau und Heimat (o. J.[b]): Warum Integration so wichtig ist, Berlin. www.bmi.bund.de/DE/themen/heimat-integration/integration/integration-bedeutung/integration-bedeutung.html, 6.6.2020.

Bundesministerium des Innern, für Bau und Heimat (o. J.[c]): Politische Bildung, Berlin. www.bmi.bund.de/DE/themen/heimat-integration/gesellschaftlicher-zusammenhalt/politische-bildung/politische-bildung-node.html, 8.7.2020.

Bundesministerium des Innern, für Bau und Heimat (o. J.[d]): Lexikon. Rassismus, Berlin. www.bmi.bund.de/DE/service/lexikon/functions/bmi-lexikon.html?cms_lv3=9398274&cms_lv2=9391124, 6.9.2020.

Bundesministerium des Innern, für Bau und Heimat (2018a): Bundesministerium des Innern, für Bau und Heimat. Das Fachkräfteeinwanderungsgesetz, Berlin. www.bmi.bund.de/SharedDocs/gesetzgebungsverfahren/DE/fachkraefteeinwanderungsgesetz.html, 7.5.2020.
Bundesministerium des Innern, für Bau und Heimat (Hrsg.) (2018b): Migrationsbericht des Bundesamtes für Migration und Flüchtlinge im Auftrag der Bundesregierung. Migrationsbericht 2018, Berlin. www.bamf.de/SharedDocs/Anlagen/DE/Forschung/Migrationsberichte/migrationsbericht-2018.pdf?__blob=publicationFile&v=13, 8.5.2020.
Bundesministerium des Innern, für Bau und Heimat (2019): Geordnete-Rückkehr-Gesetz tritt heute in Kraft. Gesetz setzt Vorhaben des Masterplans Migration um, Berlin. www.bmi.bund.de/SharedDocs/pressemitteilungen/DE/2019/08/geg-geordnete-rueckkehr-gesetz.html, 1.6.2020.
Bröse, Johanna/Faas, Stefan/Stauber, Barbara (2018): Flucht – Herausforderungen für die Soziale Arbeit. Hinführung. In: Ders. (Hrsg.): Flucht – Herausforderungen für die Soziale Arbeit, Wiesbaden: Springer VS, V-XIX. DOI: 10.1007/978-3-658-17092-9.
Bundesministerium für Arbeit und Soziales (o. J.): Was ist Inklusion und wie kann sie gelingen? Berlin. www.einfach-teilhaben.de/DE/AS/Ratgeber/Inklusion/Inklusion_node.html, 16.6.2020.
Bundesministerium für Familie, Senioren, Frauen und Jugend/Bundesministerium des Innern (Hrsg.) (2016): Strategie der Bundesregierung zur Extremismusprävention und Demokratieförderung. 1. Aufl., Berlin. www.bmfsfj.de/blob/109002/5278d578ff8c59a19d4bef9fe4c034d8/strategie-der-bundesregierung-zur-extremismuspraevention-und-demokratiefoerderung-data.pdf, 7.7.2020.
Bundeszentrale für politische Bildung (o. J.b): Dossier. Politische Bildung, Bonn. https://www.bpb.de/gesellschaft/bil- dung/politische-bildung/, 8.7.2020.
Bundeszentrale für politische Bildung (2011a): Generalversammlung der Vereinten Nationen, Bonn. www.bpb.de/internationales/weltweit/vereinte-nationen/48586/generalversammlung, 8.7.2021.
Bundeszentrale für politische Bildung (2011b): Sicherheitsrat der Vereinten Nationen, Bonn. www.bpb.de/internationales/weltweit/vereinte-nationen/48583/sicherheitsrat, 13.7.2021.
Bundeszentrale für politische Bildung (2016): Dossier Akquisos. Fördermittel und Fundraising für die politische Bildung. Einführung: 5 Fragen zum Community Organizing, Bonn. www.bpb.de/partner/akquisos/233314/einfuehrung, 29.7.2021.
Bundeszentrale für politische Bildung (2020): Bevölkerung mit Migrationshintergrund I. In absoluten Zahlen, Anteile an der Gesamtbevölkerung in Prozent, 2019, Bonn. www.bpb.de/nachschlagen/zahlen-und-fakten/soziale-situation-in-deutschland/61646/migrationshintergrund-i, 18.2.2021.
BÜNDNIS 90/DIE GRÜNEN (o. J.): Wir sorgen für ein friedliches Zusammenleben und eine gute Integration, Berlin. www.gruene.de/themen/integration, 28.6.2020.
BÜNDNIS 90/DIE GRÜNEN (Hrsg.) (2017): Zukunft wird aus Mut gemacht. Bundestagswahlprogramm 2017, Berlin. www.cms.gruene.de/uploads/documents/BUENDNIS_90_DIE_GRUENEN_Bundestagswahlprogramm_2017_barrierefrei.pdf, 26.5.2020.
BÜNDNIS 90/DIE GRÜNEN (2018a): Grundrecht auf Familiennachzug, Berlin. www.gruene-bundestag.de/themen/integration-fluechtlingspolitik/grundrecht-auf-familiennachzug, 30.5.2020.
BÜNDNIS 90/DIE GRÜNEN (2018b): Europas Versprechen erneuern. Europawahlprogramm 2019, Berlin. www.cms.gruene.de/uploads/documents/B90GRUENE_Europawahlprogramm_2019_barrierefrei.pdf, 26.5.2020.
BÜNDNIS 90/DIE GRÜNEN (2019): Asylgesetze. Integrationsverhinderung um jeden Preis, Berlin. www.gruene-bundestag.de/themen/integration-fluechtlingspolitik/integrationsverhinderung-um-jeden-preis, 1.6.2020.
Castro Varela, Maria do Mar/Mecheril, Paul (2010): Grenze und Bewegung. Migrationswissenschaftliche Klärungen. In: Mecheril, Paul/Castro Varela, Maria do Mar/Dirim,

Inci/Kalpaka, Annita/Melter, Claus (2010): Migrationspädagogik, Weinheim und Basel: Beltz Verlag, S. 23–53.
Carey, Alexander Th. (2018): Migration in einer turbulenten Weltordnung. In: Blank, Beate/Gögercin, Süleyman/Sauer, Karin E./Schramkowski, Barbara (Hrsg.): Soziale Arbeit in der Migrationsgesellschaft. Grundlagen – Konzepte – Handlungsfelder, Wiesbaden: Springer VS, S. 9–29. www.doi.org/10.1007/978-3-658-19540-3
CDU/CSU [Christlich Demokratische Union Deutschlands/Christlich-Soziale Union] (o. J.[a]): Für ein Deutschland, in dem wir gut und gerne leben. Regierungsprogramm 2017-2021. www.cdu.de/system/tdf/media/dokumente/170703regierungsprogramm2017.pdf?file=1, 26.5.2020.
CDU/CSU [Christlich Demokratische Union Deutschlands/Christlich-Soziale Union] (o. J.[b]): Unser Europa macht stark. Für Sicherheit, Frieden und Wohlstand. Gemeinsames Europawahlprogramm von CDU und CSU. www.cdu.de/system/tdf/media/dokumente/europawahlprogramm.pdf?file=1, 16.5.2020.
Charim, Isolde (2019): Ich und die Anderen. Wie die neue Pluralisierung uns alle verändert. Wien: Paul Zsolnay Verlag.
Cyrus, Norbert (o. J.): Politische Integration von EinwanderInnen, Berlin. www.heimatkunde.boell.de/de/2008/08/01/politische-integration-von-einwanderinnen, 9.7.2020.
Czollek, Max (2018): Desintegriert Euch. Carl Hanser Verlag. München.
Coser, Lewis A. (2009): Theorie sozialer Konflikte, Wiesbaden: VS Springer. [Erstausgabe 1956].
DBSH [Deutscher Berufsverband für Soziale Arbeit e.V.] (Hrsg.) (2009): Grundlagen für die Arbeit des DBSH e.V., Essen. www.dbshhessen.de/uploads/tx_xpctypedownloadssimple/Grundlagen_Soziale_Arbeit_DBSH.pdf, 6.9.2020.
DBSH [Deutscher Berufsverband für Soziale Arbeit e.V.] (2014): Berufsethik des DBSH. Ethik und Werte. In: Forum Sozial, H. 4/2014, Berlin. www.dbsh.de/media/dbsh-www/redaktionell/pdf/Sozialpolitik/DBSH-Berufsethik-2015-02-08.pdf, 4.6.2020.
DBSH [Deutscher Berufsverband für Soziale Arbeit e.V.] (o. J.): Übersetzung der „Global Definition of Social Work". www.google.com/url?sa=t&rct=j&q=&esrc=s&source=web&cd=&ved=2ahUKEwiWpNDnruHtAhUlAmMBHZ7mDKgQFjABegQIBRAC&url=http%3A%2F%2Fsfedec68c82547c8f.jimcontent.com%2Fdownload%2Fversion%2F1450705554%2Fmodule%2F7361314776%2Fname%2F%25C3%259Cbersetzung_der_Definiton_Sozialer_Arbeit_deutsch-1.pdf&usg=AOvVaw1QEhKbrW2raCW_JfL84OYY, 4.6.2020.
De Geus, Aart (2016): Fünf Schritte zu einer erfolgreichen Integration, Gütersloh. www.bertelsmann-stiftung.de/de/themen/aktuelle-meldungen/2016/maerz/fuenf-schritte-zu-einer-erfolgreichen-integration-kommentar-von-aart-de-geus/, 6.6.2020.
DeGooyer, Stephanie (2018): Das Recht, Rechte zu haben. In: DeGooyer, Stephanie/Hunt, Alastair/Maxwell, Lida/Myon, Samuel (Hrsg.): Vom Recht, Rechte zu haben, Hamburg: Hamburger Edition/HIS, S. 30–60.
DeGooyer, Stephanie/Hunt, Alastair/Maxwell, Lida/Myon, Samuel (2018): Einführung. In: Ders. (Hrsg.): Vom Recht, Rechte zu haben, Hamburg: Hamburger Edition/HIS, S. 7–29.
Deutsche UNESCO-Kommission e.V. (o. J.): Erklärung von Mexiko-City über Kulturpolitik. Weltkonferenz über Kulturpolitik. Mexiko, 26. Juli bis 6. August 1982, Bonn. www.unesco.de/sites/default/files/2018-03/1982_Erklärung_von_Mexiko.pdf, 25.2.2021.
Diakonie Deutschland (2018): Familiennachzug ist Baustein für erfolgreiche Integration, Berlin. www.diakonie.de/diakonie-zitate/familiennachzug-ist-baustein-fuer-erfolgreiche-integration, 30.5.2020.
DIE LINKE (o. J.): Integration. Themenpapier der Fraktion, Berlin. www.linksfraktion.de/themen/a-z/detailansicht/integration/, 28.6.2020.
DIE LINKE (2017): Sozial. Gerecht. Frieden. Für alle. Die Zukunft, für die wir kämpfen. Langfassung des Wahlprogramms zur Bundestagswahl 2017, Berlin. www.die-linke.de/fi

leadmin/download/wahlen2017/wahlprogramm2017/die_linke_wahlprogramm_2017.pdf, 29.5.2020.

DIE LINKE (2019): Europa nur solidarisch. Europawahlprogramm 2019, Berlin. www.die-linke.de/fileadmin/download/wahlen2019/wahlprogramm_pdf/Europawahlprogramm_2019_-_Partei_DIE_LINKE__Druckversion_.pdf, 29.5.2020.

DIMR [Deutsches Institut für Menschenrechte] (o. J.): Modul 1. Übung 3. Zitate. www.institut-fuer-menschenrechte.de/fileadmin/Redaktion/PDF/Menschenrechtsbildung/Materialien_fuer_die_Bildungsarbeit/Materialien_Bildungsarbeit_Modul_1_Uebung_3_Zitate.pdf, 28.7.2021.

DIMR [Deutsches Institut für Menschenrechte]/Bundeszentrale für politische Bildung/Europarat/Zentrum für Menschenrechtsbildung der pädagogischen Hochschule Luzern (2020) (Hrsg.): Kompass. Handbuch zur Menschenrechtsbildung für die schulische und außerschulische Bildungsarbeit. www.institut-fuer-menschenrechte.de/fileadmin/Redaktion/Publikationen/Kompass_Handbuch_zur_Menschenrechtsbildung.pdf, 28.7.2021.

Draheim, Kristin (2010): Übung. Das ist mir lieb und teuer. In: Hiller, Gundula Gwenn/Vogler-Lipp, Stefanie (Hrsg.): Schlüsselqualifikation Interkulturelle Kompetenz an Hochschulen. Grundlagen, Konzepte, Methoden. 1. Aufl., Wiesbaden: Springer VS, S. 217–221. DOI: 10.1007/978-3-531-92019-1.

Dreas, Susanne/Rastetter, Daniela (2016): Die Entwicklung von Diversity Kompetenz als Veränderungsprozess. In: Genkova Petia/Ringeisen Tobias (Hrsg.): Handbuch Diversity Kompetenz. Bd. 1: Perspektiven und Anwendungsfelder, Wiesbaden: Springer, S. 351–369.

Dugalski, Artur/Lara, Carolina/Hamsa, Malik (2013): Farbenblindheit ist auch keine Lösung. Critical Whiteness ist ein sinnvolles Werkzeug zur Rassismuskritik. In: Analyse & Kritik. Sonderbeilage Herbst 2013, S. 9–10. www.akweb.de/wp-content/uploads/2020/08/sonderbeilage_cw.pdf, 6.9.2020.

Düsener, Kathrin (2010): Integration durch Engagement? Migrantinnen und Migranten auf der Suche nach Inklusion, Bielefeld: Transcript.

Eberlei, Walter/Neuhoff, Katja/Riekenbrauk, Klaus (2018): Menschenrechte – Kompass für die Soziale Arbeit. 1. Aufl., Stuttgart: Kohlammer. [E-Book]. www.elk-wue-han.hh-netman.de/han/kohlhammer-eb/content-select.com/index.php?id=bib_view&ean=9783170308121.

Einstein, Albert (1933): Rede in der Royal Albert Hall, 3.10.1933; zitiert nach: Einstein, Albert. Über den Frieden. Weltordnung oder Weltuntergang. Hrsg. von Otto Nathan und Heinz Norden. Bern. 1975, S. 254-255.

El-Mafaalani, Aladin (2018): Das Integrationsparadox. Warum gelungene Integration zu mehr Konflikten führt. 3. Aufl., Köln: Kiepenheuer & Witsch.

El-Tayeb, Fatima (2016): Undeutsch. Die Konstruktion des Anderen in der postmigrantischen Gesellschaft. Transcript Verlag. Bielefeld.

Erll, Astrid/Gymnich, Marion (2015): Interkulturelle Kompetenzen – Erfolgreich kommunizieren zwischen den Kulturen. 3. Aufl., Stuttgart: Klett Lerntraining GmbH.

Esser, Hartmut (2000): Soziologie. Spezielle Grundlagen. Band 2: Die Konstruktion der Gesellschaft, Frankfurt/Main: Campus Verlag.

Esser, Hartmut (2001a): Integration und ethnische Schichtung. Arbeitspapiere – Mannheimer Zentrum für Europäische Sozialforschung. Nr. 40, 2001, Mannheim. www.mzes.uni-mannheim.de/publications/wp/wp-40.pdf, 6.6.2020.

Esser, Hartmut (2001b): Integration und ethnische Schichtung. Zusammenfassung einer Studie für das „Mannheimer Zentrum für Europäische Sozialforschung". www.library.fes.de/pdf-files/akademie/online/50366.pdf, 6.6.2020.

Literaturverzeichnis

Europäisches Migrationsnetzwerk (2018): Glossar zu Asyl und Migration. Version 5.0. Ein Instrument zur besseren Vergleichbarkeit – erstellt vom Europäischen Migrationsnetzwerk.[*] www.bamf.de/SharedDocs/Anlagen/DE/EMN/Glossary/emn-glossary2.pdf?__blob=publicationFile&v=6, 7.5.2020.

Evangelische Hochschule Ludwigsburg (2017): Modulhandbuch (Stand 26. Januar 2017). Studiengang Soziale Arbeit Bachelor of Arts (B.A.). Anlage 01. www.eh-ludwigsburg.de/fileadmin/user_upload/Hochschule/Aussenstelle_Campus_Reutlingen/MDH_BASA_2017.pdf, 28.7.2021.

Eydlin, Alexander (2020): Philipp Amthor plädiert für neue Leitkulturdebatte, Hamburg. www.zeit.de/politik/deutschland/2020-02/philipp-amthor-junge-union-leitkultur-cdu-extremismus, 28.6.2020

Eylarduswerk (2019): Mein Lebensbuch. Begleitheft. 4. Aufl., Bad Bentheim. www.das-lebensbuch.de/fileadmin/user_upload/Begleitheft_2019_Lebensbuch_stationa__re_Jugendhilfe.pdf, 6.9.2020.

Fachbereichstag Soziale Arbeit/DBSH [Deutscher Berufsverband für Soziale Arbeit e.V.] (2016): Deutschsprachige Definition Sozialer Arbeit des Fachbereichstag Soziale Arbeit und DBSH, Berlin. www.dbsh.de/media/dbsh-www/redaktionell/bilder/Profession/20161114_Dt_Def_Sozialer_Arbeit_FBTS_DBSH_01.pdf, 4.11.2020.

FDP [Freie Demokratische Partei] (o. J.[a]): Denken wir neu. Das Programm der Freien Demokraten zur Bundestagswahl 2017: „Schauen wir nicht länger zu.", Berlin. www.fdp.de/sites/default/files/uploads/2017/08/07/20170807-wahlprogramm-wp-2017-v16.pdf, 26.5.2020.

FDP [Freie Demokratische Partei] (o. J.[b]): Europas Chancen nutzen. Das Programm der Freien Demokraten zur Europawahl 2019. www.fdp.de/sites/default/files/uploads/2019/04/30/fdp-europa-wahlprogramm-a5.pdf, 26.5.2020.

FDP-Bundespartei (Hrsg.) (2014): Arbeitserlaubnis für Asylbewerber ab dem ersten Tag, Berlin. www.liberale.de/content/arbeitserlaubnis-fuer-asylbewerber-ab-dem-ersten-tag, 18.2.2021.

Fehmel, Thilo (2019): Sozialpolitik für die Soziale Arbeit. 1. Aufl., Baden-Baden: Nomos.

Feneberg, Valentin (2019): „Ich zwinge niemanden, freiwillig zurück zu gehen." Die institutionelle Umsetzung der Politik der geförderten Rückkehr durch staatliche und nicht-staatliche Akteure. In: Z'Flucht. Zeitschrift für Flucht- und Flüchtlingsforschung 3, H. 1, S. 8–43.

Filsinger, Dieter (2017): Soziale Arbeit mit Flüchtlingen. Strukturen, Konzepte und Perspektiven. In: WISO Diskurs, Bonn: Friedrich-Ebert-Stiftung 2017, H. 14. www.library.fes.de/pdf-files/wiso/13765.pdf, 20.12.2020.

Fleischer, Eva (2016): Der Anti-Bias-Ansatz als Methode politischer Erwachsenenbildung. In: Magazin Erwachsenenbildung.at: Das Fachmedium für Forschung, Praxis und Diskurs, H. 28, www.pedocs.de/frontdoor.php?source_opus=12336, 6.9.2020.

Flüchtlingsrat Niedersachsen e.V. (o. J.): EU-Abschottungspolitik, Hannover. www.nds-fluerat.org/politisches/abschottungspolitik, 30.5.2020.

FOCO e.V. (o. J.[a]): Warum FOCO? Saarbrücken. www.fo-co.info/foco/warum-foco/, 29.7.2021.

FOCO e.V. (o. J.[b]): Engagierte Stadt Bautzen, Saarbrücken. www.fo-co.info/praxis/beratene-organisationen/bautzen/, 29.7.2021.

Foroutan, Naika (2019): Die postmigrantische Gesellschaft. Ein Versprechen der pluralen Demokratie. Bielefeld: Transcript Verlag.

Freise, Josef (o. J.): Respekt, Empathie, Konfliktfähigkeit, Unsicherheit aushalten können: Haltungen in der Interkulturellen Sozialen Arbeit. www.katho-nrw.de/fileadmin/primary

---

[*] Copyright-Klausel: „Dieses EMN-Glossar wurde vom Europäischen Migrationsnetzwerk (EMN) erstellt. Die Europäische Kommission und die nationalen Kontaktpunkte, aus denen sich das EMN zusammensetzt, lehnen jegliche Verantwortung oder Haftung im Hinblick auf den Gebrauch der Informationen, die im Glossar enthalten sind, ab. Dies gilt auch für die Inhalte der angegebenen Webseiten."

Mnt/Lehrende/Koeln/Freise/Freise._Haltungen_in_der__interkult._Sozialen_Arbeit.pdf, 3.9.2020.

Freise, Josef (2007): Interkulturelle Soziale Arbeit. Theoretische Grundlagen – Handlungsansätze – Übungen zum Erwerb interkultureller Kompetenzen. 2. Aufl., Schwalbach/Ts.: Wochenschau Verlag.

Freise, Josef (2013): Interkulturelle Soziale Arbeit. Integration, Anerkennung und Partizipation als Leitideen einer differenzsensiblen Sozialen Arbeit in der Migrationsgesellschaft. In: Spetsmann-Kunkel, Martin/Frieters-Reermann, Norbert (Hrsg.): Soziale Arbeit in der Migrationsgesellschaft, Opladen, Berlin & Toronto: Barbara Budrich, S. 45–54. www.pedocs.de/volltexte/2017/12780/pdf/Soziale_Arbeit_2013_Freise_Interkulturelle_soziale_Arbeit.pdf, 21.12.2020.

Freise, Josef (2017): Kulturelle und religiöse Vielfalt nach Zuwanderung. Theoretische Grundlagen – Handlungsansätze – Übungen zur Kultur- und Religionssensibilität, Schwalbach/Ts.: Wochenschau Verlag Wissenschaft.

Fritzsche, Karl-Peter (2005): Bedeutung der Menschenrechte für die Politische Bildung. In: Himmelmann, Gerhard/Lange, Dirk (Hrsg.): Demokratiekompetenz. Beiträge aus Politikwissenschaft, Pädagogik und politischer Bildung. 1. Aufl., Wiesbaden: Springer VS, S. 78–87.

Gabriel-Schärer, Pia (2010): Die Menschenrechte als Schwerpunktthema im Grundstudium an der Hochschule Luzern – Soziale Arbeit. In: Akkaya, Gülcan/Haack, Lucas (Hochschule Luzern) (Hrsg.): Werkstattheft Menschenrechte, S. 5–6. www.ams-forschungsnetzwerk.at/downloadpub/luzern_werkstattheft_menschenrechte.pdf, 28.7.2021.

Garrelts, Nantke/Peters, Klaus (2019): Wolf mit Hitlergruß blieb nur zwei Stunden, Potsdam. www.pnn.de/brandenburg/kritik-an-der-afd-wolf-mit-hitlergruss-blieb-nur-zwei-stunden/24923746.html, 1.8.2020.

Georgi, Viola B. (2015): Anmerkungen zu aktuellen Debatten in der deutschen Migrationsgesellschaft. Integration, Diversity, Inklusion. In: Die: Deutsches Institut für Erwachsenenbildung 2015, H. II, S. 25–27. www.die-bonn.de/zeitschrift/22015/einwanderung-01.pdf, 21.12.2020.

Gernhardt, Ariane/Herrmann, Karsten/Korte-Rüther, Maria (2013): Interkulturelle Kompetenz in der KiTa. In: nifbe-Themenheft, H. 16, Osnabrück. www.nifbe.de/images/nifbe/Infoservice/Downloads/Themenhefte/ikonline.pdf, 1.9.2020.

Golova, Tatiana (2017): Osteuropa bei uns. Zois Spotlight 5/2017. www.zois-berlin.de/publikationen/zois-spotlight-2017/osteuropa-bei-uns/, 21.2.2021.

Gögercin, Süleyman (2018): Integration und aktuelle sozialwissenschaftliche Integrationskonzepte. Ein Überblick. In: Blank, Beate/Gögercin, Süleyman/Sauer, Karin E./Schramkowski, Barbara (Hrsg.): Soziale Arbeit in der Migrationsgesellschaft. Grundlagen – Konzepte – Handlungsfelder, Wiesbaden: Springer VS., S. 173–185. www.doi.org/10.1007/978-3-658-19540-3.

Gögercin, Süleyman (2018b): Migration und migrationsbezogene Soziale Arbeit in Deutschland. Ein historischer Überblick. In: Blank, Beate/Gögercin, Süleyman/Sauer, Karin E./Schramkowski, Barbara (Hrsg.): Soziale Arbeit in der Migrationsgesellschaft. Grundlagen – Konzepte – Handlungsfelder, Wiesbaden: Springer VS, S. 31–41. www.doi.org/10.1007/978-3-658-19540-3.

Grass, Günter (2015): Fremdenfeindlich. In: Kossert, A. 2020.

Grote, Maik (2011): Integration von Zuwanderern: Die Assimilationstheorie von Hartmut Esser und die Multikulturalismustheorie von Seyla Benhabib im Vergleich. Migremus Arbeitspapiere Nr 02/2011. www.ams-forschungsnetzwerk.at/downloadpub/2011_grote_2011_assimilationmultikulturalismus.pdf, 6.6.2020.

Grosch, Harald/Leenen, Wolf Rainer (2000): Bausteine zur Grundlegung interkulturellen Lernens. In: Bundeszentrale für politische Bildung (Hrsg.): Interkulturelles Lernen. Arbeitshilfen für die politische Bildung, Bonn, S. 29–46.

Literaturverzeichnis

Guzy, L. (2003): Ethnologie – Die Wissenschaft der akzeptierten Differenz des/der „Anderen". In: Kleve, Heiko, / Koch, G./ Müller, M (Hrsg.): Differenz und Soziale Arbeit. Uckerland.

Hafeneger, Benno/Sturzenhecker, Benedikt/Wohnig, Alexander (2019): Begriffsvielfalt, Entgrenzung, Aufmerksamkeitskultur. Kommentare zur neuen Unübersichtlichkeit auf dem Arbeitsfeld der politischen Bildung. In: Journal für politische Bildung 9, H. 2/19, [Digitale Ausgabe], S. 10–15.

Hafeneger, Benno (2019): Politische Bildung ist mehr als Prävention. In: Journal für politische Bildung 9, H. 2/19, [Digitale Ausgabe], S. 22–25.

Hamburger, Franz (1999): Von der Gastarbeiterforschung zur Reflexiven Interkulturalität. In: IZA. Zeitschrift für Migration und Soziale Arbeit 1999, H. 3/4, S. 33–38. www.tik-iaf-berlin.de/pages/hauptseiten/textseiten/Hamburger_Gastarbeiter.html, 20.6.2020.

Han, Petrus (2000): Soziologie der Migration, Stuttgart: Lucius & Lucius.

Han, Petrus (2016): Soziologie der Migration. 4., unveränderte Aufl., Konstanz und München: UVK Verlagsgesellschaft. (UTB-Band Nr. 2118). [E-Book]. www.elk-wue-han.hh-netman.de/han/utb-elibrary/elibrary.utb.de/doi/book/10.36198/9783838546858, 19.7.2021.

Hans, Silke (2016): Theorien der Integration von Migranten – Stand und Entwicklung. In: Brinkmann, Heinz Ulrich/Sauer, Martina (Hrsg.): Einwanderungsgesellschaft Deutschland. Entwicklung und Stand der Integration, Wiesbaden: Springer VS, S. 23–50. www.doi.org/10.1007/978-3-658-05746-6.

Hanewinkel, Vera (2016): Das Asylverfahren in Deutschland. Schema des Ablaufs, Bonn. www.bpb.de/gesellschaft/migration/kurzdossiers/227451/das-asylverfahren-in-deutschland, 30.5.2020.

Hanewinkel, Vera/Oltmer, Jochen (2017): Integration und Integrationspolitik in Deutschland, Bonn: Bundeszentrale für politische Bildung. www.bpb.de/gesellschaft/migration/kurzdossiers/265044/integration-und-integrationspolitik, 28.6.2020.

Haug, Sonja (2000): Klassische und neuere Theorien der Migration. In: Arbeitspapiere Mannheimer Zentrum für Europäische Sozialforschung Nr. 30, 2000, Mannheim. www.core.ac.uk/download/pdf/71741829.pdf, 21.12.2020.

Häntzschel, Jörg (2020): Wie soll man sagen? In: Süddeutsche Zeitung Nr. 170, 25./26. Juli 2020, S. 15.

Heringer, Hans Jürgen (2012): Interkulturelle Kompetenz. Ein Arbeitsbuch mit interaktiver CD und Lösungsvorschlägen, Tübingen: Francke Verlag/UTB. [E-Book]. www.elk-wue-han.hh-netman.de/han/utbstudi/www.utb-studi-e-book.de/9783838585031, 7.6.2020.

Herriger, Norbert (2014): Empowerment in der Sozialen Arbeit. Eine Einführung. 5., erw. und aktual. Aufl., Stuttgart: Kohlhammer. [E-Book]. www.elk-wue-han.hh-netman.de/han/kohlhammer-eb/content-select.com/index.php?id=bib_view&ean=9783170257306.

Himmelmann, Gerhard (2005): Was ist Demokratiekompetenz? Ein Vergleich von Kompetenzmodellen unter Berücksichtigung internationaler Ansätze, Berlin: BLK. Beiträge zur Demokratiepädagogik. www.pedocs.de/frontdoor.php?source_opus=257, 21.6.2021.

Hinz, Andreas (2002): Von der Integration zur Inklusion – terminologisches Spiel oder konzeptionelle Weiterentwicklung? In: Zeitschrift für Heilpädagogik 2002, H. 53, S. 354–361. www.jugendsozialarbeit.de/media/raw/hinz_inklusion.pdf, 16.6.2020.

Hoesch, Kirsten (2018): Migration und Integration. Eine Einführung, Wiesbaden: Springer VS. www.doi.org/10.1007/978-3-658-09736-3.

Hofstede, Geert (2006): Lokales Denken, globales Handeln. Interkulturelle Zusammenarbeit und globales Management. 3. Aufl., München: dtv.

Hohmann, Manfred (1989): Interkulturelle Erziehung eine Chance für Europa? In: Hohmann, Manfred/Reich, Hans G. (Hrsg.): Ein Europa für Mehrheiten und Minderheiten. Diskussionen um interkulturelle Erziehung, Münster und New York, S. 1–32.

Höffe, Otfried (2009): Menschenrechte im interkulturellen Diskurs, Bonn. www.bpb.de/internationales/weltweit/menschenrechte/38723/interkultureller-diskurs?p=all, 20.7.2021.

Höher, Friederike/Höher, Peter (o. J.): Personalprozesse – (K)Ein diskriminierungsfreier Raum? www.friederike-hoeher.de/wp-content/uploads/8_Diskriminierungsfreie_Diagnostik1.pdf, 2.8.2021.
Hölzle, Christina (2009a): Gegenstand und Funktion von Biografiearbeit im Kontext Sozialer Arbeit. In: Hölzle, Christina/Jansen, Irma (Hrsg.): Ressourcenorientierte Biografiearbeit. Grundlagen – Zielgruppen – Kreative Methoden. Lehrbuch. 1. Aufl., Wiesbaden: VS Verlag für Sozialwissenschaften, S. 31–54. [E-Book].
Hölzle, Christina (2009b): Bedeutung von Ressourcen und Kreativität für die Bewältigung biografischer Herausforderungen. In: Hölzle, Christina/Jansen, Irma (Hrsg.): Ressourcenorientierte Biografiearbeit. Grundlagen – Zielgruppen – Kreative Methoden. Lehrbuch. 1. Aufl., Wiesbaden: VS Verlag für Sozialwissenschaften, S. 71–86. [E-Book].
humanrights.ch (o. J.[a]): Allgemeine Erklärung der Menschenrechte. www.humanrights.ch/de/ipf/grundlagen/rechtsquellen-instrumente/aemr, 21.2.2020.
humanrights.ch (2018): *Was heisst „Universalität der Menschenrechte"?* www.humanrights.ch/de/ipf/archiv/themen/universalitaet/heisst-universalitaet-menschenrechte, 8.10.2020.
humanrights.ch (2020): UNO-Hochkommissariat für Menschenrechte. www.humanrights.ch/de/ipf/grundlagen/durchsetzungsmechanismen/uno/ohchr/, 13.7.2021.
Hummel, Thomas (2021): Klimaklage aus Portugal. „So etwas gab es bisher nicht", München. www.sueddeutsche.de/politik/klimawandel-portugal-jugendliche-klage-1.5245950, 8.7.2021.
Hunger, Uwe/Candan, Menderes (2009): Poltische Partizipation der Migranten in der Bundesrepublik Deutschland und über die deutschen Grenzen hinweg: Expertise im Auftrag des Bundesamtes für Migration und Flüchtlinge, Münster: Universität Münster. www.ssoar.info/ssoar/handle/document/25950, 10.7.2020.
Initiative Hochschullehrender zu Sozialer Arbeit in Gemeinschaftsunterkünften (2016): Positionspapier. Soziale Arbeit mit Geflüchteten in Gemeinschaftsunterkünften – Professionelle Standards und sozialpolitische Basis, Berlin. www.fluechtlingssozialarbeit.de/Positionspapier_Soziale_Arbeit_mit_Gefluechteten.pdf, 29.7.2021.
IKUD [Inter-Kultur und Didaktik] (o. J.[a]): Interkulturelle Kompetenz, Göttingen. www.ikud-seminare.de/veroeffentlichungen/interkulturelle-kompetenz.html?gclid=EAIaIQobChMIuvyH9_L-6QIVRoGyCh0HtQucEAAYASAAEgJhk_D_BwE, 13.6.2020.
IKUD [Inter-Kultur und Didaktik] (o. J.[b]): Interkulturelle Öffnung von Organisationen, Sozialwesen und Verwaltung, Göttingen. www.ikud-seminare.de/pressemitteilungen/interkulturelle-oeffnung-von-organisationen-sozialwesen-und-verwaltung.html?gclid=EAIaIQobChMI-q78vL_86QIVxrTtCh3NuQjOEAAYASAAEgLaAPD_BwE, 10.6.2020.
IKUD [Inter-Kultur und Didaktik] (o. J.[c]): Multikulturalität, Interkulturalität, Transkulturalität und Plurikulturalität, Göttingen. www.ikud.de/glossar/multikulturalitaet-interkulturalitaet-transkulturalitaet-und-plurikulturalitaet.html, 15.6.2020.
IKUD [Inter-Kultur und Didaktik] (o. J.[d]): Universalismus – Definition und Begriff. Die Gesamtheit vor das Einzelne – Universalismus, Göttingen. www.ikud.de/glossar/universalismus.html, 20.7.2021.
IKUD [Inter-Kultur und Didaktik] (o. J.[e]): Kulturrelativismus. Gegenpol zum ethischen und soziologischen Universalismus: Kulturrelativismus, Göttingen. www.ikud.de/glossar/kulturrelativismus.html, 20.7.2021.
IKUD [Inter-Kultur und Didaktik] (2009): Kultur – Kulturbegriff. Annäherung und Definition an den Kulturbegriff, Göttingen. www.ikud.de/glossar/kultur-kulturbegriff.html, 7.6.2020.
Initiative kulturelle Integration (o. J.): Zusammenhalt in Vielfalt. 15 Thesen zur kulturellen Integration und Zusammenhalt. www.kulturelle-integration.de/wp-content/uploads/2019/06/Thesen-IKI_deutsch_neu.pdf, 28.6.2020.
IQ Consult gGmbH/Facharbeitskreis Interkulturelle Öffnung (2010): Qualitätsmerkmale der interkulturellen Fort- und Weiterbildung. Zwischenbericht, Düsseldorf: IQ Consult

gGmbH. www.drkintern.de/fileadmin/Bilder_und_Videos/IKOE/Qualitaetsmerkmale_Int erkulturelleFortundWeiterbildung_IQ.pdf, 21.12.2020.

Joas, Hans (2019): Einführung: Sind die Menschenrechte westlich? In: Kühnlein, Michael/Wils, Jean-Pierre (Hrsg.): Der Westen und die Menschenrechte. Im interdisziplinären Gespräch mit Hans Joas. 1. Aufl., Baden-Baden: Nomos, S. 13–21. www.doi.org/10.5771/9783845276625.

Junge, Matthias (2000): Ambivalente Gesellschaftlichkeit. Die Modernisierung der Vergesellschaftung und die Ordnung der Ambivalenzbewältigung. Opladen: Leske und Budrich.

Kaske, Stefanie (2006): Zum Zusammenhang von Gleichwertigkeit und Demokratie. In: Amadeu Antonio Stiftung (Hrsg.): Reflektieren. Erkennen. Verändern. Was tun gegen Gruppenbezogene Menschenfeindlichkeit?, Berlin, S. 16–45. www.amadeu-antonio-stiftung.de/w/files/pdfs/broschuere_gmf_2.pdf, 6.9.2020.

Käpplinger, Bernd (2019): „Es gibt nichts Praktischeres als eine gute Theorie". Zu Bedeutung und Herausforderung des Wissenschafts-Praxis-Transfers. In: dis.kurs. Das Magazin der Volkshochschulen, H. 2/2019, S. 30–31. www.volkshochschule.de/medien/downloads/diskurs/diskurs-pdf-archiv/diskurs_Ausgabe_02-19_WEB.pdf, 3.8.2021.

Klose, Bianca et al. (2007): Rechtsextreme Jugendkulturen. Neonazistische Orientierungen im urbanen Raum. Am Beispiel Berlins, Bonn. www.bpb.de/politik/extremismus/rechtsextremismus/41741/einfuehrung-jugendkultur, 7.6.2020.

Koall, Iris/Bruchhagen, Verena (2005): Zum Umgang mit Unterschieden im Managing Gender & Diversity – eine angewandte Systemperspektive. In: Hartmann, Gabriella/Judy, Michaela (Hrsg.): Unterschiede machen. Managing Gender & Diversity in Organisationen und Gesellschaft. 1. Aufl., Wien: Edition Volkshochschule, S. 17–56.

Köttig, Michaela (2017): Inklusion?! – Aufgabe und Herausforderung für Soziale Arbeit. In: Spatscheck, Christian/Thiessen, Barbara (Hrsg.): Inklusion und Soziale Arbeit. Teilhabe und Vielfalt als gesellschaftliche Gestaltungsfelder, Opladen, Berlin & Toronto: Barbara Budrich, S. 31–42.

Kossert, Andreas (2020): Flucht. Eine Menschheitsgeschichte. München. Siedler Verlag.

Kraske, Marion (2018): Europa und die Abschaffung der Menschlichkeit, Berlin: Heinrich-Böll-Stiftung. www.boell.de/de/2018/08/07/europa-oder-wie-schafft-man-die-menschlichkeit-ab?dimension1=division_demo, 8.10.2020.

Kreienbrink, Axel/Currle, Edda/Schmidt-Fink, Ekkehart/Westphal, Manuela/Behrensen, Birgit (2006): Rückkehr aus Deutschland. Forschungsstudie 2006 im Rahmen des Europäischen Migrationsnetzwerks. In: Bundesamt für Migration und Flüchtlinge (Hrsg.): Rückkehr aus Deutschland. Forschungsstudie 2006 im Rahmen des Europäischen Migrationsnetzwerks, Nürnberg. www.bamf.de/SharedDocs/Anlagen/DE/Forschung/Forschungsberichte/fb04-rueckkehr-emn.pdf;jsessionid=9AE63F25D9153B2A29C32CCC44C3D054.internet562?__blob=publicationFile&v=11, 30.5.2020.

Krennerich, Michael (2013): Soziale Menschenrechte. Zwischen Recht und Politik, Schwalbach/Ts.: Wochenschau Verlag.

Krüger-Potratz, Marianne (2016): Migration als Herausforderung für öffentliche Bildung. Ein Blick zurück nach vorn. In: Doğmuş, Aysun/ Karakaşoğlu, Yasemin/Mecheril, Paul (Hrsg.): Pädagogisches Können in der Migrationsgesellschaft, Wiesbaden: Springer VS, S. 13–41. www.doi.org/10.1007/978-3-658-07296-4.

Kultusministerkonferenz (o. J.): Demokratiebildung, Berlin: Sekretariat der Ständigen Konferenz der Kultusminister der Länder in der Bundesrepublik Deutschland. www.kmk.org/themen/allgemeinbildende-schulen/weitere-unterrichtsinhalte/demokratiebildung.html, 13.7.2020.

Landeszentrale für politische Bildung Baden-Württemberg (o. J.): Allgemeine Erklärung der Menschenrechte (AEMR), Stuttgart. www.lpb-bw.de/erklaerung-menschenrechte#c63616, 21.12.2020.

Landeszentrale für politische Bildung Baden-Württemberg (2019): Menschenrechte in Deutschland, Stuttgart. www.lpb-bw.de/menschenrechte-in-deutschland – c54275, 8.10.2020.
Leggewie, Claus (1996): How Turks Became Kurds, Not Germans. In: Dissent 43, H. 3, S. 79–83.
Leiprecht, Rudolf (2008): Von Gender Mainstreaming und Interkultureller Öffnung zu Managing Diversity – Auf dem Weg zu einem gerechten Umgang mit sozialer Heterogenität als Normalfall in der Schule. In: Seemann, Malwine (Hrsg.): Ethnische Diversitäten, Gender und Schule. Geschlechterverhältnisse in Theorie und schulischer Praxis. Oldenburger Beiträge zur Geschlechterforschung Band 9, Oldenburg: BIS Verlag, S. 95–112, www.oops.uni-oldenburg.de/791/, 21.6.2021.
Lerch, Marika (2021): Menschenrechte. Kurzdarstellung über die Europäische Union. www.europarl.europa.eu/ftu/pdf/de/FTU_5.4.1.pdf, 20.7.2021.
Lichdi, Johannes (2020): Wie Andreas Scheuer Seenotrettung verhindern will, Dresden. www.mission-lifeline.de/wie-verkehrsminister-andreas-scheuer-seenotrettung-verhindern-will, 9.6.2020.
Löcherbach, Peter/Puhl, Ria (2016): Einladung zur Sozialen Arbeit. 1. Aufl., Baden-Baden: Nomos.
Margolina, Sonja (2016): Migration und Wohlfahrtstaat. Die Tücken der Flatrate-Versorgung, Berlin. www.cicero.de/innenpolitik/migration-und-wohlfahrtsstaat-die-tuecken-der-flatrate-versorgung, 3.6.2020.
Martinsen, Franziska (2019): Grenzen der Menschenrechte. Staatsbürgerschaft, Zugehörigkeit, Partizipation, Bielefeld: Transcript. www.doi.org/10.14361/9783839447406.
Mayer, Claude-Hélène/Vanderheiden, Elisabeth (2014): Grundlagentexte: Begriffe und Konzepte im Kontext interkultureller Öffnung. In: Vanderheiden, Elisabeth/Mayer, Claude-Hélène (Hrsg.): Handbuch interkulturelle Öffnung. Grundlagen, Best Practice, Tools, Göttingen: Vandenhoeck & Ruprecht, S. 27–66. www.doi.org/10.13109/9783666403613.27.
Mecheril, Paul (1998): Angelpunkte einer psychosozialen Beratungsausbildung unter interkultureller Perspektive. In: Castro Varela, Maria do Mar/Schulze, S./Vogelmann, S./Weiß, A. (Hrsg.): Suchbewegungen. Interkulturelle Beratung und Therapie, Tübingen.
Meyer, Thomas (2018): „Es bedeutet den Zusammenbruch unserer privaten Welt". In: Arendt, Hannah: Wir Flüchtlinge. Mit einem Essay von Thomas Meyer. 8. Aufl., Ditzingen: Reclams Universal-Bibliothek Nr. 19398, S. 41–59.
Mohr, Katrin (2005): Stratifizierte Rechte und soziale Exklusion von Migranten im Wohlfahrtsstaat. In: Zeitschrift für Soziologie 34, H. 5, S. 383–398. www.doi.org/10.1515/zfsoz-2005-0504.
Mührel, Eric/Röh, Dieter (2013): Menschenrechte als Bezugsrahmen Sozialer Arbeit. Eine kritische Explikation der ethisch-anthropologischen, fachwissenschaftlichen und sozialphilosophischen Grundlage. In: Mührel, Eric/Birgmeier, Bernd (Hrsg.): Menschenrechte und Demokratie. Perspektiven für die Entwicklung der Sozialen Arbeit als Profession und wissenschaftliche Disziplin, Wiesbaden: Springer VS, 89–110. www.doi.org/10.1007/978-3-531-19283-3.
Müller-Hermann, Silke/Becker-Lenz, Roland (2013): Die Soziale Arbeit als „Menschenrechtsprofession" – Ein (zu) hoher Anspruch. In: Mührel, Eric/Birgmeier, Bernd (Hrsg.): Menschenrechte und Demokratie. Perspektiven für die Entwicklung der Sozialen Arbeit als Profession und wissenschaftliche Disziplin, Wiesbaden: Springer VS, S. 125–141. DOI: 10.1007/978-3-531-19283-3.
Müller-Wille, Christina (2000): Wenn Seelen wandern…Kultur- und migrationssensible, ressourcenorientierte Befragung auf familientherapeutischem Hintergrund. In: Landeshauptstadt München, Sozialreferat, Stadtjugendamt (Hrsg.): Dokumentation der Fachtagung „Mir geht's doch gut – Jugend, Kultur und Salutogenese" am 13. Oktober

und 13. November 2000, München, S. 35–49. www.muenchen.info/soz/pub/pdf/211 _salutogenese.pdf, 25.2.2021.

Nowicka, Magdalena (2019): Transnationalismus. 1. Aufl., Baden-Baden: Nomos.

Oberndörfer, Dieter (2004): Integration der Ausländer in den demokratischen Verfassungsstaat. Ziele und Aufgaben. In: Bizuel, Yves (Hrsg.): Integration von Migranten. Französische und deutsche Konzepte im Vergleich, Wiesbaden: Deutscher Universitäts-Verlag, S. 13–31.

Oltmer, Jochen (2017): Migration. Geschichte und Zukunft der Gegenwart, Darmstadt: Theiss.

Oltmer, Jochen (2018): Globale Migration: Geschichte, Gegenwart, Zukunft, Bonn. www.bpb.de/gesellschaft/migration/dossier-migration/252254/globale-migration, 1.5.2020.

Parusel, Bernd (2015): Schwedens Integrationspolitik, Bonn. www.bpb.de/gesellschaft/migration/laenderprofile/57856/integrationspolitik, 24.6.2020.

Pavković, Gari (2017): Willkommenskultur/Anerkennungskultur. In: Kommunaler Qualitätszirkel zur Integrationspolitik (Hrsg.): Begriffe der Einwanderungs- und Integrationspolitik. Reflexion für die kommunale Praxis, Stuttgart. www.rathaus.jena.de/sites/default/files/2020-09/Begriffe_der_Integrationspolitik.pdf, 28.6.2020.

Politische Stiftungen Deutschland (2011): Die Bildungsarbeit der Politischen Stiftungen in Deutschland. www.kas.de/c/document_library/get_file?uuid=4f307d51-b385-6d7a-6594-b002e6bf5e84&groupId=252038, 8.7.2020.

Prantl, Heribert (2015): Im Namen der Menschlichkeit. Rettet die Flüchtlinge, Berlin: Ullstein.

Prantl, Heribert (2020): Streichen, bitte. In: Süddeutsche Zeitung Nr. 134, 13./14. Juni 2020, S. 5.

Prasad, Nivedita (2018): Soziale Arbeit: Eine Menschenrechtsprofession. www.der-paritaetische.de/fileadmin/user_upload/Schwerpunkte/Mensch-du-hast-recht/doc/VT2018_Vortrag_Prasad.pdf, 24.2.2020.

Pries, Ludger (2011): Transnationalisierung der sozialen Welt als Herausforderung und Chance. In: Heinrich-Böll-Stiftung (Hrsg.): Transnationalismus & Migration. Dossier, Berlin, S. 8–18. www.heimatkunde.boell.de/sites/default/files/dossier_transnationalismus_und_migration.pdf, 23.6.2020.

Pries, Ludger (2013): Internationale Migration. 4., unveränderte Aufl., Bielefeld: Transcript.

Pries, Karin/Pries, Ludger/Wannöffel, Manfred (2011): Interkulturelle Kompetenz in grenzüberschreitenden Arbeitszusammenhängen. Eine konzeptionelle Literaturstudie. In: Hans-Böckler-Stiftung (Hrsg.): Bildung und Qualifizierung. Arbeitspapiere 235. Interkulturelle Kompetenz in grenzüberschreitenden Arbeitszusammenhängen: Eine konzeptionelle Literaturstudie, Düsseldorf. www.boeckler.de/pdf/p_arbp_235.pdf, 1.9.2020.

Pro Asyl (2013): Zehn Jahre Dublin-II – Zehn Jahre gescheiterte Asylpolitik in Europa, Frankfurt/M. www.proasyl.de/news/zehn-jahre-dublin-ii-zehn-jahre-gescheiterte-asylpolitik-in-europa/, 30.5.2020.

Pro Asyl (20016): Geplantes „Integrationsgesetz" ist in Wahrheit Desintegrationsgesetz, Frankfurt/M. www.proasyl.de/news/geplantes-integrationsgesetz-ist-in-wahrheit-desintegrationsgesetz, 3.5.2020.

Pro Asyl (2019a): Was unternommen werden muss, um das Sterben im Mittelmeer zu stoppen, Frankfurt/M. www.proasyl.de/news/was-unternommen-werden-muss-um-das-sterben-im-mittelmeer-zu-stoppen/, 30.5.2020.

Pro Asyl (2019b): ACHTUNG: Hau-ab-Gesetz in Kraft – Neuregelungen des „Migrationspaktes" im Überblick, Frankfurt/M. www.proasyl.de/news/achtung-hau-ab-gesetz-ab-morgen-in-kraft-neuregelungen-des-migrationspaktes-im-ueberblick/, 1.6.2020.

Pro Asyl (2020): Erfolg vor dem EGMR: Griechenland muss Schutz von Leib & Leben gewährleisten, Frankfurt/M. www.proasyl.de/news/erfolg-vor-dem-egmr-griechenland-muss-schutz-von-leib-leben-gewaehrleisten/, 8.7.2021.

Prömper, Hans (2010): Inklusion durch Bildung? Konsequenzen, offene Fragen und pädagogische Impulse für die (Erwachsenen-)Bildungsarbeit mit männlichen Migranten. In: Prömper, Hans/Jansen, Mechtild M./Ruffing, Andreas/Nagel, Helga (Hrsg.): Was macht Migration mit Männlichkeit? Kontexte und Erfahrungen zur Bildung und zur Sozialen Arbeit mit Migranten, Opladen/Farmington Hills: Barbara Budrich, S. 185–221.

Rackete, Carola (2019): Handeln statt hoffen. Aufruf an die letzte Generation, München: Droemer.

Rahnfeld, Claudia (2019): Diversity-Management. Zur sozialen Verantwortung von Unternehmen, Wiesbaden: Springer VS. www.doi.org/10.1007/978-3-658-23252-8.

Ravenstein, Ernst George (1889): The Laws of Migration. Second Paper. In: Journal of the Royal Statistical Society 52, S. 241–301.

Reichert, Martin (2016): „Wir sind nicht viel weiter als der Rest der Welt", Berlin. www.boell.de/de/2018/11/09/wir-sind-nicht-viel-weiter-als-der-rest-der-welt, 20.7.2021.

Reimann, Anna (2015): Ist der Osten fremdenfeindlicher als der Westen? Hamburg: Der Spiegel. www.spiegel.de/politik/deutschland/ost-west-streit-faktencheck-zu-rassismus-a-1050637.html, 15.6.2020.

Reimer, Annette (2005): Die Bedeutung der Kulturtheorie von Geert Hofstede für das internationale Management. In: Wismarer Diskussionspapiere No. 20/2005. Hochschule Wismar, Fachbereich Wirtschaft, Wismar. www.econstor.eu/handle/10419/23328, 7.6.2020.

Rieger, Judith (2014): Die individuelle Basis für Partizipation: Haltung und Fachkompetenz. In: Straßburger, Gaby/Rieger, Judith (Hrsg.): Partizipation kompakt. Für Studium, Lehre und Praxis sozialer Berufe, Weinheim und Basel: Beltz Juventa, S. 56–73.

Rohde, Stephanie (2015): Menschenrechte. Europas Geschichtsblindheit, Köln. www.deutschlandfunk.de/menschenrechte-europas-geschichtsblindheit.1310.de.html?dram:article_id=316970, 20.7.2021.

Rosenstreich, Gabi (2018): Empowerment und Powersharing – eine Einführung. In: Überblick 24, H. 2/2018, S. 7–10.

Römhild, Regina (2011): Transnationale Migration und soziokulturelle Transformation: Die Kosmopolitisierung der Gesellschaft. In: Heinrich-Böll-Stiftung (Hrsg.): Transnationalismus & Migration. Dossier, Berlin, S. 35–38. www.heimatkunde.boell.de/sites/default/files/dossier_transnationalismus_und_migration.pdf, 25.6.2020.

Sander, Wolfgang (2005): Theorie der politischen Bildung: Geschichte – didaktische Konzeptionen – aktuelle Tendenzen und Probleme. In: Ders. (Hrsg.): Handbuch politische Bildung. 3., völlig überarb. Aufl., Schwalbach/Ts.: Wochenschau Verlag, S. 13–47.

Sauer, Martina/Brinkmann, Heinz Ulrich (2016): Einführung: Integration in Deutschland. In: Brinkmann, Heinz Ulrich/Sauer, Martina (Hrsg.): Einwanderungsgesellschaft Deutschland. Entwicklung und Stand der Integration, Wiesbaden: Springer VS, S. 1–21. www.doi.org/10.1007/978-3-658-05746-6.

Schammann, Hannes (2018): Migrationspolitik. In: Blank, Beate/Gögercin, Süleyman/Sauer, Karin E./Schramkowski, Barbara (Hrsg.): Soziale Arbeit in der Migrationsgesellschaft. Grundlagen – Konzepte – Handlungsfelder, Wiesbaden: Springer VS, S. 67–85. www.doi.org/10.1007/978-3-658-19540-3.

Scherr, Albert (2018): Flüchtlinge, nationaler Wohlfahrtsstaat und die Aufgaben Sozialer Arbeit. In: Bröse, Johanna/Faas, Stefan/Stauber, Barbara (Hrsg.): Flucht. Herausforderungen für die Soziale Arbeit, Wiesbaden: Springer VS, S. 37–59. DOI: 10.1007/978-3-658-17092-9.

Scherr, Albert/El-Mafaalani, Aladin/Yüksel, Gökçen (2017): Einleitung: Interdisziplinäre Diskriminierungsforschung. In: Ders. (Hrsg.): Handbuch Diskriminierung, Wiesbaden: Springer VS, S. V–X. DOI: 10.1007/978-3-658-10976-9.

Schickle, Ottmar (2014): Menschen ohne Aufenthaltspapiere. Politische und institutionelle Rahmenbedingungen für die Soziale Arbeit. In: Soziale Arbeit: Zeitschrift für soziale und sozialverwandte Gebiete 63, H. 10/11, S. 376–383.

Literaturverzeichnis

Schilling, Johannes/Zeller, Susanne (2012): Soziale Arbeit. Geschichte, Theorie, Profession. 5. Aufl., München: Ernst Reinhardt Verlag/UTB (Nr. 8304). [E-Book Ausgabe]. www.elk-wue-han.hh-netman.de/han/utb-elibrary/elibrary.utb.de/doi/book/10.36198/9783838585123.

Schissler, Jakob (2005): Menschenrechte zwischen Universalismus und Kulturrelativismus. In: Der Bürger im Staat 55. H 1/2, S. 26–30. www.buergerundstaat.de/1_2_05/Menschenrechte.pdf – page=28, 20.7.2021.

Schmid, Josef (2012): Probleme und Zukunftsperspektiven des Sozialstaates, Bonn. www.bpb.de/politik/grundfragen/deutsche-verhaeltnisse-eine-sozialkunde/138845/probleme-und-zukunftsperspektiven-des-sozialstaates?p=all, 4.6.2020.

Schmidt, Bettina (2009): Den Anti-Bias-Ansatz zur Diskussion stellen – Beitrag zur Klärung theoretischer Grundlagen in der Anti-Bias-Arbeit, Oldenburg: BIS Verlag. www.d-nb.info/1008134503/34, 21.12.2020.

Schneider, Notker (2011): Philosophische Aspekte: Menschenrechte und Menschenwürde. In: Ottersbach, Markus/Prölß, Claus-Ulrich (Hrsg.): Flüchtlingsschutz als globale und lokale Herausforderung, Wiesbaden: VS Verlag für Sozialwissenschaften, S. 17–27.

Schramkowski, Barbara (2018): Paradoxien des 'Migrationshintergrundes'. Von vorder- und hintergründigen Bedeutungen des Begriffes. In: Blank, Beate/Gögercin, Süleyman/Sauer, Karin E./Schramkowski, Barbara (Hrsg.): Soziale Arbeit in der Migrationsgesellschaft. Grundlagen – Konzepte – Handlungsfelder, Wiesbaden: Springer VS, S. 43–52. www.doi.org/10.1007/978-3-658-19540-3.

Schramkowski, Barbara/Ihring, Isabelle (2018): Alltagsrassismus. (K)ein Thema für die Soziale Arbeit? In: Blank, Beate/Gögercin, Süleyman/Sauer, Karin E./Schramkowski, Barbara (Hrsg.): Soziale Arbeit in der Migrationsgesellschaft. Grundlagen – Konzepte – Handlungsfelder, Wiesbaden: Springer VS, S. 279–290. www.doi.org/10.1007/978-3-658-19540-3.

Schröer, Hubertus, (o. J.): Interkulturelle Orientierung und Öffnung. Ein neues Paradigma für die Soziale Arbeit. www.i-iqm.de/dokus/Interkulturelle_Orientierung%20_oeffnung.pdf, 19.12.2020.

Schulte, Axel/Treichler, Andreas (2010): Integration und Antidiskriminierung. Eine interdisziplinäre Einführung, Weinheim und München: Juventa.

Schulte, Axel (2011): Integrationspolitik in der Bundesrepublik Deutschland: Von politischer Opportunität und institutionalisierter Ungleichbehandlung zur menschenrechtsbasierten Politik? In: dms – der moderne Staat. Zeitschrift für Public Policy, Recht und Management 2011, H. 1, S. 29–60. www.budrich-journals.de/index.php/dms/article/viewFile/5140/4282, 25.2.2021.

Schwarz, Martin (2017a): Kultur. In: Schwarz, Martin/Breier, Karl-Heinz/Nitschke, Peter: Grundbegriffe der Politik. 33 zentrale Politikbegriffe zum Einstieg. 2., aktual. und erw. Aufl., Baden-Baden: Nomos, S. 111-117.

Schwarz, Martin (2017b): Menschenrechte. In: Schwarz, Martin/Breier, Karl-Heinz/Nitschke, Peter: Grundbegriffe der Politik. 33 zentrale Politikbegriffe zum Einstieg. 2., aktual. und erw. Aufl., Baden-Baden: Nomos, S. 125-131.

Seebrücke (o. J.): Aufnahmebereite Städte. 253 Sichere Häfen, Berlin. www.seebruecke.org/sichere-haefen, 13.7.2021.

Sen, Amartya (2004/2020): Elemente einer Theorie der Menschenrechte, Ditzingen: Reclam.

Spatscheck, Christian (2008): Soziale Arbeit als Menschenrechtsprofession. Begründung und Umsetzung eines professionellen Konzeptes. In: Sozial Extra. Beruf und Qualifikation, H. 5/6, Wiesbaden: VS, S. 6–9.

Spatscheck, Christian/Thiessen, Barbara (2017): „Inklusion ist…" – Ein Überblick über die Perspektiven und Positionen der Sozialen Arbeit zur Inklusionsdebatte. In: Ders. (Hrsg.): Inklusion und Soziale Arbeit. Teilhabe und Vielfalt als gesellschaftliche Gestaltungsfelder, Opladen, Berlin & Toronto: Barbara Budrich, S. 11–18.

SPD [Sozialdemokratische Partei Deutschlands] (2017): Zeit für mehr Gerechtigkeit. Unser Regierungsprogramm für Deutschland, Berlin. www.spd.de/fileadmin/Dokumente/Bundesparteitag_2017/Es_ist_Zeit_fuer_mehr_Gerechtigkeit-Unser_Regierungsprogramm.pdf, 26.5.2020.
SPD [Sozialdemokratische Partei Deutschlands] (o. J.): Kommt zusammen und macht Europa stark! Wahlprogramm für die Europawahl am 26. Mai 2019. #Europaistdieantwort. www.spd.de/fileadmin/Dokumente/Europa_ist_die_Antwort/SPD_Europaprogramm_2019.pdf, 16.5.2020.
Spiewak, Martin (2010): Integration. Alman okullarinda Türkçe dersi? [Türkischunterricht an deutschen Schulen?]. Ein Streitgespräch über Irrwege der Pädagogik bei der Integration und darüber, was Migrantenkindern am meisten nützt. In: Die Zeit online Nr. 39/2010. www.zeit.de/2010/39/B-Streitgespraech-Integration, 8.6.2020.
Soziologie Heute (2008): Assimilation, Integration, Segregation. www-soziologieheute.wordpress.com/2008/12/28/assimilation-integration-segregation/, 6.6.2020.
Söhn, Janina/Marquardsen, Kai (2017): Forschungsbericht 484. Erfolgsfaktoren für die Integration von Flüchtlingen. In: Bundesministeriums für Arbeit und Soziales (Hrsg.). www.bmas.de/SharedDocs/Downloads/DE/Publikationen/Forschungsberichte/fb-484-erfolgsfaktoren-integration-fluechtlinge.pdf;jsessionid=37C8BCEA4C1C65CED4DAC7D7F78EB3E9.delivery1-replication?__blob=publicationFile&v=1,12.6.2020, 12.6.2020.
Statistisches Bundesamt (o. J.[a]): Migration und Integration: Personen mit Migrationshintergrund, Wiesbaden. www.destatis.de/DE/Themen/Gesellschaft-Umwelt/Bevoelkerung/Migration-Integration/Methoden/Erlauterungen/migrationshintergrund.html, 10.5.2020.
Statistisches Bundesamt (o. J.[b]): Migration und Integration. Ausländerstatistik: 11,2 Millionen Ausländerinnen und Ausländer zum Jahresende 2019, Wiesbaden. www.destatis.de/DE/Themen/Gesellschaft-Umwelt/Bevoelkerung/Migration-Integration/auslaenderstatistik-stichtag.html, 18.2.2021.
Statistisches Bundesamt (2020): Bevölkerung. Migration und Integration, Wiesbaden. www.destatis.de/DE/Themen/Gesellschaft-Umwelt/Bevoelkerung/Migration-Integration/_inhalt.html, 20.7.2020.
Staub-Bernasconi, Silvia (1991): Das Selbstverständnis Sozialer Arbeit in Europa: frei von Zukunft – voll von Sorgen? In: Sozialarbeit 23, Heft 2.
Staub-Bernasconi, Silvia (2007): Soziale Arbeit: Dienstleistung oder Menschenrechtsprofession? Zum Selbstverständnis Sozialer Arbeit in Deutschland
mit einem Seitenblick auf die internationale Diskussionslandschaft. In: Lob-Hüdepohl, Andreas/Lesch, Walter (Hrsg.): Ethik Sozialer Arbeit. Ein Handbuch, Paderborn, München, Wien, Zürich: Ferdinand Schöningh/UTB Nr. E8366, S. 20–53. [E-Book]. www.elk-wue-han.hh-netman.de/han/utb-elibrary/elibrary.utb.de/doi/book/10.36198/9783838583662, 26.7.2021.
Staub-Bernasconi, Silvia (2008): Menschenrechte in ihrer Relevanz für die Theorie und Praxis Sozialer Arbeit. Oder: Was haben Menschenrechte überhaupt in der Sozialen Arbeit zu suchen? In: Widersprüche, H. 107, S. 9–32. [Online: S. 1–15]. www.uni-siegen.de/zpe/projekte/menschenrechte/staubbmenschenrechtewidersprueche.pdf, 21.7.2021.
Staub-Bernasconi, Silvia (2010a): Soziale Arbeit und soziale Probleme. Eine disziplin- und professionsbezogene Bestimmung. In: Thole, Werner (Hrsg.): Grundriss Soziale Arbeit. Ein einführendes Handbuch. 3., überarbeitete und erw. Aufl., Wiesbaden: Springer VS, S. 267–282.
Staub-Bernasconi, Silvia (2010b): Ein Master-Studiengang Soziale Arbeit und Menschenrechte in Berlin. In: Akkaya, Gülcan/Haack, Lucas (Hochschule Luzern) (Hrsg.): Werkstattheft Menschenrechte, S. 12–16. Luzern. www.ams-forschungsnetzwerk.at/downloadpub/luzern_werkstattheft_menschenrechte.pdf, 26.7.2021.
Staub-Bernasconi, Silvia (2018): Soziale Probleme – Themen einer systemtheoretisch begründeten Handlungswissenschaft. In: Graßhoff, Gunther/Renker, Anna/Schröer, Wolf-

gang (Hrsg.): Soziale Arbeit. Eine elementare Einführung, Wiesbaden: Springer VS, S. 369–386. www.doi.org/10.1007/978-3-658-15666-4.

Steinke, Ronen (2020): Die Demonstranten eint ein Feindbild, München. www.sueddeutsche.de/politik/bundestag-demonstranten-corona-1.5015614, 7.9.2020.

Stiftung Mitarbeit (o. J.): Ziele der Gemeinwesenarbeit, Bonn. www.buergergesellschaft.de/praxishilfen/gemeinwesenarbeit-und-migration/gemeinwesenarbeit-und-gefluechtete-inklusive-gwa-in-neuen-nachbarschaften/ziele-der-gemeinwesenarbeit, 29.7.2021.

Stövesand, Sabine/Röh, Dieter (2015): Konflikte – theoretische und praktische Herausforderungen für die Soziale Arbeit. In: Stövesand, Sabine / Röh, Dieter (Hrsg): Konflikte – theoretische und praktische Herausforderungen für die Soziale Arbeit. Opladen, Berlin Toronto: Verlag Barbara Buderich, S. 10–17.

Stoltenberg, Helmut (2016): Opposition kritisiert das Integrationsgesetz. In: Deutscher Bundestag, Online-Dienste (Hrsg.), Berlin. www.bundestag.de/dokumente/textarchiv/2016/kw22-de-integrationsgesetz-425504, 28.6.2020.

Stoltenberg, Helmut/Hausding, Götz (2019): Einwanderung in den deutschen Arbeitsmarkt neu geregelt. In: Deutscher Bundestag, Online-Dienste (Hrsg.), Berlin. www.bundestag.de/dokumente/textarchiv/2019/kw23-de-fachkraefteeinwanderung-645626, 30.5.2020.

Straßburger, Gaby/Bestmann, Stefan/Häseler, Sarah (2013): Faktoren des Gelingens. Ein Zusammenspiel von Haltung, Methode und Struktur. In: Straßburger, Gaby/Bestmann, Stefan (Hrsg.): Praxishandbuch für sozialraumorientierte interkulturelle Arbeit, Bonn: Stiftung MITARBEIT, S. 12–74.

Straßburger, Gaby/Rieger, Judith (2014a): Partizipation kompakt – Komplexe Zusammenhänge auf den Punkt gebracht. In: Ders. (Hrsg.): Partizipation kompakt. Für Studium, Lehre und Praxis sozialer Berufe, Weinheim und Basel: Beltz Juventa, S. 230–240.

Straßburger, Gaby/Rieger, Judith (2014b): Warum Partizipation wichtig ist – Selbstverständnis und Auftrag sozialer Berufe. In: Ders. (Hrsg.): Partizipation kompakt. Für Studium, Lehre und Praxis sozialer Berufe, Weinheim und Basel: Beltz Juventa, S. 42–49.

Straub, Ute (2015): Machtungleichgewichte – Konflikte in der internationalen Sozialen Arbeit. In: Stövesand, Sabine / Röh, Dieter (Hrsg) : Konflikte – theoretische und praktische Herausforderungen für die Soziale Arbeit. Opladen, Berlin Toronto: Verlag Barbara Buderich, S. 58-68.

Sutter, Alex (1997/2006): Was heisst (Kultur-)Rassismus? www.humanrights.ch/cms/upload/pdf/061123_arbeitsblatt_rassismus.pdf, 6.9.2020.

tagesschau.de (2020): Gerichtshof für Menschenrechte. Erster Erfolg für Klimaklage von Kindern, Hamburg. www.tagesschau.de/ausland/klimaklage-kinder-101.html, 8.7.2021.

tagesschau.de (2021): 24-Stunden-Pflege vor dem Aus?, Hamburg. www.tagesschau.de/inland/innenpolitik/pflegekraefte-mindestlohn-101.html, 13.7.2021.

Thrien, Ulrike (2015): Rassismus: Critical Whiteness. Methode: Weiße Privilegien. In: Diakonisches Werk der evangelischen Kirche in Württemberg e.V. (Hrsg.): Woher komme ich? Reflexive und methodische Anregungen für eine rassismuskritische Bildungsarbeit, Stuttgart, S. 108–118. www.diakonie-wuerttemberg.de/fileadmin/Diakonie/Arbeitsbereiche_Ab/Migranten_Mg/Mg_Rassismuskritische_Broschuere_vollstaendig.pdf, 6.9.2020.

Toprak, Ahmet/Weitzel, Gerrit (2017): Deutschland das Einwanderungsland. Wie die Integration junger Geflüchteter gelingen kann, Wiesbaden: Springer VS. DOI: 10.1007/978-3-658-15912-2.

Treibel, Annette (1990/2011): Migration in modernen Gesellschaften. Soziale Folgen von Einwanderung, Gastarbeit und Flucht. 5. Aufl., Weinheim/München: Juventa.

Treibel, Annette (2016): Integriert Euch! Plädoyer für ein selbstbewusstes Einwanderungsland, Bonn: Bundeszentrale für politische Bildung.

UNHCR [The UN Refugee Agency] Deutschland (o. J.[a]): FAQ Staatenlose, Berlin. www.unhcr.org/dach/de/services/faq/faq-staatenlose, 10.12.2020.

UNHCR [The UN Refugee Agency] Deutschland (o. J.[b]): Integration, Berlin. www.unhcr.org/dach/de/was-wir-tun/integration, 6.6.2020.

UNHCR [The UN Refugee Agency] Deutschland (2015): Abkommen über die Rechtsstellung der Flüchtlinge vom 28. Juli 1951. Protokoll über die Rechtsstellung der Flüchtlinge vom 31. Januar 1967, Berlin. www.unhcr.org/dach/wp-content/uploads/sites/27/2017/03/GFK_Pocket_2015_RZ_final_ansicht.pdf, 7.5.2020.

United4Rescue – Gemeinsam Retten e.V. (o. J.[a]): Solange die Politik versagt, handeln wir, Hannover. www.united4rescue.com/forderungen, 29.7.2021.

United4Rescue – Gemeinsam Retten e.V. (o. J.[b]): Sea-Watch 4, Hannover. www.united4rescue.com/die-schiffe, 29.7.2021.

United4Rescue – Gemeinsam Retten e.V. (o. J.[c]): 786 Organisationen bilden United4Rescue, Hannover. www.united4rescue.com/partner?filter=m-p, 29.7.2021.

UNO-Flüchtlingshilfe e.V. (o. J.): Flüchtlingskrise im Mittelmeer, Bonn. www.uno-fluechtlingshilfe.de/hilfe-weltweit/mittelmeer/, 8.5.2020.

UNRIC [Regionales Informationszentrum der Vereinten Nationen] (o. J.): Die Charta der Vereinten Nationen, Bonn. www.unric.org/de/charta/, 13.7.2021.

Vahsen, Friedrich/Mane, Gudrun (2010): Gesellschaftliche Umbrüche und Soziale Arbeit, Wiesbaden: Springer VS.

Van Deth, Jan W. (2009): Politische Partizipation. In: Kaina, Viktoria/Römmele, Andrea (Hrsg.): Politische Soziologie. Ein Studienbuch, Wiesbaden: Springer VS, S. 141–161. www.doi.org/10.1007/978-3-531-91422-0.

Vereinte Nationen (1948): Resolution der Generalversammlung 217 A (III). Allgemeine Erklärung der Menschenrechte. A/RES/217 A (III). www.un.org/depts/german/menschenrechte/aemr.pdf, 28.6.2020.

Vereinte Nationen (2011): V. Resolution aufgrund der Berichte des Dritten Ausschusses. 66/137. Erklärung der Vereinten Nationen über Menschenrechtsbildung und -ausbildung. www.un.org/depts/german/gv-66/band1/ar66137.pdf, 28.7.2021.

VN/IFSW/IASSW [Vereinte Nationen – Zentrum der Menschenrechte/Internationaler Verband der SozialarbeiterInnen/Internationale Vereinigung der Ausbildungsstätten für Soziale Arbeit] (2002): Menschenrechte und Soziale Arbeit. Ein Handbuch für Ausbildungsstätten der Sozialen Arbeit und für den Sozialberuf. In: Soziale Arbeit – Arbeitsmaterialien, H. 1/1997, 5. Aufl., 2002. Ravensburg-Weingarten: Hochschule für Technik und Sozialwesen.

Waldmann, Klaus (2019): Gemeinsam stärker. Zur Bedeutung von außerschulischer politischer Bildung für gesellschaftliche Teilhabe geflüchteter Jugendlicher im Kontext von anderen Angeboten der Jugendhilfe und Schule, Wuppertal: Bundesausschuss Politische Bildung e.V. (Hrsg.). www.empowered-by-democracy.de/wp-content/uploads/2019/12/PJB_EbD_Expertise_web_Doppelseiten.pdf, 10.7.2020.

Waldschmidt, Anne (2015): Grundlagen und Ziele der Teilhabeforschung. Lebenslage und Partizipation von Menschen mit Behinderungen. In: Sozialrecht + Praxis: Fachzeitschrift für Sozialpolitiker und Schwerbehindertenvertreter 25, H. 11, S. 683–688.

Welsch, Wolfgang (1994): Transkulturalität – Die veränderte Verfassung heutiger Kulturen. Ein Diskurs mit Johann Gottfried Herder. In: VIA REGIA – Blätter für internationale kulturelle Kommunikation, H. 20. www.via-regia.org/bibliothek/pdf/heft20/welsch_transkulti.pdf, 16.6.2020.

Welsch, Wolfgang (1995): Transkulturalität. In: Institut für Auslandsbeziehungen, (Hrsg.): Migration und Kultureller Wandel. Schwerpunktthema der Zeitschrift für Kulturaustausch, H. 45. www.kultur-vermittlung.ch/zeit-fuer-vermittlung/download/materialpool/MFV0104.pdf, 15.6.2020.

Welsch, Wolfgang (2017): Transkulturalität. Zur veränderten Verfassung heutiger Kulturen. In: Schneider, Irmela (Hrsg.): Hybridkultur. Medien, Netze, Künste, Köln, S. 67–90.

Wendt, Peter-Ulrich (2017): Lehrbuch Methoden der Sozialen Arbeit. 2., überarb. Aufl., Weinheim und Basel: Beltz Juventa.

Wildfang, Hinrich (2010): Soziale Arbeit – eine Menschenrechtsprofession. Ein Leitfaden für die sozialarbeiterische Praxis in Deutschland, Saarbrücken: VDM.

Wilmes, Bernhard (2018): Politische Partizipation von Migrantinnen und Migranten, Bonn. www.bpb.de/gesellschaft/migration/dossier-migration/247685/politische-partizipation, 10.7.2020.
Yıldız, Safiye (2009): Interkulturelle Erziehung und Pädagogik. Subjektivierung und Macht in den Ordnungen des nationalen Diskurses. 1. Aufl., Wiesbaden: VS Verlag für Sozialwissenschaften.
Zentrum polis [Politik Lernen in der Schule] (Hrsg.) (2018): Menschenrechte. In: Polis aktuell. H. 4/2018. Wien. www.politik-lernen.at/dl/lnMqJMJKomlKOJqx4KJK/pa_2017_04_Menschenrechte_web.pdf, 8.10.2020.
Zick, Andreas (2006): Gruppenbezogene Menschenfeindlichkeit aus Sicht der Wissenschaft. In: Amadeu Antonio Stiftung (Hrsg.): Reflektieren. Erkennen. Verändern. Was tun gegen Gruppenbezogene Menschenfeindlichkeit?, Berlin, S. 6–8. www.amadeu-antonio-stiftung.de/w/files/pdfs/broschuere_gmf_2.pdf, 6.9.2020.

Stichwortverzeichnis

Die Angaben verweisen auf die Seitenzahlen des Buches.

Abschiebungsverbot 36, 50, 120
Abwanderung 17, 21, 43, 46, 47, 49, 50, 53
AEMR (Allgemeine Erklärung der Menschenrechte) 37, 47, 99, 173–176, 180, 184, 186, 216
Alltagsrassismus 85, 161
Ambivalenz 190, 193, 225
Amnesty International 43, 175, 178, 182, 202, 217
Arbeitsmarktpolitik 19
Arbeitsmarktzugang 35, 36, 78, 94, 131, 132
Arbeitsmigration 17–20, 22, 25–29, 33, 42, 46, 47, 94, 137
Assimilation 60, 65, 75–81, 90, 91, 96
Asylantrag 34, 35, 47, 48, 118, 119, 123
AsylbLG (Asylbewerberleistungsgesetz) 124–127
AsylG (Asylgesetz) 35, 111, 117–121, 123, 124, 126, 129, 131, 132
Asylverfahren 34, 39, 40, 44, 46, 47, 52, 109, 111, 114, 115, 117–119, 134, 202, 208, 218
Aufenthaltserlaubnis 34–36, 49, 95, 109, 111, 123, 124, 126, 129, 130, 132, 133
Aufenthaltsgenehmigung 22, 33, 36
Aufenthaltstitel 36, 37, 109, 114, 115
AufenthG (Aufenthaltsgesetz) 34, 36, 37, 49, 108–111, 113, 120–123, 126–132
Aufnahmeland 20, 26, 37, 62, 76, 78
Ausgrenzung 56, 75, 87, 95, 99, 106, 143, 212
Ausländerbehörde 36, 37, 110, 111, 119, 129, 132
AWO (Arbeiterwohlfahrt) 42
BAMF (Bundesamt für Migration und Flüchtlinge) 20, 23, 34–36, 49, 51, 65, 93, 112, 117–123, 127–130
Behinderungserfahrungen 59, 98
BeschV (Verordnung über die Beschäftigung von Ausländerinnen und Ausländern) 33
Bildungschancen 19, 21, 55

Binnenmigration 18, 29
Bleibeberechtigte 34
Bundesteilhabegesetz (BTHG) 88
Bundesvertriebenengesetz (BVFG) 31
Bündnis United4Rescue – Gemeinsam Retten e.V. 218
BVerfG (Bundesverfassungsgericht) 50, 183
Deportation 20, 22
Deutschkenntnisse 32, 36, 77, 93, 111, 129, 168
Diakonie 42, 49
DIMR (Deutsche Institut für Menschenrechte Berlin) 183, 202–207, 209, 219
Diskriminierung(en) 40, 41, 56, 59, 66, 73, 85, 88, 90, 99, 102, 139, 140, 143, 145, 152, 153, 157, 158, 161–163, 167, 174, 175, 178, 179, 196, 198, 201, 205–207, 211, 213, 218
Dublin-Verfahren 48, 114
Duldung(en) 37, 112, 120, 131–133
EGMR (Europäischer Gerichtshof für Menschenrechte) 117, 181, 218
Eingriffsrecht 109
Einreisevoraussetzungen 109
Einwanderungspolitik 21
Emigration 18, 51
Emotionale Integration 62
Empowerment 153–156, 161, 202, 203, 211–214
EMRK (Europäische Konvention zum Schutz der Menschenrechte und Grundfreiheiten) 36, 48, 179, 181
ESC (Europäische Sozialcharta) 179, 180
Ethnologie 68, 221, 222
EU (Europäische Union) 19, 22, 23, 30, 33, 36, 43, 44, 46–48, 61, 92, 96, 100, 101, 109, 110, 112–118, 123, 126, 130, 131, 173, 180, 182, 217
EuGH (Europäischer Gerichtshof) 117, 181, 182
Europarat 49, 179
Evakuierung 20, 22

Stichwortverzeichnis

Exklusion 53, 55, 89, 139, 152, 206, 211, 212

Fachkräfteeinwanderungsgesetz 33
Fachkräftemangel 46, 50, 94
Familiennachzug 20, 35, 36, 49, 55, 111, 115
Flucht 17, 18, 20, 22, 23, 26, 47, 94, 150, 186, 202, 217, 218, 221, 225
Flüchtlingsintegrationsmaßnahmen 94
FOCO (Forum Community Organizing) 215
Freizügigkeit 19, 36, 43, 95, 109, 113, 123, 176, 181
Freizügigkeitsgesetz (FreizügG/EU) 109
Fremdheit 39, 84, 85, 90, 221, 223, 224
Frontex (Europäische Agentur für die Grenz- und Küstenwache) 47, 116

GEAS (Gemeinsames Europäisches Asylsystem) 44, 109, 113, 114, 116, 134
Gegenmigration 24
Gemeinwesenarbeit 212, 213
Geordnete-Rückkehr-Gesetz (Zweites Gesetz zur besseren Durchsetzung der Ausreisepflicht) 50
GFK (Genfer Flüchtlingskonvention) 35, 44, 48, 109, 111, 113, 114, 121
Globalisierung 13, 19, 30, 53, 54, 72, 74, 86, 140
GRCh (EU-Grundrechtecharta) 180
Grundmodell der Assimilation 80

Haager Programm 61
Herkunftsland 18, 20, 22, 25, 34–37, 44, 46, 51, 110, 111, 129

Identifikation 42, 59, 63, 66, 76, 98
Identifikative Assimilation 78
Identitätsbildung 72
IFSW (International Federation of Social Workers) 99, 100, 105, 173, 174, 184, 192, 197, 198, 201
Immigration 18
Inklusion 53–56, 67, 88–91, 100, 139
Integration 12–14, 17, 20, 26, 29, 30, 42, 43, 49, 54, 55, 59–67, 70, 74, 76–79, 81, 82, 87–92, 94–96, 98–100, 102, 103, 107, 108, 110, 112, 117, 123, 124, 127, 128, 131, 146, 147, 149, 151, 162, 171, 180, 209, 214, 222, 224, 225

Integrationsforschung 17
Integrationsleistungen 94, 95
Interaktion 63, 78, 83, 87
Interkulturalität 83–87, 91, 103
Internationale Migration 24, 25, 28
Irreguläre Migration 22

Kernfamilie 36, 49
Klimamigration 22
Kontingentflüchtlinge 108
Kriegsflüchtlinge 20
Kulturation 63
Kulturbegriff 68, 69, 72–74, 82, 85

Leitkultur 72, 77, 96, 98, 99, 223

Marginalität 75
Mehrfachintegration 75, 76
Menschenrechte 36, 40, 47, 51, 52, 59, 66, 72, 82, 88, 96, 99, 100, 105, 115, 117, 152, 157, 162, 163, 173–177, 179–184, 186–192, 194–204, 206–208, 211, 212, 216–219, 223
Menschenrechtsbildung 174, 177, 199, 202–205, 211, 212, 216
Menschenrechtsprofession 14, 52, 100, 103, 104, 173, 192, 195–197, 199, 200, 211, 219, 221
Migration 12–14, 17–30, 34–38, 41, 43, 44, 46, 47, 49, 51–55, 57, 65, 69, 72, 74, 76, 77, 88, 90, 93, 95, 96, 103, 107, 112, 117, 140, 150, 202, 205, 207, 217, 221, 222, 224, 225
Migrationsbericht der Bundesregierung 29
Migrationsform 20–22, 26
Migrationspolitik 14, 21, 40, 41, 43–47, 50, 52, 55, 95, 137, 216
Migrationssoziologie 27
Migrationsursachen 19
Multikulturalität 82, 83, 86

NGO (Non-Governmental Organisation/Nichtregierungsorganisation) 95
Niederlassungserlaubnis 36, 95, 109, 111, 124, 130

Othering 40, 85

Parallelgesellschaft(en) 76, 78, 96, 98

Partizipation 14, 56, 64, 65, 85, 88–90, 100, 106, 108, 145, 147–150, 153, 155, 161, 165, 204, 206, 212, 213, 223
Pendelbewegungen 21
Phasenmodell 41, 142
Powersharing 156, 161, 202, 212–214
Pro Asyl 48–50, 95, 121, 181
Push und Pull-Faktoren 26

REAG/GARP (Reintegration and Emigration Program for Asylum-Seekers in Germany/Government Assisted Repatriation Program) 51
Remigration 18, 42, 50, 51
Residenzpflicht 119, 122

Segmentation 75, 76
Short-journey 24
Soziale Arbeit 14, 29, 40–43, 52, 56, 59, 63, 66, 68, 73–75, 89, 92, 98–100, 102–108, 110, 112, 113, 118, 123, 127, 133, 134, 139, 142, 146, 147, 153, 155–157, 162, 165, 166, 171, 173, 191–197, 199, 201, 211, 217–219, 221–223, 226
Soziale Assimilation 79
Sozialintegration 60, 61, 63, 66, 67, 74–77, 79–81, 83, 85, 86, 92, 93, 102, 148, 150, 153
Sozialstaat 20, 53, 57, 211
Spätaussiedler*innen 129
Spiralenmodell 91
Sprachförderung 32, 132
Staatsangehörigkeit 29–31, 35, 37, 39, 87, 108, 109, 112, 113, 118, 121, 131, 150, 174, 187

Stufenmodell 63, 65, 147
Subsidiaritätsprinzip 214
Systemintegration 60, 92

Teilhabe 38, 56, 59, 62, 64–67, 78, 85, 89, 90, 92, 93, 96, 98–100, 106, 125, 128, 145–147, 149, 150, 152, 153, 161, 162, 174, 176, 186, 187, 212, 216, 224

Transnationale Migration 26

Umsiedlung 20, 22
UNBRK (UN-Behindertenrechtskonvention) 88, 89, 145
UNHCR (United Nations High Commissioner for Refugees/Hochkommissariat der Vereinten Nationen) 35, 37, 43, 44, 61, 65, 66, 217
Urbanisierung 22

Vertreibung(en) 18, 20, 22, 201
Vielfalt 43, 56, 61, 64, 69, 72, 77, 79, 82, 83, 88–91, 94, 100, 134, 139, 142, 143, 160, 161, 163, 165, 171, 180, 192, 223–225
Visum 22, 33, 36, 109–111, 114, 116, 123

Willkommenskultur 94
Wohlfahrtstaaten 53
Wohlfahrtsverbände 93, 133
Wohnsitzauflage 50, 95

Zuwanderung(en) 19, 21, 22, 33, 42, 44, 46, 47, 49, 51, 54–56, 61, 66, 85, 88, 93, 95, 110, 224
Zuwanderungskontinent 19

249

Bereits erschienen in der Reihe
KOMPENDIEN DER SOZIALEN ARBEIT

Jungen als Opfer sexueller Gewalt
Von Clemens Fobian, Prof. Dr. Michael Lindenberg und Rainer Ulfers
2. Auflage 2022, 181 Seiten, broschiert, ISBN 978-3-8487-7259-9

Pflegekinderhilfe für die Soziale Arbeit
Von Prof. Dr. Klaus Wolf
2022, 227 Seiten, broschiert, ISBN 978-3-8487-6707-6

Soziale Arbeit nach traumatischen Erfahrungen
Von Prof. Dr. Julia Gebrande
2021, 245 Seiten, broschiert, ISBN 978-3-8487-6412-9

Recht für die Kindheitspädagogik
Von Prof. Dr. Christopher Schmidt und Prof. Dr. Annette Rabe
2021, ca. 227 Seiten, broschiert, ISBN 978-3-8487-8076-1

Sozialleistungsansprüche für Flüchtlinge und Unionsbürger
Von Prof. Dr. Gabriele Kuhn-Zuber
2018, 304 Seiten, broschiert, ISBN 978-3-8487-3206-7